上海社会科学院法学研究所学术精品文库

简明民商法学

孟祥沛　孙大伟　著

 上海三联书店

总　序

　　上海社会科学院法学研究所成立于 1959 年 8 月,原名"政治法律研究所",是我国成立最早、规模最大、最早招收研究生的地方社科系统法学研究机构。

　　法学所的历史可以追溯到 1952 年由原圣约翰大学、复旦大学、南京大学、东吴大学、厦门大学、沪江大学、安徽大学等 9 所院校的法律系、政治系和社会系等合并组建成立的华东政法学院,1958 年华东政法学院并入上海社会科学院,翌年成立了上海社会科学院政治法律研究所。彼时上海滩诸多法学大家汇聚于斯,潘念之、齐乃宽、浦增元、张汇文、卢峻、周子亚、何海晏、丘日庆、徐开墅、徐振翼、肖开权、郑衍杓、陈振国、李宗兴、程辑雍等均在各自领域独当一面、各领风骚。1984 年,东吴大学上海校友会也正式在上海社会科学院注册成立,成为东吴法学的精神传承,一时颇有海派法学的大气候。

　　1979 年复建后,"政治法律研究所"正式更名为"法学研究所"。作为南方地区的法学理论研究重镇,在中国社会经济快速发展的浪潮中,法学所勇立潮头,不断探求中国特色社会主义法治的发展规律,解决我国改革开放和现代化建设中的现实问题。法学所在法理学、公法学、国际法学、刑法学和民商法学等领域为国家法治建设鼓与呼,在新时期法学学科建设、民法通则制定、港澳回归、浦东开发等重要历史性事件进程中均作出了重大贡献。

　　进入新世纪,随着国家科研方针政策的转型以及各大高校法学研究的崛起,社科院系统的体制模式受到重大挑战,加上老一辈学人的隐退,法学所也开始了二次创业的征程。近年来,法学所通过"内培外引"大力加强人才梯队建设,引进和培养了一批在国内有影响力的中青年学者,特别是一批青年才俊陆续加入,他们充满朝气,基础扎实,思想活跃,承载着法学所的未来与希望。通过不断提高学科队伍建设,夯实智库研究基础,法学所得以进一步加强和形成了"经济刑法""租借·租借地等特殊地区研究""刑事法创新学科""法治中国及其上海智库实践智库""比较法学""生命法学""党内法规""青少年法学"等多个优势学科和特色研究团队。如今的法学所安立于古典而又繁华的淮海中路的静谧一角,立足上海,面向全国,以"国家高端智库"和院"创新工程"为平台,坚持学科建设和智库建设双轮驱动,在法学研究领域焕发出新的生机。

为弘扬学术精神、传播学术成果、传承学术血脉,我们策划了"上海社科院法学所学术精品文库"。法学所科研人员的重要理论成果和学识智慧,将收入本文库,以期学脉绵延,薪火相传,续写法学所的当代辉煌篇章。本文库主要由两部分组成,一部分是法学所科研人员的重要学术专著,另一部分是法学所青年学术沙龙系列。前者秉持学术为本、优中选优的原则,遴选并最终确定出版的著作,后者是对法学所学术品牌青年法学学术沙龙的整理。在条件成熟时,本文库也将陆续整理出版老一辈法学所专家的代表性作品。

文章千古事,希望纳入文库出版的作品能够不负学术精品之名,服务国家法治建设与社会发展,并能够历经岁月洗礼,沉淀为经世之作。

是为序。

上海社会科学院法学研究所所长、研究员、博士生导师

姚建龙

2020 年 7 月 30 日

目　　录

上编:民法学

下编:商法学

上编　民法学

第一章 民法总论

第一节 民法概述

民法是私法,是我国法律体系中重要的部门法。民事法律的发达程度,在很大程度上反映着一个国家法律发展的总体水平。

一、民法的概念

民法是调整平等主体的自然人、法人和非法人组织之间的人身关系和财产关系的法律规范的总称。

要正确理解民法的概念,需要把握三个关键用语:一是"平等主体"。凡是参与民事活动的主体,无论是自然人、法人还是非法人组织,其法律地位是平等的。当负有公共事务管理职能的国家机关参与民事活动时,其法律地位与一般的自然人、法人或非法人组织仍然是平等的。二是"自然人、法人和非法人组织之间"。民法所调整的法律关系所存在的主体范围,既包括自然人之间、法人之间、非法人组织之间,也包括三者中任意两者之间,还包括多主体参与民事活动时的三者之间。三是"人身关系和财产关系"。人身关系是指人们在社会生活中形成的具有人身属性,与民事主体的人身不可分离,一般不具有直接经济内容的社会关系。民法所调整的人身关系包括人格关系和身份关系两大类:人格关系是指基于民事主体的生命权、健康权、姓名权、肖像权、名誉权、隐私权等人格权利而发生的社会关系；身份关系是指基于民事主体的监护权、亲属权等身份权利而发生的社会关系。财产关系是指人们在社会生产、分配、交换和消费过程中所形成的具有经济内容的社会关系，民法所调整的财产关系只限于平等主体在从事民事活动的过程中所发生的以财产所有和财产流转为主要内容的权利和义务关系。

我国民事立法对于民法的概念和调整内容的表述也经历了一个发展变化的过程。1986 年的《民法通则》第 2 条规定："中华人民共和国民法调整平等主体的公民之间、法人之间、公民和法人之间的财产关系和人身关系"，2017 年的《民法总则》第 2 条规定："民法调整平等主体的自然人、法人和非法人组织之间的人身关系和财产关系。"《民法典》原封不动地沿用了 2017 年的《民法总则》第 2 条的条文。《民法总则》对《民法通则》相关条文的变动体现在三个方面：一是以"自然人"的概念取代"公民"的概念，原因在于，公民指具有某一国国籍并根据该国法律规定享有权利和承担义务的人，而我国民法当然不只约束我国公民，它对于在我国境内参与民事活动的外国人同样具有法律约束力。二是增加了"非法人组织"，适应现实的需要扩充了民事主体的范围。三是将"财产关系和人身关系"更换为"人身关系和财产关系"，体现了新时代民法典对人身权益保护的特别重视。

关于民法的概念，也曾有一段时期的民法通说将其表述为"民法是调整平等主体的自然人、法人和其他组织之间的人身关系和财产关系的法律规范的总称"，这种表述方式为我国《合同法》《担保法》《民事诉讼法》等立法所采用。例如，1999 年的《合同法》第 2 条规定："本法所称合同是平等主体的自然人、法人、其他组织之间设立、变更、终止民事权利义务关系的协议"。但"其他组织"一词没有确定的内涵和外延，不是一个严谨、科学的法律概念，而且将其与"自然人"相并列还容易引发"自然人也是一种组织"的误解。因此，现行《民法典》以"非法人组织"予以替代，有助于更为准确和清晰地表达这种与自然人、法人相并列的第三类民事主体。

二、民法的性质

从公法与私法区分的角度来看,民法是私法,其立法宗旨和主要内容是保护私主体的民事权益,作为其调整对象的民事主体具有平等的法律地位。

公法和私法的划分最早由古罗马法学家乌尔比安提出,后来为大陆法系国家所沿用。伴随着法制的现代化,私法公法化和公法私法化的倾向开始出现。我国现行《民法典》中就有超过 10% 的条文属于公法性质的法律规范,例如《民法典》第 117 条、第 243 条和第 245 条所规定的国家或有关组织对不动产或动产的征收、征用制度等。

然而,公法与私法的区分仍然具有重要意义,二者最大的区别体现在法律理念的不同。在公法领域,权力法定,公权力机关的行为需要法律的明确授权,即"法无授权不可为";在私法领域,奉行私法自治、当事人意思自治的理念,只要没有法律的明文禁止,私主体就能依从自己的意志去自由从事一定的行为而不受公权力的非法干预,即"法无禁止即可为"。

三、民法的渊源

民法的渊源,又称民法的法源,是指民事法律规范的来源或者表现形式。

我国民法的渊源主要有以下几类:1. 法律,包括宪法、民事基本法、民事单行法和其他法律中的民法规范;2. 法规,包括行政法规和地方性法规中的民事规范;3. 规章,包括国务院各部门规章和地方政府规章,规章在法律、法规没有具体规定时可以作为处理纠纷的重要参照规范;4. 司法解释,主要指最高人民法院的民事司法解释;5. 国家政策,民事活动在法律法规没有规定时应当遵守国家政策;6. 民事习惯,它是补充性的法源,仅适用法律没有规定的情形,且不得违背公序良俗。此外,国际条约以及国际惯例也可以成为我国民法的渊源。

四、民法的基本原则

民法的基本原则是贯穿于民法始终的根本准则,无论是进行民事立法,还是对民事法律规范进行解释,以及在民事活动和司法实践中适用民法规范,都要遵守民法的基本原则。

(一) 平等原则

平等原则是指当事人在民事活动中具有平等的法律地位,它要求社会为每一民事主体提供均等的机会,保障其平等地参与民事法律关系。平等原则主要体现在以下几个方面:一是民事主体的民事权利能力平等;二是民事主体在具体民事关系中的地位平等;三是民事主体依法平等地享受权利和负担义务;四是民事主体的合法权益平等地受法律保护;五是民事主体平等地承担民事责任。

(二) 自愿原则

自愿原则又称意思自治原则,是指当事人完全按照自己的意愿,自主地从事民事活动和参与民事关系并对自己的行为负责。当事人在民事活动中,有充分表达自己真实意志的自由和自主决定是否实施、如何实施民事行为的权利,不受他人的非法干涉。当事人有权根据自己的意愿依法设立、变更或终止民事法律关系并对自己的真实意思负责。

(三) 公平原则

所谓公平,就是以利益的均衡作为价值判断标准以调整主体之间的经济利益关系。[①] 公平原则是指当事人在民事活动中应当以公平、

---

① 徐国栋:《民法基本原则解释》,中国政法大学出版社 1992 年版,第 65 页。

正义观念来指导自己的民事行为,平衡当事人之间的利益关系,合理解决当事人之间的纠纷。如果说平等原则比较侧重于强调机会平等和形式公平的话,公平原则可以说是更加侧重于强调结果平等和实质公平。以合同为例,契约自由本是我国合同法上的一项基本原则,而选择相对人的自由是契约自由的重要内容,但在公平原则的指引下,一些民事主体选择合同相对人的自由要受到诸多的限制(如法律所明确规定的邮政、电信、供电、供水、供气、铁路、民航等公用事业领域的强制缔约义务等),以切实实现实质公平,确保当事人之间在利益均衡的前提下公平合理地享有民事权利和承担民事义务。

(四)诚实信用原则

诚实信用原则是指当事人在民事活动中应当讲究信用,恪守诺言,诚实不欺,在追求自己利益的同时不损害他人和社会利益,善意地行使权利和履行义务,注重维持当事人各方的利益以及当事人利益与社会利益的平衡。诚实信用原则主要体现在以下几个方面:一是民事主体在民事活动中要诚实,进行正当竞争,不弄虚作假,不欺诈;二是民事主体应善意行使权利,不以损害他人和社会利益的方式来获取私利;三是民事主体应信守诺言,不擅自毁约,严格按法律规定和当事人的约定履行义务,兼顾各方利益;四是在当事人约定不明确或者订约后客观情形发生重大改变时,应依诚实信用的要求确定当事人的权利义务和责任。诚实信用原则既是一项古老的原则,也在现代民法中具有重要地位,被称为是民法中的"帝王原则"或"帝王条款"。

(五)守法和公序良俗原则

守法和公序良俗原则是指当事人在民事活动中应当遵守法律规范、社会公共秩序和善良风俗,不得损害社会公德,不得损害社会利益和国家利益。守法和公序良俗原则是民法的一项基本原则,违背法律强制性规定的行为和违反公序良俗的行为,均应归于无效。

（六）绿色原则

绿色原则是指民事主体从事民事活动,应当有利于节约资源、保护生态环境。将资源节约和生态环境保护作为民法的基本原则写进《民法典》,这是我国《民法典》的独创,体现了我国民法对绿色发展理念的贯彻。我国《民法典》不仅规定了作为民法基本原则的绿色原则,还着力将该原则贯彻到各分编的具体内容中,例如在"物权编"提出不得违反国家规定弃置固体废物和排放有害物质,强调设立建设用地使用权应当符合节约资源保护生态环境的要求;在"合同编"规定当事人在履行合同过程中应当避免浪费资源、污染环境和破坏生态;在"侵权责任编"用专门章节对污染环境和破坏生态的侵权责任作出规定等。

除以上原则之外,一些国家还将"禁止权利滥用"规定为民法的一项基本原则,如《日本民法典》第1条明确规定"权利不得滥用"。对此,我国《民法典》"总则编"第5章"民事权利"中第132条所规定的"民事主体不得滥用民事权利损害国家利益、社会公共利益或者他人合法权益"实质上体现了"禁止权利滥用"原则。而且,滥用权利的行为往往同时既违反了公平原则和诚实信用原则,也不符合公序良俗的要求。因此可以说,我国《民法典》虽然未将"禁止权利滥用"规定为民法的一项基本原则,但该项原则的内容已为我国民法的其他基本原则所吸收。

第二节　我国民法的历史沿革

公法与私法的严格区分是大陆法系的传统和特色。在英美法系国家,没有清晰而明确的民法的概念,与大陆法系民法相对应的法律规范体现在财产法(Property Law)、合同法(Contract Law)和侵权法(Tort Law)等部门法之中。而在大陆法系国家,1804年公布施行的《法国民法典》是世界上第一部近代民法典,它确立了所有权绝对、契约自由和过失责任三大基本原则;1896年公布的《德国民法典》是二百年以来影响最大的民法典,其在潘德克顿法学的影响下创立的民法典五编制结构体现了当时民法理论和立法技术的最高成就;1898 年公布的《日本民法典》是亚洲历史上第一部系统、完整的近代民法典,也是在我国民法近代化过程中影响深远的一部民法典。

一、1949 年之前的民法典编纂

我国传统法律制度的特点就是诸法合体、民刑不分。我国民法文化不发达的主要原因在于:长期保守的自然经济抑制了民法的发展;封建专制枷锁束缚了民法精神中权利意识的产生和传播;乡土社会的浓郁气息排斥了民法存在并调整社会关系的必要;宗法制的家庭本位抹杀了作为民事主体之个人的合理存在。此外,法律之陈陈相因、保守、孤立和自我封闭;强大的皇权效应无从控制的自我膨胀;无所不在的习惯法的顽强生命力;儒家文化主流影响下的传统法律思想的反叛者极少等,均是造就身份不平等,充满了权利差别的中国古代法的缘由。[①]

到了清朝末年,社会政治、经济发展与传统法制间存在着尖锐矛盾,这种矛盾构成推进法制改革的根本缘由;而废除不平等条约、收回治外法权的迫切需要成为推动法制改革的直接动因。在清末法制改革中,我国历史上第一部近代民法典草案的制定拉开了序幕。其后中华民国的建立,更为民法的近代化和法典化铺平了道路。

(一)《大清民律(草案)》

1902 年清政府任命沈家本、伍廷芳为修订法律大臣,开始变法修律。1908 年修订法律馆聘请日本法学家松冈义正为顾问,正式起草民法。1911 年 9 月完成《大清民律(草案)》的编纂,该草案共 5 编 1569

---

① 曹诗权、陈小君、高飞:《传统文化的反思与中国民法法典化》,载《法学研究》1998 年第 1 期。

条,是我国民法史上第一部按照资本主义民法原则起草的民法典草案。它不仅在体例上克服了我国古代法制民刑不分、诸法合体的缺陷,初步形成独立、系统、完整的民法典,而且在内容上确立和贯彻了近代民法的基本原则,从而奠定了近代法制的基础。这部民法典草案虽然随着清政府的崩溃而夭折,但它作为我国民法近代化的开端,对我国后来的民法典编纂事业有重要的影响。

(二)《民国民律(草案)》

中华民国北洋政府时期设立法律编查会(后改为修订法律馆)来进行民律的起草和修订。1926年,修订法律馆完成全部民律草案的起草工作,这部民律草案共5编1522条,是继《大清民律(草案)》之后我国历史上第二部比较系统和完整的民法典草案。虽然这部民律草案由于政治的原因也未能通过,但民国司法部曾通令各地法院将其作为条例适用,因此对当时的司法实践起到了一定的指导作用,同时它在我国近代民法发展史上承上启下,起到了重要的过渡性作用。

(三)《中华民国民法》

中华民国南京国民政府在立法院成立民法起草委员会负责起草民法,从1929到1930年完成民法典的编纂,后通过并颁布实施。《中华民国民法》共5编1226条,是我国历史上第一部颁布实施的民法典。《中华民国民法》制定之时,政治、经济的发展为民法近代化的完成奠定了基础;法学比较繁荣,法律人才比较丰富,且积累了一定的立法经验,这为民法近代化的完成创造了条件;立法过程中所进行的广泛而深入的法律移植为民法近代化的完成开辟了道路;立法者在引进西方先进法律制度的同时,对本国法律传统和法律习惯采取"既重视,又不固守"的正确态度,为民法近代化的完成指明了方向;科学合理而又富有逻辑的法典编制结构和简明准确、通俗易懂的法典语言为民法近代化的完成在形式上提供了保证。同时,法典的实施及其对后世的影响凸显了民法近代化完成的深远意义。因此,《中华民国民法》可视为我国民法近代化完成的标志。①

二、1949 年至 2014 年的民法典编纂

1949 年 9 月，中国人民政治协商会议第一次会议通过了具有临时宪法性质的《中国人民政治协商会议共同纲领》，宣布废除国民党的"六法全书"。中华人民共和国成立后至 2014 年，先后进行了四次比较系统的民法典草案的起草活动。

（一）1956 年民法草案

1954 年，第一届全国人大常委会组建了民法起草小组，着手我国民法典的起草工作。经过两年多时间的努力，民法起草小组于 1956 年 12 月完成了由总则、所有权、债、继承四篇组成的"《民法（草案）》"。该草案将亲属编排斥于民法典之外，不规定物权而仅规定所有权，不使用自然人概念而代之以公民概念等，体现了对 1922 年苏俄民法典的全面模仿。

（二）1964 年民法草案

全国人大常委会于 1962 年 9 月成立民法研究小组，重新启动民法起草工作，至 1964 年 7 月《民法（草案）》正式完成。该草案的内容包括总则、财产的所有和财产的流转 3 编，共计 24 章 262 条。这部民法草案体现了高度集中的计划经济体制的特征，它在内容上一方面将继承和侵权行为排除在外，另一方面却又将预算、税收等财政法律关系及劳动工资报酬等劳动法律关系纳入法典，是一部很不成熟的民法草案。

（三）1982 年民法草案

十一届三中全会以后，民法典的制定工作再次被提上了议事日程。

---

① 孟祥沛：《中日民法近代化比较研究》，法律出版社 2006 年版，第 133—134 页。

1979 年,全国人大常委会成立了法制工作委员会,组建了由有关部门和高校政法院系、研究机构专家参加的民法起草小组,着手进行民法起草工作,到 1982 年 5 月,先后草拟完成了 4 稿《民法(草案)》,其中,1982 年 5 月完成的《民法(草案)》(第 4 稿)包括民法的任务和基本原则、民事主体、财产所有权、合同、智力成果权、财产继承权及其他规定 8 编,共计 43 章 465 条。

(四)2002 年民法草案

1998 年 3 月,全国人大常委会法律工作委员会委托江平、王家福等九人成立民法起草工作小组,负责中国民法典的编纂和物权法草案准备工作。工作小组于 2002 年 10 月完成《民法(草案)》,该草案共1299 条,分为九编,即总则、物权法、合同法、人格权法、婚姻法、收养法、继承法、侵权责任法、涉外民事关系的法律适用法。同年 12 月 23日,九届全国人大常委会第 31 次会议对《民法(草案)》进行了审议,由此,这部草案成为中华人民共和国成立以来第一部进入立法程序的民法草案。

三、2014 年之后的民法典编纂

2014 年 10 月 23 日,中共十八届四中全会通过《中共中央关于全面推进依法治国若干重大问题的决定》,明确提出要"编纂民法典"。编纂民法典是坚持和完善中国特色社会主义制度的现实需要,是推进全面依法治国、推进国家治理体系和治理能力现代化的重大举措,是坚持和完善社会主义基本经济制度、推动经济高质量发展的客观要求,是增进人民福祉、维护最广大人民根本利益的必然要求。

2015 年 3 月以来,全国人大常委会法制工作委员会牵头成立了由最高人民法院、最高人民检察院、国务院法制办、中国社会科学院、中国法学会 5 家单位参加的民法典编纂工作协调小组,并组织了工作专班开展民法典编纂工作。

按照全国人大及其常委会的计划,民法典编纂工作按照"两步走"的工作思路进行。2017 年 3 月 15 日,全国人大通过《中华人民共和国民法总则》,完成了民法典编纂工作的第一步,为民法典编纂奠定了坚实基础。2020 年 5 月 28 日,全国人大通过了《中华人民共和国民法典》(以下简称《民法典》)。《民法典》是我国全面依法治国、建设中国特色社会主义法治体系的重大标志性成果,它的颁布实施是我国民事立法史上一个重要的里程碑。

我国《民法典》共 1260 条,由总则、物权、合同、人格权、婚姻家庭、继承、侵权责任 7 编和附则组成。《民法典》系统整合了中华人民共和国成立 70 多年来长期实践形成的民事法律规范,汲取了中华民族 5000 多年优秀法律文化,借鉴了人类法治文明建设有益成果,是一部体现我国社会主义性质、符合人民利益和愿望、顺应时代发展要求的民法典,是一部体现对生命健康、财产安全、交易便利、生活幸福、人格尊严等各方面权利平等保护的民法典,是一部具有鲜明中国特色、实践特色、时代特色的民法典。

第三节　民事主体

民事主体是指依照民事法律规范具有参与民事法律关系的资格并以自己的名义享有民事权利和承担民事义务的自然人、法人和非法人组织。

一、自然人

民法上的自然人是指基于自然状态出生的、具有民事主体地位的、与法人和非法人组织相对应的、能够享有民事权利和承担民事义务的个人。

（一）自然人的民事权利能力

自然人的民事权利能力是指法律赋予自然人享有民事权利和承担民事义务的资格。自然人的民事权利能力一律平等，它是享有权利资格与承担义务资格的有机统一。

自然人的民事权利能力原则上始于出生。对于出生时间的认定，学界存在一部露出说、全部露出说、断脐说、初啼说、独立呼吸说等不同观点。大陆法系国家较多采用独立呼吸说，其合理性在于以独立呼吸作为判断出生时间的标准，胎儿在与母体完全分离的情况下，开始自己的独立呼吸，这才表明了一个真正独立生命体的存在。[①] 但也有学者认为，"法律不能仅仅考虑纯粹医学上的合理性，而应当从保护人的存在为出发点，因此，应选择在以上各种学说中出生最早的时间为法律上的出生时间。"[②]

胎儿尚未出生，本来不应享有民事权利能力，但为了对其民事权益进行必要的保护，有条件地赋予胎儿一定的民事权利能力成为现今世界各国的通行做法。对此，我国《民法典》规定："涉及遗产继承、接受赠与等胎儿利益保护的，胎儿视为具有民事权利能力。但是，胎儿娩出时为死体的，其民事权利能力自始不存在。"事实上，除了遗产继承和接受赠与两种情形外，胎儿受到损害时的赔偿请求权问题也应引起民事立法的重视。

自然人的民事权利能力终于死亡，民法上的死亡包括自然死亡和拟制死亡两种形态。自然死亡也叫生理死亡，是自然状态上人的生命的终止。对于死亡时间的认定，学界存在脉搏停止说、心脏搏动停止说、呼吸停止说、脑电波消失说等不同观点，其中，脑电波消失说即脑死亡说目前为世界大多数国家所采纳。拟制死亡也叫宣告死亡，它并非指自然人的真正死亡，而是在符合一定条件时所宣告的自然人在法律上的死亡。

---

① 郑云瑞：《民法总论》（第九版），北京大学出版社 2021 年版，第 160 页。
② 李永军：《民法学教程》，中国政法大学出版社 2021 年版，第 47 页。

自然人死亡之后不再具有民事权利能力。但在一些特殊情况下，民法对自然人死后的某些民事权益也进行保护。例如，当死者的姓名、肖像、名誉、荣誉、隐私、遗体等受到侵害的，其配偶、子女、父母以及其他近亲属有权依法请求行为人承担民事责任。

可见，自然人从出生时起到死亡时止，具有民事权利能力，依法享有民事权利，承担民事义务。而同时，我国《民法典》也对胎儿和死者的一些特殊民事权益提供法律保护，这种保护已超越了生和死的界线。

（二）自然人的民事行为能力

自然人的民事行为能力指自然人能以自己的行为取得民事权利和承担民事义务的能力，是自然人可以独立进行民事活动的能力或者资格。根据自然人的年龄与智力状况，可以将自然人的民事行为能力分为三类。

1. 完全民事行为能力

完全民事行为能力是指自然人可以完全独立地进行民事活动、以自己的行为取得民事权利和承担民事义务的资格。

一方面，完全民事行为能力人应当符合年龄条件的要求。自然人的意识能力是随着年龄的增长而逐渐健全的，因此年龄可以作为认定和划分民事行为能力的重要标准。一般情况下，18周岁以上的成年人具有完全民事行为能力，可以独立进行民事活动，是完全民事行为能力人；特殊情况下，16周岁以上不满18周岁的未成年人，如果以自己的劳动收入为主要生活来源，也被视为完全民事行为能力人。

另一方面，完全民事行为能力人应当符合精神状况条件的要求。虽然年龄可以作为认定民事行为能力的标准，但如果以之为唯一的标准，则难免失之偏颇，因为有些人即使达到成人年龄，但由于患有疾病导致智力低下或精神不正常，仍然不能理智地判断和从事民事行为，对这类人当然不能赋予完全的民事行为能力。因此，完全民事行为能力人还必须精神状况健康正常，能够正确理解法律规范和社会生活共同规则，理智地实施民事行为。

完全民事行为能力人可以独立实施民事法律行为,并以自己所实施的民事法律行为取得民事权利或承担民事义务。

2. 限制民事行为能力

限制民事行为能力是介于完全民事行为能力和无民事行为能力之间的一种情况,是因年龄和精神状况的原因而对某些自然人的民事行为能力予以的限制。限制民事行为能力人包括两类人:一类是8周岁以上的未成年人,另一类是不能完全辨认自己行为的成年人。

限制民事行为能力的法律后果体现在:限制民事行为能力人一般不能像完全民事行为能力人那样独立实施民事法律行为,其所实施的民事法律行为,必须由其法定代理人代理或者经其法定代理人同意、追认后方为有效。但是,在两种例外情况下,限制民事行为能力人也可以独立实施民事法律行为:一是纯获利益的民事法律行为。纯获利益行为就是无需支付对价而单纯获得利益的行为,如接受奖励、接受无条件的赠与等;二是与其年龄、智力、精神健康状况相适应的民事法律行为。这里所谓"相适应的民事法律行为",对于8周岁以上的未成年人来说,主要是与其年龄、智力相适应的民事法律行为;对于不能完全辨认自己行为的成年人来说,主要是与其精神健康状况相适应的民事法律行为。

3. 无民事行为能力

无民事行为能力是指自然人不具有以自己的行为取得民事权利和承担民事义务的资格。

无民事行为能力人包括三类人:一是不满8周岁的未成年人。不满8周岁的未成年人,一般来说处于生长、发育的初级阶段,智力水平普遍较低,虽然现实生活中,不满8周岁的未成年人的智力水平相差较大,不否认个别儿童的智力水平较高,但总体来说,他们仍难以具有综合的认识能力和判断能力,不宜独立进行民事行为,故将他们归为无民事行为能力人,统一由其法定代理人代理实施民事行为。二是不能辨认自己行为的成年人。三是8周岁以上不能辨认自己行为的未成年人。后两类情况都是对精神状况的限定。不能辨认自己行为的精神病人由于其心智丧失,不具有识别能力和判断能力,法律将其规定为无民

事行为能力人,由其法定代理人代理实施民事行为,也是为了保护他们
的自身利益。

值得思考的是,无民事行为能力人能否独立实施纯获利益的民事
法律行为? 1988 年最高人民法院发布的《关于贯彻执行〈中华人民共和
国民法通则〉若干问题的意见》规定:"无民事行为能力人、限制民事行为
能力人接受奖励、赠与、报酬,他人不得以行为人无民事行为能力、限制
民事行为能力为由,主张以上行为无效",由此承认无民事行为能力人纯
获利益行为的有效性。但现行《民法典》只对限制民事行为能力人规定
了纯获利益行为的有效性,而不承认无民事行为能力人纯获利益行为的
有效性,这不利于维持法律规范的连续性和稳定性,而且从立法目的来
看,民法设立未成年人不完全民事行为能力制度的目的在于保护未成年
人财产的安全,通过限制其对财产的管理和处分,以避免因自己认识能
力的不足而遭受不合理的损害。纯获利益行为与此立法的目的并不冲
突,法律没有必要对无民事行为能力人纯获利益行为的效力予以限制。

(三) 监护

监护是为了保护无民事行为能力人和限制民事行为能力人而由特
定的自然人或组织对其人身、财产和其他合法权益予以监督、管理和保
护的制度。监护人所享有的监护权是对被监护人的人身利益和财产利
益进行监督、管理和保护的身份权。

监护人应当履行监护职责,保护被监护人的人身、财产及其他合法
权益,除为被监护人的利益外,不得处理被监护人的财产。监护人依法
履行监护的权利,受法律保护。监护人如果不履行监护职责或者侵害
被监护人的合法权益,应当承担责任,给被监护人造成财产损失时应当
赔偿损失。于此情形,人民法院可以根据有关人员或单位的申请,撤销
监护人的资格。

1. 法定监护

法定监护是指根据法律的直接规定而设立监护人的监护。

对于未成年人,父母是其法定的监护人。如果未成年人的父母已

经死亡或者没有监护能力的,由下列有监护能力的人按顺序担任监护人:一是祖父母、外祖父母;二是兄、姐;三是经未成年人住所地的居民委员会、村民委员会或者民政部门同意的其他愿意担任监护人的个人或者组织。

对于无民事行为能力或者限制民事行为能力的成年人,由下列有监护能力的人按顺序担任监护人:一是配偶;二是父母或其成年子女;三是其他近亲属;四是经被监护人住所地的居民委员会、村民委员会或者民政部门同意的其他愿意担任监护人的个人或者组织。

2. 遗嘱监护

遗嘱监护是指由被监护人的父母作为监护人通过遗嘱方式为其未成年子女指定监护人的制度。基于父母与子女之间最为亲密的血缘关系,允许父母通过遗嘱方式为其子女指定监护人,以解决父母因死亡而无法继续履行监护职责时未成年子女的监护问题,有利于最大限度地保护被监护人的合法权益,并为其健康成长创造良好的环境。同时,允许父母通过遗嘱方式指定监护人,既是对父母亲权的尊重,也体现了现代民法的人文关怀精神。

3. 协议监护

协议监护是指由具有监护资格的人以协议形式确定由其中一人或者数人担任监护人从而形成的监护。在协议确定监护人时,处于不同监护顺序的具有监护资格的人均可平等参与协商并以协议方式对监护人进行选任。协议监护人的确定还应当尊重被监护人的真实意愿。

4. 指定监护

指定监护是指在没有法定监护人,或者具有监护资格的人之间对担任监护人有争议时,根据有关组织或者人民法院的指定而设立的监护。

当具有监护资格的人之间对监护人的确定发生争议,即具有监护资格的多人都愿意担任监护人或者都不愿意担任监护人时,由被监护人住所地的居民委员会、村民委员会或者民政部门指定监护人。有关当事人对指定不服时,可以向人民法院申请指定监护人。当然,有关当事人也可以直接向人民法院申请指定监护人。

5. 临时监护

临时监护是指当监护人确定存在争议时,在监护人确定之前,为保护被监护人的利益而临时设立的监护。当监护人不能确定时,被监护人的人身权利、财产权利以及其他合法权益处于无人保护的状态,此时由被监护人住所地的居民委员会、村民委员会、法律规定的有关组织或者民政部门担任临时监护人。

此外,因发生突发事件等紧急情况,监护人暂时无法履行监护职责,以至被监护人的生活处于无人照料状态时,被监护人住所地的居民委员会、村民委员会或者民政部门应当为被监护人安排必要的临时生活照料措施,此时也相当于承担了临时监护的职责。

6. 单位监护

单位监护是指当依法具有监护资格的人缺失时,依法由有关单位直接担任监护人从而设定的监护。对于此种情况,我国法律规定监护人由民政部门担任,也可以由具备履行监护职责条件的被监护人住所地的居民委员会、村民委员会担任。

7. 意定监护

意定监护,是指具有完全民事行为能力的成年人可以与其近亲属、其他愿意担任监护人的个人或者组织通过事先协商以书面形式确定自己监护人从而设定的监护。意定监护设立后,当该成年人丧失或者部分丧失民事行为能力时,由协商确定的监护人履行监护职责。意定监护制度弥补了法定监护制度的不足,体现了对民法意思自治原则的最大尊重。

(四) 宣告失踪和宣告死亡

宣告失踪和宣告死亡是指为了消除因自然人下落不明而引起的该自然人与他人的人身关系和财产关系的不确定状态,根据法律规定的条件和程序,确认自然人下落不明的事实状态或者推定自然人死亡的法律制度。

1. 宣告失踪

宣告失踪是指当自然人下落不明达到一定期限时,为保护其财产利益,经利害关系人申请,由人民法院将其宣告为失踪人并为其设定指定代管人的制度。

根据法律规定,我国宣告失踪须具备三个条件:一是须有自然人下落不明满2年的事实。如果是战争期间下落不明的,下落不明的时间从战争结束之日起计算。二是须由利害关系人向法院提出申请。三是须由人民法院依法定程序宣告。

宣告失踪所产生的法律后果是为失踪人指定财产代管人。失踪人的财产由其配偶、成年子女、父母或者其他愿意担任财产代管人的人代管。如果没有符合资格的代管人或者有代管资格的多人对代管有争议时,由人民法院指定代管人。

被宣告失踪的人重新出现或者确知其下落时,经本人或者利害关系人申请,人民法院应当撤销对他的失踪宣告,失踪人有权请求财产代管人及时移交有关财产并报告财产代管情况。

2. 宣告死亡

宣告死亡是指当自然人下落不明达到一定期限时,经利害关系人申请,由人民法院宣告其死亡的制度。

自然人下落不明满4年,或者自然人因意外事故下落不明,从事故发生之日起满2年时,利害关系人可以向人民法院申请宣告其死亡。战争期间下落不明的,下落不明的时间从战争结束之日起计算。

相对于自然死亡而言,宣告死亡是对死亡的推定,是一种拟制死亡,但它与自然死亡产生同样的法律后果。对于被宣告死亡的人,人民法院宣告死亡的判决作出之日即视为其死亡的日期;因意外事件下落不明宣告死亡的,意外事件发生之日视为其死亡的日期。

被宣告死亡的人重新出现或者确知其没有死亡时,经本人或者利害关系人申请,人民法院应当撤销对他的死亡宣告。有民事行为能力的人在被宣告死亡期间所实施的民事法律行为有效。被撤销死亡宣告的人有权请求返还财产。但在人身关系方面须注意两点:一是被宣告死亡的人的婚姻关系,自死亡宣告之日起消除。死亡宣告被撤销的,婚姻关系自撤销死亡宣告之日起自行恢复。但是,其配偶再婚或者向婚姻登记机关书面声明不愿意恢复的除外。二是被宣告死亡的人在被宣告死亡期间,其子女被他人依法收养的,在死亡宣告被撤销后,不得以未经本人同意为由主张收养行为无效。

二、法人

法人是指具有民事权利能力和民事行为能力,依法独立享有民事权利和承担民事义务的组织。

(一)法人的本质

关于法人的本质,学术界主要存在拟制说、否认说和实在说三种观点。

1. 法人拟制说

法人拟制说认为,自然人才是权利义务的主体,法人只不过是出于需要,法律将其拟制为自然人以确定团体利益的归属。主张法人拟制说的代表人物是德国历史法学派的萨维尼,该学说曾长期处于通说地位,并为德国民法和日本民法所接受。

2. 法人否认说

法人否认说主张非自然人不得成为权利主体,不承认法人的独立人格,排斥法人观念,从实证的角度认为法人并不是实际存在的民事主体。根据法人否认说,法人财产要么是属于一定自然人的财产,要么是无主财产。否认说可分为无主财产说、受益人主体说、管理人主体说三种观点。

3. 法人实在说

法人实在说肯定法人作为社会存在的社会现实,认为法人是一种客观独立存在的权利主体。该学说在承认法人作为民事主体的基础上分为法人有机体说和法人组织体说两种。其中,法人组织体说认为法人是一种区别于其成员个体意志和利益的组织体,是权利主体在法律上的组织体。该学说为越来越多的国家所接受,我国《民法典》第 57 条所规定的"法人是具有民事权利能力和民事行为能力,依法独立享有民事权利和承担民事义务的组织"基本采认了法人组织体说的理论。

(二)法人的分类

依据不同的分类标准可以对法人进行不同的分类。我国《民法典》将法人分为营利法人、非营利法人和特别法人三类。其中,营利法人包括有限责任公司、股份有限公司和其他企业法人等;非营利法人包括事业单位、社会团体、基金会、社会服务机构等;特别法人包括机关法人、农村集体经济组织法人、城镇农村的合作经济组织法人、基层群众性自治组织法人等。

1. 公法人和私法人

以法人设立所依据的法律为标准可以将法人分为公法人和私法人。公法人是根据公法而设立的拥有一定公共权力的法人;私法人是根据私法而设立的法人。虽然公法人在特殊情况下也参与民事活动,但私法人才是民法的研究对象。

2. 社团法人和财团法人

私法人可以分为社团法人和财团法人,这是以成立基础为标准而进行的划分。社团法人是以成员的组合为成立基础所设立的法人,如公司、协会等;财团法人是以财产的集合为成立基础所设立的法人,其设立是为了实现学术资助、慈善救助等特定社会公益目的。

3. 营利法人和非营利法人

营利法人和非营利法人往往是对社团法人的分类。营利法人是指以取得经济利益并分配给出资人、设立人或者会员为目的而成立的法人;非营利法人是指为公益目的或者其他非营利目的成立,不向出资人、设立人或者会员分配所取得利润的法人。

4. 企业法人和非企业法人

在《民法典》出台之前,我国《民法通则》将法人分为企业法人和非企业法人。企业法人是指以营利为目的从事生产和经营活动的经济组织;非企业法人是指企业之外的其他类别的法人,包括机关法人、事业单位法人和社会团体法人等。

(三)法人的成立要件

法人的成立须具备以下要件:一是依法成立。法人的设立必须合法,其设立的目的与宗旨要符合国家和社会公共利益的要求,其组织机构、经营范围、经营方式以及设立程序和设立方式等都要符合国家法律和政策的要求。二是有必要的财产和经费。拥有必要的财产和经费是确保法人独立享有民事权利和承担民事义务的物质基础,因此,营利法人必须有必要的财产,而非营利法人和特别法人也必须有必要的经费。三是有自己的名称、组织机构和场所。法人的名称是法人独立人格的基本标志,它既可以将法人与其他组织以及将法人与法人成员区别开来,也可以将特定法人与其他法人区别开来。法人必须具备一定的组织机构,这是法人实现独立意志并独立享有民事权利和承担民事义务的组织保证。法人场所是法人开展业务活动的必要条件。四是能够独立承担民事责任。法人作为独立的民事主体,必须能够以自己的财产对外独立承担民事责任。

(四)法人的民事权利能力和民事行为能力

1. 法人的民事权利能力

法人的民事权利能力指法人能够以自己的名义独立享有民事权利和承担民事义务的资格。法人的民事权利能力始于成立,终于消灭。与自然人的民事权利能力相比,一方面,因民事权利能力受法人自然属性的限制,法人并不享有如生命权、身体权、健康权、隐私权、亲权、配偶权等与自然人属性密切相关的人格权和身份权。另一方面,法人的民事权利能力又受法人宗旨以及法律和行政法规的限制,不同法人在民事权利能力的内容和范围上存在差别,与自然人民事权利能力的平等性不同,法人的权利能力存在差异性。

2. 法人的民事行为能力

法人的民事行为能力指法人以自己的意思独立进行民事活动的能力,即法人通过自己的独立行为取得民事权利和承担民事义务的能力。法人的民事行为能力与其民事权利能力在存续时间上是一致的,始于成立,终于消灭。与自然人的民事行为能力不同,法人作为一个组织无法直接表达意志,其民事行为能力是通过法人机关或者代表人实现和实施的。同时,法人的民事行为能力与其民事权利能力在范围上具有一致性,不同法人的民事行为能力存在一定的差别。

(五)法人机关

法人机关指根据法律或者法人章程的规定,以法人的名义对内管理法人事务,对外代表法人进行民事活动的集体或个人。法人机关是法人组织体的核心,它承担着形成法人意思和代表法人活动的重要职能。

法人机关通常分为以下几种类型:一是意思机关。意思机关也称权力机关或决策机关,是法人自身意思的形成机关,是决定法人生产经营或者业务管理的重大事项的机关。二是执行机关。执行机关是执行法人权力机关决定的机关,是执行法人意志的机关。三是监督机关。监督机关是为保障法人意志得以顺利实现而对法人执行机关的行为实行监督的机关。四是代表机关。代表机关是代表法人对外从事民事活动和诉讼活动的机关,是法人的意思表示机关。法人的法定代表人是法人的代表机关。

(六)法人的变更、消灭和清算

法人的变更指法人成立后在其存续期间内发生的组织体、组织形式以及其他事项的变动,如法人合并、法人分立、法人组织形式的改变以及某些法人登记事项的变更等。

法人的消灭也称法人的终止,指法人丧失民事主体资格,其民事权利能力和行为能力终止,如企业法人依法被撤销、法人解散、法人依法被宣告破产等。

法人的清算指法人消灭时由依法成立的清算组织依职权清理并消灭法人全部财产关系的过程。

三、非法人组织

非法人组织,是指不具有法人资格但是能够依法以自己的名义从事民事活动的组织,它是我国《民法典》所规定的与自然人、法人相并列的第三类民事主体。非法人组织包括个人独资企业、合伙企业、不具有法人资格的专业服务机构等。

(一)个人独资企业

个人独资企业,是指由一个自然人投资,财产为投资人个人所有,投资人以其个人财产对企业债务承担无限责任的经营实体。

(二)合伙企业

合伙企业是民事主体作为合伙人通过订立合伙协议所依法设立的,由各合伙人共同出资、合伙经营、共享收益、共担风险的营利性组织。设立合伙企业的民事主体既可以是自然人,也可以是法人或非法人组织。

合伙企业包括普通合伙企业和有限合伙企业两种形式。普通合伙企业由普通合伙人组成,合伙人对于合伙企业的债务承担无限连带责任;有限合伙企业由普通合伙人和有限合伙人组成,普通合伙人对于合伙企业的债务承担无限连带责任,而有限合伙人以其认缴的出资额为限对于合伙企业的债务承担责任。

(三)不具有法人资格的专业服务机构

不具有法人资格的专业服务机构是指拥有某方面的专门知识,能够在相关专业领域内提供服务,但并不能依据法人的设立条件登记为法人的社会组织。

第四节　法律行为

法律行为即民事法律行为，是指自然人、法人或非法人组织等民事主体所实施的以设立、变更、终止民事权利和民事义务关系为目的且以意思表示为要素的行为。法律行为是民事行为的下位概念，除了法律行为外，民事行为还包括准法律行为和事实行为。

我国 1986 年的《民法通则》将民事法律行为的含义界定为"公民或者法人设立、变更、终止民事权利和民事义务的合法行为"，这是盲目抄袭前苏联民法理论和民事立法的结果，它过分压缩了民事法律行为的内容和范围，存在诸多不当之处。对此，我国《民法典》将民事法律行为的含义界定为"民事主体通过意思表示设立、变更、终止民事法律关系的行为"，一方面强化了意思表示的内容，另一方面抛弃了对民事法律行为合法性的要求。

一、法律行为的分类

（一）单方行为和双方或多方行为

根据法律行为主体的多少可以将法律行为分为单方行为、双方或多方行为。单方行为是指仅有一方当事人的意思表示即可成立的法律行为，如免除债务、设立遗嘱、授予代理权、抛弃财产等；双方或多方行为是指须有两个或两个以上的民事主体意思表示一致方能成立的法律行为，如订立合同等。

（二）有偿行为和无偿行为

根据法律行为是否需要支付对价可以将法律行为分为有偿行为和无偿行为。有偿行为是指民事主体取得权利时必须支付对价的法律行为,如买卖、租赁等;无偿行为是指一方当事人取得权利时不必支付对价的法律行为,如无条件赠与、无偿借用等。有偿行为和无偿行为的区分仅存在于财产性的双方或多方行为之中。

(三)诺成行为和实践行为

根据法律行为的成立是否以标的物的实际交付为要件可以将法律行为分为诺成行为和实践行为。诺成行为也称不要物行为,是指只要当事人各方的意思表示一致即可成立的法律行为,如买卖、租赁、互易等;实践行为也称要物行为,是指除当事人各方的意思表示需要一致外,还须有标的物的实际交付才能成立的法律行为,如借用、保管、定金保证等。

(四)要式行为和不要式行为

根据法律行为是否须采取法律规定的特定形式可以将法律行为分为要式行为和不要式行为。要式行为是指法律明确规定必须采用特定形式才能成立的法律行为,如订立融资租赁合同、建设工程合同、技术开发合同、技术转让合同等法律行为都必须采取书面形式方能成立;不要式行为是指法律未规定特定形式,当事人可以自由选择形式的法律行为。在契约自由原则的指导下,现代民法以不要式行为为原则,以要式行为为例外。

(五)身份行为和财产行为

根据法律行为内容和标的物的不同可以将法律行为分为身份行为和财产行为。身份行为是指民事主体所实施的以设立、变更、终止身份关系为目的的法律行为,如结婚、离婚、收养等;财产行为是指民事主体所实施的以设立、变更、终止财产关系为目的的法律行为,如买卖、抛弃财产等。

二、法律行为的形式

基于民事主体意思表示方式的不同,可以将法律行为的形式分为明示和默示两大类。

(一) 明示形式

明示方式是指行为人以口头、书面等方式明确地表达了自己设立、变更、终止民事法律关系的意志和愿望从而构成意思表示的形式。明示方式可细分为口头形式、书面形式和其他形式。

1. 口头形式

口头形式是指民事主体以直接对话方式进行意思表示。以口头形式实施法律行为具有简便易行的特点,在日常生活中应用得十分广泛。但口头形式在发生纠纷时难以举证,不容易分清责任,因此一般只能适用于标的数额较小、能即时清结、法律关系简单的法律行为。

2. 书面形式

书面形式是指民事主体以书面文字的方式进行意思表示。书面形式包括合同书、信件、电报、电传、传真、电子数据交换和电子邮件等。由于以书面形式实施法律行为可以将当事人之间的权利义务关系明确地记录下来,容易保存证据,方便发生争议时进行举证,因此,书面形式一般适用于法律关系比较复杂、不能即时清结或者标的数额较大的法律行为。

3. 其他形式

其他形式是指视听资料形式以及公证、登记、审核批准等须经特定手续完成意思表示的形式。

(二) 默示形式

默示形式是指行为人没有以口头、书面等方式明确表示自己的意志和愿望,但根据法律规定、当事人约定或交易习惯等可以从其作为或不作为的行为中推断其意思的形式。一般来说,民事主体即使未使用口头或书面形式表达其意思,但如果实施了某种有目的、有意识的积极行为,即可由此行为来推定其意思。例如,当公共汽车在车站站台停靠时,乘客实施了上车并投币购票的行为,即可推定其乘车的意思表示,由此该乘客与公交公司成立交通运输法律关系。但在特殊情况下,当事人即使保持沉默,未主动实施任何行为,但根据法律规定也可以推定其具有明确的意思表示。例如,根据《民法典》第 1124 条的规定,继承人在继承开始后至遗产处理前,未作出放弃继承表示的,视为接受继承;受遗赠人在知道受遗赠后 60 日内未作出接受或者放弃受遗赠表示时,视为放弃受遗赠。

三、法律行为的有效要件

有效的民事法律行为一般应具备以下条件。

(一) 行为人具有相应的民事行为能力

行为人具有相应的民事行为能力是法律行为有效的前提条件。就自然人而言,完全民事行为能力人可以独立实施法律行为;限制行为能力人只能独立实施与其年龄、智力、精神健康状况相适应的法律行为或者纯获利益的法律行为。就法人和非法人组织而言,其只能实施与其行为能力相适应的法律行为。

(二) 意思表示真实

行为人只有在自愿基础上作出意思表示且其内在意思与外部表示相一致时,通过该意思表示而实施的法律行为才能具有法律效力。不真实的意思表示包括意思表示不一致和意思表示不自由两种情况,前者是指行为人希望发生法律效力的意思与其表示于外部的意思不相同,如重大误解的意思表示等;后者是指行为人因受到不正当的干预而导致其在并非自愿情况下作出的意思表示,如受欺诈、受胁迫的意思表示。

（三）不违反法律、行政法规的强制性规定

不违反法律、行政法规的强制性规定,是指法律行为的内容和形式不得与法律、行政法规有关效力性的强行性或禁止性规定相抵触。

（四）不违背公序良俗

公序良俗是我国民法的一项基本原则,违反公序良俗的法律行为无效。

在理解民事法律行为的有效要件时,要注意区分有效与生效的联系与区别。有效是生效的前提条件,生效的法律行为除了应当具备有效要件外,还应包括法律规定的或当事人约定的生效条件或期限成就这一要件。有效和生效作为两种不同的法律行为效力形态,有效与无效相对应,生效与未生效相对应。民事法律行为具有有效、无效、可撤销、效力待定等多种效力形态。

四、无效的法律行为

无效的法律行为是指根本不具备法律行为的有效条件,自始就确定地、当然地不能发生法律效力的法律行为。

无效的法律行为一般包括以下种类:一是无民事行为能力人实施的法律行为;二是行为人与相对人以虚假的意思表示实施的法律行为;三是行为人与相对人恶意串通,损害他人合法权益的法律行为;四是违反法律、行政法规的强制性规定的法律行为,但该强制性规定不导致该民事法律行为无效的除外;五是违背公序良俗的法律行为。

无效的法律行为是严重欠缺法律行为生效要件的法律行为,其本质特征体现为自始无效、确定无效和当然无效。首先,无效的法律行为属自始无效,从成立时起就不发生法律效力;其次,无效的法律行为属确定无效,其无效的法律后果是确定不变的,绝不会因为后来某些特定

行为的补正而发生效力;最后,无效的法律行为属当然无效,法律行为的无效性无需主张,也不需要经过特定的程序使其失效。无效的法律行为可以是全部无效,也可以是部分无效。如果法律行为部分无效且该部分无效并不影响其他部分的效力时,则其他部分仍然有效。

五、可撤销的法律行为

可撤销的法律行为是指虽然已经成立,但因意思表示有缺陷,当事人可以请求人民法院或者仲裁机构予以撤销的法律行为。

可撤销的法律行为一般包括以下四类。

(一)重大误解的法律行为

重大误解的法律行为是指行为人因对行为的性质、对方当事人、标的物的品种、质量、规格、数量、价格等发生错误认识,使自己行为的后果与自己的真实意思相悖并可能造成较大损失的行为。

(二)显失公平的法律行为

显失公平的法律行为是指一方当事人利用对方处于危困状态、缺乏判断能力等情形而实施的导致双方当事人的权利和义务明显违反公平、等价有偿原则的法律行为。

(三)欺诈的法律行为

欺诈的法律行为是指因存在隐瞒或者虚构事实而使一方民事主体在违背真实意思的情况下实施的民事法律行为。欺诈的法律行为包括两种情形:一是当事人中的一方采取欺诈手段意图使对方上当受骗;二是第三人实施欺诈行为而当事人中的一方知情,结果导致另一方上当受骗。

(四)胁迫的法律行为

胁迫的法律行为是指一方当事人或者第三方通过施加威胁、逼迫的方式使相对人在违背真实意思的情况下实施的民事法律行为。

当事人应当在规定期间内行使撤销权。具有撤销权的当事人自知道或者应当知道撤销事由之日起一年内没有行使撤销权,或者具有撤销权的当事人知道撤销事由后明确表示或者以自己的行为放弃撤销权时,撤销权归于消灭。

六、效力待定的法律行为

效力待定的法律行为,又称效力未定的法律行为,是指法律行为成立时其效力状态是有效还是无效尚不能确定,须经过特定当事人的行为来确定其效力的法律行为。

效力待定的法律行为一般包括两种类型:一是限制民事行为能力人实施的其依法不能独立实施的法律行为。限制民事行为能力人可以独立实施纯获利益的法律行为和与其年龄、智力、精神健康状况相适应的民事法律行为,因此,如果限制民事行为能力人独立实施了不能归属于这两类行为的法律行为,则其行为属于效力待定的法律行为。二是不属于表见代理的无权代理行为。无权代理行为是指行为人在欠缺代理权的情况下以代理人的身份所实施的法律行为,该种行为如果不构成表见代理,则属于效力待定的法律行为。对于表见代理,本章第五节将予以阐释。

对于效力待定的法律行为,限制民事行为能力人的法定代理人或者无权代理中的被代理人享有追认权。权利人追认后,法律行为有效。相对人可以催告权利人在一定期限内予以追认。如果权利人明确表示拒绝追认或者权利人在催告期内未作表示,则该法律行为自始无效,与无效法律行为具有同等法律后果。当然,在法律行为被追认之前,善意相对人有撤销的权利。

第五节 代理

代理既是一项民事法律制度,也是一种民事法律行为。作为法律制度,代理是指代理人在代理权限内,以被代理人的名义实施民事法律行为,由被代理人对代理人的代理行为承担民事责任的法律制度;作为法律行为,代理是指代理人在代理权限内以被代理人的名义与第三人所实施的用以设立、变更或终止被代理人和第三人之间民事法律关系的法律行为。

代理具有以下特征:一是代理人以被代理人的名义与第三人实施法律行为;二是代理人要在代理权限范围内实施法律行为;三是代理人所实施的行为是能够设立、变更或终止民事权利义务关系的法律行为;四是代理人实施代理行为的法律后果由被代理人承受,即代理行为所确定的是被代理人与第三人之间的民事法律关系。

作为一项传统的民事制度,代理制度在克服意思自治的不足和拓展意思自治的适用空间方面发挥了积极作用,但并非所有的民事法律行为都可以适用代理。一般来说,代理制度仅适用于财产行为而不能适用于身份行为。依照法律规定、当事人约定或者根据民事法律行为的性质应当由行为人本人亲自实施的法律行为不得适用代理制度。

一、代理的种类

根据代理权产生的不同基础,可以将代理区分为委托代理、法定代理和指定代理。

(一)委托代理

委托代理也称授权代理或意定代理,是指以委托人的委托授权为代理权产生依据的代理。委托人授权被委托人代理自己实施法律行为应采用明示的方式,既可以是书面形式,也可以是口头形式。但为了避免代理权限不明的情形,最大限度地减少代理纠纷,委托人进行授权一般采用书面形式。书面委托代理的授权委托书应当载明代理人的姓名或者名称、代理事项、权限和期间,并由委托人签名或者盖章。委托书授权不明的,被代理人应当向第三人承担民事责任,代理人负连带责任。

我国《民法典》第 170 条规定了职务代理:"执行法人或者非法人组织工作任务的人员,就其职权范围内的事项,以法人或者非法人组织的名义实施的民事法律行为,对法人或者非法人组织发生效力。"职务代理是一种特殊的委托代理。

(二)法定代理

法定代理是指以法律的规定为代理权产生依据的代理。我国《民法典》第 23 条明确规定:"无民事行为能力人、限制民事行为能力人的监护人是其法定代理人。"法定代理主要适用于被代理人为无民事行为能力人或者限制民事行为能力人的情况,代理权的产生直接依据法律的规定,而不是依赖于任何授权行为。当然,在确定监护人即法定代理人时,也应尊重被监护人的真实意愿。

司法实践中还存在指定代理,即以人民法院或者其他有权单位的指定为代理权产生依据的代理。指定代理源于法律的规定,故可视为一种特殊的法定代理。

二、对代理行为的限制

设立代理制度的重要目的即是保护被代理人的合法权益,为此需要对代理行为进行一定的限制。

(一)禁止自己代理

自己代理是指代理人以被代理人的名义与自己实施代理行为。在自己代理中只有代理人自己的意志,无法体现当事人双方意思表示的一致性,存在代理人为自己利益而牺牲被代理人利益的极大危险,因此,除被代理人同意、追认或者是使被代理人纯获利益的情况外,法律不承认自己代理的效力。

(二) 禁止双方代理

双方代理又称同时代理,是指代理人同时代理双方当事人实施同一法律行为。双方代理难以体现当事人双方意思表示的一致性,存在可能导致一方被代理人利益被侵害的巨大风险,因此为法律所禁止。双方代理行为无效,除非得到双方被代理人的同意或者追认。

(三) 禁止不当代理

代理人应积极履行代理义务,如果因懈怠等原因不履行职责或者不完全履行职责从而给被代理人造成损害,应当承担民事责任。如果代理人和相对人进行恶意串通而导致被代理人利益受到损害,应由代理人和相对人连带承担民事责任。

(四) 禁止违法代理

代理人知道或者应当知道代理事项违法仍然实施代理行为,以及被代理人知道或者应当知道代理人的代理行为违法而未作反对表示时,被代理人和代理人应当承担连带责任。

三、表见代理

表见代理是指行为人无代理权而以他人的名义实施民事行为,但由于被代理人存在过失或基于被代理人与无权代理人之间的特殊关系而造成一种行为人具有代理权的表象,使得相对人有理由相信无权代理人享有代理权而与之发生民事法律关系,由此产生与有权代理相同法律后果即由名义上的被代理人对代理行为承担民事责任的法律制度。

表见代理制度设立的根本意义在于保护善意第三人的利益,维护正常的交易秩序。但与此同时,对被代理人合法利益的保护亦不能被轻视,法律制度要在保护二者利益的中间取得平衡。由此,表见代理的构成须具备以下要件:一是行为人无代理权却以他人的名义进行活动;二是行为人与相对人之间的民事行为须符合民事法律行为成立的要件;三是被代理人具有可归责性,体现在被代理人存在过失或被代理人与行为人之间存在特殊关系,由此使第三人有理由相信无权代理人享有代理权;四是第三人须为善意且无过失。

四、无权代理

无权代理是指代理人在欠缺代理权的情况下以代理人的身份所实施的代理行为。无权代理包括未经授权的代理、代理人超越代理权的代理和代理权被终止后的代理三种情况。

从广义上来讲,表见代理也是一种无权代理,但表见代理具有特殊性,它产生与有权代理相同的法律后果,所以如无特别说明,无权代理通常仅指不包括表见代理的狭义上的无权代理,即因代理人欠缺代理权而不产生代理效力的代理。

对于无权代理,只有经过被代理人的追认,被代理人才承担代理行为的法律后果,否则,代理行为对被代理人不发生效力。相对人可以催告被代理人自收到通知之日起 30 日内予以追认。被代理人未作表示的,视为拒绝追认。在行为人实施的行为被追认之前,善意相对人有撤销的权利。对于无权代理人所实施的未经追认的行为所造成的损害,由行为人承担民事责任;相对人知道或者应当知道行为人无权代理的情形时,相对人和行为人按照各自的过错承担责任。

五、转委托代理

转委托代理也称复代理或再代理,是指代理人为了被代理人的利益而将全部或者部分代理权限转托他人实施的代理行为。根据我国《民法典》的规定,代理人需要转委托第三人代理的,应当取得被代理人的同意或者追认。转委托代理经被代理人同意或者追认时,被代理人可以就代理事务直接指示转委托的第三人,代理人仅就第三人的选任以及对第三人的指示承担责任;转委托代理如果未经被代理人的同意或者追认,代理人应当对转委托的第三人的行为承担责任,但在紧急情况下代理人为了维护被代理人的利益需要转委托第三人代理的除外。

六、代理的终止

委托代理在发生以下情形时终止:一是代理期限届满或者代理事务完成;二是被代理人取消委托或者代理人辞去委托;三是代理人丧失民事行为能力;四是代理人或者被代理人死亡;五是作为代理人或者被代理人的法人、非法人组织终止。但委托代理的终止应注意一种特殊情况,即对于被代理人死亡后代理人的代理行为,并不能一概认定无效,如果代理人不知道且不应当知道被代理人死亡,或者被代理人的继承人予以承认,或者授权中明确代理权在代理事务完成时终止,或者被代理人死亡前已经实施且为了被代理人的继承人的利益需要继续代理,则委托代理人实施的代理行为仍然有效。

法定代理在发生以下情形时终止:一是被代理人取得或者恢复完全民事行为能力;二是被代理人或者代理人死亡;三是代理人丧失民事行为能力;四是指定代理的人民法院或者其他指定单位取消指定;五是被代理人和代理人之间的监护关系消灭;六是法律规定的其他情形。

第六节　民事责任

民事责任是民事法律责任的简称,是指民事主体因违反民事义务所应承担的民事法律后果。民事责任以违反民事义务为基础,这里的民事义务既包括法律法规所直接规定的义务,也包括当事人之间自行约定的义务。由于民法的调整对象是平等主体之间的人身关系和财产关系,因此民事责任的内容和范围并不仅仅局限于财产责任。民事责任虽然体现为平等的民事主体之间的责任,但它具有国家强制性,以国家强制力作为后盾,由国家通过强制方式来确保民事义务的实现。相对于其他法律责任,民事责任具有优先性,这体现在:一方面,民事主体因同一行为应当承担民事责任、行政责任和刑事责任的,承担行政责任或者刑事责任并不影响承担民事责任;另一方面,当民事主体的财产不足以承担所有法律责任时,优先用于承担民事责任。

一、民事责任的种类

(一)违约责任、侵权责任和其他责任

根据民事责任的产生原因,可以将民事责任分为违约责任、侵权责任和其他民事责任。违约责任即违反合同的民事责任,是指作为民事主体的自然人、法人或非法人组织不履行或不适当履行合同义务所应承担的民事责任。侵权责任是指行为人侵犯其他民事主体的民事权益所应当承担的民事责任。其他责任是指除违约责任和侵权责任外,民事主体违反民事义务所应承担的民事责任,如因不当得利、无因管理产生的责任以及我国民事法律规范中所规定的当事人对于损害予以适当补偿的责任等。当一方当事人的违约行为同时也给对方当事人的人身权益、财产权益造成损害时,就会产生违约责任和侵权责任的竞合,此时的受损害方有权从更有利于维护自身利益的角度选择请求对方承担违约责任或者侵权责任。

(二)过错责任和无过错责任

根据民事责任的归责原则,可以将民事责任分为过错责任和无过错责任。过错责任是指以行为人的过错作为归责原则的民事责任。行为人有过错时才承担民事责任,行为人无过错即无须承担民事责任。

过错责任的一种特殊形态是过错推定责任,即在行为人的行为致人损害时,只要行为人不能证明自己没有过错,就推定行为人有过错,由行为人承担民事责任。过错推定责任的构成要件仍然包含过错,只不过这种过错是推定的过错而已。无过错责任也称无过失责任或严格责任,是不以行为人的过错作为归责原则的民事责任,即只要产生了损害事实,行为人不论主观上是否存在过错,都要承担相应的民事责任。无过错责任和过错责任中的过错推定责任在适用范围上有严格的限制,即只能适用于法律有明确规定的情形。

(三) 按份责任和连带责任

按份责任和连带责任是共同责任的下位概念。所谓共同责任,是指由两个或两个以上的民事主体来共同承担一项民事责任的情形。其中,按份责任是指数个债务人分别按各自份额向债权人承担清偿义务的民事责任;连带责任指数个债务人就同一债务均负全部给付义务的民事责任。对于按份责任人,权利人仅有权要求其按照份额承担相应的清偿责任;对于连带责任人,权利人既有权请求部分责任人承担责任,也有权请求全部连带责任人承担责任。每个连带责任人虽然都负有清偿全部债务的义务,但并不是说连带责任人之间不存在各自责任份额的区分或差异。连带责任人的责任份额根据各自责任大小确定;难以确定责任大小时则平均承担责任。实际承担责任超过自己责任份额的连带责任人,有权向其他连带责任人追偿。

(四) 财产责任和非财产责任

根据民事责任的具体内容,可以将民事责任分为财产责任和非财产责任。财产责任是以财产为内容的责任形式,如返还财产、赔偿损失、支付违约金等;非财产责任是不以财产为内容的责任形式,如赔礼道歉、消除影响、恢复名誉等。

二、民事责任的构成要件

一般民事责任的构成要件包括四个方面：一是违法行为，主要包括违反合同的行为、不履行其他义务的行为以及侵害公共财产和他人财产、人身权益的行为等；二是损害事实，包括财产损害、人身损害和精神损害；三是因果关系，指违法行为与损害事实之间存在前因后果的关系，一般限于相当因果关系；四是主观过错，指行为人实施行为时在主观的心理状态上存在过错，包括故意和过失两种情况。

特殊民事责任的构成要件不要求完全具备以上四个要件。例如，主观过错是一般民事责任的构成要件，但对于无过错责任来说，则不要求具备这一要件。

三、民事责任的抗辩事由

民事责任的抗辩事由是指行为人针对受害人主张由其承担民事责任的要求而提出的主张民事责任不成立或不完全成立的对抗理由。民事责任的抗辩事由一般包括以下几项。

（一）不可抗力

不可抗力是指不能预见、不能避免且不能克服的客观情况。因不可抗力导致不能履行民事义务或者造成他人损害的，除法律另有规定的以外，行为人不承担民事责任。

（二）正当防卫

正当防卫是指为了使国家、公共利益、本人或者他人的人身、财产和其他权益免受正在进行的不法侵害而采取的制止不法侵害的行为。正当防卫可能会对不法侵害人造成人身或财产的损害，但基于防卫的正当性，防卫人对此不承担民事责任。不过，正当防卫不能因超过必要限度而造成不应有的损害,否则防卫人应当承担适当的民事责任。

(三) 紧急避险

紧急避险是指为了使国家、公共利益、本人或者他人的人身、财产和其他权益免受正在发生的危险,不得已采取的牺牲一个较小利益来保护较大利益的行为。因紧急避险造成损害时,由引起险情发生的人承担民事责任。因紧急避险采取措施不当或者超过必要限度而造成不应有的损害时,紧急避险人应当承担适当的民事责任。

(四) 紧急救助

紧急救助是民事主体在他人的生命和健康遭受严重威胁的紧急情况下自愿对其实施的挽救生命、恢复健康的帮助行为。我国《民法典》第184条规定:"因自愿实施紧急救助行为造成受助人损害的,救助人不承担民事责任。"但是,当救助人存在重大过失时是否需要承担相应的法律责任,学界尚有不同意见。

(五) 受害人原因

如果损害是由受害人原因所引起,包括受害人同意、受害人故意、受害人过失等情形,加害人均得以此为由进行免除责任或减轻责任的抗辩。

(六) 依法履行公务

行为人如果是根据法律法规的授权依法履行公务而给他人造成损害时,不需要承担民事责任。

四、民事责任的承担方式

民事责任的承担方式主要包括十一种:一是停止侵害;二是排除妨碍;三是消除危险;四是返还财产;五是恢复原状;六是修理、重作、更换;七是继续履行;八是赔偿损失;九是支付违约金;十是消除影响、恢复名誉;十一是赔礼道歉。承担民事责任的方式既可以单独适用,也可以合并适用。

第二章　物权法

物权法是调整因物的归属和利用而产生的民事关系的法律规范，其规范的对象是平等主体的自然人、法人和非法人组织之间的财产关系。物权法是民法的重要组成部分，是在中国特色社会主义法律体系中起支架作用、不可或缺的重要法律。

改革开放之后到本世纪初，我国制定颁布了《民法通则》《土地管理法》《城市房地产管理法》《农村土地承包法》《担保法》等一系列法律，对因物的归属和利用而产生的民事关系进行规范和调整，这些法律对经济社会发展发挥了重要作用，但仍然缺少一部对物权制度的基本问题和共性问题进行规定的专门法律。在此背景下，2007 年 3 月 16 日，第十届全国人民代表大会第五次会议通过《中华人民共和国物权法》，初步构建了具有中国特色的社会主义物权制度。而我国现行《民法典》"物权编"则是在《物权法》的基础上，按照完善产权保护制度，健全归属清晰、权责明确、保护严格、流转顺畅的现代产权制度的要求，结合现实需要，对我国物权法律制度的完善和发展。

第一节　物权法概述

一、物权的概念和特征

物权是指民事权利主体对特定的物所依法享有的直接支配并排除

他人干涉的权利。我国《民法典》所规定的物权包括所有权、用益物权和担保物权。

根据物权一词的概念可以看出,物权具有以下特征。

(一) 物权是支配权、绝对权和对世权

德国法学家创造了物债二分理论,将民法上最基本的财产权利区分为物权和债权。与债权不同,物权是一种支配权、绝对权和对世权。物权是权利人对特定的物依法进行直接支配并排除他人干涉的权利,其义务人为不特定的任何自然人、法人或非法人组织。权利人可向任何人主张权利且权利人不需借助义务人的行为就可实现其权利。

(二) 物权的客体是特定的物

物权是权利人对物进行直接支配的权利,因此,只有物才能成为物权的客体,其他如行为、智力成果、精神财富等都不能成为物权的客体,这正是物权与知识产权等权利的本质区别。不过,根据我国《民法典》的规定,在有法律特别规定的情况下,某些权利也可以成为物权的客体。例如,专利权、商标权、股权等权利可以用于质押担保,从而形成权利质权,它属于一种担保物权。

(三) 物权的内容是对物的直接支配

物权的权利人对物享有直接支配权,这种直接支配具体体现为对物的占有、使用、收益和处分。

二、物权的种类

(一) 自物权和他物权

根据物权的权利主体是否是物的所有权人,可以将物权分为自物权和他物权。

自物权也称所有权,是指权利人依法对属于自己所有的物所享有

的占有、使用、收益和处分之权,如房屋所有权、动产所有权等。

所有权以外的物权即是他物权。他物权指民事主体对于他人所有的物所依法享有的一定程度的直接支配权,例如土地承包经营权、建设用地使用权、担保权等。由于他物权的权利人不能像自物权人一样充分行使对物的占有、使用、收益和处分四项权能,而同时他物权的存在对物的所有权人构成一定的限制,因此他物权也被称为限制物权、定限物权或不完全物权。

他物权根据设立物权的目的的不同可以分为用益物权和担保物权。用益物权是指以物的使用、收益为目的而设立的物权,如建设用地使用权、土地承包经营权等;担保物权是以担保债务的履行和债权的实现为目的而设立的物权,如抵押权、质权等。

(二)动产物权、不动产物权和权利物权

根据物权客体种类的不同,可以将物权分为动产物权、不动产物权和权利物权。

动产是指能够移动而不会改变性质、损害价值的物。动产物权是以动产为客体的物权,如动产所有权、动产质权、留置权等。

不动产是指不能移动或者如果移动就会改变性质或损害其价值和用途的物。不动产物权是以不动产为客体的物权,如建设用地使用权、房屋所有权、地役权等。

权利物权是指以法律规定的权利为客体的物权,如建设用地使用权抵押权、专利权质权等。

(三)登记物权和非登记物权

根据物权是否需要登记为标准,可以将物权分为登记物权和非登记物权。

登记物权是指需要登记的物权,它又可细分为登记生效物权和登记对抗物权。登记生效物权是指物权的设立、变更、转让及终止须经登记机构登记才能产生相应效力的物权,房屋所有权、居住权等不动产物

权大多属于登记生效物权。登记对抗物权是指虽然登记不影响物权效力但会产生对抗善意第三人效力的物权,机动车、航空器、船舶等特殊动产的物权即属于这种形式。非登记物权是指登记物权之外的无须登记即可发生变动效力的物权,普通动产的物权一般属于非登记物权。

三、物权的客体

物权的客体是物。民法上的物是指人体之外能满足人的需要并能够为人所支配的物质实体或自然力。

民法上的物具有以下特征:首先,物是一种客观实体或自然力,具有客观物质性。它必须在现实中客观存在,且不以人的意志为转移。这种客观实体或自然力皆为有体物,它不同于有形物。许多无形物如电、光、热等仍然属于有体物,而智力成果、精神财富以及网络虚拟物都不是民法上的物,不能成为物权的客体。其次,物存在于人体之外,具有独立性。人体作为人的组成部分不能成为民事法律关系的客体,因此民法上的物不包括与人体不相分离的人体组成部分。再次,物具有可支配性,能被人支配与控制。星辰、海水、阳光等虽然属于客观物质,但由于不能被人所控制和支配,也不能成为物权的客体。最后,物能够满足人的物质或精神需求,具有一定的效用。

四、物权法基本原则

物权法基本原则是指贯穿于物权法始终、反映物权的本质和规律、指导和规范物权行使行为的根本准则。

(一) 物权法定原则

物权法定原则是指物权的种类、内容、效力、公示方法等都只能由法律明确规定,当事人不得任意创设。这里的"法律"应当作狭义的解释,即仅指全国人民代表大会及其常务委员会通过的规范性法律文件。

这里的"当事人不能任意创设",并不是指民事主体不能创设物权,而是指民事主体不能创设物权的种类和内容等事项,因此,物权法定原则与民法的意思自治原则并不矛盾。

（二）一物一权原则

一物一权原则是指一个物之上只能设立一个所有权。绝不能把一物一权原则简单地理解为一物之上只能设立一个物权。因为对于自物权即所有权来说,一个标的物上确实只能成立一个所有权。但对于他物权来说,一物之上可以设立两个以上的他物权,只要这些他物权的内容不相冲突。理解一物一权原则时要注意两点:一是一物不能多权,即一个物之上不能有多个所有权或其他相冲突的物权,但这并不意味着一物之上只能有一个权利主体,多个权利主体共同享有一物的所有权与该项原则并不矛盾。二是多物不能一权,每一个独立的物上都应存在一个独立的所有权,但这并不意味着多物的所有权不能被一个权利主体所享有,而只是强调每一物上的所有权的独立性。

（三）物权公示公信原则

物权公示公信原则是基于物权的绝对性和对世性,为了确认财产归属关系和保护交易安全而构建的有关物权变动的原则,它包括公示原则和公信原则两个方面。所谓公示原则,是指物权在变动时,必须将物权变动的事实通过一定的方式向社会公开,从而使第三人知道物权变动的情况,否则不发生物权变动的效力。所谓公信原则,是指一旦当事人变动物权时依据法律规定进行了公示,则即使公示出来的物权存在瑕疵,但对于信赖该物权存在并已实施了物权交易的人,仍然发生物权变动的法律效果。公示原则是公信原则的前提和基础,公信原则是公示原则的体现和保障,二者相辅相成,紧密联系。

（四）物权优先原则

物权优先原则一般是指物权对债权的优先效力,即当物权与债权并存时,物权优先于债权。至于物权内部的优先效力,如同一标的物上先设立的物权优先于后设立的物权,或者限制物权的效力优先于所有权等,并不属于物权优先原则的应有之义。值得注意的是,物权优先原则具有相对性,在特定情况下,法律也赋予某些债权具有一定的对抗物权的效力,如《民法典》第 725 条所规定的"买卖不破租赁",即"租赁物在承租人按照租赁合同占有期限内发生所有权变动的,不影响租赁合同的效力",便是物权优先原则的例外。此外,《民法典》第 221 条所规定的预告登记制度,即"当事人签订买卖房屋的协议或者签订其他不动产物权的协议,为保障将来实现物权,按照约定可以向登记机构申请预告登记。预告登记后,未经预告登记的权利人同意,处分该不动产的,不发生物权效力",亦体现了经特别登记的债权对于物权的一定优先效力。因此,法学界对于物权优先原则是否属于物权法基本原则尚存在不同意见。

除了物权法定原则、一物一权原则、物权公示公信原则、物权优先原则这四项原则外,有学者将物权的平等保护也视为一项物权法基本原则,即在民事主体的不同类型上,国家、集体、私人的物权和其他权利人的物权受法律平等保护,任何组织或者个人不得侵犯。

五、物权的变动

物权的变动,是指物权的设立、变更、转让和消灭。物权的变动,就物权自身而言,是物权的发生、变更和消灭;就物权主体而言,是物权的取得、变更和丧失;就法律关系而言,是权利主体之间对于权利客体的支配和归属关系的变化。导致物权变动的原因很多,既包括物品赠与、商品买卖、财产抛弃等民事行为,也包括人的死亡、先占等事件和事实行为,还包括罚款、没收、征收、征用、判决、变更等行政行为和司法行为。

根据物权公示公信原则,不动产物权的设立、变更、转让和消灭,应当依照法律规定登记;动产物权的设立和转让,应当依照法律规定交付。

（一）不动产的物权变动

根据我国《民法典》第 209 条和第 214 条的规定,不动产物权的设立、变更、转让和消灭,须经依法登记才发生效力;除法律另有规定外,未经登记不发生法律效力。不动产物权的变动自记载于不动产登记簿时发生效力。可见,在登记与不动产物权变动效力的关系上,我国《民法典》采用的是登记生效主义的不动产物权变动原则,登记构成不动产物权变动的前提和必备条件,如果未经登记,就不发生物权变动的效力。与登记生效主义不同,世界上有些国家和地区采用登记对抗主义的原则,即登记并不构成不动产物权变动的生效条件,而只是产生对抗第三人的效力。

需要指出的是,不动产物权变动的效力与不动产物权变动合同的效力并不是一回事。民事主体之间订立的有关设立、变更、转让和消灭不动产物权的合同,除法律另有规定或者当事人另有约定外,自合同成立时生效。当事人未办理物权登记的,不影响合同的效力,只是由于未经登记而不产生物权变动的法律后果。

（二）动产的物权变动

根据我国《民法典》第 224 条的规定,除法律另有特别规定的以外,动产物权的设立和转让自动产交付时发生效力。所谓交付,即动产占有的转移,指动产的原占有人将动产交由相对方所占有。交付既是动产物权变动的公示手段,也构成动产物权变动发生法律效力的前提条件。

船舶、航空器和机动车等特殊动产的物权变动依然以交付为生效要件,但这种特殊动产物权的设立、变更、转让和消灭,如果未经登记,则不得对抗善意第三人。

（三）非基于法律行为的物权变动

非基于法律行为的物权变动主要包括因法律文书、征收决定、继承、事实行为等原因而导致的物权变动。因人民法院、仲裁机构的法律文书或者人民政府的征收决定等导致物权设立、变更、转让或者消灭的,自法律文书或者征收决定等生效时发生效力;因继承取得物权的,自继承开始时发生效力;因合法建造、拆除房屋以及生产、添附、先占等事实行为设立或者消灭物权的,自事实行为成就时发生效力。

六、物权的保护

我国《民法典》规定了多种物权保护方法,当民事主体的物权受到侵害时,权利人可以通过和解、调解、仲裁、诉讼等途径解决。

物权保护的前提是明晰的权力归属关系,当事人因物权的归属、内容发生争议时,利害关系人可以请求确认权利。权利归属明晰之后,权利人最重要的一项权利即是物权请求权。物权请求权又称物上请求权,是指当物权遭受侵害或者存在被不法侵害的危险时,物权人可以请求加害人通过为一定行为或者不为一定行为而使物权回复圆满状态的权利。物权请求权具体包括三种权利:一是返还原物请求权,权利人可以向无权占有不动产或者动产的相对人请求返还原物;二是排除妨害请求权,权利人可以向妨害物权的相对人请求排除妨害;三是消除危险请求权,权利人可以向可能妨害物权的相对人请求消除危险。

当然,除物权请求权之外,物权保护中权利人还享有债权请求权,即在民事主体的动产或不动产遭受毁损或灭失的情况下,权利人既可以向加害人请求损害赔偿,也可以依法请求修理、重作、更换、恢复原状或者请求加害人承担其他民事责任。

第二节　所有权

所有权是最基本、最典型的物权,是物权的原型和其他物权的基础。所有权制度作为一项最基本的财产制度,在人们的社会生活尤其是经济活动中具有十分重要的意义。

一、所有权的概念和内容

所有权是财产所有人在法律规定的范围内对属于他的动产或不动产所享有的占有、使用、收益、处分的权利。

（一）占有权

占有权是权利人对于民法上的物进行实际占领、控制的权利。占有既是一种事实状态，又是一项民事权利。所有人既可以自己占有标的物，也可交给他人予以占有。当所有人将标的物交由他人占有时，所有人并不实际占有标的物，但这并不影响所有人占有权的享有。

（二）使用权

使用权是指权利人依照物的性质和用途对物加以利用以满足其生产或生活需要的权利。使用权的行使是权利人实现物的使用价值的过程。

（三）收益权

收益权是指权利人通过合法途径获取基于物而产生的物质利益的权利。物的收益包括孳息和利润。民法上的孳息是指由原物所产生的额外收益，它分为法定孳息和自然孳息两种。法定孳息指原物依法律规定所产生的利益，如利息、租金等；自然孳息指原物依自然规律所产生的利益，如树木所结果实、动物所产幼仔等。

（四）处分权

处分权是指权利人在法律允许的范围内对物进行处置以决定该财产命运的权利。物的处分可以分为事实上的处分和法律上的处分两种类型。事实上的处分是指在生产或生活中直接使物的物质形态发生变更或消灭,如吃掉食物、消耗掉燃料、用原材料加工新产品等,其法律后果是消灭了原财产的所有权;法律上的处分是指通过某种法律行为改变标的物的权利归属状态,如出售房地产、抛弃财产等。

以上所述所有权的占有、使用、收益、处分这四项权能都属于所有权的积极权能。除此之外,所有权还存在消极权能,它通常体现为两种形式:一是自力救济,动产或不动产的所有权人为了保护自己的财产免遭不法侵害,可以直接实施正当防卫、紧急避险或自助行为;二是物权请求权,当所有权遭受侵害或者存在被不法侵害的危险之时,权利人享有请求加害人返还所有物、消除危险、排除妨害等权利。

二、所有权的主要形式

根据由财产所有制性质的不同而导致的享有所有权的民事主体的差异,可以将所有权分为国家所有权、集体所有权和个人所有权三种形式,这也是我国《民法典》所采用的分类方法之一。当然,也有学者认为这种分类方法"是为了反映生产资料所有制的性质,更多地具有政治意味而不是法学意味。民法中所有权的主体无论是国家、集体还是个人,其所有权的性质都相同,保护的手段并无差异。这种区分并无任何实益。"[1]

(一) 国家所有权

国家所有权是指国家对国有财产依法享有的占有、使用、收益和处分的权利。国有财产是指根据法律的规定属于国家所有即全民所有的财产,国家所有权是我国社会主义全民所有制在法律上的反映。

国家所有权具有如下特征:一是主体的唯一性。国家所有权的主体只能是国家。我国法律在城市土地、矿藏、水流、海域、无线电频谱资

---

[1] 梁慧星:《中国民法典草案附理由:条文、说明、理由、立法例(物权编)》,法律出版社 2004 年版,第 65 页。

源、国防资产等财产上规定了国家所有权，依法享有这些财产所有权的主体只能是国家。二是客体的广泛性。国家所有权的客体没有范围限制，任何动产和不动产都能成为国家所有权的客体。三是取得手段的强制性。国家可以依法通过没收、接管、赎买、征收、税收、罚款等强制手段将集体或公民个人的财产收归国有。四是行使方式的特定性。国有财产由国务院代表国家行使所有权。国家机关以及国家举办的事业单位对其直接支配的不动产和动产，享有占有、使用以及依照法律和国务院的有关规定处分的权利。国家出资的企业，由国务院、地方人民政府依照法律、行政法规规定分别代表国家履行出资人职责，享有出资人权益。

（二）集体所有权

集体所有权是指集体组织对自己所有的动产和不动产所依法享有的占有、使用、收益和处分的权利，它是我国劳动群众集体所有制在法律上的反映。

集体所有权具有如下特征：一是主体的多元性。集体所有权的主体是集体组织，包括城镇集体组织和农村集体组织。二是客体的限定性。集体所有权客体的范围要受到一定的限制。虽然有些财产既可以成为国家所有权的客体，也可以成为集体所有权的客体，如森林、山岭、草原、荒地、滩涂、农村和城市郊区的土地等。但法律规定属于国家所有的财产，如矿藏、水流等，即使位于集体所有的土地之上，亦不能成为集体所有权的客体，而只能归国家所有。三是权利行使主体的法定性。集体财产属于村农民集体所有的，由村集体经济组织或者村民委员会依法代表集体行使所有权；分别属于村内两个以上农民集体所有的，由村内各该集体经济组织或者村民小组依法代表集体行使所有权；属于乡镇农民集体所有的，由乡镇集体经济组织代表集体行使所有权。四是权利行使方式的特定性。对于土地承包方案以及将土地发包给本集体以外的单位或者个人承包、个别土地承包经营权人之间承包地的调整、土地补偿费等费用的使用和分配办法、集体出资企业所有权变动等事项,应当依照法定程序经集体成员决定。此外,农村集体经济组织或者村民委员会、村民小组应当依照法律、行政法规以及章程、村规民约向本集体成员公布集体财产的状况,接受集体成员的监督。

(三) 私人所有权

私人所有权是指私人对其合法的收入、房屋、生活用品、生产工具、原材料等不动产和动产所依法享有的占有、使用、收益和处分的权利。此处的"私人"不同于个人,其含义相当广泛。自然人、非公法人以及个体工商户、农村承包经营户等其他非公组织的所有权均归属于私人所有权的范围。私人所有权是我国法律依法确认和保护的所有权形式,禁止任何单位和个人对私人的合法财产进行侵占、哄抢、破坏。

三、所有权的取得

(一) 原始取得

原始取得又称最初取得或固有取得,是指民事主体不依赖于他人已有的所有权及意思表示,直接依照法律规定通过一定的方式或行为而取得财产的所有权。原始取得的途径主要包括先占、依取得时效而取得、国家强制取得、生产创造、添附、收取孳息等。

1. 先占

先占是指以所有的意思先于他人占有无主的动产从而取得其所有权的法律制度。先占是最古老的"原始取得"所有权的方式之一,其价值在于实现物有所属,有利于物尽其用。近代的《法国民法典》《德国民法典》《日本民法典》等均对先占制度予以明文规定。在我国,先占作为一种民事习惯在现实生活中大量存在,例如,对于原所有权人抛弃的动产(如家具家电、日用杂物、宠物等),他人可取而得之;对于国家不禁止捕捉和采伐的野生动植物,一般人可通过狩猎、捕捞、采伐等方式取得所有权。然而,长期以来,先占制度在立法上一直是一片空白,2007年的《物权法》对此未有涉及,现行《民法典》仍然未对先占制度进行规定,由此使先占行为缺少法律依据,当先占人的相关权益受到其他个人或组织侵犯时,先占人难以获得法律上的救济。从长远来看,还是应当通过立法设立先占制度来解决无主物归属问题以避免纷争。

2. 依取得时效而取得

依取得时效而取得即取得时效制度,是指占有人以所有的意思和平、公然、持续地占有他人财产且占有行为经过法律规定的期间即可依法取得该财产的所有权。取得时效制度有利于充分发挥财产的利用效率,有助于明确权利归属,稳定社会经济秩序。一方面,取得时效的确立能激励所有权人积极行使权利,从而充分发挥资产的利用效率。另一方面,法律允许长期占有人通过对占有物占有、使用、收益而取得财产权,有利于防止资源的长期闲置,加速财产流转。同时,当非财产所有人以自己所有的意思对他人的财物善意地、公开地、持续地占有一定时间后,必然会产生一定程度的社会信赖关系和建立在这种信赖关系基础上的合同、租赁、合伙、继承等社会关系,法律应当维护这种社会关系的稳定性。现代大陆法系的大多数国家在民事立法上对取得时效都作了明确规定。但我国的民事法律规范,从《民法通则》到《民法总则》再到现在的《民法典》,都是只规定了诉讼时效而未规定取得时效,这不能不说是一种立法上的缺憾。

3. 国家强制取得

国家可以依法通过没收、接管、赎买、征收、税收、罚款等强制手段将集体或公民个人的财产收归国有。

4. 生产创造

劳动者对通过自己的脑力或体力劳动所生产和创造出来的生产资料和生活用品拥有所有权。

5. 添附

添附是指行为人将不同所有人的物结合在一起从而形成不可分离的具有新形态或新性质的物。

6. 收取孳息

孳息是由原物滋生、增值、繁衍出来的财产,收取孳息当然属于原始取得。

(二) 继受取得

继受取得,又称传来取得,是指民事主体根据他人已有的所有权及意思表示,基于一定的法律关系或事实而从财产原来的所有人那里取得该项财产的所有权。

继受取得主要通过以下四种途径:一是买受。买卖法律关系中的买受人通过买卖合同以支付价金的方式取得买卖标的物的所有权。二是受赠。不附加条件的赠与是一种无偿法律行为,受赠人无须支付对价,即可通过接受赠与而取得赠与物的所有权。三是互易。互易即以物易物,双方当事人通过相互交换财产而分别取得原属对方财产的所有权。四是继承遗产和接受遗赠。死者的法定继承人通过法定继承或遗嘱继承可取得被继承人遗产的所有权;国家、社会组织或者法定继承人以外的个人可以通过遗赠或遗赠抚养协议在被继承人死亡后取得遗赠财产的所有权。

(三) 善意取得

善意取得,又称即时取得,是指无处分权人将自己并不享有所有权的动产或者不动产转让给第三人时,如果受让人在取得该动产时系出于善意,则受让人取得该物的所有权。此处的"无处分权人",对于动产而言是指不享有动产所有权的动产占有人,对于不动产而言是指实际并不享有不动产所有权的不动产登记簿上的名义登记人。此处的"善意"是指受让人对出让人不享有标的物所有权的情形不知道或没有理由知道的主观状态。如果受让人在受让时知道或者应当知道该权利存在瑕疵,则其主观状态为恶意,此种情形不构成善意取得,受让行为不发生所有权变动的法律后果。善意取得往往存在于买卖关系中,属于继受取得的范畴,但由于其特殊性,本书对其单独予以探讨。

善意取得的成立必须具备以下四个要件:一是出让人无权处分;二是受让人受让该不动产或者动产时系出于善意;三是财产须以合理的

价格转让;四是转让的财产依照法律规定应当登记的已经登记,不需要登记的已经交付给受让人。

善意取得制度是一项在保护财产所有权与保护交易安全的矛盾中寻求利益平衡的制度。一方面,交易的受让人基于物权公示所产生的公信力,与出让人完成了交易行为,如果轻易否认该交易行为的效力,则使交易变得极不安全,民事主体在交易时不得不采取更加谨慎的行为,这必然导致交易成本提高,交易行为受到阻碍。另一方面,善意取得制度在保护交易安全的同时,并未忽视对财产所有权的保护。善意取得制度设立了严格的适用条件,例如:出让人虽然属于无权处分,但应具备相应的权利外观,出让人应当是动产的占有人或不动产的名义登记人;受让人完成交易应属于善意;财产须以合理的价格进行交易;交易须依照法律规定符合登记或交付的形式要求等,这些条件有任何一项不具备,就不能构成善意取得,财产转让行为就不能发生法律效力。同时,即便受让人因善意取得而取得不动产或者动产的所有权后,原所有权人虽然不能向受让人请求返还财产,但有权向无处分权人请求损害赔偿,这些方面都体现了对财产所有权的保护。

(四)拾得遗失物等

遗失物不同于抛弃物,抛弃物是所有权人放弃了物权的物,原所有权人对抛弃物不再享有权利,因此抛弃物属于无主物,对于抛弃物根据先占原则,由最先占有者取得所有权。遗失物是指他人因丢失而丧失占有的动产。丧失占有只是一种事实状态,并非源于标的物权利人的主观意志。因此,遗失物不属于无主物,拾得遗失物并不能取得遗失物的所有权,拾得人应将遗失物返还权利人。遗失物的所有权人或者其他权利人也有权追回遗失物。我国《民法典》还规定了遗失物的收归国有制度,即:自有关部门发布招领公告之日起一年内无人认领时,遗失物归国家所有。此外,拾得漂流物、发现埋藏物或者隐藏物时,参照拾得遗失物的有关规定处理。

四、共有

(一) 共有的概念和特征

共有是指两个或两个以上的民事主体对同一项财产所共同享有的所有权。共有具有以下特征:首先,共有权的主体必须是二人以上,单一的主体不能构成共有;其次,共有权的客体只能是所有权,且两个以上的民事主体共享一个所有权;再次,共有物在共有关系存续期间不能分割;最后,共有权的行使方式具有特殊性,共有人对共有财产都有管理的权利和义务,共有财产的处分应由全体共有人协商决定,共有人对共有物或平等或按份额地享有权利和承担义务。在法律上,共有分为按份共有和共同共有两种形式。

(二) 按份共有

按份共有,又称分别共有,是指两个或两个以上的共有人按照各自的份额对共有财产享有权利和承担义务的共有关系。按份共有人按照预先确定的份额对共有财产享受权利和承担义务。对于处分共有的不动产或者动产以及对共有的不动产或者动产作重大修缮、变更性质或者用途的事项时,除共有人之间另有特别约定外,应当经占份额三分之二以上的按份共有人同意。按份共有人可以转让其对共有不动产或者动产所享有的份额,无须征得其他共有人的同意,但应当将转让条件及时通知其他共有人,其他共有人在同等条件下享有优先购买的权利。按份共有人死亡后其份额可以作为遗产由其继承人或受遗赠人获得。

(三) 共同共有

共同共有,又称公同共有,是指两个或两个以上的共有人基于某种共同关系而不分份额地对共有财产平等享有权利和承担义务的共有关系。共同共有产生和存在的前提是夫妻关系、家庭关系、共同继承、合伙经营等特定的共同关系,只要共同关系存在,共有人的共有份额就无须确定,共有财产也不能分割。对于共有的不动产或者动产进行处分或者作重大修缮、变更性质或者用途的事项时,除共有人之间另有特别约定外,应当取得全体共有人的同意。

(四) 共有关系的认定

共有人对共有的不动产或者动产没有约定为按份共有或共同共有,或者约定不明确时,除共有人具有家庭关系等特定关系外,视为按份共有。按份共有人对共有财产享有的份额没有约定或者约定不明确时,按照出资额确定份额,不能确定出资额时视为等额享有。

(五) 共有债权债务的处理

因共有财产而产生的债权和债务,在对外关系上,共有人享有连带债权并承担连带债务,但法律另有规定或者第三人知道共有人不具有连带债权债务关系的除外。在共有人内部关系上,除共有人另有约定外,按份共有人按照份额享有债权、承担债务,共同共有人共同享有债权、承担债务。偿还债务超过自己应当承担份额的按份共有人,有权向其他共有人追偿。

五、建筑物区分所有权

所谓建筑物区分所有权,是指数个权利主体区分拥有一栋建筑物时,各个主体所享有的对建筑物的专有部分的专有权、对共用部分的共有权和因区分所有权人之间的共有关系所产生的成员权的总称。

(一) 专有权

作为建筑物区分所有权客体的建筑物可以分为专有部分和共用部分。其中的专有部分指区分建筑物内在构造和利用上具有独立性的某一单元部分。与之相对应,专有权是指区分所有权人对建筑物的专有部分所单独享有的所有权。专有权人对于专有部分可以完全行使占有、使用、收益和处分的权利,但业主行使专有权时不得危及建筑物的安全,不得损害其他业主的合法权益。

专有权是建筑物区分所有权三项权利中最基本的权利,是共有权和成员权存在的基础。区分所有人取得专有权,自然就取得共有权和成员权。区分所有权人转让其专有部分时,共有权和成员权被视为一并转让。

(二) 共有权

共有权,即共同所有权,也称共用部分持分权,是指区分所有权人依照法律、合同以及物业管理规约或业主公约而对建筑物的共用部分所共同享有的财产权利。

与专有部分相对应,区分建筑物的共用部分是指由全体或部分区分所有权人共同所有的,不属于业主专有部分的建筑物共用部分,包括法定共用部分和约定共用部分。区分建筑物的法定共用部分又称为性质上的共用部分或构造上的共用部分,是指在性质或构造上属于维持建筑物本身安全、牢固与完整的部分,如地基、楼顶、梁柱、外墙等;区分建筑物的约定共用部分是指区分所有权人通过规约约定为共用部分的在性质或构造上具有独立性的建筑物或设施,如车库、车位、会所用房等。共用部分相对于专有部分而言,其地位具有从属性,同时,共用部分具有不可分割性,它既不能与专有部分相分割,其自身也不能被分割开来。

共有权包括三项权能,即使用权、收益权和处分权。使用权是指各区分所有权人对共用部分依其设置目的及通常使用方法所享有的正当使用的权利。使用包括共同使用与轮流使用等方式。收益权是指各区分所有权人依照法律规定或当事人约定对共用部分的天然孳息和法定孳息所享有的分配权利。处分权是指各区分所有权人对其共有权依法处置的权利,它包括事实上的处分权和法律上的处分权。对于事实上的处分,如对共有部分及其相关设施的建设、改良或拆除,应由区分所有权人全体会议决定;对于法律上的处分,如区分所有权人处分共用部分权利时,应与其专有部分权利的处分一并进行。

(三) 成员权

成员权是指建筑物区分所有权人基于区分建筑物的构造、权利归属和使用上不可分离的共同关系而产生的作为建筑物管理团体的成员而享有的权利。成员权的内容包括管理团体的参与权、管理组织的选举权、管理事项的决定权以及对共同利益应得份额的请求权等。

六、相邻关系

相邻关系即不动产相邻关系,是指两个或两个以上相互毗邻的不动产的所有权人或者使用权人在依法行使不动产的所有权或使用权时因相互之间应提供便利或接受限制而产生的一系列权利义务关系。相邻人在相邻关系中所享有的权利有时也被称为相邻权,但相邻权不是一项独立的民事权利,而是一系列民事权利的集合。相邻权产生的基础和前提是权利人对相互毗邻的不动产所拥有的合法的所有权或使用权,因此相邻权实质上是不动产权利内容的延伸和扩张。相邻权人在行使权利时应当按照有利生产、方便生活、团结互助、公平合理的原则,尊重历史和习惯,正确处理相邻关系。相邻权人行使权利时,应当尽量避免对相邻的不动产权利人造成损害。

不动产相邻关系主要包括以下一系列的权利义务关系:一是相邻关系人通行权。不动产权利人对因通行等必须利用其土地的相邻权利人应当提供必要的便利。二是用水、排水和流水关系。不动产权利人应当为相邻权利人用水、排水提供必要的便利;对自然流水的利用应当在不动产的相邻权利人之间合理分配,在自然流水的排放上尊重自然流向。三是相邻不动产利用权。不动产权利人因建造、修缮建筑物以及铺设电线、电缆、水管、暖气和燃气管线等必须利用相邻土地、建筑物时,该土地、建筑物的权利人应当提供必要的便利。四是通风、采光和日照权。建造建筑物不得违反国家有关工程建设标准,妨碍相邻建筑物的通风、采光和日照。五是环境保护权。不动产权利人不得违反国家规定弃置固体废物,排放大气污染物、水污染物、噪声、光、电磁波辐射等有害物质。六是安全保障权。不动产权利人挖掘土地、建造建筑物、铺设管线以及安装设备等,不得危及相邻不动产的安全。

第三节　用益物权

虽然完整的所有权包括占有、使用、收益、处分四项权能,但在现实生活中,为了促进对不动产和动产的利用,充分发挥物的使用价值,所有权人经常会将物的占有、使用以及收益等部分权能从四项权能中抽离出来交由其他人行使,这种所有权具体权能与所有权人的分离是用益物权得以产生的前提和条件。

一、用益物权的概念、特征和种类

用益物权是指民事主体依法对他人所有的不动产或动产所享有的占有、使用和收益的权利。

用益物权具有以下特征:首先,用益物权属于他物权,是民事主体在他人所有之物上设定的物权;其次,虽然动产之上也可设立用益物权,但用益物权的客体主要以不动产为主;再次,用益物权以占用为前提,以使用和收益为目的和内容,一物之上一般来说只能设定一个用益物权,特殊情况下可以设定两个不相冲突的用益物权,如在同一土地上设定土地承包经营权和流转期限为 5 年以上的土地经营权;最后,虽然构成用益物权内容的占有、使用、收益均来自所有权的基本权能,但用益物权是一项独立的物权。

我国《民法典》所规定的用益物权主要包括土地承包经营权、建设用地使用权、宅基地使用权、居住权、地役权以及种类繁多的具体的自然资源使用权(如探矿权、采矿权、林木采伐权、狩猎权、取水权、海域使用权、滩涂使用权等)。用益物权中的土地承包经营权、宅基地使用权等都是与我国社会主义公有制相适应的物权制度,充分体现了我国民事法律制度的特色。

用益物权的种类并非固定不变的,它会随着社会经济的发展而发生变化。一方面,旧的用益物权可能因失去赖以存在的经济基础而消失,如我国传统的永佃权、典权等;另一方面,新的用益物权会不断出现,如我国《民法典》新规定的居住权等。

二、土地承包经营权

土地承包经营权是指符合条件的民事主体因从事种植、养殖、畜牧等农业生产经营的需要,通过签订承包合同而取得的对集体所有的或者国家所有集体使用的农业用地、林地、草地等的占有、使用、收益的权利。土地承包经营权的主体、客体、内容均具有一定的特定性。土地承包经营权的主体是农业生产经营者,一般是(但不限于)承包土地所属的农村集体经济组织的成员;土地承包经营权的客体主要是农民集体所有的农业用地、林地、草地等,也包括少量国家所有但由农民集体使用的农业用地、林地、草地等;土地承包经营权的内容是承包经营者使用土地从事种植、养殖、畜牧等农业活动。土地承包经营权以我国的农村集体经济所有制为基础,是我国农村土地法律制度中的特有概念,充分体现了我国物权法的特色。

土地承包经营权虽然属于不动产物权,但登记并非土地承包经营权成立的构成要件。根据我国《民法典》的规定,土地承包经营权自土地承包经营合同生效时设立。县级以上地方人民政府应当向土地承包经营权人发放土地承包经营权证、林权证、草地使用权证等证书,并登记造册,确认土地承包经营权。

土地承包经营权都有一定的期限,例如,耕地的承包期为 30 年,草地的承包期为 30 年至 50 年,林地的承包期为 30 年至 70 年。承包期内发包人不得调整承包地,不得收回承包地。承包地被征收时,土地承包经营权人有权依法获得相应补偿。

土地承包经营权可以流转,土地承包经营权人可以自主决定依法采取出租、入股或者其他方式向他人流转土地经营权。由此,从土地承包经营权中又派生出一个土地经营权的概念,它是指符合条件的民事主体通过合同依法取得的在一定期限内占有农村土地、自主开展农业生产经营并取得收益的权利。我国《民法典》第342条规定:"流转期限为五年以上的土地经营权,自流转合同生效时设立。当事人可以向登记机构申请土地经营权登记;未经登记,不得对抗善意第三人。"这表明,流转期限为5年以上的土地经营权具有物权效力,和土地承包经营权一样是一种用益物权。当然,流转期限不满5年的土地经营权不具有物权效力,仍然应当被视为一种具有债权性质的权利。

三、建设用地使用权

建设用地使用权是指土地使用权人对国家所有的土地依法享有的占有、使用和收益的权利,包括而不限于利用该土地建造建筑物、构筑物及其附属设施的权利。虽然集体所有的少量土地在严格限制使用条件的前提下也可以作为建设用地,但我国《民法典》物权编所规定的建设用地使用权专指以国有土地为客体的土地使用权。

(一)建设用地使用权的设立

作为一种典型的不动产用益物权,建设用地使用权的设立应当向登记机构申请登记,建设用地使用权自登记时设立。设立建设用地使用权,可以采取出让或者划拨等方式。

土地使用权出让也称建设用地使用权出让,是指国家以土地所有者的身份将建设用地使用权在一定年限内让与建设用地使用者,并由建设用地使用者向国家支付建设用地使用权出让金的行为。土地使用权出让可以采取招标、拍卖、挂牌方式或协议方式。工业、商业、旅游、娱乐和商品住宅等经营性用地以及同一土地有两个以上意向用地者的,应当采取招标、拍卖等公开竞价的方式出让。

土地使用权划拨,是指县级以上人民政府依法批准,在土地使用者缴纳补偿、安置等费用后将该幅土地交付其使用,或者将土地使用权无偿交付给土地使用者使用的行为。国家严格限制以划拨方式设立建设用地使用权。

(二)"房地合一"原则

建设用地使用权人有权将建设用地使用权转让、互换、出资、赠与或者抵押,但是,基于建设用地与地上不动产的不可分割性,在建设用地使用权的流转之中,要坚持"房地合一"的处分原则。"房地合一"原则在内容上包括"房随地走"和"地随房走"两个方面:"房随地走"是指建设用地使用权转让、互换、出资或者赠与时,附着于该土地上的建筑物、构筑物及其附属设施应当一并处分;"地随房走"是指建筑物、构筑物及其附属设施转让、互换、出资或者赠与时,该建筑物、构筑物及其附属设施占用范围内的建设用地使用权应当一并处分。

(三)建设用地使用权的期限

建设用地使用权的出让具有一定的存续期间,根据国务院1990年颁布的《城镇国有土地使用权出让和转让暂行条例》第12条的规定,建设用地使用权出让最高年限根据不同用途而分别确定为:居住用地70年;工业用地50年;教育、科技、文化、卫生、体育用地50年;商业、旅游、娱乐用地40年;综合或者其他用地50年。

对于建设用地使用权届满的法律后果,国务院《城镇建设用地使用权出让和转让暂行条例》第40条规定:"土地使用权期满,土地使用权及其地上建筑物、其他附着物所有权由国家无偿取得。土地使用者应当交还土地使用权证,并依照规定办理注销登记。"我国1995年颁布的《城市房地产管理法》第21条规定:"土地使用权出让合同约定的使用年限届满,土地使用者需要继续使用土地的,应当至迟于届满前一年申请续期,除根据社会公共利益需要收回该幅土地的,应当予以批准。经批准准予续期的,应当重新签订土地使用权出让合同,依照规定支付土地使用权出让金。土地使用权出让合同约定的使用年限届满,土地使用者未申请续期或者虽申请续期但依照前款规定未获批准的,土地使用权由国家无偿收回。"由此,人们对于自家住宅的建设用地使用权届满后能不能顺利续期以及未能获准续期后自己会不会丧失住宅所有权心存担忧。2007年我国《物权法》颁布,该法第149条规定:"住宅建设用地使用权期间届满的,自动续期。非住宅建设用地使用权期间届满后的续期,依照法律规定办理。该土地上的房屋及其他不动产的归属,有约定的,按照约定;没有约定或者约定不明确的,依照法律、行政法规的规定办理。"而对于住宅建设用地使用权期限届满时的"自动续期",学界尚存在不同的理解。① 现行《民法典》第359条基本沿袭了《物权法》第149条的条文,仅仅是在"住宅建设用地使用权期限届满的,自动续期"后加了一句话,"续期费用的缴纳或者减免,依照法律、行政法规的规定办理",这一委任性规则表面上看似乎是将续期费用的缴纳问题交由今后出台的其他法律、行政法规来解决,但实际上"续期费用"一词的使用隐含了对期限届满后应当缴纳费用这一规则的承认。

四、宅基地使用权

宅基地使用权是指作为农村集体经济组织成员的村民依法利用集体所有的土地建造住宅及其附属设施从而对该土地所享有的占有和使用的权利。宅基地使用权的权利人原则上只能是集体经济组织的成

---

① 目前主流观点认为自动续期不同于无偿续期。如,王利明提出有偿续期的理由:第一,无偿自动续期有违市场经济公平公正原则。第二,无偿自动续期可能会加剧房地产市场的投机行为,进一步加剧炒房行为,房屋将异化为一种投资的商品,而不是用于居住,不利于保障公民居住权。第三,无偿自动续期会降低土地利用效率,加剧土地资源稀缺性的矛盾。不利于对土地的充分利用。第四,无偿续期可能导致政府对特定地块基础设施的投资减少,减少对危旧房屋的改造,从而不利于住宅周边环境的改善,最终也将影响房屋所有权人权益的实现。参见王利明:《住宅建设用地使用权自动续期规则》,《清华法学》2017年第2期。

员,且以"农户"为单位,严格实行"一户只能拥有一处宅基地"的原则。宅基地因自然灾害等原因而灭失时,宅基地使用权消灭,失去宅基地的村民有权要求重新分配宅基地。

宅基地使用权与建设用地使用权具有一定的相似性。二者的区别体现在:一是设立目的不同。建设用地使用权中的土地可以用作建造住宅、经营性用房及其附属设施以及公共利益等多种目的,而宅基地使用权中的土地仅限于用作生活居住。二是权利主体不同。建设用地使用权的主体没有限制,自然人、法人、非法人组织均可成为其主体,而宅基地使用权的主体原则上只能是农村集体组织的成员,其与土地所有权人之间存在一定的身份关系。三是权利客体不同。建设用地使用权的客体是国有土地;而宅基地使用权的客体是集体所有的土地。四是取得方式不同。建设用地使用权可以通过出让或者划拨等方式取得,以有偿出让的取得方式为主;宅基地使用权主要通过申请和人民政府农业农村主管部门审批的方式取得,以无偿取得为原则。五是成立条件不同。建设用地使用权以登记为成立要件;宅基地使用权的取得一般不以登记为要件。六是权利内容不同。建设用地使用权的内容非常广泛,可以较为自由地转让、互换、出资、赠与、抵押等;宅基地使用权的权能内容受到严格限制。七是有无期限不同。建设用地使用权大多有期限的限制;宅基地使用权没有期限的限制。[1]

五、居住权

居住权是作为民事主体的自然人为满足生活居住的需要而依法对他人住宅所享有的占有、使用的权利。居住权是我国《民法典》新规定的一种用益物权。

居住权具有如下特征:首先,居住权的权利主体是自然人。法人和非法人组织虽然能够成为设立居住权的主体,可以在自己所有的住宅

---

[1] 刘保玉:《物权法学》(第二版),中国法制出版社 2022 年版,第 374—375 页。

上为他人设立居住权,但不能成为居住权的权利主体。其次,居住权的客体是他人的住宅。所有权人不能在自己所有的住宅上为自己设定居住权,因为占有和使用本来就是所有权的基本权能。居住权是一种用益物权,只能在他人所有的不动产上设立。居住权既可以在独立的整套住宅上设立,也可以在住宅中的某一层或某一个房间设立。再次,居住权以合同设立为主要方式。我国《民法典》对合同设立居住权规定了严格的条件,如当事人应当采用书面形式订立居住权合同、居住权合同必须包括一些法定条款、居住权自有关登记机构登记时设立等。除合同方式外,居住权的设立方式还包括遗嘱设立和法院裁判设立等方式,这些方式中居住权的设立并不必然以登记为基本要件。最后,居住权设立的目的是满足特定自然人生活居住的需要。居住权人不得将享有居住权的住宅出租或从事其他营利性的经营行为,一般也不允许他人居住或同住,除非是居住权人的配偶、未成年子女等家庭成员或者保姆、护工等为居住权人提供必要生活服务的人员。

居住权与租赁权同样都是在他人不动产上所享有的占有和使用的权利,二者主要有以下区别:一是权利性质不同。居住权属于用益物权;租赁权属于债权。二是权利主体不同,居住权主体是自然人;租赁权主体既可以是自然人,也可以是法人和非法人组织。三是权利目的不同。居住权设立目的是满足生活居住的需要;租赁权的设立目的不限于生活居住需要,还包括生产经营需要。四是权利内容不同。居住权具有专属性,不得转让、继承;租赁关系中的承租人经出租人同意,可以将租赁物转租给第三人。五是是否有偿不同。居住权原则上为无偿设立;租赁权一般是有偿设立。六是设立方式不同。居住权设立方式多种,以合同设立的居住权须经登记才有效;租赁权一般基于租赁合同而产生,不以登记为必要。七是权利期限不同。居住权不受期限的限制;房屋租赁期限不得超过 20 年。[1]

---

[1]　李永军:《中国民法学》(第二卷物权),中国民主法制出版社 2022 年版,第 266 页。

六、地役权

地役权是指不动产权利人为了自己利用不动产的便利或是为了提高不动产的使用价值而对他人的土地进行一定程度的利用或者对他人行使土地权利进行一定限制的权利。

地役权与相邻权非常相似，都是对于他人不动产所享有的一定权利。二者的区别主要在于：一是产生原因不同。相邻权基于法律的规定而产生；地役权基于当事人合同的约定而产生。二是权利类型及独立性不同。地役权是一项独立的物权；相邻权是因相邻关系而享有的一系列权利的总和，它不是一项独立的民事权利，而是对所有权的扩张，它不能脱离所有权而单独存在。三是对不动产利用关系的调节程度不同。相邻权是相互毗邻的不动产的所有权人或者使用权人在相互之间提供便利或接受限制上所享有的最低限度的基本权利；地役权不以不动产相邻为要件，它是当事人逾越相邻关系限度而设定的权利义务关系，属于更高限度的利用和调节，可以说，地役权具有弥补相邻关系不足的作用。四是取得权利是否有偿不同。地役权一般有偿设立；相邻权是相邻人的法定权利，相邻关系中的权利义务的发生均属无偿。五是是否需要登记不同。地役权虽然不登记并不影响地役权合同的生效，但未经登记的地役权不得对抗善意第三人；相邻权不需要登记。

第四节　担保物权

与用益物权一样，担保物权也是一项重要的他物权。如果说用益物权所支配的是物的使用价值，那么担保物权所支配的就是物的交换价值。

一、担保物权的概念、特征和种类

担保物权是以担保债务的履行和债权的实现为目的而在债务人或第三人所有的物或权利之上所设定的当债务人不履行债务或者发生当事人约定的实现担保权的情形时债权人就担保物的价值优先受偿的权利。担保物权最基本的功能就在于确保债权实现,维护交易的安全。

担保物权具有以下特征:第一,担保物权的设立以担保债务的履行和债权的实现为目的;第二,担保物权的标的是债务人或第三人所有的物或权利;第三,担保物权具有从属性,它以主债权的成立为前提条件,主债权消灭后,担保物权随之消灭;第四,担保物权具有不可分性,担保权人在其债权未完全受偿之前可就担保物的全部行使权利;第五,担保物权具有物上代位性,如果担保物在担保期间发生灭失、毁损或被征收时,担保权人可以从保险金、赔偿金或者补偿金中优先受偿;第六,担保物权的担保范围非常广泛,包括主债权及其利息、违约金、损害赔偿金、保管担保财产和实现担保物权的费用等。

在学理上可以根据不同的标准对担保物权进行不同的分类,例如,根据担保标的物的不同,可以将担保物权分为动产担保物权、不动产担保物权和权利担保物权;根据担保物权的设立是基于当事人的合意还是法律的直接规定,可以将担保物权分为意定担保物权和法定担保物权;根据是否转移担保物的占有,可以将担保物权分为占有型担保物权和非占有型担保物权;根据担保是否需要登记,可以将担保物权分为登记担保物权和非登记担保物权等。

虽然我国《民法典》所规定的担保物权主要包括抵押权、质权和留置权三种,但在有关担保合同的种类上,《民法典》采取了开放式的态度,规定“担保合同包括抵押合同、质押合同和其他具有担保功能的合同”,其中“其他具有担保功能的合同”一语为将所有权保留、融资租赁、保理、让与担保等形式纳入担保的范围提供了空间。

二、抵押权

（一）抵押权的概念和特征

抵押权是指债权人对于债务人或第三人不转移占有而提供担保的财产，在债务人不履行债务或者发生当事人约定的实现担保权的情形时，依法享有的处分该财产并就其价金优先受偿的权利。

抵押权具有以下特征：一是抵押权不转移标的物的占有，由此使得提供担保的债务人或第三人可以继续占有和使用担保物以充分发挥担保物的最大价值。不转移占有是抵押权最基本的特征，也是抵押权与质权等其他担保物权的最大区别。二是作为抵押权设立标的的财产主要是不动产，但不排除动产和权利。与德、法等大陆法系国家将动产排斥在抵押权标的之外的做法不同，我国《民法典》将生产设备、船舶、航空器、其他交通运输工具等动产列入了抵押权标的的范围，扩大了市场主体融资的渠道，有利于鼓励交易和维护交易安全。三是抵押权实现的条件是债务人不履行债务或者发生当事人约定的实现担保权的其他情形；四是抵押权人在符合实现条件时可依法处分担保财产并就其价金优先受偿，具体实现方式包括以抵押财产折价或者拍卖、变卖抵押财产等，一般要通过司法途径实现。

（二）抵押财产的范围

在抵押财产的范围上，我国《民法典》既规定了抵押财产的积极范围，即允许抵押的财产，也规定了抵押财产的消极范围，即禁止抵押的财产。

允许抵押的财产主要有三大类：一是不动产，包括建筑物和其他土地附着物；二是动产，包括生产设备、原材料、半成品、产品，正在建造的建筑物、船舶、航空器，交通运输工具等；三是权利，包括建设用地使用权和海域使用权。值得注意的是，根据房地合一的原则，在建筑物上设定抵押时，该建筑物占用范围内的建设用地使用权一并抵押；在建设用地使用权上设定抵押时,该土地上的建筑物一并抵押。此外,我国《民法典》在允许抵押财产范围的兜底条款上采取开放式的态度,规定法律、行政法规未禁止抵押的其他财产均属于允许抵押的财产。

禁止抵押的财产包括以下类型:一是土地所有权;二是法律未规定可以抵押的宅基地、自留地、自留山等集体所有土地的使用权;三是学校、幼儿园、医疗机构等为公益目的成立的非营利法人的教育设施、医疗卫生设施和其他公益设施;四是所有权、使用权不明或者有争议的财产;五是依法被查封、扣押、监管的财产;六是法律、行政法规规定不得抵押的其他财产。

(三) 抵押合同及流押条款

根据我国《民法典》规定,设定抵押权时,当事人应当采取书面形式订立抵押合同。抵押合同一般包括下列条款:一是被担保债权的种类和数额;二是债务人履行债务的期限;三是抵押财产的名称、数量以及质量、状况、所在地、所有权归属或者使用权归属等情况;四是担保的范围。

抵押合同中流押条款的效力是一个值得注意的问题。所谓流押条款,是指当事人双方在设立抵押权时约定当债务人不履行到期债务时抵押财产归债权人所有的合同条款。我国以往的法律一向采取流押无效的规则。例如,1995 年《担保法》第 40 条规定的"订立抵押合同时,抵押权人和抵押人在合同中不得约定在债务履行期届满抵押权人未受清偿时,抵押物的所有权转移为债权人所有"和 2007 年《物权法》第 186 条规定的"抵押权人在债务履行期届满前,不得与抵押人约定债务人不履行到期债务时抵押财产归债权人所有"等条款均明确规定禁止流押。对此,我国《民法典》有所不同,其第 401 条规定:"抵押权人在债务履行期限届满前,与抵押人约定债务人不履行到期债务时抵押财产归债权人所有的,只能依法就抵押财产优先受偿。"由此将以前一直被认定无效的流押条款转化为具有法律效力的清算型担保,有利于保护抵押权人的合法权益。

（四）抵押登记

由于作为抵押权设立标的的财产既包括不动产，也包括动产和权利，这就造成抵押权因标的不同从而对登记的要求也不同的情况，同时抵押登记的效力也不尽相同。在不动产、建设用地使用权、正在建造的建筑物等财产之上设定抵押权时，应当办理抵押登记，抵押权自登记时设立，此时的抵押权设立采用了登记生效主义的原则；在生产设备、原材料、半成品、产品、交通运输工具、正在建造的船舶和航空器以及其他动产等财产之上设定抵押权时，抵押权自抵押合同生效时设立，抵押权是否登记由当事人自愿决定，但未经登记时不得对抗善意第三人，此时的抵押权设立采用了登记对抗主义的原则。

（五）抵押人的处分权和抵押权人的追及效力

针对抵押人对于抵押物的处分权，我国以前的法律进行了过多的限制。如1995年《担保法》第49条规定："抵押期间，抵押人转让已办理登记的抵押物的，应当通知抵押权人并告知受让人转让物已经抵押的情况；抵押人未通知抵押权人或者未告知受让人的，转让行为无效。"而传统物权法理论认为，抵押期间，抵押人不应丧失对物的占有、使用、收益和处分的权利，抵押财产转让无需经抵押权人同意。因此，我国《民法典》第406条取消了对抵押人处分抵押物的不当限制，明确规定"抵押期间，抵押人可以转让抵押财产。"该条规定符合抵押权以支配和取得标的物的交换价值为内容的本质，有利于促进交易、充分发挥物的经济效用。

当然，抵押人处分抵押物时，不得有损抵押权人的合法权益。抵押财产转让时，已经设立的抵押权不受影响，抵押权人对转让的抵押财产具有物上追及的法律效力。同时，抵押人转让抵押财产时应当及时通知抵押权人。抵押权人能够证明抵押财产转让可能损害抵押权时，可以请求抵押人将转让所得的价款向抵押权人提前清偿债务或者提存。

三、质权

（一）质权的概念和特征

质权是指债权人为了担保债权的实现对于债务人或第三人移交占有的财产，在债务人不履行债务时或者发生当事人约定的实现担保权的情形时，依法享有的处分该财产并就其价金优先受偿的权利。我国《民法典》规定的质权种类包括动产质权和权利质权。

质权具有以下特征：一是质权属于占有型担保物权，标的物或权利凭证的占有转移是质权最基本的特征，也是质权与抵押权最主要的区别；二是质权设立的标的是动产和特定的可转移的权利，我国现行立法不承认不动产质权；三是质权实现的条件是债务人不履行债务或者发生当事人约定的实现担保权的其他情形；四是质权的实现并不必然需要司法权利的介入。

（二）动产质权

动产质权是以动产作为标的物而设定的质权。

设立质权，当事人应当采取书面形式订立质押合同。质押合同一般包括下列条款：一是被担保债权的种类和数额；二是债务人履行债务的期限；三是质押财产的名称、数量等情况；四是担保的范围；五是质押财产交付的时间、方式。质权自出质人交付质押财产时设立。

与抵押合同中的流押条款一样，质押合同中流质条款的效力问题值得注意。所谓流质条款，是指当事人双方在设立质押权时约定当债务人不履行到期债务时质押财产归债权人所有的合同条款。我国以往的法律一向采取流质无效的规则。例如，1995 年《担保法》第 66 条规定的"出质人和质权人在合同中不得约定在债务履行期届满质权人未受清偿时，质物的所有权转移为质权人所有"和 2007 年《物权法》第211 条规定的"质权人在债务履行期届满前，不得与出质人约定债务人不履行到期债务时质押财产归债权人所有"等条款均明确规定禁止流质。对此,我国《民法典》有所不同,其第 428 条规定:"质权人在债务履行期限届满前,与出质人约定债务人不履行到期债务时质押财产归债权人所有的,只能依法就质押财产优先受偿。"这有利于保护抵押权人的合法权益。

质权存续期间,质权人有权收取质押财产的孳息。质权人负有妥善保管质押财产的义务,因保管不善致使质押财产毁损、灭失,或者未经出质人同意而擅自使用、处分质押财产或转质而给出质人造成损害时,应当承担赔偿责任。

(三)权利质权

权利质权是以可转让的债权或其他财产权利为标的物而设定的质权。

根据我国《民法典》的规定,债务人或者第三人有权处分的下列权利可以出质:一是汇票、本票、支票;二是债券、存款单;三是仓单、提单;四是可以转让的基金份额、股权;五是可以转让的注册商标专用权、专利权、著作权等知识产权中的财产权;六是现有的以及将有的应收账款;七是法律、行政法规规定可以出质的其他财产权利。其中最后一项"法律、行政法规规定可以出质的其他财产权利"虽然也是一个开放式的兜底条款,但它明显不同于《民法典》对允许抵押的财产范围所规定的兜底条款"法律、行政法规未禁止抵押的其他财产",将其他可以出质的财产权利严格限定于有法律和行政法规规定的条件之下,足以见得立法对权利质权标的范围严格限制的态度,这样也是为了维护交易安全,保障质权人合法权益。

权利质权的设定应当订立书面合同,质权的设立时间因标的不同而有所不同。以汇票、支票、本票、债券、存款单、仓单、提单出质时,质权自权利凭证交付质权人时设立;没有权利凭证或者以应收账款、基金份额、股权以及以注册商标专用权、专利权、著作权等知识产权中的财产权等其他财产权利出质时,质权自有关部门办理出质登记时设立。

四、留置权

(一) 留置权的概念

留置权是指在债权人合法占有债务人动产的情况下,如果债务人不履行基于该动产而发生的债务,则债权人有权依法留置该财产并就该财产优先受偿的权利。与属于意定担保物权的抵押权和质权不同,留置权属于法定担保物权,其成立并非基于当事人的意思表示而是源于法律的直接规定。

(二) 留置权的成立条件

留置权的成立须具备以下条件:一是债权人合法占有债务人的动产,债权人一般是基于保管、运输、承揽、行纪等合同关系而合法占有债务人的财产;二是债权人对债务人的债务已届清偿期且债务人未履行债务;三是除企业之间的留置外,债权人所占有的动产原则上与债权应属于同一法律关系;四是标的物不属于法律规定或者当事人约定不得留置的动产,这一项是留置权成立的消极要件。

(三) 留置权的实现

留置行为发生后,留置权人与债务人应当约定留置财产后的债务履行期限。如果当事人之间没有约定或者约定不明确时,除鲜活易腐等不易保管的动产外,留置权人一般应当给债务人 60 日以上履行债务的期限。如果债务人逾期仍未履行时,留置权人可以与债务人协议以留置财产折价,也可以就拍卖、变卖留置财产所得的价款优先受偿。另一方面,债务人也可以主动请求留置权人在债务履行期限届满后行使留置权;于此情形,如果留置权人不积极行使留置权时,债务人可以请求人民法院拍卖、变卖留置财产。

留置权与抵押权和质权同为担保物权,但与后二者相比,留置权具有一定的优先性。当同一动产上已经设立抵押权或者质权,该动产又被留置时,留置权人可以优先受偿,这显然不同于同一财产上存在多个抵押权时登记抵押权优于未登记抵押权、先登记抵押权优于后登记抵押权的受偿规则和同一财产上既有抵押权又有质权时以登记、交付时间的先后确定清偿顺序的规则。

第三章　合同法

　　作为民事法律制度的重要组成部分,合同法是调整民事合同关系的法律规范的总称,主要规定有关民事合同的订立、效力、履行、变更、转让、终止以及违反合同的责任等内容。

　　改革开放之后,我国的合同立法得到迅速的发展。1981 年 12 月由五届人大四次会议通过的《经济合同法》是我国第一部合同法律,其后,1985 年 3 月六届人大十次常委会议通过了《涉外经济合同法》,1987 年 6 月六届人大二十一次常委会通过了《技术合同法》,由此我国的合同立法进入了以民法通则为基本法,经济合同法、涉外经济合同法、技术合同法三足鼎立的时期。其后,为了适应合同法统一的需要,1999 年 3 月九届人大二次会议通过《合同法》,结束了以往合同法律制度上"三法鼎立"的局面。而我国现行《民法典》"合同编"则是在 1999 年《合同法》的基础上编纂而成,它代表了我国合同法律制度的最新发展。

第一节　合同法概述

一、合同的概念

　　合同是现代民法最重要的概念之一,但关于合同的定义,长期以来大陆法系与英美法系之间一直存在着不同的解释。

英美法系认为,合同是一种"允诺",即 Promise。英美法对合同的解释是:合同是能够直接或间接地由法律强制执行的允诺。美国《合同法重述》第 1 条规定:"合同是一种允诺或一组允诺,对于该允诺的违反,将由法律给予救济;履行该允诺,被法律以某种方式确认为一种义务。"这种定义,将合同重心放在了当事人承担债务的单方意思表示上。

大陆法系则认为,合同是一种"合意"或者"协议",即 Agreement。例如,最具代表性的法国民法典所规定的合同定义为:合同为一种合意,依此合意,一人或数人对于其他一人或数人负担给付、作为或不作为的债务。这一定义包含三项内容:第一,合同是双方行为;第二,合同是双方的合意;第三,合同是债的发生原因。

近年来,随着英美法系与大陆法系的相互吸收和包容,二者关于合同的定义也逐渐呈现趋同和融合的趋势。尤其是,英美法系不少学者将"合同是一种协议"的观点引入合同定义之中,使得英美法系与大陆法系的合同定义不断接近。如,英国学者特内脱在其《合同法》一书中认为:"合同是发生可由法律予以执行或者承认的债务的合意。"[1]其他如安森的《合同法》、史密斯与吉兰的《商法》等著作以及《布莱克法律辞典》《牛津法律大辞典》等工具书中的合同定义均与此相似。可见,两大法系的合同法定义正逐渐走向统一。

我国民法理论在合同的定义上,基本继受了大陆法系的观点,认为合同在本质上是一种协议。不过,合同一词又有广义和狭义之分,其在不同语境使用时含义也不完全相同。

广义的合同,是指确定当事人各种权利与义务关系的协议。也就是说,只要是当事人之间达成的确定权利义务关系的协议,均属于合同的范畴,因此,合同除包括民法中的合同外,还包括行政法上的行政合同、劳动法上的劳动合同、国际法上的国家合同等。

狭义的合同即民法上的合同,结合我国《民法典》第 464 条的规定,

---

[1] G·H·Treitel, The Law of Contract(15ᵗʰ ED, London) P.7.转引自梁慧星:"论我国民法合同概念",载《中国法学》,1992 年第 1 期。

本书将合同定义为：合同也称契约，是指平等主体的自然人、法人及非法人组织之间设立、变更、终止民事权利义务关系的协议。

二、合同的特征

（一）合同是一种民事法律行为

合同不是事实行为，而是一种民事法律行为，它以意思表示为要素，并按意思表示的内容赋予法律效果，它是当事人意思表示一致的民事法律行为。

（二）合同是双方或多方的民事法律行为

合同必须有两方以上的当事人，他们相互为意思表示，并且意思表示一致，才能引起合同的成立，所以合同不是单方法律行为。

（三）合同是平等主体之间的协议

合同的主体无论是自然人、法人或者非法人组织，其法律地位完全平等，任何一方所为的意思表示必须真实自愿，合同是当事人之间自愿协商的结果。

（四）合同是以设立、变更或终止民事权利义务关系为目的的民事法律行为

合同的目的即在于设立、变更或终止民事权利义务关系（债权债务关系），这既是判断是否构成合同的依据，也是区分民法上的合同与其他合同的标准。

（五）合同一经依法成立即具有法律约束力

依法成立的合同，受法律保护，对当事人具有法律约束力。合同一经依法成立，当事人即应当按照合同约定履行自己的义务，不得擅自变更或者解除合同。任何一方无正当理由违反合同规定，即应承担相应

的民事责任。

三、合同的分类

为了准确地把握合同的特点,了解各类合同之间的联系与区别,从而在司法实践中正确地处理不同的合同关系,准确地适用法律,可以依据不同标准将合同划分成不同的类型。

(一)单务合同和双务合同

根据合同当事人承担义务方式的不同,即合同给付义务是由一方当事人负担还是由双方当事人分担,可将合同分为单务合同和双务合同。

所谓单务合同,是指仅由一方当事人负担义务而另一方当事人只享有权利的合同。换言之,是指合同当事人双方并不互相享有权利和负担义务,而是由一方当事人负担义务,另一方当事人只享有权利而不负担义务的合同,例如赠与合同、借用合同等均属于单务合同。

所谓双务合同,是指双方当事人互享权利、互负义务的合同,例如买卖合同、互易合同、租赁合同等均属于双务合同。在提倡等价有偿、公平交易的商品社会中,双务合同是最典型、最常见的市场交易形式。在双务合同中,双方当事人的权利义务是相互对应、相辅相成的,一方当事人享有的权利既依赖于对方当事人所承担的给付义务,同时又与自己是否依法履行义务不可分离。

单务合同与双务合同的区分具有重要法律意义,主要体现在:一是是否适用同时履行抗辩规则不同。同时履行抗辩规则适用于双务合同而不适用于单务合同。在双务合同中,双方当事人的权利义务互相依存、互为条件,在合同没有约定或法律没有规定的情况下,双方应当同时履行义务。一方当事人在他方未履行或未提供履行担保时,有权拒绝履行自己的义务。而在单务合同中,因为只有一方负担义务,不存在双方权利义务的相互对应,不存在合同义务的同时履行问题,因此单务合同无从适用同时履行抗辩权规则。二是合同风险的负担不同。在双务合同中,如果一方当事人因不可抗力或其他非属该方当事人过错的原因而导致其不能履行合同义务,则其合同债务可以被免除,同时,对方当事人的合同债务也同时得以免除。在此情况下,一方因不再负有合同义务,因此也无权要求对方作出履行;如果对方已经履行的,则应将其所得返还给对方。而在单务合同中因合同义务由一方承担,因此不会发生这种情况。三是违约责任的承担不同。在双务合同中,任何一方当事人因自己的过错不履行或不适当履行合同时,另一方当事人可以要求违约方履行合同或承担其他违约责任,具备一定条件时还有权要求解除合同和赔偿损失,已经履行的有权要求返还。单务合同则不会发生不负担义务一方因过错而导致合同不履行的情况,也不会产生因合同不履行而带来的法律后果。

(二) 有偿合同和无偿合同

根据当事人取得利益是否需要付出相应代价为标准,可以将合同分为有偿合同与无偿合同。

所谓有偿合同,是指任何一方当事人从对方获取利益时需要向对方当事人支付相应对价的合同。在现实生活中,绝大多数反映交易关系的合同都是有偿的,如买卖合同、租赁合同、加工承揽合同等。

所谓无偿合同,是指一方给付对方某种利益,对方取得该利益时并不支付任何对价的合同。无偿合同中的双方当事人权利义务关系并不对等,因此无偿合同在商品社会中并不是一种典型的和常见的合同。

有偿合同与无偿合同的划分,同双务合同与单务合同的划分,并不完全等同。一般来说,双务合同都是有偿合同,但单务合同并非都是无偿合同。有些单务合同属于无偿合同,如赠与合同等;而有些单务合同则属于有偿合同,例如,有息借贷合同如果根据交易习惯或当事人约定将出借人交付借款的行为视为合同的成立要件而不是合同义务,则此借贷合同是单务合同,但同时又是有偿合同。

有偿合同与无偿合同的区分有时会决定着合同的性质。在实践中,许多合同只能是有偿的,不可能是无偿的,如果要变有偿为无偿,或者相反,则合同性质就会发生根本的变化。例如买卖合同必须是有偿的,如果买方取得货物而不需支付代价,或者卖方取得货款而不需交付货物,则买卖关系在性质上就转化为了赠与关系,合同也成为赠与合同而非买卖合同。当然,有些合同既可以是有偿的,也可以是无偿的,是否有偿并不影响合同的性质,如保管合同、委托合同等。

除了在一定情况下确定合同的性质以外,有偿合同与无偿合同的区分还有如下法律意义:一是承担责任的轻重不同。在无偿合同中,因债务人只承担给付义务却不获取任何利益,因此原则上只应承担较低的注意义务。例如,我国《民法典》第897条规定:"保管期内,因保管人保管不善造成保管物毁损、灭失的,保管人应当承担赔偿责任。但是,无偿保管人证明自己没有故意或者重大过失的,不承担赔偿责任。"第929条规定:"有偿的委托合同,因受托人的过错造成委托人损失的,委托人可以请求赔偿损失。无偿的委托合同,因受托人的故意或者重大过失造成委托人损失的,委托人可以请求赔偿损失。"可见,无偿合同的债务人要比有偿合同的债务人所承担的注意义务轻得多。二是对合同主体资格的要求不同。订立有偿合同的当事人原则上应具备完全行为能力。限制行为能力人非经其法定代理人的同意或追认,不能订立与其年龄、智力不相适应的有偿合同,但可以订立接受赠与等纯获利益的无偿合同。三是善意取得的适用不同。善意取得的适用条件之一便是受让人支付合理的对价,因此善意取得只适用于有偿合同而不适用于无偿合同。四是撤销权的行使不同。撤销权是指债权人在债务人与他人实施处分其财产或权利的行为危害债权的实现时,申请法院予以撤销的权利。根据我国《民法典》第538条、第539条的规定,对债务人将其财产转让给第三人的行为,如果是无偿转让,则债权人可以直接请求撤销该转让行为;如果是有偿转让,则债权人行使撤销权必须具备的条件是,债务人以明显不合理的低价转让财产,且受让人知道或者应当知道该情形。

（三）要式合同和不要式合同

根据合同的成立是否应以一定的形式为要件，可以将合同分为要式合同与不要式合同。

所谓要式合同，是指依照法律规定必须采取特定形式而成立的合同。对于一些重要的交易行为，法律常常要求当事人必须采取特定的方式订立合同。例如，根据我国《民法典》规定，融资租赁合同、建设工程合同、技术开发合同、技术转让合同等都应当采取书面形式。

所谓不要式合同，是指法律并不要求采取特定形式订立才能成立的合同。不要式合同完全体现了契约自由的原则，当事人订立合同，既可以采取口头形式，也可以采取书面形式或其他双方认可的形式。

在司法实践中，有的合同必须是要式合同，如前面提到的融资租赁合同、建设工程合同、技术开发合同等；有的合同则既可以是要式的，也可以是不要式的，如借款合同，我国《民法典》第668条规定："借款合同应当采用书面形式，但是自然人之间借款另有约定的除外。"总的来说，我国《民法典》关于合同的规定，以不要式为原则，以要式为例外，绝大部分合同都是不要式的。

区分要式合同和不要式合同对于判断合同是否成立具有重要的法律意义。对要式合同来说，采取法律所规定的特定形式是合同成立的要件，合同非依特定形式不成立。而对于不要式合同来说，在合同成立上则不存在这一要求。

（四）诺成合同和实践合同

根据合同成立是否以交付标的物或完成其他给付为要件，可以将合同分为诺成合同与实践合同。

所谓诺成合同，是指当事人的意思表示一旦达成一致即可成立的合同。此种合同的特点在于双方或多方当事人意思表示一致之时，合同即告成立并产生法律约束力。我国合同法上的大部分合同属于诺成合同，如买卖合同、租赁合同等。

所谓实践合同，又称要物合同，是指除当事人意思表示一致外，尚需交付标的物或完成其他给付行为才能成立的合同。在这种合同中，仅凭当事人各方的意思表示一致尚不能导致合同成立，还必须有一方实际交付标的物或完成特定给付的行为，才能产生法律效果。例如，保管合同即属于实践合同，我国《民法典》第 890 条规定："保管合同自保管物交付时成立，但是当事人另有约定的除外。"可见，除当事人另有约定外，寄存人交付保管物的行为，并不是合同一方当事人履行合同义务的行为，而是保管合同成立的要件，无此交付行为则保管合同不成立。

诺成合同与实践合同的主要区别在于，两者成立的时间是不同的。诺成合同自当事人各方意思表示一致（即达成合意）时起，合同即告成立；而实践合同则在当事人达成合意之后，还必须由当事人交付标的物或完成其他给付行为以后，合同才能成立。因此，在法律上区分诺成合同与实践合同的意义在于确定当事人义务的不同类型。在诺成合同中，交付标的物或完成其他给付行为是合同所确立的当事人的义务，违反该义务便会产生违约责任；而在实践合同中，交付标的物或完成其他给付行为只是合同成立的前提条件，最多可视为先合同义务，违反该义务只会导致合同的不成立，不会产生违约责任。

（五）典型合同和非典型合同

根据法律是否赋予特定名称并设定具体规则为标准，可以将合同分为典型合同与非典型合同。

所谓典型合同，又称有名合同，是指法律赋予了特定名称并设定了具体规则的合同。我国 1999 年《合同法》所规定的典型合同有 15 种，分别是买卖合同，供用电、水、气、热力合同，赠与合同，借款合同，租赁合同，融资租赁合同，承揽合同，建设工程合同，运输合同，技术合同，保管合同，仓储合同，委托合同，行纪合同，居间合同。现行《民法典》"合同编"在此 15 种典型合同的基础上又增加了保证合同、保理合同、物业服务合同、合伙合同等类型。

所谓非典型合同，又称无名合同，是指法律未赋予特定名称也没有为其设定具体规则的合同。根据合同自由的原则，当事人可以自由决定合同的内容,因此即使当事人订立的合同不属于有名合同的范畴,只要不违背法律法规和公序良俗,也仍然是合法有效的。然而,虽然法律对非典型合同未赋予确定的名称与规则,但并不表示非典型合同不受法律的约束。对于非典型合同,我国《民法典》第 467 条明确规定:"本法或者其他法律没有明文规定的合同,适用本编通则的规定,并可以参照适用本编或者其他法律最相类似合同的规定。"

典型合同与非典型合同的区分与一个国家立法、司法的发展状况密切相关。随着社会经济以及科学、文化的发展,新的交易内容和交易方式不断涌现,而法律的规定既不可能面面俱到,也不可能为适应现实发展的需要而经常变动。因此,大量非典型合同的存在既是必要的,也是不可避免的。另一方面,非典型合同产生以后,会经受司法实践的选择和淘汰,经过一定的发展阶段,具有一定普遍性、成熟性和代表性的非典型合同需要通过立法对之进行规范,非典型合同由此转化为典型合同。反过来,典型合同随着社会的发展,如果失去普遍性或代表性,也可能被立法者从法律中废除,从而转化为非典型合同。

(六) 主合同和从合同

在两个以上相互关联的合同中,根据彼此之间的主从关系,可以将合同分为主合同与从合同。所谓主合同,是指不需要以其他合同的存在为前提即可独立存在的合同。例如,对于保证合同来说,设立主债务的合同就是主合同。从合同,又叫附属合同,是指自身不能独立存在,必须以其他合同的有效存在为其存在前提的合同。例如,保证合同相对于主债务合同而言即为从合同。

在法律上区分主合同与从合同对于确定他们之间的相互关系以及判断合同的有效性具有重要意义。从合同的主要特点就在于其附属性,从合同不能独立存在,必须以主合同的存在和生效为前提。主合同不成立,从合同就不能有效成立;主合同转让,从合同也应相应进行调整;主合同被宣告无效或被撤销,从合同也随之失去效力;主合同消灭,从合同亦消灭。但反过来,由于主合同并不依附于从合同,它完全可以脱离从合同而独立存在,因此从合同不成立或无效,一般并不影响主合同的效力。例如,当事人为借款关系而设定抵押,分别签订借款合同和抵押合同,则借款合同为主合同,抵押合同为从合同,抵押合同无效并不必然导致借款合同无效。

（七）一时的合同和继续性合同

根据合同内容的实现是通过一个完整的给付完成还是通过持续性多个给付完成,可以将合同分为一时的合同与继续性合同。

所谓一时的合同,又称单发合同或一次给付合同,是指通过一次给付或一个独立、完整的给付便可使合同内容得以实现的合同。例如,买卖合同、赠与合同、承揽合同一般属于一时的合同。

所谓继续性合同,是指合同内容非一个独立完整的给付可完结,而是继续地通过多个给付实现的合同。其基本特点在于,时间因素在合同履行上居于重要地位,总给付的内容取决于应为给付时间的长短,换言之,随着履行的时间的推移,在当事人之间不断地产生新的权利义务,不断产生新的给付关系。例如,租赁合同、保管合同、委托合同以及供用电、水、气、热力合同等一般属于继续性合同。

值得注意的是,继续性合同与分期给付合同存在本质区别。分期支付合同自始便有一个确定数量的总给付,只不过履行方式是分期履行,每期的给付仅为部分给付而不构成独立的给付,所有给付结合在一起构成一个独立、完整的给付,因此,分期支付的合同仍然属于一时的合同。继续性合同则自始不存在一个确定数量的给付,在一定时间提出的给付不是总给付的部分,而是随时间延续而产生的新给付,是在经济上和法律上具有一定独立性和完整性的给付,是在履行当时所负的债务。

在法律上区分一时的合同与继续性合同,在确定合同无效或被撤销、被解除是否溯及既往问题上具有重要意义。根据法律规定,合同被确认无效或被撤销后,因该合同取得的财产应当予以返还,不能返还或者没有必要返还的,应当折价补偿。合同解除后,尚未履行的,终止履行;已经履行的,根据履行情况和合同性质,当事人可以要求恢复原状、采取其他补救措施,并有权要求赔偿损失。这些规定对于一时的合同而言,在执行上不存在任何难题,但对于继续性合同,如果承认合同无效或被撤销、被解除具有溯及既往的效力,一方面是返还财产和恢复原状在操作上具有相当大的难度,有时甚至无法恢复原状或不宜恢复原状,另一方面是如果返还财产或恢复原状则不利于维护稳定的社会关系,因此学界倾向于认为应限制合同无效或被撤销、被解除的溯及既往的效力,主张继续性合同无效、被撤销、被解除只向将来发生效力,而过去的合同关系则不受影响。

(八) 束己合同和涉他合同

根据是否严格贯彻合同相对性原则为标准,可以将合同分为束己合同与涉他合同。

所谓束己合同,又称为订约人自己订立的合同,是指订约当事人只为自己设定权利和义务内容并由此享受权利、承担义务的合同。束己合同严格遵循合同的相对性原则,订约当事人不会在合同中为第三人设定任何权利或义务,合同仅对当事人产生拘束力。束己合同是合同的常态。

所谓涉他合同,是指订约当事人在一定条件下突破了合同的相对性原则而在合同中为第三人设定了权利或义务的合同。在涉他合同中,第三人不是缔约人,不需要在合同上签字或盖章,也不需要通过其代理人参与缔约。根据涉他合同是为第三人设定权利或约定义务的区别,又可以将涉他合同分为两种,即为第三人利益的合同和由第三人履行的合同。

为第三人利益的合同,也称向第三人履行的合同,是指订约当事人为第三人设定了合同权利、由第三人取得利益的合同。为第三人利益的合同只能给第三人设定权利,而不得为其约定义务。合同成立后,第三人可以接受该合同权利,也可以拒绝接受该权利。在第三人拒绝接受该权利时,该权利仍归缔约人享有。

由第三人履行的合同,是指订约当事人为第三人约定了合同义务、由第三人向合同债权人履行该合同义务的合同。在此类合同中,如果第三人不履行债务或者履行债务不符合约定,作为订约当事人的债务人应当向债权人承担违约责任。

在法律上区分束己合同与涉他合同的意义在于明确合同效力范围的不同,有助于判断合同对第三人权利、义务的影响程度。总的来说,当事人签订合同要奉行合同相对性的原则。尽管涉他合同对此原则有所突破,但第三人毕竟不是合同的当事人,当第三人拒绝合同为其设定的权利或义务时,合同权利义务仍然只能由订约当事人享有和承担。

(九) 确定合同与射幸合同

根据合同的效果在缔约时是否确定,可以将合同分为确定合同与射幸合同。

所谓确定合同,又称实定合同,是指合同的法律效果在缔约时已经确定的合同。司法实践中的绝大多数合同都是确定合同。

所谓射幸合同,是指合同的法律效果在缔约时不能确定的合同。例如,保险合同、抽奖合同或有奖销售合同等均属射幸合同。射幸合同的特点在于,其交易的标的物在合同缔结时尚不实际存在,所存在的只是获得该标的物的或然性,或者说取得该标的物的希望。射幸合同与一般的附条件的合同不同,附条件的民事合同需等条件成就时合同才生效,而射幸合同一经成立即生效,射幸合同当事人不得因交易标的物的未出现或者灭失而反悔或者提出撤销合同的要求。

保险合同是典型的射幸合同,在保险合同中,投保人支付保险费的义务虽在合同成立时已经确定,但保险人承保的危险或者保险合同约定给付保险金条件的发生,却均不确定。因保险事故或者给付保险金条件发生的不确定性,投保人和保险人利益的丧失或取得均表现为一种机会。所以,射幸合同又叫机会性合同。

区分确定合同与射幸合同的法律意义在于,等价有偿原则的要求在二者中的体现不同。确定合同一般要求等价有偿,若显失公平则可能被撤销乃至被确认无效。而射幸合同从单个合同的角度往往难以体现等价有偿的原则,因为一方当事人虽为参与射幸而支付相应的代价,但最终或者"一本万利",或者"一无所有",无论哪种结果,都难以符合等价有偿的要求。不过,这仅仅是从参与射幸的单个个体角度而言的,如果就全体而言,则仍然基本体现了报偿与付出的对等,因此,射幸合同与等价有偿原则并不矛盾。

(十) 预约合同和本合同

根据是否以将来签订具体合同为目的,可以将合同分为预约合同与本合同。预约合同是指当事人约定将来订立某一合同的合同。与预约合同相对应,本合同是指依照预约合同而订立的合同,它是履行预约合同的结果。虽然违反预约合同所要承担的并非缔约过失责任,而是违约责任,但违反预约合同所要承担的违约责任与违反本合同所要承担的违约责任应当有所不同,一般不应以本合同的履行利益损失作为预约合同违约责任确定时的考量因素。

四、合同与相关概念的辨析

(一) 合同与契约

关于合同与契约的关系,可以从以下几个方面予以把握。

首先,从含义上来讲,作为法学概念的合同与契约并没有区别,合同就是契约,契约就是合同。以前曾有一种看法,认为合同与契约的含义不完全相同,合同强调各方当事人意思表示方向的一致性,如社团法人的成立、公司合并、合伙等,往往发生在多方法律行为中;契约一般存在于双方法律行为中,强调双方意思表示的对立性,如买卖契约中存在双方当事人"买"与"卖"两个相反方向的意思表示。但在现代民法中,这种所谓的区别不复存在,契约与合同的含义完全相同。

其次,从词语的使用上来讲,虽然契约一词在我国历史上比合同一词使用得更为普遍,但新中国成立后,从最早的《经济合同法》到后来的统一《合同法》再到现在《民法典》"合同编"，我国民事立法所采用的规范表达是合同而不是契约。当然，在我国台湾地区所采用的规范表达仍然是契约。

最后，虽然我国民事立法所采用的规范表达是合同而不是契约，但无论是在法学理论上还是在司法实践中，契约这一概念的使用往往是无法避免的。"缔约""守约""违约"等一些约定俗成、长期使用的法学概念都是以"契约"这一概念的存在为基础和前提的。如果要完全消除契约这一概念的影响，"缔约""守约""违约"就不得不代之以"缔结合同""遵守合同""违反合同"等用语，这既不必要，也显得拖沓。

(二) 合同与债

在德国、日本、瑞士等大陆法系国家的民法典中，债编或债权编都是民法典的重要组成部分。我国《民法典》不设债编，而是设定合同编，以合同法总则发挥债法总则的功能，足见合同与债有着紧密的关系。

民法上的债，是指依照法律规定或者按照合同约定而在特定当事人之间产生的权利和义务关系。在这种民事法律关系中，享有权利的一方称债权人，其享有的请求他方为一定行为或不为一定行为的权利即为债权；负有义务的一方称债务人，其承担的满足债权人请求而应为一定行为或不为一定行为的义务即为债务。一般来说，债权具有如下特征：首先，债权是请求权。与物权人可以通过直接支配其所有之物而实现权利不同，债权的实现只能通过请求债务人为一定行为或不为一定行为而实现。其次，债权是相对权。债是特定当事人之间的权利和义务关系，其主体是特定的，债权人一般只能向特定的债务人主张权利，而债务人也只向特定的债权人履行义务。再次，债权具有期限性。债权是有期限的权利，这些期限包括法律规定的期限、合同约定的期限以及时效期限等。期限届满，债权即归于消灭。最后，债权具有平等性。当数个债权人对于同一债务人存在数个普通债权时，各个债权并不因产生的先后顺序不同而存在不同效力，而是具有同等的效力。

根据民法基本理论，债的发生根据主要包括合同、侵权行为、不当得利和无因管理,由此分别产生合同之债、侵权之债、不当得利之债和无因管理之债。可见,在合同与债的关系上,合同只是债的发生根据之一。

然而,合同债权是债权最典型的形态。首先,合同债权最典型地体现了债权的拘束力。债的关系一旦成立即对当事人产生拘束力,债务人应当按照合同的约定履行债务,债权人也应当按照约定及诚实信用原则履行相关的义务,任何一方当事人不得随意解除合同。其次,合同债权最典型地体现了债权的相对性。合同关系仅发生在特定的当事人之间,债原则上不对当事人之外的第三人产生拘束力。再次,合同债权最典型地反映了债权的财产性。债权的财产性既体现为其作为其他财产权流转的媒介,也体现为其本身就是一种独立的财产权。最后,合同债权最充分地表现了债权的任意性。合同当事人在合同的订立、履行、变更、转让、补救方式的选择等方面有着广泛的选择自由,充分体现了债权任意性的特点。[1]

(三) 合同与债权债务关系

虽然本书对"合同"一词进行解释时采用了最广义的概念,即将其解释为平等主体之间设立、变更、终止民事权利义务关系的协议。但实际上,我国《民法典》"合同编"中的"合同"一词在含义上要狭窄得多,仅仅指平等主体之间由合意产生的债权债务关系的协议。现实生活中的许多设立、变更、终止民事权利义务关系的协议并不适用《民法典》"合同编"的调整。例如,民事主体之间订立的有关婚姻、收养、监护等身份关系的协议,显然属于民事合同的范畴,但这些协议原则上应适用有关该身份关系的法律规定。只有在法律没有规定时才可以根据其性质参照适用《民法典》"合同编"的相关规定。当然,如前所述,债权债务关系可能因合同而产生,也可能因合同以外的原因而产生,其范围要比我国《民法典》"合同编"中的"合同"更为广泛。

---

[1] 王利明:《合同法通则》,北京大学出版社 2022 年版,第 13—14 页。

（四）合同与准合同

合同是当事人意思表示一致的民事法律行为，它以意思表示为要素，并按意思表示的内容赋予法律效果。与之相对应，准合同是指并非基于当事人的合意，而是依据公平、平等、诚实信用、公序良俗等民法基本原则而发生与订立合同相同法律效果的行为。由于我国《民法典》未设立债编或债权编，而是将德国、日本等国民法典中的债法一分为二，合同之债的内容归入《民法典》的"合同编"，侵权之债的内容归入《民法典》的"侵权责任编"，剩下的无因管理之债和不当得利之债，因其与合同中债权债务关系的相似性，故将之归入《民法典》"合同编"的"准合同"制度。

无因管理是指管理人没有法定的或者约定的义务，为避免他人利益受损失而对他人事务进行管理的事实。无因管理的构成需具备以下条件：一是行为人有为他人管理事务的意思；二是行为人实施了为他人管理事务的行为；三是行为人没有法定或约定的管理义务；四是行为人管理的目的是避免他人利益受损。无因管理作为债的发生根据之一，在管理人与本人即受益人之间发生债权债务关系，管理人有权要求受益人偿付由此而支付的必要费用，但同时管理人需要承担善良管理的义务、将管理事实通知本人的义务以及向本人报告管理情况和转交财产的义务等。

不当得利是指得利人没有合法根据取得不当利益并造成他人利益损失的事实。不当得利的构成需具备以下条件：一是一方取得财产利益；二是他方遭受财产损失；三是一方取得利益与他方遭受损失之间存在因果关系；四是没有合法根据。不当得利作为债的发生根据之一，在受益人与受损人之间发生不当得利返还的债权债务关系，受损人取得不当得利返还请求权。不当得利返还义务的轻重与得利人的主观状况密切相关，对于善意的得利人，即得利人不知道且不应当知道取得的利益没有法律根据，而且取得的利益已经不存在时，得利人不承担返还该利益的义务；对于恶意的得利人，即得利人知道或者应当知道取得的利益没有法律根据时，受损失的人可以请求得利人返还其取得的利益并依法赔偿损失。

四、合同法基本原则

合同法基本原则是指贯穿于合同法始终、反映合同的本质和规律、指导和规范合同行为的指导思想和根本准则。合同法基本原则主要包括四项内容，即：合同自由原则、合同正义原则、诚实信用原则和鼓励交易原则。

对于合同法基本原则的把握要注意以下几点：首先，合同法基本原则是适用于合同法这个特定领域的准则，由此它既与适用于整个民法领域的准则如平等原则、自愿原则、公平原则、守法和公序良俗原则等有所区别，又与适用于刑法、行政法、诉讼法等其他法律领域的基本原则相区别。其次，合同法基本原则是适用于合同法全部领域的准则，由此它与仅仅适用于合同法部分领域的具体原则如实际履行原则、适当履行原则、情势变更原则等有所区别。最后，合同法基本原则本身并没有确定具体的合同权利和义务，它只是为交易行为提供了抽象的行为准则，并为有关合同的立法和司法确定了所应遵循的宗旨和标准。

（一）合同法基本原则的功能

合同法基本原则是合同法的主旨和基本精神的体现，它是制定、解释、执行和研究合同法的出发点，它贯穿于整个合同法的制度和规范之中，是从事交易活动的当事人所必须遵循的行为准则。合同法基本原则具有如下功能。

1. 确定立法准则

合同法基本原则是合同立法的准则，国家制定有关合同方面的法律规范必须遵守和体现合同法基本原则，以保证相关制度和规范的具体内容不违背基本原则。

2. 确定行为准则

尽管合同法基本原则本身不能确定具体的合同权利和义务，但合同法基本原则也具有确定行为模式的作用。一方面，基本原则本身可以提供一种抽象的行为模式和标准。另一方面,基本原则可以起到补充具体规则不足的作用。在法律条文缺乏具体规则的情况下,依据合同法基本原则从事交易活动和处理各种合同纠纷既有可能性,也具必要性。

3. 提供解释和补充合同法的准则

一方面,合同法的内容规范抽象,适用于具体案件时必须加以解释,而合同法基本原则刚好为解释合同法提供了基本的依据。只有在合同法基本原则指导下解释合同法具体条文,才能使合同法的解释和运用符合立法精神,不会偏离正确的方向。另一方面,法律条文既不可能面面俱到,也不可能为适应现实发展的需要而随时变动,因此当合同法的规定存在法律上的空白或漏洞时,就必须坚持以合同法基本原则为准则来解决现实中出现的问题,以合同法基本原则来弥补合同法条文的不足。

4. 提供司法审判的准则

合同法基本原则是法院处理合同纠纷所不可缺少的准则。合同法基本原则具有授权司法机关进行创造性司法活动的客观作用,它赋予法官在司法活动中一定的自由裁量权,允许法官在缺乏具体规范时,依据基本原则的精神,公平合理地处理合同纠纷,也允许法官在合同内容不完整或不明确时,以基本原则为依据,合理确定当事人之间的权利义务内容,填补合同条款的不足。

5. 提供法学研究的依据

合同法基本原则是我国民法学者研究我国合同法的出发点。基本原则作为合同法规范之本,体现了立法者的立法意图和方法。只有把握这些基本原则,才能更好地认识合同法的性质和特点,理解合同的基本精神,并在此基础上建立和完善具有中国特色的合同法理论。

(二)合同自由原则

合同自由原则,又称契约自由原则,是指当事人在合同的订立、履行、变更、终止等方面依法享有自行选择和决定的自由。合同自由在内容上包括缔结合同、选择相对人、确定合同方式、决定合同内容、变更和解除合同等诸多方面的自由。合同自由是合同法的最基本的原则,它表明在私法关系中,个人取得合同上的权利义务应基于个人的意思表示,其在合同上的任何行动应由其自主决定。合同自由原则的精髓就在于尊重当事人的自由意志,只要不违反法律及公共秩序,每个人都应享有完全的合同自由。

合同自由原则在近代民法中成为一项重要原则,是资本主义市场经济发展的产物。各资本主义国家在近代民法典、民事判例和民法学理论中都确认了合同自由原则。1804 年的《法国民法典》第 1134 条明文规定:"依法成立的合同,在订立合同的当事人之间有相当于法律的效力。这种合同,只得根据当事人相互间的同意或法律规定的原因撤销之。"在英美法中,曾经极为流行的意志理论认为,合同法的基本目标就是实现个人的意志,合同法赋予单个公民订立合同的权力,并规定了签约程序。通过订立合同,单个公民创立了法律义务并使其目标生效。对于自愿形成的私人关系来说,合同法就像一部宪法,而具体的合同则像在宪法下颁布的法律。[①] 由此,合同自由原则成为近代西方合同法的核心和精髓,并与私有财产神圣不可侵犯原则以及过失责任原则一起被大陆法系国家奉为近代民法的三大基本原则。我国 1999 年《合同法》第 4 条规定,"当事人依法享有自愿订立合同的权利,任何单位和个人不得非法干预",明确将合同自由规定为我国合同法的基本原则之一。现行《民法典》的自愿原则是合同自由原则的基础和渊源。

1. 缔约自由

所谓缔约自由,是指当事人所完全享有的根据本人的需要和意愿决定是否与他人缔结合同的自由。缔约自由是合同自由原则最基本的要求,是享有其他方面的决定自由的前提。如果当事人连选择缔约或

---

① 参见[美]罗伯特·考特、[美]托马斯·尤伦:《法和经济学》,张军译,上海人民出版社 1999 年版,第 314 页。

者不缔约的自由都没有,那么他的其他合同自由也无法得到保障。当事人完全可以独立自主地决定缔约或不缔约,这种自由只要在合法的范围内行使,就不受其他任何组织或个人的干涉。由于合同的成立分为要约和承诺两个阶段,因此缔约自由也可以区分为要约自由和承诺自由。

2. 选择相对人的自由

所谓选择相对人的自由,是指当事人所完全享有的根据本人的需要和意愿决定与何人缔结合同的自由。民事主体在法律上地位平等,任何人均不负有必须与特定人缔约的义务,要保障合同自由,就必须保障当事人在合同主体选择上的自由。同时,当事人在订立合同时要实现选择相对人的自由,这就要求当事人所处的交易市场具有一个比较完备的竞争机制。如果缺乏公平竞争的市场机制,当事人选择相对人的自由难以真正实现。

3. 决定合同内容的自由

所谓决定合同内容的自由,是指针对合同的具体内容,包括合同的标的、权利义务的分配、合同风险的承担、违约责任的确定、争议发生时的解决方法等,当事人在不违背法律规定的前提下均完全享有根据本人的需要和意愿决定的自由。我国《民法典》在合同内容的确立方面,充分尊重当事人的意志自由。合同编虽然规定了合同的必要条款,但并不要求当事人所订立的合同都必须具备这些内容。例如,《民法典》第470条规定了合同一般包括的条款,如当事人的名称或姓名、住所、标的、数量、质量、价款或者报酬等。该条使用了"一般包括"的用语,表明该条只是提示性和建议性的规定,并没有对适用于各类合同的必要条款作出统一的规定,同时该条也强调合同的内容由当事人约定,从而尊重了当事人在确立合同内容方面的自由。

4. 变更或解除合同的自由

所谓变更或解除合同的自由,是指合同当事人在合同依法成立后、履行完毕前的任何时间内均享有通过协商变更合同内容或解除合同的自由。变更或解除合同的自由与缔约自由是一脉相承的,当事人既然有权利决定合同的成立,当然亦有权利决定合同的变更或解除,否则,当事人的合同自由就是不完整的。

5. 选择合同形式的自由

所谓选择合同形式的自由,是指当事人所完全享有的决定采取何种形式签订合同的自由。就合同形式而言,既包括书面形式,也包括口头形式或其他形式。仅仅是书面形式,就包括合同书、信件、电报、电传、传真以及电子数据交换、电子邮件等许多具体的种类。采取何种形式订立合同,只要不违背法律的强制性规定,当事人均完全享有选择和决定的权利。

合同自由原则并不意味着当事人在合同中选择和决定合同事项的自由不受任何限制。在现代社会中,为实现实质上的公平正义,国家对合同进行了越来越多的必要限制,强制性缔约即是一例。所谓强制性缔约,是指民事主体针对相对人提出的要约负有必须承诺的义务,即当相对人提出订立合同的要约时,当事人非有正当理由不得拒绝,必须与相对人签订合同。在强制性缔约的情形下,当事人的缔约自由和选择合同相对人的自由无疑受到严重的限制。强制性缔约往往发生在供电、供水、供气、邮政、电信、铁路、民航等公用事业领域,这些公用事业的经营者非有正当理由,不得拒绝客户或用户的合理使用要求。当然,法律也规定了一些特殊情况下的强制性缔约,如房屋出租人出卖房屋时,承租人因享有优先购买权,当承租人向出租人发出同等条件的购买要约时,出租人不得拒绝。

（三）合同正义原则

合同正义原则,又称为合同公正原则,指无论是订立合同,还是履行合同以及解决合同争议,都要秉持和符合公正、公平、平等、合理等基本道德观念的要求。

有学者从合同正义原则强调当事人在权利义务上的平等性出发,将合同正义原则理解为等价、对价或等值性。如学者王泽鉴认为,契约正义属平均正义,以双务契约为其主要适用对象,强调一方给付与他方的对待给付之间应具等值性。[①] 这种观点将合同正义的含义限定得过于狭窄,几乎使合同正义等同于合同平等。

合同正义原则将"正义"的观念引入合同之中,而正义在法学上是对法的一种价值判断,不同法学派对法的正义性有不同的认识。例如,自然法学派把正义归结为人的理性,其内容包括神意、自由、平等、人权等要素;分析法学派把正义归结为合法,恶法亦法,合法即为正义;社会法学派强调正义应包括社会公共利益;马克思主义法学派则认为不同阶级有不同的正义观。无论如何,正义都远比平等有着更为丰富的内涵,合同正义在内容上应当包括自愿、公平、诚信、平等、公正、守法、合俗等诸多内容。离开了上述任何一个方面,都不能说合同是正义的。正因为如此,合同正义原则的效力位阶应高于合同自由原则,当合同自由原则与合同正义原则发生冲突时,应当以合同正义原则为先,适用合同正义原则对合同自由原则加以限制或调整。

(四) 诚实信用原则

作为合同法基本原则的诚实信用原则是作为民法基本原则的诚实信用原则在合同法中的适用和体现,它是指当事人在订立合同、履行合同以及解决合同争议时应诚实不欺,讲究信用,信守承诺,以善意的方式行使权利和履行义务,不得将自己的利益建立在损害他人利益或社会公共利益的基础之上,既不能滥用权利,也不得恶意规避法律或故意逃脱合同规定的义务。

诚实信用本来是市场活动中形成的道德规则,将诚实信用这一道德领域的观念植入法律的做法始于罗马法,但直到 20 世纪初德国和瑞士编纂民法典时,才明确将诚实信用原则规定在法典之中,只不过《德国民法典》只是将它作为债编的基本原则,而 1907 年的《瑞士民法典》在第 2 条规定:"任何人都必须诚实、信用地行使权利和履行其义务",将诚实信用原则第一次作为整部民法典的基本原则予以规定。其后大

---

① 　王泽鉴:《民法学说与判例研究》(第 7 册),北京大学出版社 2009 年版,第 16 页。

陆法系国家在民法典的制定中均对诚实信用原则有所规定,该原则不断得到发展和重视,以致后来被大陆法系国家奉为债法中的最高指导原则而被称为"帝王规则"。

严格地讲,诚实信用原则是适用于整个民法领域的基本原则,但鉴于该原则在合同法中的重要指导意义以及其在合同法上的特殊表现,本书将其亦作为合同法基本原则。诚实信用原则贯穿于民事合同的订立、履行、变更、解除等各个阶段,当事人在合同订立前(磋商阶段)、合同履行中以及合同终止后都要受诚实信用原则的制约。

(五) 鼓励交易原则

鼓励交易原则,是指在合同行为、合同立法以及司法实践中应以促成合同的成立和生效为优先选择,尽可能促进交易的完成。合同立法在具体制度的设计上应当以降低交易成本、减少交易的制度性障碍为指导思想,鼓励和促进当事人进行交易,从而达到维护和发展市场交易的目的。

鼓励交易之所以成为合同法的一项基本原则,其原因在于:首先,鼓励交易是促进市场发展所必需的手段。为了促进和保障市场经济的发展,就必须使合同法具有鼓励交易的职能和目标。其次,鼓励交易是提高效率、增进社会财富积累的手段。只有通过交易才能满足生产者与消费者等不同主体对交易的需求,才能实现资源的优化配置和最有效利用。再次,鼓励交易有利于维护合同自由,促进当事人在充分自由竞争的市场环境下行使合同法赋予的种种权利。最后,鼓励交易有助于实现合同当事人的缔约目的。

我国《民法典》通过严格限制违约解除合同的条件、严格限制无效合同的范围、严格区分无效合同与效力待定合同以及可撤销合同的差异、明确确立合同成立要件的补正规则等诸多方面,比较全面而具体地贯彻了鼓励交易的原则。

第二节　合同的订立

合同的订立是建立合同关系的第一步,也是形成合同关系的前提和基础,只有依法成立的合同才具有法律约束力。在现实生活中,要约和承诺是订立合同的最主要的方式,也是订立合同最常见的两个步骤。

一、合同订立的概念

合同的订立,又称缔约或合同的缔结,是指两个以上当事人交互进行意思表示并达成合意的过程和状态。合同的订立既是一种动态的行为,反映了合同当事人从接触、协商直至最终达成合意的全部互动过程;它又是一种静态的状态,反映了当事人经过协商后对合同主要条款以及当事人权利义务的固化。

合同的订立与合同的成立是两个不同的概念,二者既紧密联系,又有所区别。合同的订立着重反映当事人缔约的过程和状态;合同的成立着重反映当事人缔约的结果。合同的订立包含着合同的成立,后者是前者的组成部分。除合同的成立外,合同的订立还包含缔约各方当事人接触、洽谈、磋商的动态过程。合同的成立是合同订立过程的最终阶段,标志着合同的产生和存在。

合同的订立作为合同法律关系确立的前提在合同法的理论和实践中具有十分重要的意义。首先,合同的订立是合同当事人权利义务得以实现的前提。没有合同的订立就没有合同,没有合同也就不存在合同中权利义务的实现。其次,合同的订立是判断合同责任的前提。在合同订立过程中即产生先合同义务和缔约过失责任,在合同成立生效后,又可能产生违约责任。最后,合同的订立是合同整个动态过程中的基础环节。订立合同是启动合同的生效、担保、变更、转让、消灭及违约责任承担等诸多环节的第一步,是合同这个动态过程中的关键一环。

因此,当事人订立合同必须坚持审慎、完备、适法的原则,只有这样,才可以在促进交易进行、加速交易进程、提高经济效益的同时,保证合同各个环节的顺利进行。

二、合同订立的方式

要约和承诺是订立合同最主要、最常见的方式,本书稍后将对之进行详细阐述。除要约和承诺方式外,合同的订立还存在以下几种特殊的方式。

(一) 交错要约

交错要约又叫交叉要约,是指双方当事人采取非直接对话的方式,不约而同地向对方发出内容相同的要约。交错要约具有以下法律特征:一是双方当事人均向对方发出独立的要约;二是双方当事人发出要约时均不知道对方已向自己发出要约;三是两个要约必须内容相同;四是两个要约发出和到达的时间大体一致。对于交错要约能否成立合同,实质说者认为,两个意思表示的内容既属一致自应成立合同;形式说者认为,只存在两个要约而缺乏承诺,因此不能成立合同。目前实质说渐成主流,且从鼓励交易的原则出发,应承认交叉要约可成立合同。

(二) 同时表示

同时表示是指当事人采取直接对话的方式,在时间上无先后之分,不约而同地向对方发出内容相同的要约。同时表示与交错要约只存在形式上的区别,即交错要约是通过非直接对话方式产生,而同时表示是通过直接对话方式产生。与交错要约一样,同时表示在法律上可以产生合同成立的效果。

(三) 意思实现

意思实现是指一方当事人提出要约后,在特定情况下对方不必作出承诺通知,在相当时期内只要有可认为承诺的事实时,即可推定合同成立的现象。意思实现具有以下法律特征:一是受要约人不必作出明确的承诺通知;二是并非任何交易行为都可以通过意思实现成立合同,它只适用于特定的情况或条件,如存在特定的交易习惯或要约人预先的特别声明;三是须有可认为承诺的事实或行为;四是合同自出现可认为承诺的事实或行为时成立。我国《民法典》第 480 条"承诺应当以通知的方式作出;但是,根据交易习惯或者要约表明可以通过行为作出承诺的除外"中的但书条款是意思实现作为合同订立方式在立法上的根据。

(四) 事实合同

事实合同是指合同当事人之间并未以书面或口头形式达成意思表示的一致,而是通过一定的合法的事实行为来成立的债权债务关系。事实合同因当事人以实际上履行合同义务的事实行为而成立,它没有经历一个"要约和承诺"的过程,因而事实合同的形成基础是事实行为的一致,而不是意思表示的一致。事实合同受法律保护,因事实行为而成立的债权债务关系合法有效。

三、要约

(一) 要约的概念

要约的概念可见于我国《民法典》第 472 条的具体条文:"要约是希望与他人订立合同的意思表示,该意思表示应当符合下列条件:(一)内容具体确定;(二)表明经受要约人承诺,要约人即受该意思表示约束。"

要约在实际生活中有不同的称谓,如在商贸交易中被习惯地称为报价、发价、出价或发盘、出盘。其中要约发出方称为要约人或发盘人,接受方则称为受要约人、接盘人、相对人或承诺人。

关于要约的法律性质,一般认为,要约是一种意思表示而不是法律行为。要约只有与承诺相结合,才能导致合同的成立,才会引起当事人民事权利义务关系的产生,因此二者的结合才是一种法律行为,而要约本身则只是构成法律行为的要素。

虽然要约不是完整的法律行为,但要约是具有一定法律意义的意思表示,它会产生一定的法律后果,一方面,要约人发出要约后,其行为要受法律规范的制约,要约人不得擅自变更或撤销要约,承诺人一旦在有效期限内作出承诺,合同即宣告成立,要约人须负相应义务;另一方面,如果要约人运用要约不当造成对方损失时,即要承担缔约过失责任。

(二)要约的构成要件

要约的构成要件是判断一个意思表示是否构成要约的标准,它主要包括以下五个方面的内容。

1. 要约须由特定人发出

要约人必须是特定的自然人、法人或非法人组织,否则受要约人接到要约后将无从承诺。所谓特定人,是指能为外界所客观确定的人,即具体的人,而非抽象的人;是确定的人,而非不确定的人;是以外部名称或姓名与他人相区别的人,而非以描述其他特征来区别的人。要约须由特定人发出,并不意味着表示行为一定要由要约人亲力亲为,要约人完全可以委托代理人代为提出要约,要约人也可以利用机器如自动售货机来作出要约表示。

2. 要约须向相对人发出

要约人必须向希望与其缔约的受要约人发出要约,否则无法唤起他人承诺,因而也无法成立要约人所欲订立的合同。此处的相对人可以是一人,也可以是数人,原则上应是特定的人,即要约人希望与之订立合同的对象,这种要约称为特定要约。但特殊情况下,要约人愿意向不特定的相对人发出要约并表明愿意承担法律后果的,法律亦不禁止,这种要约称为公众要约或不特定要约。例如,我国《民法典》规定“商业广告和宣传的内容符合要约条件的,构成要约”,这等于在法律上承认了公众要约。

3. 要约须以订立合同为目的

要约人之所以发出要约,就是为了唤起受要约人的承诺,最终达到订立合同的目的。因此,要约应该具有订立合同的主观目的,而且这种目的应该在要约中明确表示出来。是否以缔约为目的,是要约与要约邀请的主要区别。

4. 要约内容必须具体确定

要约须同时具有充分性和确定性。一方面,要约的内容必须具体,即要约的内容必须包含足以使合同成立的主要条件,通常认为至少应包括标的、数量和价格。这种要求,又称为要约的充分性。如果要约中被遗漏的条款构成合同的核心条款而法院又不能以法律规定的方法确定这一条款时,要约就会归于无效。另一方面,要约的内容必须确定,即要约的内容必须明确,不能是受要约人难以理解的条件,否则无法承诺,这种要求,称为要约的确定性。

5. 要约必须表明一经承诺即受拘束的意旨

所谓要约人"受拘束的意旨",是指要约人必须向受要约人表明,要约一经受要约人同意,合同即告成立,要约人就要受到拘束。要约人受拘束的意旨是要约的实质特征,但判断一项意思表示是否具有受拘束的意旨,不应该只局限于对要约文字的机械理解,而应当结合交易性质、交易目的、交易习惯等因素进行综合判断。要约人对受拘束意旨的明示可以有多种方式,例如明确表明其意思表示为要约、明确表示受意思表示约束、约定承诺期限等。

(三) 要约与要约邀请

所谓要约邀请,又称要约引诱,是指希望他人向自己发出要约的意思表示行为。要约邀请与要约不同。要约是旨在订立合同的具有法律意义的意思表示行为,行为人在法律上须承担相应的责任;而要约邀请是当事人订立合同的预备行为,行为人在法律上无须承担责任。因此,要约邀请在性质上是一种事实行为,本身不具有法律意义。

要约邀请具有以下法律特征:一是要约邀请并非合同订立过程的必经阶段,而只是某些当事人订立合同的预备行为,在发出要约邀请时,该当事人仍处于订约的准备阶段;二是要约邀请不具有缔约目的,它只是邀请或引诱他人向自己发出要约;三是要约邀请不含有当事人表示愿意承受要约拘束的意旨,要约邀请人并不受其内容限制。对于他人针对要约邀请而发出的要约,要约邀请人仍有决定是否承诺的权利。

判断一项意思表示行为是要约还是要约邀请通常有以下方法:一是根据法律法规的明确规定加以区别。我国《民法典》第473条以列举的方式明确规定了几种常见的要约邀请种类,根据该项规定,拍卖公告、招标公告、招股说明书、债券募集办法、基金招募说明书、商业广告和宣传(符合要约规定者除外)、寄送的价目表等均为要约邀请。二是根据意思表示的内容加以区别。如果意思表示的内容具体明确,已包含合同成立所需的主要内容,可认定为要约,否则可能仅是要约邀请。不过,需要指出的是,即便意思表示内容具体明确,行为人仍可通过声明使其不具要约的性质。三是根据交易习惯及社会的一般观念加以区别。此外,还可参考实际使用的具体语言文字进行判断,如在文本中出现"要约邀请""仅供参考""须以我方最后确认为准"等字样,即表明当事人不愿接受要约拘束力,此意思表示行为只是要约邀请,而非要约。

(四) 要约的效力

1. 要约的生效时间

要约的生效是指要约发生法律效力。关于要约的生效时间,世界各国主要有三种不同的立法例:一是发信主义,即要约自要约人发出要约使要约脱离自己的控制后即发生法律效力;二是收信主义,也称到达主义,即要约自到达受要约人时生效;三是了解主义,即要约自到达受要约人并为受要约人所了解时生效。

我国1999年《合同法》采用的是到达主义,现行《民法典》则兼采到达主义和了解主义,对不同方式下要约的生效时间进行了类型化区分:以对话方式发出要约时,受要约人知道其内容时生效;以非对话方式发出要约时,到达受要约人时生效。针对电子要约的情况,以非对话方式发出的采用数据电文形式的要约,受要约人指定特定系统接收数据电文的,该数据电文进入该特定系统时生效;未指定特定系统的,受要约人知道或者应当知道该数据电文进入其系统时生效。

2. 要约效力的内容

要约的效力包括对要约人的拘束力和对受要约人的拘束力两个方面。

要约对要约人的拘束力主要体现在,要约生效后,要约人即受要约拘束,不得随意撤销、撤回要约或者对要约加以限制、变更和扩张,但法律另有规定或当事人另有约定的除外。法律之所以赋予要约对要约人的拘束力,目的在于保护受要约人的合法权益,鼓励交易并维护交易安全。

要约对受要约人的拘束力主要体现在,要约生效后,受要约人取得承诺的权利,获得依其承诺而成立合同的法律地位;受要约人一旦作出有效承诺,合同即告成立。一般情况下,受要约人因要约而获得的是一种权利,受要约人可以自行决定是否予以承诺。但在特殊情况下,要约对受要约人有着强烈的约束力,承诺成为一种法定的义务。例如,在法律规定的强制缔约的情形下,相对人只要发出要约,承担强制缔约义务的一方就必须作出承诺而不再享有决定是否承诺的自由。

3. 要约的存续期间

要约的存续期间是指要约可在多长时间内有效,也就是受要约人得以承诺的有效期间,故又称承诺期间。

如果要约人在要约中明确提出承诺期限的,则要约的存续期间以该期限为准,受要约人的承诺应当在该期限内作出。承诺期限届满,受要约人未作出承诺的,要约失效。值得注意的是,如果要约人在要约中仅明示截止日期,但从要约中无法判断该截止日期是对承诺发出时间的要求,还是对承诺到达时间的要求时,一般应理解为对承诺到达时间的要求。

如果要约人在要约中没有确定承诺期限的,则要约的存续期间根据要约方式的不同而有所不同。如果要约是以对话方式作出的,受要约人应当即时作出承诺;如果要约是以非对话方式作出的,承诺应当在合理期限内到达。这里的"合理期限"应该包括要约到达受要约人的时间、作出承诺所必要的时间、承诺通知到达要约人所必需的时间等,并应结合交易性质和交易习惯等具体情况进行判断。

(五) 要约的撤回与撤销

所谓要约的撤回,是指要约人在要约生效前,使其不发生法律效力的意思表示行为。要约一经撤回,即表明该要约自始至终未发生法律效力。允许要约人撤回要约是对要约人意志和利益的尊重,是对合同自由原则的贯彻和保护,而且由于要约撤回的对象是尚未生效的要约,因此撤回要约并不会影响到受要约人的利益。根据相关法律规定,要约可以撤回,但撤回要约的通知应当在要约到达受要约人之前或者与要约同时到达受要约人。如果撤回要约的通知晚于要约到达受要约人,则不产生法律效力,要约仍然有效,受要约人有权决定是否承诺。

所谓要约的撤销,是指要约人在要约生效后,使其效力归于消灭的意思表示行为。区分要约的撤回与要约的撤销,关键在于,撤回的对象是未生效的要约,而撤销的对象是已生效的要约。要约一经撤销,即不再发生法律效力。

要约生效后,受要约人即取得承诺的权利和资格,有的受要约人甚至为将来履行合同进行了必要的准备,此种情况下,如果允许要约人随意撤销要约,无疑将损害受要约人的合法权益,不利于促进交易和维护交易安全。但如果不允许要约人行使撤销权,又与合同自由的原则相违背,同时也不利于保护要约人的利益。因此,世界各国的通行做法是在允许要约人撤销要约的同时,对要约人的撤销权进行种种必要的限制。我国《民法典》第 476 条赋予要约人撤销要约的权利,但明确规定了两种不得撤销要约的情形:一是要约人以确定承诺期限或者其他形式明示要约不可撤销;二是受要约人有理由认为要约是不可撤销并已经为履行合同做了合理准备工作。同时,《民法典》第 477 条对要约撤销的生效时间做出明确规定:"撤销要约的意思表示以对话方式作出的,该意思表示的内容应当在受要约人作出承诺之前为受要约人所知道;撤销要约的意思表示以非对话方式作出的,应当在受要约人作出承诺之前到达受要约人。"

（六）要约的失效

要约的失效又称要约的消灭,是指已生效的要约因某种事由而丧失法律效力,要约对要约人和受要约人均不再具有拘束力。

导致要约失效的事由主要包括以下几种情形:一是要约被拒绝,即受要约人拒绝要约的通知到达要约人,这说明受要约人以明示的方法明确作出不接受要约的意思表示,要约当然失效。二是要约人依法撤销要约。针对可以撤销的要约,要约人在合理期限内依法撤销,由此导致要约不再具有法律效力。三是承诺期限届满,受要约人未作出承诺。受要约人未在承诺期限内作出承诺的行为可以视为受要约人在规定期限或合理期间内以不作为方式拒绝要约,要约当然失效。四是受要约人对要约的内容作出实质性变更。所谓对要约内容的实质性变更,是指对有关合同标的、数量、质量、价款或者报酬、履行期限、履行地点和方式、违约责任和解决争议方法等的变更。受要约人对要约内容作出实质性变更可视为受要约人以提出新要约的形式拒绝了原要约,这实质上也是以明示的方式对原要约的拒绝,因此原要约失效。

此外,要约人或受要约人的死亡在特定条件下也可以成为导致要约失效的原因。例如,要约的目的在于签订具有人身履行性质的合同,如果负有人身履行义务的一方当事人死亡,要约也随之归于消灭。

四、承诺

（一）承诺的概念和构成要件

承诺,也称接价或接盘,是指受要约人同意要约的意思表示,即受要约人同意接受要约的全部条件,并决定以此条件订立合同。

承诺的构成要件是判断一项意思表示是否构成有效承诺的标准,它主要包括以下四个方面的内容。

1. 承诺须由受要约人作出

要约生效以后,赋予受要约人作出承诺的权利和资格。这项权利或资格是属于受要约人所特有的,受要约人不愿意承诺时,既可以通过作为方式拒绝这项权利和资格,也可以通过不作为方式放弃这项权利和资格,但不可以将它转让给第三方。如果允许第三方代为承诺不仅超越了要约拘束力的范围,而且也可能违背要约人的本来愿望。因此,承诺须由受要约人作出,只有这样才符合要约的意旨。即使第三方知晓要约内容并向要约人作出完全同意要约内容的意思表示也不构成承诺,而是构成新的要约。

2. 承诺须向要约人作出

承诺是对要约所约定的条件的同意,因此,承诺只有向要约人作出才能形成意思表示的一致,才能导致合同的成立。受要约人向要约人的代理人作出承诺,视为向要约人作出。受要约人向要约人及其代理人以外的其他人作出的同意要约内容的意思表示不构成承诺,只能视为对他人发出的要约。

3. 承诺的内容应与要约的内容一致

承诺是受要约人愿意以要约所定条件成立合同的意思表示,因此承诺的内容须和要约的内容一致,否则即是对要约内容的扩张、限制或变更,从而不构成承诺,而应视为通过新要约对原要约的拒绝。这里所说的"内容一致"不应机械地理解为完全一致,它并不意味着受要约人在承诺中不能对要约的内容进行任何变更。一般来说,除要约人及时表示反对或者要约表明承诺不得对要约的内容作出任何变更外,承诺对要约的内容可以作出非实质性变更,法律认可非实质变更下承诺的效力,此时合同的内容以承诺的内容为准。

4. 承诺应在要约有效期内作出

约定有承诺期限的要约,承诺须在规定期间内作出。如果要约没有确定承诺期限,那么,要约以对话方式作出时,受要约人应当即时作出承诺;要约以非对话方式作出时,承诺应当在合理期限内到达。

(二) 承诺的方式

承诺的方式,是指承诺人采用何种方式将承诺的意思表示传达给要约人。我国《民法典》第 480 条规定："承诺应当以通知的方式作出；但是，根据交易习惯或者要约表明可以通过行为作出承诺的除外。"可见，在充分尊重当事人合同自由原则的基础上，承诺以通知的方式为原则，以其他方式为例外。

1. 通知的方式

承诺是受要约人同意要约的意思表示，这种意思表示只有清楚明白地传达给要约人，才能形成双方意思表示的一致，才能导致合同的成立。因此，承诺一般应当采用通知这种明示的基本方式。在具体方式上，承诺的通知既可以采取电话等口头方式，也可以采取信件、电报、传真、其他数据电文等书面方式；既可以采取与要约人发出要约相同的方式，也可以采取与之相异的方式。

2. 通过行为作出承诺的方式

承诺一般应以通知的方式作出，默示方式不构成承诺。但如果根据交易习惯或当事人的约定，承诺人的行为足以表明其愿意接受要约条件订立合同的，则采用默示方式的该种行为亦构成承诺。例如，当租赁合同期限届满，承租人继续交付租金而出租人接受交付的，可以视为合同关系继续存在。

3. 特定条件下的沉默方式

沉默又称为"不作为的默示"，即受要约人对要约人的要约不采取任何作为，既不表示同意，也不表示反对。沉默与默示不同，沉默是指绝对的不作为，没有任何意思表示；而默示是指不以书面或口头形式，而以特定的行为表明行为人的主观意思。一般来说，单纯的沉默不能构成承诺，但特定条件下的沉默也可以构成承诺，这主要体现在以下几种情况：一是根据法律的明文规定沉默可以构成承诺；二是当事人之间事先约定沉默构成承诺；三是根据当事人之间先前的交易惯例或当地交易习惯，沉默可以构成承诺。

4. 要约对承诺方式的限制

关于承诺的方式，如果要约严格规定须依特定方式作出承诺否则不生效力时，其所要求的承诺方式为承诺的生效要件，受要约人必须依此特定方式做出承诺。如果要约规定了一定的承诺方式但并未排斥其他方式时,则承诺人可以采取实际效果优于要约规定方式的承诺方式。例如要约中规定采用信函的书面承诺方式,若承诺人以传真作出承诺,因传真同为书面方式且较信函更为快捷,故仍应认为有效。

当然,要约人对承诺方式的选择也并非不受限制。如果要约人选择沉默的承诺方式,即在要约中明确表明受要约人的沉默即构成承诺时,只要事前当事人之间不存在明确的相关约定,这样的选择就是无效的,即受要约人的沉默不构成承诺。例如,某些电子信息服务企业向社会公众群发短信,明确告知:"如不答复,视为同意接受某项电子信息服务",发信人所选择的这种"沉默即构成承诺"的方式是无效的,受信人即使不予理睬,亦不构成承诺。

(三) 承诺的撤回

承诺的撤回,是指承诺人在承诺生效前使其不发生法律效力的意思表示行为。对于采用发信主义的国家,由于承诺一经投邮,合同即告成立,因而不存在承诺的撤回。承诺人如欲反悔,只能按解除合同的规定来处理。故此,承诺的撤回,只存在于采用到达主义的国家。

承诺一旦生效,合同即随之成立,要约人和受要约人转化为合同的当事人,要受到合同内容的约束,在这种情况下,当然也不存在承诺的撤回问题。受要约人想要撤回承诺,必须使撤回承诺的通知先于承诺或与承诺同时到达要约人,才能产生阻却承诺效力的法律效果。赋予受要约人对尚未生效的承诺的撤回权,既是对合同自由原则的贯彻和维护,同时又不会对要约人的合法权益造成影响。

(四) 承诺的效力

1. 承诺生效的时间

承诺生效的时间是指承诺何时产生法律效力。承诺是订立合同的关键环节,承诺生效的时间直接决定了合同成立的时间,因此承诺何时生效在合同法中具有重要意义。

对于以非对话方式作出的承诺,即在要约人与受要约人非直接对话的情况下,受要约人作出承诺与要约人收到承诺之间会存在一定的时间间隔,关于这种承诺的生效时间,理论界有四种主张:一是宣告主义,以承诺人作出承诺,使其脱离主观领域进入客观领域的时间为生效时间,例如,承诺信函一旦写好,即使未寄出,承诺亦告生效;二是发信主义,以承诺实际脱离承诺人控制的时间为其生效时间,如信件一旦投邮,承诺即告生效;三是到达主义,以承诺实际到达要约人控制范围的时间为其生效时间,如信件进入要约人信箱,承诺即生效;四是了解主义,以要约人收到承诺并对其实际了解的时间为其生效时间。现代合同法在承诺生效时间上多采用发信主义或到达主义。一般来说,大陆法系国家为了保护交易的安全而采用到达主义,英美法系国家为了促进交易的进行而采用发信主义。但也存在例外,例如,日本属于大陆法系国家,但日本民法典在隔地者间契约的承诺生效问题上却采取了发信主义。

我国《民法典》对于以通知方式作出的承诺,在承诺的生效时间上与要约的生效时间一样兼采用了到达主义和了解主义,即:以对话方式发出承诺时,要约人知道其内容时生效;以非对话方式发出承诺时,到达要约人时生效。而对于不需要通知的承诺,则是根据交易习惯或者要约的要求作出承诺行为时生效。

2. 承诺的效力内容

我国《民法典》第483条规定:"承诺生效时合同成立",可见,承诺的效力就在于与要约相结合,从而成立合同。不过,所谓"承诺生效时合同成立",只是法律的原则性规定,承诺生效是合同成立的必要条件而非充分条件,合同成立的时间可能与承诺生效的时间相一致,也可能晚于承诺的生效时间,具体情况要结合合同的性质和特点进行具体分析。例如,对于融资租赁合同、建设工程合同等法律规定必须采取书面形式的要式合同,仅仅有受要约人的承诺还不够,只有双方当事人在书面合同上签字盖章的时候,合同方为成立。再如,对于保管合同这样的实践合同,如果寄存人交付保管物的行为先于承诺生效,则合同自承诺生效时成立;如果寄存人交付保管物的行为晚于承诺生效,则合同自保管物交付起成立。

3. 逾期承诺和迟到承诺

承诺应当在要约确定的期限内到达要约人。未在要约有效期限内作出的承诺称为逾期承诺,它虽然名为承诺,但它实质上已不具备承诺的效力,而应被视为新的要约。不过,基于合同自由和鼓励交易的原则,法律规定此种情况下,如果要约人及时通知受要约人接受承诺,该承诺仍然有效。

受要约人虽然在承诺期限内作出承诺,依通常情形可及时到达要约人,但因不能归于受要约人过错的其他原因(如电报故障、信函错投等)致使承诺到达要约人时超过承诺期限时,这种承诺称为迟到承诺。基于诚实信用和鼓励交易的原则,法律规定此种情况下,除要约人及时通知受要约人不接受承诺外,该承诺有效。

五、合同的成立

合同的成立,是指合同当事人就合同的主要内容达成合意并缔结协议的法律事实。合同的成立须具备以下要件:一是须有两个以上具有相应民事权利能力和民事行为能力的当事人;二是须有一定的合同内容,即合同应有具体、客观的标的;三是合同当事人须有一致的意思表示;四是符合法律规定的条件。法律对一些合同规定了成立的特殊要件,如保管物的交付构成保管合同成立的条件、以书面形式订立合同构成技术转让合同成立的条件等。

关于合同成立时间的起算,需要区分不同的情况:1. 当事人采用合同书形式订立合同时,自当事人均签名、盖章或者按指印时合同成立。但是,如果在签名、盖章或者按指印之前当事人一方已经履行了主要义务且对方接受时,该合同成立。2. 当事人采用信件、数据电文等形式订立合同要求签订确认书的,签订确认书时合同成立。3. 当事人一方通过互联网等信息网络发布的商品或者服务信息符合要约条件的,对方选择该商品或者服务并提交订单成功时合同成立。

六、合同的形式

(一) 合同形式的概念

所谓合同的形式,又称合同的方式,是指当事人合意的外在表现形式,是合同内容的外在表现,是当事人权利义务关系的载体。

合同采取灵活便捷的形式,这既符合合同自由原则的要求,也与鼓励交易原则的精神相一致。但现代合同法需要对合同的形式进行一定的限制,甚至对某些合同规定必须采取特定的形式,这首先是为了维护交易秩序和保障交易安全;其次是为了强调合同的拘束力,促使当事人尊重合同,依合同履行义务;最后是为了使特定形式的合同起到关键证据的作用,防止日后产生合同争议时无据可依。

我国现行法律对不同性质的合同在形式上有着不同的要求,由此,有的合同允许当事人通过协商约定合同形式,这种合同形式称为约定形式;有的合同由国家法律、行政法规明确规定合同形式,当事人没有自行决定合同形式的自由,这种合同形式称为法定形式。无论是法律、行政法规的规定,还是当事人的约定,都对合同的形式产生约束力。如果合同形式违反了法律的规定或当事人的约定,可能直接导致合同的不成立。

(二) 合同形式的种类

合同的形式主要包括口头形式、书面形式、推定形式、混合形式等类型。

1. 口头形式

所谓口头形式,是指当事人所采取的只以语言而不是文字或其他载体为意思表示而订立合同的形式。

合同采用口头形式的优点在于简便快捷,有利于协议的快速达成,因此,口头形式非常适合一些内容比较简单、标的额较小或者能够即时清结的合同。合同采取口头形式并不意味着当事人之间不能产生任何文字凭证。例如,人们平时购物,有时也会要求销售方打印小票、开具发票或出具其他购物凭证,但这些文字材料只能视为合同成立的证明,而不是合同成立的要件或表现形式。

口头合同显而易见的缺点是缺乏合同内容的书面形式,在当事人关于合同内容产生纠纷时不易举证。因此,为保障交易安全,对那些内容比较复杂的合同、标的额较大的合同或不能即时清结的合同,一般不宜采用这种形式。

2. 书面形式

所谓书面形式,是指当事人所采取的以书面文字为载体来表达合同内容的合同形式。

书面形式最大的优点在于合同内容发生争议时有据可查,易于举证。因此,关系复杂或内容重要的合同一般采用书面形式,有的合同根据国家法律规定必须采取书面形式,如融资租赁合同、建设工程合同、技术开发合同、银行借款合同等。

书面形式包括许多具体的合同形式,我国《民法典》第 469 条规定:"书面形式是合同书、信件、电报、电传、传真等可以有形地表现所载内容的形式。以电子数据交换、电子邮件等方式能够有形地表现所载内容,并可以随时调取查用的数据电文,视为书面形式。"

书面形式中最为常见的形式就是合同书。合同书是指载有合同内容并用以证明合同成立的专门法律文书。合同书具有以下法律特征:一是合同书以文字为载体,至于文字为何种生成或表现形式在所不论,它可以是人手写的,也可以是机器打印、复印或印刷的;二是合同书以当事人权利义务为内容;三是合同书须有当事人及其代理人的签字或盖章方为有效;四是合同书以证明合同成立为目的。当事人采用合同书形式订立合同的,自双方当事人签名、盖章或者按指印时合同成立。在签名、盖章或者按指印之前,当事人一方已经履行主要义务且对方接受时,该合同成立。

3. 推定形式

所谓推定形式,是指当事人不是以语言、文字而是采取一定行为来表达意思表示,从其行为来推定合同成立。在推定形式中,不存在语言和文字载体,要约人发出要约和受要约人作出承诺,都是以行为方式进行的。例如,房屋租期届满后,承租人继续租住该房屋并交纳房租,而出租人也接受房租,则可以推定双方已达成延长租赁期限的合同。

4. 混合形式

所谓混合形式,是指当事人并不是采用单一的合同形式,而是采用口头、书面、推定等形式中的两种或数种用以记载合同内容并证明合同成立的合同形式。采取混合形式,有利于发挥不同形式的优势,在确保交易安全的同时提高交易效率。

七、合同的内容

所谓合同的内容,是指当事人合意的基本事项。合同的内容根据合同形式的不同而有不同的表现。在以合同书为表现形式的合同中,合同条款固定了当事人各方的权利义务,成为法律意义上合同的内容。

合同的条款依据不同的标准可以进行不同的分类。

(一)必要条款和非必要条款

根据合同的条款是否直接影响合同的成立,可以将其分为必要条款和非必要条款。必要条款是指直接影响合同成立的、合同必须具备的条款。如果缺少必要条款,合同即不能成立。合同的必要条款可由法律直接规定,也可由当事人约定产生,有时合同性质也决定着某些条款构成合同的必要条款。非必要条款是指合同必要条款以外的条款。虽然合同的非必要条款是合同内容的有效组成部分,但即使欠缺非必要条款,亦不影响合同的成立。

(二)提示性条款和非提示性条款

根据合同的条款是否属于法律明文规定的对当事人订立合同起示

范作用的条款,可以将其分为提示性条款和非提示性条款。合同的提示性条款,是指法律明文规定的对当事人订立合同起示范作用的合同条款。根据我国《民法典》第 470 条的规定,合同的内容由当事人约定,一般包括当事人的名称或者姓名和住所、标的、数量、质量、价款或者报酬、履行期限和地点及方式、违约责任、解决争议的方法等条款,体现这些内容的条款即构成合同的提示性条款,提示性条款以外的合同条款即为非提示性条款。

(三) 格式条款和非格式条款

根据合同是否采取一方事先拟定并反复使用的格式化的条文,可以将合同的条款分为格式条款和非格式条款。所谓格式条款,又称为标准条款、标准合同、格式合同、定式合同、定型化合同等,是指当事人为了重复使用而预先拟定并在订立合同时未与对方协商的条款。格式条款是自 19 世纪发展起来的一种合同形式,它比较广泛地应用于供水、供电、供气、供热、邮政、电信、保险、铁路、航空、公路、海运等规模较大或与人们日常生活关系密切的行业,满足了这些行业在大量、频繁、重复的交易过程中简化合同订立程序的需要。

格式条款具有以下法律特征:一是条款具有持续性,它在相当长的时期内重复使用并保持相对的稳定性。二是条款具体细致,一般包含了合同成立所需的主要内容。三是格式条款具有单方事先确定性。格式条款在合同成立之前已经由一方当事人事先确定,对方当事人不直接参与条款的制定。四是格式条款具有不可协商性,这是格式条款最基本的特征。与提供格式条款者缔结合同的相对人对格式条款要么全部接受,要么全部不接受,一般不能就合同条款通过协商进行变更。

使用格式条款的优点在于简捷、省时、方便、降低交易成本,但其弊端在于格式合同往往以形式的平等掩盖了实质的不平等。提供格式条款的一方大多倾向于利用自己所处的优势地位,将预先拟定的反映其单独意志的合同条款强加于对方。格式条款中往往包含诸多有利于自己而不利于交易对方的内容,使得合同不可避免地偏向于对自身单方权益的保护。相对人在格式条款面前,尤其是面对具有一定垄断地位的企业时,即使并非心甘情愿,也不得不接受格式条款。因此,基于合同正义原则的要求,为保障相对人的合法权益,世界各国在立法上均对格式条款的效力进行一定的限制和规范,以防止格式条款提供方滥用权利。

我国立法上对格式条款的限制和规范主要体现在三个方面:第一,提供格式条款的一方应当遵循公平原则确定当事人之间的权利和义务,要采取合理的方式提示对方注意免除或者减轻其责任等与对方有重大利害关系的条款,并按照对方的要求,对该条款予以说明。提供格式条款的一方如果未履行提示或者说明义务,致使对方没有注意或者理解与其有重大利害关系的条款时,对方可以主张该条款不成为合同的内容。第二,除法律有关无效合同的规定外,如果提供格式条款一方不合理地免除或者减轻其责任、加重对方责任、限制对方主要权利或者排除对方主要权利时,该条款无效。第三,对格式条款的理解发生争议时,应当按照通常理解予以解释;对格式条款有两种以上解释时,应当作出不利于提供格式条款一方的解释;格式条款和非格式条款不一致时,应当采用非格式条款。

第三节　合同的效力

合同的效力是指依法成立的合同所产生的法律拘束力。当事人之间签订合同,当然希望合同能够生效,受法律保护,具有法律拘束力,产生合同当事人所预期的法律后果。基于合同的相对性原则,合同的效力主要体现在对合同当事人的拘束力,但特殊情况下合同对当事人以外的第三人同样产生效力,如为第三人利益的合同等。

一、合同有效的条件

结合我国《民法典》第 143 条关于民事法律行为有效条件的规定，合同有效的条件一般包括以下内容。

（一）合同依法成立

合同依法成立是合同产生法律拘束力的前提和基础。除法律另有规定或者当事人另有专门约定以外，依法成立的合同自成立时生效。但合同成立与合同有效、合同生效是不同的法律概念。合同成立强调当事人就合同的主要内容达成合意，合同有效或合同生效强调合同产生法律拘束力，合同成立是合同有效和合同生效的前提，合同成立之后，还必须符合法律规定的有效和生效要件，才能产生合同有效和生效的法律后果。可以说，有效或生效的合同必须是依法成立的合同，但依法成立的合同却未必都是有效或生效的合同。

（二）当事人具有相应的民事行为能力

作为民事主体的合同当事人只有具备相应的民事行为能力，才能清楚地作出意思表示并准确地了解合同的状况和法律效果，才有能力履行合同规定的义务并在合同中保护自己的合法权益。关于有效合同对行为人民事行为能力的要求程度，应具体情况具体分析。

就自然人而言，签订合同的自然人须有相应的行为能力。完全民事行为能力人可以独立实施签订合同的民事法律行为。限制行为能力人只能独立签订与其年龄、智力、精神健康状况相适应的合同以及接受奖励、赠与、报酬等纯获利益的合同，其他民事活动则应由其法定代理人代理，或者征得法定代理人的同意。无民事行为能力人一般不得独自缔约，而应由其法定代理人代为签订合同。

就法人和非法人组织而言，其只能实施与其行为能力相适应的法律行为。法人和非法人组织签订合同的行为应严格地受其宗旨、目的、章程及经营范围的制约。但这并不意味着超越经营范围是导致合同无效的条件。法人签订合同超越经营范围一般并不必然导致合同无效，除非违反法律、行政法规的效力性强制性规定。

（三）当事人意思表示真实

关于意思表示，目前民法学界比较通行的理论是"意思表示二要素"说，即意思表示经过效果意思和表示行为两个阶段而成立。效果意思是指当事人希望法律效果发生的意思；表示行为是指效果意思向外部表明的行为。因此，所谓意思表示真实，是指缔约人的表示行为真实地反映其内心的效果意思，即其效果意思与表示行为相一致。意思表示真实是合同有效的必备要件。

如果缔约人的效果意思与其表示行为不一致，或者二者虽然表面上一致但这种一致出于他人不正当的干涉，即构成意思表示不真实，这在民法理论上也被称为意思表示瑕疵。根据瑕疵是否基于表意人本身的原因，意思表示不真实可以分为"意思与表示不一致"和"意思表示不自由"两种类型。

意思与表示不一致，是指表意人的表示行为与其内心的效果意思不一致。这种不一致并非由外力因素所致，而纯属表意人自己有意或者怠于必要注意所致。因此，根据表意人主观方面上是否出自故意，可以将意思与表示不一致分为故意的意思与表示不一致和非故意的意思与表示不一致，前者的不一致源于表意人的故意，在实践中表现为真意保留、通谋和伪装行为三种；后者的不一致源于表意人的过失，表现为错误和误解。对于意思与表示不一致的效力如何认定，传统民法理论上有三种学说：一是意思主义，主张以内心效果意思为准而认定其无效；二是表示主义，主张以外部表示行为为准而认定其有效；三是折衷主义，主张将意思主义与表示主意结合起来，或以意思主义为主而辅之以表示主义，或以表示主义为主而辅之以意思主义。我国的民法理论倾向于采取表示主义为主、意思主义为辅的原则，侧重维护交易安全，同时兼顾表意人的利益。

意思表示不自由,是指虽然从外部行为和内心意思的关系看,表意人的表示行为与效果意思是一致的,但这种一致是他人不正当干涉的结果。也就是说,如果没有源于他人的不正当的干涉,表意人决不会作出这种意思表示。所以,从本质上来看,表意人的这种效果意思并非其真实的效果意思,因而不能成为意思表示行为有效的根据。根据导致意思表示不自由的不同原因,可以将表意人在不自由状态下作出的意思表示分为被欺诈所为的意思表示、被胁迫所为的意思表示和危困处境下所为的意思表示。对于表意人意思表示不自由情况下所订立的合同,表意人有权请求人民法院或者仲裁机构予以撤销。

(四) 不得违法和违背公序良俗

此项要件属于合同有效的消极性要件,它要求合同不得违反法律或者行政法规的强制性规定,不得违背公序良俗。违法的合同当然无效,这里的"法"应作狭义的理解,一方面它仅限于全国人大及其常委会通过的法律和国务院颁布的行政法规,而不包括地方性法规和国务院各部门的规章及地方政府的规章;另一方面,只有违反了法律或者行政法规的强制性规定,才能导致合同无效。该强制性规定应当是有关效力性的强行性或禁止性规定,如果仅仅违反管理性的强制性规定则并不必然导致合同无效。同时,合同内容不得违背公共秩序和善良风俗。

在理解合同的有效要件时,要注意区分合同有效与合同生效的联系与区别。二者的联系体现在,合同有效是合同生效的前提条件,只有合同有效成立后才谈得上合同生效。二者的区别在于,合同生效除了应当具备合同有效要件外,还应包括法律规定的或当事人约定的生效条件或期限成就这一要件,同时,合同有效一般只产生保护效力和救济效力,并不必然产生履行效力,而合同生效不仅产生保护效力和救济效力,而且产生履行效力。此外,合同有效和合同生效作为两种不同的合同效力形态,合同有效与合同无效相对应,合同生效与合同未生效相对应。

二、无效合同

　　无效合同,是指合同虽已成立但因欠缺有效要件因此并不产生法律效力的合同。结合前文所论述的合同有效的要件,可以将无效合同归纳为以下几种情形:一是无民事行为能力人订立的合同;二是虚假合同,即通谋虚伪订立的合同,是指行为人与相对人以虚假的意思表示所订立的合同;三是恶意串通的合同,即具有相同恶意的行为人与相对人意图损害国家、集体或者第三人合法利益而订立的合同;四是违反法律、行政法规的强制性规定的合同,此处的强制性规定应当是有关效力性的强行性或禁止性规定;五是违背公序良俗的合同。实践中广义的无效合同还包括被撤销的合同和期限届满后而未被追认的效力待定的合同,此处的无效合同是指狭义的无效合同。

　　因无效合同严重欠缺有效要件,因此不发生法律效力。合同无效,是自始、绝对、当然的无效,即该合同自始地对所有的人不发生效力并且始终保持其不发生效力的状态。所谓自始无效,是指合同于成立时即开始无效,因缺乏生效要件而自始不能按照当事人合意的内容赋予法律效果;所谓绝对无效,是指合同对所有的人不发生效力且一直保持无效的状态,不会因时间的经过而发生变化;所谓当然无效,是指合同的无效性无需主张,也不需要经过特定的程序使其失效。

　　合同无效,并不都是全部无效,有的只是部分无效。无效的原因存在于合同内容的全部时,合同全部无效;无效的原因存在于合同内容的个别条款或部分条款时,只是该个别条款或部分条款无效;若不影响其他部分或条款的效力,其他部分或条款仍然有效。例如,如果合同中规定了造成对方人身损害的免责条款,或者规定了因故意或重大过失造成对方财产损失的免责条款,则这样的免责条款无效,但一般并不影响合同其他部分条款的效力。同时,合同被认定为无效时,一般并不影响合同中有关解决争议方法条款的效力。

三、可撤销合同

可撤销合同是指虽然已经成立，但因意思表示有缺陷，当事人可以请求人民法院或者仲裁机构予以撤销的合同。根据我国《民法典》关于可撤销的法律行为的相关规定，可撤销合同一般包括以下四类。

（一）发生重大误解的合同

由于订立合同中的误解除因存在欺诈行为而造成的误解外，一般是因受害一方当事人自己的过错造成的，例如当事人缺乏必要的知识、技能、信息或交易经验等，对方当事人对此一般并无责任。因此，对误解人的保护应当是有限度的，不能不问误解的程度一律允许误解人变更或撤销合同。法律只承认重大误解为合同可撤销的原因。所谓重大误解，是指行为人之所以作出与自己真实意思相悖的意思表示，是因为对行为的性质、对方当事人、标的物的品种、质量、规格和数量等合同重要事项发生错误认识。

重大误解的构成要素一般包括：一是行为人存在对合同内容的误解，该误解是因受害方当事人自己的过错造成的，而不是因为受到他人的欺骗或不正当影响造成的。二是行为人作出与自己真实意思不一致的意思表示。三是行为人对合同内容的误解与其作出的意思表示之间存在因果关系。也就是说，误解与合同的订立或合同条件的确定存在因果关系。如果没有这种误解，当事人将不会订立合同或虽订立合同但合同的条件将发生重大改变。四是行为人的误解必须属于重大误解。如果仅仅是合同的非主要条款发生误解且并不影响当事人的权利义务关系，就不应作为重大误解。

对重大误解的具体确定，既要考虑误解人所误解的不同程度，也要考虑当事人的状况、活动性质、交易习惯等各方面因素，还要考虑因此给当事人造成的不利后果。一般认为，重大误解有以下几种：一是对合同性质的误解，如将借用关系误以为是赠与关系、将租赁关系误以为买卖关系等,均属于重大误解。二是对对方当事人的误解。在信托、委托、保管、信贷等以信用为基础的合同中,在赠与、无偿借贷等以感情及特殊关系为基础的合同中,在演出、承揽等以特定人的技能为基础的合同中,对当事人的误解为重大误解。但在现物买卖等不具有人身性质的合同中,对当事人的误解一般不会给误解人造成较大损失,甚至根本不会造成损失,这种情况下对当事人的误解不构成重大误解。三是对标的物品种、质量、规格、数量、包装、履行方式、履行地点、履行期限等内容的误解。如果一方当事人对这些内容发生误解,且该误解将导致合同目的无法实现,或者如果履行合同将使误解人遭受重大损失时,该误解属于重大误解。

(二) 显失公平的合同

作为可撤销合同之一的显失公平的合同仅指因乘人之危导致显失公平的合同,即一方当事人故意利用他人的急迫需要或危难处境,迫使他方违背真实意思而订立与己不利的合同。乘人之危的构成要素一般包括:一是一方当事人处于急迫需要或危难处境,例如,农民因农田遭遇昆虫灾害而急需农药,病人因手术费用而急需金钱等。二是一方当事人有乘人之危的故意,即明知他人处于急迫需要或危难处境,为了获取特别利益而故意提出不利于对方的苛刻条件。三是处于急迫需要或危难处境的当事人在不得已的情况下违背真实意思而订立于己不利的合同。四是该合同明显使一方得利而使另一方受损,且达到显失公平的程度。

(三) 因受欺诈而订立的合同

所谓欺诈,是指通过故意陈述虚假事实或者隐瞒真实情况而意图使他人陷于错误而为意思表示的行为。欺诈的构成要素一般包括:一是欺诈人有欺诈的故意;二是欺诈人有欺诈行为,表现为隐瞒真实情况或陈述虚假事实;三是受欺诈人因欺诈人的行为而陷于认识错误并因认识错误而为意思表示;四是欺诈人的行为系属违法或不当。

法律之所以将欺诈行为规定为合同可撤销的原因,理由如下:其一,合同法贯彻意思自治原则。受欺诈人虽然在订立合同时有明确的意思表示,但这种意思表示是在受欺诈情况下因陷于认识错误而作出的意思表示,因此从本质上来讲,这种意思表示并非受欺诈人真实的意思表示,也就是说,如果受欺诈人在了解真实情况的前提下,是不会作出这样的意思表示的。因此,鼓励和尊重受欺诈人的真实意思,将欺诈作为合同可撤销的原因,正体现了意思自治原则的要求。其二,合同法贯彻诚实信用原则。根据诚实信用原则,当事人在订立合同、履行合同以及解决合同争议时,应诚实不欺,讲究信用,信守承诺。欺诈行为的存在明显违背了诚实信用的原则,如果听之任之,不仅有损受欺诈人的合法权益,同时也有损于社会公德,因此,把欺诈作为合同可撤销的原因,赋予受欺诈人撤销权,在保护了受欺诈人利益的同时也惩罚了欺诈行为。其三,合同法贯彻合同自由原则。法律并没有将因欺诈而订立的合同一律规定为无效合同,而是赋予受欺诈人在一定期间内的选择权。受欺诈人可以选择撤销合同,也可以选择不行使撤销权而继续使合同有效,这符合合同自由原则的要求。

(四) 因受胁迫而订立的合同

所谓胁迫,是指通过施加威胁、逼迫的方式使相对人在违背真实意思的情况下而为一定意思表示的行为。胁迫的构成要素一般包括:一是胁迫人有胁迫的故意;二是胁迫人有胁迫的行为,一般体现为向对方当事人表示将施加某种危害,如给自然人及其亲友的生命健康、荣誉、名誉、财产等造成损害或者给法人、非法人组织的名誉、荣誉、财产等造成损害并以此为要挟;三是受胁迫人因对方的胁迫行为而为意思表示;四是胁迫人的胁迫行为系属违法或不当。法律将因受胁迫而订立的合同作为可撤销的合同,其道理与将欺诈行为作为合同可撤销原因相类似,在此不赘。

可撤销合同不同于无效合同。无效合同是自始、当然和绝对的无效;而可撤销合同在合同被撤销之前已经生效。法律赋予一方当事人享有撤销权,如果该方当事人在一定期间内不行使撤销权,则合同继续有效。可撤销合同在被撤销后,被视为自始无效,这与无效合同的法律后果完全一致。当事人应当在规定期间内行使撤销权。具有撤销权的当事人自知道或者应当知道撤销事由之日起一年内没有行使撤销权,或者具有撤销权的当事人知道撤销事由后明确表示或者以自己的行为放弃撤销权时,撤销权归于消灭。

值得注意的是,此处的可撤销合同是狭义上的可撤销合同,在其适用的四类情形中,当事人撤销权的行使都需要通过请求人民法院或者仲裁机构来撤销合同。而在现实生活中,亦存在与此不同的当事人自行行使撤销权的情形,例如我国《民法典》第 145 条所规定的效力待定行为相对人的撤销权:对于限制民事行为能力人实施的非纯获利益且与其年龄、智力、精神健康状况不相适应的民事法律行为,在该民事法律行为被追认前,善意相对人有撤销的权利。再如我国《民法典》第 658 条规定的赠与人的任意撤销和第 663 条所规定的赠与合同的法定撤销:赠与人在赠与财产的权利转移之前可以撤销赠与;当受赠人严重侵害赠与人或者赠与人近亲属的合法权益,或者对赠与人有扶养义务而不履行,或者不履行赠与合同约定的义务时,赠与人可以撤销赠与。

四、效力待定合同

效力待定合同,是指成立之后因欠缺有效要件因而能否发生法律效力尚未确定的合同。至于效力待定的合同最终能否发生法律效力,则有待于其他行为或事实的确认。

效力待定合同与可撤销合同不同。效力待定合同是"未决的不生效",即其属于有效或无效尚有待于进一步确定,它在经过有权人追认后才能生效;可撤销合同是"未决的生效",在权利人行使撤销权前是有效的,在被撤销后方归于无效。

效力待定的合同也不同于无效合同。无效合同是自始、当然和绝对的无效;而效力待定的合同存在发生效力的可能性,一旦经过有权人的追认即可生效。

效力待定合同主要包括两种情形。

（一）限制民事行为能力人依法不能独立订立的合同

限制民事行为能力人能够独立签订而不需法定代理人追认即为有效的合同只限于限制民事行为能力人纯获利益的合同和与其年龄、智力、精神健康状况相适应的合同。除此之外，限制民事行为能力人应由其法定代理人代其订立合同；否则，其脱离法定代理人而自行订立的合同属于效力待定的合同，这种合同须经法定代理人追认方为有效。

对于限制民事行为能力人依法不能独立订立的合同，一般来说，追认权由限制民事行为能力人的法定代理人享有和行使；但限制民事行为能力人取得民事行为能力后，也有权追认合同。

追认权制度旨在保护限制民事行为能力人及其法定代理人的利益，但相对人的利益以及对交易安全的保障也不能忽视。为平衡各方利益，法律赋予相对人两项权利，即催告权和撤销权。相对人可以催告法定代理人在一个月内予以追认。法定代理人未作表示的，视为拒绝追认。合同被追认前，善意相对人有以通知的方式作出撤销的权利。该项撤销权只有善意相对人才能享有，明知缔约人为限制民事行为能力人而仍然与其订立合同的相对人属于恶意相对人，不享有撤销权。

（二）无权代理人在不构成表见代理情形下以他人名义订立的合同

所谓无权代理人，是指没有代理权、不具有合法代理资格的人。无权代理人以被代理人名义实施代理行为，即构成无权代理。根据无权代理人与代理权的关系，可以将无权代理分为自始无代理权的无权代表、代理权消灭后的无权代理和超越代理权的无权代理三种情形。

表见代理是指行为人无代理权而以他人的名义实施民事行为，但由于被代理人存在过失或基于被代理人与无权代理人之间的特殊关系而造成一种行为人具有代理权的表象，使得相对人有理由相信无权代理人享有代理权而与之发生民事法律关系,由此产生与有权代理相同法律后果即由名义上的被代理人对代理行为承担民事责任的法律制度。表见代理从形式上来看是无权代理,属于广义无权代理的一种,但表见代理往往是由于被代理人的疏忽大意或者管理不善而造成的,在这种情况下,如果该无权代理行为仍需要由被代理人追认决定其效力的话,会给善意第三人造成损害。因此,在构成表见代理的情形之下,规定由被代理人承担代理行为的法律后果,更有利于保护善意第三人的利益,维护交易安全,并有助于增强代理制度的可信度。构成表见代理情形下订立的合同不属于效力待定的合同,而是效力确定的合同。

除构成表见代理的情形之外,无权代理人以被代理人名义与相对人订立的合同均属效力待定的合同,非经被代理人追认,对于被代理人不发生法律效力。被代理人虽然未以口头或书面形式表达追认合同的意思,但已经开始履行合同义务或者接受相对人履行时,视为对合同的追认,此时合同具有法律效力。

对于无权代理人在不构成表见代理情形下以他人名义订立的合同,相对人享有催告权和撤销权。相对人可以催告被代理人在一个月内予以追认。被代理人未作表示的,视为拒绝追认。合同被追认之前,善意相对人有撤销的权利。

五、合同被确认无效和被撤销的法律后果

合同被确认无效和被撤销后,并非不产生任何法律后果,而只是不发生当事人所预期的法律效力,即不发生合同履行的效力。合同被确认无效或被撤销后可能产生的法律后果,在责任形式上主要是过错方承担的缔约过失责任,在财产处理方式上主要是返还财产和赔偿损失。

(一) 缔约过失责任

当事人在订立合同过程中假借订立合同恶意进行磋商,或者故意隐瞒与订立合同有关的重要事实,或者提供虚假情况,或者有其他违背

诚信原则的行为时,将被视为存在过错。有过错的一方当事人对因合同被确认无效或被撤销而遭受损失的对方当事人应承担缔约过失责任,赔偿对方当事人因此而遭受的损失。如果双方当事人均有过错的,应当各自承担相应的责任。

我国民法界主流观点认为,缔约过失责任既不同于违约责任,也不同于侵权责任,是一种独立的责任制度,理由如下:首先,在前提义务上,缔约过失责任以法定的先合同义务为成立前提;违约责任以当事人约定的合同债务为成立前提;侵权责任以注意义务为前提,这种注意义务比构成缔约过失责任的先合同义务中的注意义务的要求要高得多。其次,在构成要件和归责事由上,缔约过失责任只能以过错为要件;违约责任则不考虑违约方的过错;侵权责任则既包括过错责任,也包括无过错责任。再次,在赔偿范围上,缔约过失责任赔偿的范围是信赖利益的损失;违约责任赔偿是履行利益的损失;侵权责任赔偿的范围则是现有财产的损失和可得利益的损失。最后,在责任承担方式上,缔约过失责任只能由法律规定,主要方式是赔偿损失;违约责任既可能源于法律规定,也可能源于当事人的约定,而且违约责任的承担方式也多种多样;侵权责任源于法律规定,但责任承担方式除赔偿损失外,还有停止侵害、消除危险、排除妨碍、消除影响、恢复名誉、赔礼道歉等多种形式。然而本书认为,缔约过失责任在本质上就是一方当事人因过错而对相对人民事权益的侵害,完全可以将其归入侵权责任的范畴。

因合同被确认无效或被撤销而导致的缔约过失责任的成立一般需要具备以下条件:一是一方当事人违反先合同义务。所谓先合同义务,又称先契约义务或缔约过程中的附随义务,是指自缔约当事人因签订合同而相互接触磋商至合同有效成立之前,当事人依诚实信用原则所负的协助、通知、告知、保护、照管、保密、忠实等义务。这种义务是缔约人的一种注意义务,完全不同于合同有效成立而产生的给付义务。二是合同被确认无效或被撤销。三是一方违反先合同义务与合同被确认无效或被撤销之间有因果联系。四是对方当事人因合同被确认无效或被撤销而遭受损失。该损失仅为财产损失,不包括精神损害，且该损失为信赖利益的损失，而非履行利益的损失。五是违反先合同义务一方有过错，这里的过错是指导致合同无效、被撤销的过错。

（二）返还财产

合同被确认无效或被撤销后，视为自始归于消灭，当事人一方或双方基于合同所为之给付因失去存在依据而应予返还。当该给付为财产交付时，即发生返还财产的效果。也就是说，合同被确认无效或被撤销后，基于合同所发生的债权债务关系归于消灭，如果原来基于合同而发生物权变动时，该物权变动行为丧失合法基础，于是发生物权变动的回转。当原物存在时，返还财产具有物权效力，即具有优先于普通债权的效力，即使受领人的财产不足以清偿数个并存的债权，给付人也能够优先于其他债权人而获得财产的返还。但是，当原物不存在时，返还财产请求权转化为具有债权性质的返还不当得利请求权，不再享有优先效力。返还财产以返还原物、恢复原状为原则，以损害赔偿为例外。不能返还或者没有必要返还的，应当折价补偿。

（三）赔偿损失

赔偿损失是有过错的当事人承担缔约过失责任的常见方式。合同被确认无效或者被撤销后，有过错的一方应当赔偿对方因此所受的损失；双方都有过错的，应当各自承担责任。

承担缔约过失责任的当事人应该赔偿的范围是对方信赖利益的损失。所谓信赖利益，是指缔约人信赖合同有效成立，但因法定事由发生，致使合同不成立、无效、不被追认或被撤销等造成的损失。信赖利益的损失同样包括直接损失和间接损失。其直接损失包括缔约费用、准备履行所支出的费用以及因支出上述费用所失去的利息；其间接损失为其丧失与第三人另订合同的机会所产生的损失，此项损失以不超过非过错方在合同成立或履行后可能获得的实际利益为限。过错人需要赔偿的间接损失范围的确定，要结合当事人缔约的阶段和程度进行具体情况具体分析。

如果双方当事人都有过错,则不论一方受有损失或者双方都受有损失,均应适用过错相抵,由双方根据自身过错的程度和性质,各自向对方承担相应的责任。在确定各方应承担的责任时一般要考虑以下因素:一是双方过错与损失之间的因果关系。与损失有因果关系的过错是承担赔偿责任的关键因素和必备要件,如果一方当事人虽存在过错,但该过错与另一方的损失并无因果联系,则该方当事人不承担赔偿对方损失的责任,其自身过错仅作为对方赔偿己方损失时的扣减因素。二是双方过错的性质。如一方系故意,另一方系过失,故意方应承担的责任自然要大于过失方的责任。三是双方过错的程度。主要过错方的责任当然大于次要过错方的责任。

第四节　合同的履行

合同的履行即合同义务的执行,是指合同债务人依照法律规定或者按照合同约定全面而适当地完成其合同义务的行为,它是合同当事人实现合同目的的重要手段和过程。根据我国《民法典》的规定,合同的履行应贯彻三项基本原则:一是当事人应当按照约定全面履行自己的义务;二是当事人应当遵循诚信原则,根据合同的性质、目的和交易习惯履行通知、协助、保密等义务;三是当事人在履行合同过程中,应当避免浪费资源、污染环境和破坏生态。如果债务人不履行或不适当履行债务,即要承担相应的民事责任。

一、给付和受领

给付和受领是合同法理论中关于合同履行的两个基本概念,这两个概念在我国《民法典》中也都有使用。

（一）给付

所谓给付,是指合同关系中的债务人所实施的促成合同债权实现的行为。作为债的标的,给付是债权债务所共同指向的对象,是合同履行中最基本的要素和环节。

给付通常表现为以下基本形态:一是交付财物,既包括现实交付,也包括简易交付、指示交付、占有改定等观念交付,其法律后果是一样的;二是支付金钱;三是转移权利;四是提供劳务或服务;五是提交工作成果;六是不作为,包括单纯的不作为和容忍。[①]

（二）受领

所谓受领,是指合同关系中的债权人接受债务人给付的行为。对于债权人来说,受领既是一种权利,又是一种义务。就权利而言,债权人有权接受债务人的给付,并可以通过接受给付实现合同债权;就义务而言,债权人有义务以合适的方式接受债务人的给付,并在受领时为债务人的给付提供必要的协助,债权人如果没有正当理由就不得拒绝受领或者迟延受领,否则要承担相应的法律责任。根据我国《民法典》第589条和第570条的规定,债务人按照约定履行债务而债权人无正当理由拒绝受领时,债务人可以请求债权人赔偿增加的费用,也可以将标的物提存。

二、合同内容约定不明确时的履行规则

出于各种原因,民事主体订立合同时,不可能做到合同内容的完美无缺。当合同生效后,如果发现合同中有关质量、价款或者报酬、履行地点等内容没有约定或者约定不明确时,根据合同自由的原则,当事人可以通过友好协商对相关内容进行补充。如果双方协商后尚不能达成补充协议时,则按照合同相关条款或者交易习惯对没有约定

---

① 杨立新:《合同法》(第二版),北京大学出版社 2022 年版,第 144—147 页。

或约定不明确的内容予以确定。如果通过上述方法仍难以确定时，根据我国《民法典》第 511 条的规定，根据内容不同分别依下列规则予以履行。

（一）质量要求

合同对质量要求没有约定或者约定不明确时，按照强制性国家标准履行；没有强制性国家标准时，按照推荐性国家标准履行；没有推荐性国家标准时，按照行业标准履行；如果既没有国家标准，也没有行业标准时，则按照通常标准或者符合合同目的的特定标准履行。

（二）价款和报酬

如果合同对价款或者报酬没有约定或者约定不明确时，一般按照订立合同时履行地的市场价格履行。当标的物依法应当执行政府定价或者政府指导价时，依照相关规定履行。值得注意的是，此种情况下如果遇到价格的变动，则合同履行的价格亦会受到影响。一般来说，对于执行政府定价或者政府指导价的标的，在合同约定的交付期限内如果政府价格调整时，则按照交付时的价格计价。如果负有给付义务的一方当事人逾期给付，则在履行价格的确定上适用有利于相对方的规则：负有交付标的物义务的一方当事人逾期交付标的物时，若价格上涨则按照原价格执行，若价格下降则按照新价格执行；负有提取标的物或付款义务的一方当事人逾期提取标的物或者逾期付款时，若价格上涨则按照新价格执行，若价格下降则按照原价格执行，从方方面面体现对守约方利益的保护。

（三）履行地点

如果合同对履行地点没有约定或者约定不明确时，对于给付货币的行为，在接受货币一方所在地履行；对于交付不动产的行为，在不动产所在地履行；对于其他标的，在履行义务一方所在地履行。

（四）履行期限

如果合同对履行期限没有约定或者约定不明确时,债务人可以随时履行,债权人也可以随时请求债务人履行,但是都应当给对方必要的准备时间。

（五）履行方式

如果合同对履行方式没有约定或者约定不明确时,按照有利于实现合同目的的方式履行。

（六）履行费用的负担

如果合同对履行费用的负担没有约定或者约定不明确时,原则上应由履行义务的一方负担相关履行费用。不过,如果因债权人原因而导致履行费用增加时,履行费用中增加的部分由债权人负担。

三、多数人之债

多数人之债是指作为合同当事人的债权人或者债务人的一方或双方为两个以上主体时的债权债务关系。多数人之债按照主体各自的权利义务范围和相互关系的不同,可以分为按份之债和连带之债。

（一）按份之债

按份之债,是指两个以上的债权人或债务人各自按照一定的份额来享有债权或负担债务的债。按份之债存在的前提是债的标的可以分割。其中,两个以上的债权人按照份额各自享有的债权称为按份债权;两个以上的债务人按照份额各自负担的债务称为按份债务。按份之债中债权人或者债务人的份额比例应当是清晰明确的,如果按份债权人或者按份债务人的份额难以确定,则视为其享有债权或负担债务的份额相同。

按份之债的主体仅在自己的份额内享有权利或负担义务。在按份之债中,每一位按份债权人只能就自己享有的债权份额要求债务人履行债务,而无权要求债务人向自己清偿全部债务。同样,每一位按份债务人也只就自己所负担的债务份额负有清偿义务,对其他债务人所负担的债务份额无义务清偿。

(二)连带之债

连带之债,是指两个以上的债权人或债务人在债权享有和债务负担上存在连带关系的债。在存在连带关系的债权中,任一债权人、部分债权人或者全部债权人均有请求债务人履行债务的权利;在存在连带关系的债务中,任一债务人、部分债权人或者全部债权人都有履行全部债务的义务。

在连带之债中,虽然债权人之间或债务人之间存在连带关系,但这并不意味着连带人之间不存在各自权利和义务份额的区分。连带债权人之间或者债务人之间的份额难以确定时,视为其享有债权或负担债务的份额相同。就连带债务而言,如果某一连带债务人实际承担债务超过了自己的份额,则有权就超出部分在其他连带债务人未履行的份额范围内向其追偿,并相应地享有债权人的权利,但是不得损害债权人的利益。其他连带债务人对债权人的抗辩,可以向该债务人主张。被追偿的连带债务人不能履行其应分担份额时,其他连带债务人应当在相应范围内按比例分担。就连带债权而言,如果某一连带债权人实际受领的债权超过了自己的份额,应当按比例向其他连带债权人返还。

连带之债中的债权人或债务人存在连带关系,因此单一主体权利或义务的变动必然会对其他连带人所享有的权利或所承担的义务产生影响。这主要体现在:一是部分连带债务人履行、抵销债务或者提存标的物时,其他债务人对债权人的债务在相应范围内消灭,该债务人可以向其他债务人追偿;二是部分连带债务人的债务被债权人免除时,在该连带债务人应当承担的份额范围内,其他债务人对债权人的债务消灭;三是部分连带债务人的债务与债权人的债权同归于一人时,在扣除该债务人应当承担的份额后,债权人对其他债务人的债权继续存在;四是债权人对部分连带债务人的给付受领迟延时,对其他连带债务人发生效力。

四、合同涉及第三人时的履行规则

基于合同的相对性原则,合同一般只对合同当事人产生拘束力,也只为订立合同的当事人设定权利和义务,但特殊情况下合同也会牵涉到第三人的权利和义务,因此确立合同涉及第三人时的履行规则就非常有必要。我国《民法典》所规定的合同涉及第三人时的履行主要包括向第三人履行、第三人履行、第三人代为履行三种情形。

(一)向第三人履行

当事人在合同中约定由债务人向第三人履行债务时,如果债务人未向第三人履行债务或者履行债务不符合约定,则债务人应当向债权人承担违约责任。

第三人并不是合同的当事人,一般并不享有合同中的相关请求权,但特殊情况例外。当法律规定或者当事人约定第三人可以直接请求债务人向其履行债务时,若第三人未在合理期限内明确拒绝即视为接受。此时,如果债务人未向第三人履行债务或者履行债务不符合约定,则第三人可以请求债务人承担违约责任。当然,债务人原来所享有对债权人的抗辩此时可以向第三人主张。

(二)第三人履行

当事人在合同中约定由第三人向债权人履行债务时,如果第三人不履行债务或者履行债务不符合约定,则债务人应当向债权人承担违约责任。

(三)第三人代为履行

债务人不履行债务时,如果存在对履行该债务具有合法利益的第三人,那么,除非根据债务性质、按照当事人约定或者依照法律规定只能由债务人履行的以外,第三人有权向债权人代为履行。例如,房屋的承租人将标的房屋转租给第三人即次承租人,当承租人不履行支付租金的义务时,如果房屋权利人根据合同约定解除合同,将会严重损害次承租人的利益,因此此时次承租人有权向房屋权利人代为履行支付租金的义务。

五、合同履行中的抗辩权

(一) 同时履行抗辩权

同时履行抗辩权是指在未约定先后履行顺序的双务合同中,一方当事人在对方未为对等给付之前,享有拒绝履行合同义务的权利。即:当事人互负债务,但并没有先后履行顺序的要求,此时原则上双方当事人应当同时履行。于此情况下,一方在对方未有履行的实际行动之前有权拒绝其履行要求;一方在对方履行债务不符合约定时,有权拒绝其相应的履行要求。

(二) 后履行抗辩权[①]

后履行抗辩权是指在存在先后履行顺序的双务合同中,在负有先履行义务的一方当事人未履行合同义务时,后履行义务的一方当事人享有拒绝履行合同义务的权利。即:当事人互负债务且有先后履行的顺序,此时如果负有先履行义务的一方未有履行义务的实际行动,则后履行一方有权拒绝其履行要求;负有先履行义务的一方履行债务不符合约定时,后履行一方有权拒绝其相应的履行要求。

---

① 后履行抗辩权这一称谓主要着眼于一方当事人后履行的权利,也有人着眼于相对人先履行的义务从而将这一抗辩权称为先履行抗辩权,如中国法制出版社 2020 年版《中华人民共和国民法典:大字版》将我国《民法典》第 526 条的条标确定为"先履行抗辩权"。参见同书第 117 页。

（三）不安抗辩权

不安抗辩权是指在存在先后履行顺序的双务合同中，负有先履行义务的一方当事人有证据证明对方当事人在财产、商业信誉或者与履约能力有关的事项上发生重大变化而导致其丧失或可能丧失履行合同义务的能力时，享有中止履行合同的权利。即：应当先履行债务的当事人，有确切证据证明对方经营状况严重恶化，或者转移财产、抽逃资金以逃避债务，或者丧失商业信誉，或者有丧失或者可能丧失履行债务能力的其他情形时，可以中止履行。不安抗辩权的行使以存在确切证据为前提条件，如果当事人没有确切证据而中止履行，则应当承担相应的违约责任。

六、情势变更原则

所谓情势变更，是指合同成立后，合同的基础条件发生了当事人在订立合同时无法预见的不属于商业风险的重大变化，继续履行合同对于当事人一方明显不公平时，受不利影响的当事人如果在合理期限内与对方协商不成，则可以请求人民法院或者仲裁机构变更或者解除合同。

我国《民法典》第 533 条规定的情势变更原则是在 2009 年《最高人民法院关于适用〈中华人民共和国合同法〉若干问题的解释（二）》第 26 条规定的基础上发展变化而来。情势变更原则的意义在于通过司法权力的介入，强行变更合同内容或者撤销合同，在合同双方当事人订约意志之外，重新分配交易双方在交易中应当获得的利益和应当承担的责任，以实现实质上的公平正义。

情势变更原则适用的条件主要包括：一是客观上必须有情势变更的事实，即合同的基础条件发生了重大变化，且这种重大变化不属于商业风险；二是主观上双方当事人都不存在过错，导致情势变更的事实是当事人在订立合同时所不可预见的；三是结果上如果继续履行合同对于当事人一方构成明显的不公平；四是程序上受不利影响的当事人应当首先与对方重新协商谋求解决问题的办法,只有在合理期限内协商不成时,才可以向人民法院或者仲裁机构提出变更或者解除合同的请求。

七、合同的保全

合同的保全即债的保全,是指当债务人财产的不当减少危害到债权人债权的实现时,法律所规定的允许债权人通过行使代位权或撤销权来保护其债权的一项民事制度。

(一) 代位权

代位权,也称债权人代位权,是指当债务人怠于行使对第三人的到期债权或者与该债权有关的从权利从而影响到债权人到期债权的实现时,债权人为保全其债权,可以向人民法院请求以自己的名义代位行使债务人对相对人的权利。

代位权的行使需要具备以下条件:一是债权人对债务人的债权合法、确定,且原则上应届清偿期[①];二是债务人怠于行使对第三人的到期债权或者与该债权有关的从权利;三是债务人怠于行使权利的行为已经影响到债权人到期债权的实现;四是债务人的债权不是专属于债务人自身的债权,此项属于消极条件;五是代位权须由债权人向人民法院请求行使。

代位权行使的法律后果体现在,人民法院认定代位权成立后,由债务人的相对人向债权人履行义务,债权人接受履行后,债权人与债务人、债务人与相对人之间相应的权利义务终止。

[①] 特殊情况时债权人可以在债权到期前行使代位权。如我国《民法典》第536条的规定:"债权人的债权到期前,债务人的债权或者与该债权有关的从权利存在诉讼时效期间即将届满或者未及时申报破产债权等情形,影响债权人的债权实现的,债权人可以代位向债务人的相对人请求其向债务人履行、向破产管理人申报或者作出其他必要的行为。"

（二）撤销权

撤销权,也称债权人撤销权,是指当债务人所实施的减少其财产的行为危害债权实现时,债权人为保全债权,请求人民法院对债务人的财产处分行为予以撤销的权利。

撤销权的行使需要具备以下条件:一是债权人对债务人的债权合法、确定且已届清偿期。二是债务人客观上实施了减少其财产的行为,这样的行为主要包括两类:第一类是无偿处分行为,即债务人以放弃其债权、放弃债权担保、无偿转让财产等方式无偿处分财产权益,或者恶意延长其到期债权的履行期限;第二类是不合理处分财产的行为,即债务人以明显不合理的低价转让财产、以明显不合理的高价受让他人财产或者明显不对等地为他人债务提供担保。三是债务人减少其财产的行为已经影响到债权人的债权实现。四是撤销权必须在法律规定的期限内行使,即撤销权自债权人知道或者应当知道撤销事由之日起一年内行使。债权人自债务人的行为发生之日起五年内没有行使撤销权时,该撤销权归于消灭。五是撤销权须由债权人向人民法院请求行使。

撤销权行使的法律后果体现在,人民法院确认撤销权后,债务人影响债权人债权实现的行为被撤销,自始没有法律约束力。

第五节　合同的变更、转让和终止

合同的变更和转让是当事人在合同成立后对合同内容以及合同主体的变动,它是合同自由原则在合同实施阶段的体现,是合同制度的重要组成部分。合同的终止则是合同权利义务关系的消灭,是一般合同的最终归宿。

一、合同的变更

合同的变更是指合同成立后但尚未履行或尚未履行完毕之前,当

事人通过一致协商对合同内容进行修改或补充,对权利义务关系进行
变动的行为。需要指出的是,此处的合同变更是狭义上的变更。广义
上的合同变更还应当包括合同主体的变动,而我国民法理论和《民法
典》一般将合同主体的变动称为合同的转让。

合同的变更需要符合以下条件:一是要有依法成立的合同。这是
合同变更的前提和基础。二是合同处于尚未履行或尚未履行完毕的阶
段。如果合同已履行完毕,则不存在合同变更的问题。三是当事人须
在合同变更问题上达成合意。任何一方未经协商不得单方面变更合同。
四是合同变更只是对原合同的部分内容进行变动。如果对合同标的等
实质内容或者对合同的全部内容进行变动,则实际上是消灭了原来的合
同关系而订立了一份新合同。五是当事人对合同变更的内容应有明确
约定。如果当事人对合同变更的内容约定不明确时,推定为未变更。

二、合同的转让

合同的转让是指当事人将合同的权利和义务全部或部分转让给第
三人的行为。民事主体是合同关系建立的基础和民事权利义务关系的
归依,合同主体或权利义务主体的变动对合同关系必将产生重要影响。

并非所有的合同都能进行转让。根据法律规定,合同有下列三种
情形时不得转让:一是根据合同性质不得转让;二是按照当事人约定不
得转让,但当事人有关金钱债权不得转让的约定不得对抗第三人,当事
人有关非金钱债权不得转让的约定不得对抗善意第三人;三是依照法
律规定不得转让。

合同的转让主要包括以下类型。

(一)合同权利的转让

债权人可以将债权的全部或者部分转让给第三人,但债权人转让
权利时应当通知债务人,并应负担因债权转让而增加的履行费用。未
经通知,该转让对债务人不发生法律效力。债权人转让债权后,受让人

取得与债权有关的从权利，与此相对应，债务人对让与人的抗辩，可以向受让人主张。

（二）合同义务的转移

债务人可以将债务的全部或者部分转移给第三人，但是应当得到债权人的同意。债务人或者第三人可以催告债权人在合理期限内予以同意，如果债权人未作表示的，则视为不同意。债务人转移债务后，新债务人应当承担与主债务有关的从债务，新债务人可以主张原债务人对债权人的抗辩。

（三）合同权利义务的概括转移

当事人一方经对方同意，可以将自己在合同中的权利和义务一并转让给第三人。

（四）民事主体的合并或分立所引发的合同转让

当事人订立合同后合并的，由合并后的法人或者非法人组织行使合同权利，履行合同义务。当事人订立合同后分立的，除债权人和债务人另有约定的以外，由分立的法人或者非法人组织对合同的权利和义务享有连带债权，承担连带债务。

三、合同的终止

合同的终止也称为合同的消灭或债的消灭，是合同因债务履行、合同解除、债务抵销、履行标的物提存、债务免除、合同主体混同以及法律规定或者当事人约定的其他情形等一定法律事实的出现而使既存的债权债务关系客观上不复存在。

（一）合同终止的原因

合同终止的一般原因主要包括：一是清偿。清偿是指债务已得履行。清偿意味着债权人的债权已经实现,设立债的目的已经达到,债的关系自然消灭。二是抵销。抵销是指互相负有债务的双方当事人各以其债权充当其债务的清偿,从而使双方债务在对等数额内相互消灭。三是提存。提存是指因债权人的原因而导致债务人难以履行债务时,债务人将履行标的物提交有关部门保存并由此导致债的消灭。四是免除。免除是指债权人放弃部分或全部债权从而使债务人的部分或全部债务归于消灭。五是混同。混同是指因某一具体之债的债权人与债务人归于一人从而导致债的消灭。六是法律规定或者当事人约定终止的其他情形,例如,基于人身的不可替代性,如果当事人死亡,则具有人身性质的合同之债随之趋于消灭。

与合同终止的一般原因相比,合同解除同样会导致合同权利义务关系的终止,但合同解除并不免除当事人因违反合同而产生的违约责任,还涉及解除后多种权利义务关系的清算,因此可以将合同解除列为合同终止的特殊原因。

(二) 后合同义务

合同终止后,不仅合同中的债权债务终止,而且债权的从权利也同时消灭,但这并不意味着合同当事人之间不再负有任何与合同相关的义务。后合同义务即是一例。所谓后合同义务,是指债权债务终止后合同当事人根据诚实信用原则和交易习惯而仍然应当负有的某种作为或不作为的义务。我国《民法典》规定的后合同义务主要有履行通知的义务、协助义务、保密义务、旧物回收义务等类型。与后合同义务相对应的是先合同义务,它是订立合同的双方当事人在合同生效前的缔约过程中基于诚信原则而应负有的告知、协力、保护、保密等义务。与先合同义务一样,后合同义务也是一种法定义务,违反后合同义务应承担相应的法律责任。

(三) 合同的解除

合同的解除是指合同当事人在一定条件下通过单方行为或双方合

意终止合同效力从而使合同权利义务关系归于消灭。

合同的解除包括双方解除和单方解除两类。双方解除也称协议解除，是指双方当事人协商一致解除合同。单方解除是指合同的一方当事人在解除合同的事由发生时解除合同。根据解除合同的事由是约定事由还是法定事由，单方解除可以分为约定解除和法定解除。约定解除是指，如果发生了当事人在合同中约定的一方解除合同的事由，则解除权人可以解除合同。法定的解除事由主要包括以下几种情形：一是因不可抗力致使不能实现合同目的；二是在履行期限届满前，当事人一方明确表示或者以自己的行为表明不履行主要债务；三是当事人一方迟延履行主要债务，经催告后在合理期限内仍未履行；四是当事人一方迟延履行债务或者有其他违约行为致使不能实现合同目的；五是法律规定的其他情形。

解除权的行使受到法定或者约定期限的限制。当法律规定或者当事人约定了解除权行使期限时，如果期限届满当事人不行使解除权即会导致该权利的消灭。当法律没有规定或者当事人没有约定解除权行使期限时，自解除权人知道或者应当知道解除事由之日起一年内不行使解除权，或者经对方催告后在合理期限内不行使解除权，则该项权利消灭。

合同解除的效力体现在合同权利义务关系的消灭上。合同解除后，如果合同尚未履行，则终止履行；如果合同已经履行，则要根据履行情况和合同性质，当事人可以请求恢复原状或者采取其他补救措施，并有权请求赔偿损失。合同如果是因违约而解除，解除权人可以请求违约方承担违约责任。主合同解除后，担保人对债务人应当承担的民事责任仍应当承担担保责任。合同的权利义务关系虽然终止，但这并不影响合同中结算和清理条款的效力。

第六节　违约责任

违约责任也称违反合同的民事责任,是指合同当事人因违反合同义务所要承担的民事责任。我国《民法典》第 577 条所规定的"当事人一方不履行合同义务或者履行合同义务不符合约定的,应当承担继续履行、采取补救措施或者赔偿损失等违约责任"确立了违约责任的适用对象和责任形式。但值得注意的是,此处的"违约责任"不同于"合同责任"一词,它以有效合同的存在为前提,仅限于当事人因违反合同义务所要承担的责任,而合同责任的范围则更为广泛,除了违约责任之外,合同责任还包括缔约过失责任、违反后合同义务的责任等内容。违约责任有时也会与侵权责任竞合,此时受损害方有权选择请求相对人承担违约责任或者侵权责任。

一、违约责任的构成要件

违约责任的构成要件可以简单概括为"一有一无",即有违约行为,无免责事由。前者是构成违约责任的积极要件,后者是构成违约责任的消极要件。

违约行为即合同中的当事人违反合同义务的行为,主要表现为当事人一方不履行合同义务的行为或履行合同义务不符合约定的行为。"不履行合同义务的行为"属于拒绝履行行为,既包括在履行期限到来之后当事人实际上的不履行,也包括在履行期限到来之前的预期违约,即当事人一方明确表示或者以自己的行为表明不履行合同义务。"履行合同义务不符合约定的行为"属于不符合约定的履行行为,包括迟延履行行为、部分履行行为、不适当履行行为等类型。

免责事由即免除债务人责任的理由,是指法定的或合同约定的即使合同得不到履行也将免除债务人履行义务的条件或事由。免责事由主要包括三类：一是不可抗力。不可抗力是不能预见、不能避免且不能克服的客观情况。虽然发生不可抗力时，债务人即使不履行民事义务也能部分或全部得以免除民事责任，但债务人应将因不可抗力而不能履行合同的情况及时通知对方，以减轻可能给对方造成的损失，并应当在合理期限内提供证明。如果当事人是在迟延履行后发生不可抗力时，不能免除该当事人的违约责任。二是相对人的过错。如果债务人不能履行合同义务的原因可归于相对人即债权人的过错，则可相应免除债务人的民事责任。三是免责条款。根据合同自由的原则，当事人在合同中可以预先协商确定免除违约责任的条款并予以适用。

二、违约责任的基本形式

（一）继续履行

继续履行也称实际履行或强制实际履行，是指当合同中的债务人未履行合同或履行合同不符合约定时，债权人依法请求其按照合同的规定继续履行。

对于金钱债务的违约，如果当事人一方未支付价款、报酬、租金、利息或者不履行其他金钱债务时，对方可以请求其支付。

对于非金钱债务的违约，债权人可以请求债务人继续履行，但是有下列情形之一的除外：一是法律上或者事实上不能履行；二是债务的标的不适于强制履行或者履行费用过高；三是债权人在合理期限内未请求履行。遇到这三种情形之一致使不能实现合同目的时，人民法院或者仲裁机构可以根据当事人（包括违约人）的请求终止合同权利义务关系。这就是合同僵局的打破规则，也有人称为违约方的合同解除权，其实"违约方的合同解除权"这一称谓并不准确，其充其量是合同解除请求权，合同是否能得以解除最终依赖于人民法院或者仲裁机构的裁决，同时，此种情况下并不影响违约方违约责任的承担。

继续履行原则上应由债务人履行，但在特殊情况下可由第三人代为履行，这就是违约责任的第三人替代履行制度。当事人一方不履行债务或者履行债务不符合约定时,如果根据债务的性质不得强制履行,则对方可以另寻第三人代为履行,但违约方有义务负担由第三人替代履行的费用。

(二)采取补救措施

合同的一方当事人履行不符合约定时,应当按照合同的约定承担违约责任。如果合同对违约责任没有约定或者约定不明确,依据我国《民法典》所规定的合同条款补充和确定方法仍不能确定的,受损害方根据标的的性质以及损失的大小,可以合理选择请求对方承担修理、重作、更换、退货、减少价款或者报酬等违约责任。

(三)赔偿损失

赔偿损失是指违约方以给付金钱或实物的方式来弥补相对人即被违约人所遭受的财产损失。我国《民法典》在违约责任的赔偿损失问题上采取了完全赔偿的原则和赔偿可预见损失的原则。一方面,基于完全赔偿的原则,违约方所承担的赔偿责任的范围既包括被违约方的实际损失,即现有财产的减少,也包括被违约方的可得利益。即,当事人一方不履行合同义务或者履行合同义务不符合约定而造成对方损失时,损失赔偿额应当相当于因违约所造成的损失,包括合同履行后可以获得的利益。另一方面,基于赔偿可预见损失的原则,违约方的赔偿额不得超过违约一方订立合同时预见到或者应当预见到的因违约可能造成的损失。赔偿可预见损失的原则是对完全赔偿原则的限制和制约。

此外值得注意的是,对于合同违约,非违约方有防止损失扩大的义务,即减损义务。当事人一方违约后,对方应当采取适当措施防止损失的扩大。如果非违约方没有采取适当措施致使损失扩大时,其不得就扩大的损失请求赔偿。当然,当事人因防止损失扩大而支出的合理费用则应当由违约方负担。

三、违约金和定金

违约责任的承担除了继续履行、采取补救措施、赔偿损失等基本形式外,还有违约金、定金等特殊形式。

(一) 违约金

违约金是合同当事人通过协商预先确定的当发生违约时违约方为弥补对方损失而给另一方的金钱给付。

基于合同正义、填补损失等原则,当事人约定的违约金过高或过低时要受到一定的限制和调整。如果当事人约定的违约金低于造成的损失时,人民法院或者仲裁机构可以根据当事人的请求予以增加;如果当事人约定的违约金过分高于造成的损失时,人民法院或者仲裁机构可以根据当事人的请求予以适当减少。

合同当事人可以约定不同类型的违约金,如不履行合同的违约金、迟延履行合同的违约金、瑕疵履行合同的违约金等,不同种类违约金所涉及的当事人的权利和义务各有不同。例如,如果当事人所约定的违约金属于迟延履行违约金,那么当违约方支付违约金后,违约方还应当履行债务。

(二) 定金

定金是指当事人一方在合同未履行之前先行支付对方一定数额的金钱以担保债权实现的担保形式。与预付款不同,定金具有担保功能,交付定金的一方违约时无权要求返还定金,收取定金的一方违约时应双倍返还定金。

根据性质、目的和作用的不同,定金可以分为以下种类:一是立约定金,是以定金担保正式合同的订立;二是证约定金,是以交付定金作为合同成立的证明;三是成约定金,是以交付定金作为合同成立的要件;四是违约定金,是以定金作为不履行债务的担保;五是解约定金,是以定金作为自由解除合同的条件。

定金合同属于实践合同,它以定金的交付作为合同的成立要件,定金合同自实际交付定金时成立,定金数额以实际交付的数额为准。虽然民事活动中是否需要交付定金以及定金数额的多少都由当事人协商确定,但我国《民法典》对定金数额进行了一定的限制,规定定金不得超过主合同标的额的 20％,超过部分不产生定金的效力。

(三) 违约金和定金的竞合

司法实践中经常会遇到合同中既约定了违约金,又约定了定金,这种情况就属于违约金和定金的竞合。于此情形,当一方违约时,对方可以从对自己更加有利的角度出发选择适用合同中的违约金或者定金条款。此外,如果合同约定的定金不足以弥补一方违约所造成的损失时,对方可以请求违约方赔偿其超过定金数额的损失。

第四章　人格权法

　　人格权法有广义和狭义之分。广义的人格权法是调整人格权的享有和保护关系的法律规范的总称，它既包括人格权保护的公法（如《宪法》中的人格权制度），也包括人格权保护的私法；在人格权保护的私法中，既包括《民法典》第四编"人格权"的内容，也包括《民法典》总则及其他分编中有关人格权保护的规定。狭义的人格权法是调整因人格权的享有和保护而产生的民事关系的法律规范，它集中体现在我国《民法典》第四编"人格权"之中，本书中的"人格权法"一词采狭义的概念。我国《民法典》的"人格权"编是在原有相关法律法规和司法解释的基础上，从民事法律规范的角度对自然人和其他民事主体人格权的内容、边界和保护方式所作出的规定，它代表着我国人格权法律制度在新时期的发展和完善。

第一节　人格权法概述

　　财产权是民事主体生存和发展的物质基础，人格权则是维持其作为民事主体资格而存在的前提和基础。"人格权关系每个人的人格尊严，是民事主体最基本、最重要的权利，在民事主体所享有的众多权利和利益之中，人格利益处于最高的位阶。"[1]

---

[1]　王利明：《人格权法》，中国人民大学出版社 2021 年版，"前言"第 1 页。

一、人格权的独立成编

为了对民事主体的人格权提供充分、全面、明确的保障,我国《民法典》将人格权独立成编,这是对民法典体系的重要创新。事实上,民法典编纂过程中人格权独立成编的立法尝试最早可追溯到 2002 年《民法草案》的起草,该草案的第四编即为独立的人格权编。[1] 这部《民法草案》也是中华人民共和国成立后第一部正式进入立法程序经全国人大常委会审议的民法草案。我国现行《民法典》中人格权的独立成编体现了《民法典》的时代特色和中国智慧。

人格权独立成编的意义主要体现在以下几个方面:一是维护人格尊严,强化人格权保护,为实现人民群众对美好幸福生活期待提供法律保障;二是落实宪法"尊重和保障人权"和"维护人格尊严"的原则,辅助我国人权保障事业的发展;三是为行政执法和公正司法提供明确的法律遵循和指引;四是回应了科技发展和社会发展的需要;五是从根本上克服了传统民法典"重物轻人"的体系缺陷。[2]

二、人格权的概念和特征

人格权是民事主体所依法享有的,以基于人身自由、人格尊严而产生的人格利益为客体,以维护民事主体独立人格为目的而存在的与民事主体不可分割的民事权利。

从人格权的概念可以看出,人格权具有以下特征:第一,人格权是民事主体所依法享有的权利,其他任何个人或组织不得随意侵害和剥夺。第二,人格权以人格利益为客体,其主要内容是人身自由、人格尊

---

[1] 2002 年《民法(草案)》分为九编,分别是:第一编"总则"、第二编"物权法"、第三编"合同法"、第四编"人格权法"、第五编"婚姻法"、第六编"收养法"、第七编"继承法"、第八编"侵权责任法"、第九编"涉外民事关系的法律适用法"。

[2] 王利明:《〈民法典〉人格权编的立法亮点、特色与适用》,载《法律适用》2020 年第 17 期。

严以及基于人身自由和人格尊严而产生的人格权益。由此,人格权一般具有非财产性,不以财产的归属和利用为内容。第三,人格权以维护民事主体独立人格为目的而存在,人格权的缺失将导致民事主体独立人格的不完善。第四,人格权是与民事主体不可分割的民事权利,它一般不能转让、放弃或者继承。此外,部分人格请求权的行使不受诉讼时效的限制,如受害人的停止侵害、排除妨碍、消除危险、消除影响、恢复名誉、赔礼道歉请求权等均不适用诉讼时效的规定,这有点类似物权请求权而不同于损害赔偿请求权。

三、具体人格权与一般人格权

我国《民法典》并没有对人格权下定义,而是在第 990 条采取开放性列举的方式规定:"人格权是民事主体享有的生命权、身体权、健康权、姓名权、名称权、肖像权、名誉权、荣誉权、隐私权等权利。除前款规定的人格权外,自然人享有基于人身自由、人格尊严产生的其他人格权益。"该条规定在保持法的开放性和灵活性的同时,比较明晰地确定了人格权的内容,也为具体人格权与一般人格权区分提供了依据和基础。

具体人格权是指法律赋予了特定名称并设定了具体规则的人格权类型,我国《民法典》明确规定的具体人格权包括生命权、身体权、健康权、姓名权、名称权、肖像权、名誉权、荣誉权、隐私权等类型。民事主体的人格权益受到侵害时,优先适用具体人格权的相关规则予以救济。

一般人格权是指民事主体所享有的基于人身自由、人格尊严而产生的人格权益。一般人格权发挥兜底条款的功能,具有补充具体人格权类型不足的作用。对于那些无法纳入具体人格权而仍然需要保护的人格权益,则可以适用一般人格权的相关规则予以保护。

一般人格权与具体人格权是抽象和具体、一般和特殊的关系。

四、人格权法的基本原则

人格权法的基本原则是贯穿于整个人格权制度、反映人格权制度的本质和精神、指导和规范人格权法的解释和适用的基本思想和根本准则。

(一) 全面保护原则

人格权法为民事主体的合法权益提供全面保障。从权利主体上来说,人格权法既保护自然人的人格权,也兼顾对法人和非法人组织人格权(如名称权、名誉权等)的保护;从义务主体上来说,任何组织或者个人都不得侵害民事主体的人格权;从权利客体和权利内容上来说,人格权的保护既包括具体人格权,也包括一般人格权;既包括权利,又包括权益(如个人信息权益);从保护范围上来说,通过对死者人格利益的保护使得保护范围跨越了死亡的界限;从保护方法来说,既有事前预防,又有事后救济;从责任承担方式来说,既有损害赔偿,也有赔礼道歉、消除影响、恢复名誉等。

(二) 自我决定原则

人格权法的自我决定原则是我国《民法典》意思自治原则在人格权法中的贯彻和体现,是人格权法中许多制度确立的基础。在法律允许的范围内,民事主体可以充分行使自我决定的权利。例如,自然人基于对自己身体所享有的自我决定的权利和自由,可以依法自主决定捐献人体细胞、人体组织、人体器官或遗体,自主决定参与新药、新的医疗器械、新的治疗方法的临床试验等。再如,虽然人格权与民事主体紧密联系而不可分离,人格权不得放弃、转让或者继承,但民事主体可以自主决定将自己的姓名、名称、肖像等部分人格利益,以财产目的而许可他人使用。当然,由于人格权的行使不仅关系到权利人自身的利益,还关系到社会公共利益和公序良俗,因此民事主体自我决定的权利必然要受到一定的限制。

（三）私权与公益平衡原则

民事主体的人格权是一项私权，依法应得到充分的保护。然而现实生活中经常会出现个人人格权与社会公共利益的冲突，例如个人隐私权与新闻媒体的监督权以及社会公众的知情权之间的冲突，此时既不能以满足新闻媒体的监督权和社会公众的知情权为由而无视个人隐私权以至于允许媒体对相关人员与社会公共利益无关的个人隐私予以非法的刺探、泄露或公开，也不能以保护个人隐私权为由，对新闻媒体为社会公共利益而行使监督权下的采访、报道行为予以非法限制。民事主体对个人信息的相关权益与有关单位对个人信息的合理使用权之间的冲突、民事主体的名誉权和隐私权与他人创作自由之间的冲突等亦是如此。所以，人格权法就是要在保护私主体合法人格利益与保护社会公共利益之间谋求平衡。

（四）事前预防与事后救济相结合原则

与侵权责任法注重事后救济不同，人格权法在为遭受人格权侵害的民事主体提供充分的事后救济的同时，特别注重加强对人格权侵权行为的事前预防。例如，我国《民法典》规定了人格权禁令制度，当行为人正在实施或者即将实施人格权侵害行为时，该行为的受害人或潜在受害人就有权向人民法院提出申请，请求发布禁令来责令行为人停止有关违法行为，这对于预防和制止人格权侵害行为将发挥重要的作用。再如，《民法典》为一些特定主体设定了预防和制止人格权侵害行为的义务，"机关、企业、学校等单位应当采取合理的预防、受理投诉、调查处置等措施，防止和制止利用职权、从属关系等实施性骚扰。"此外，人格权请求权中停止侵害、排除妨碍、消除危险等方式的适用均有助于防止损害的扩大。

第二节　生命权、身体权和健康权

生命权、身体权和健康权都是直接依附于自然人的人体这一客观存在的物质形态并以物质性人格利益为客体的人格权,此类人格权称为物质性人格权,与姓名权、肖像权、名誉权、隐私权等以精神性人格利益为客体的精神性人格权相对应。

一、生命权

生命权是自然人所享有的以生命安全和生命尊严为主要内容的具体人格权。生命权是人作为人所必须和必然享有的权利,一个人一旦失去生命,其他权利无从谈起,因此,生命权构成自然人享有的其它权利的前提和基础,它是自然人最重要、最根本的人格权。

自然人的生命始于出生而终于死亡。对于出生时间的认定,学界存在一部露出说、全部露出说、断脐说、初啼说、独立呼吸说等不同观点,其中以独立呼吸说为主流观点。民法上的死亡包括自然死亡和拟制死亡两种形态。自然死亡也叫生理死亡,是自然状态上人的生命的终止。对于自然死亡时间的认定,学界存在脉搏停止说、心脏搏动停止说、呼吸停止说、脑死亡说等不同观点,其中以脑死亡说为主流观点。拟制死亡也叫宣告死亡,是在符合一定条件时宣告的自然人在法律上的死亡。

生命权的内容主要体现在对生命安全和生命尊严的法律保护上。目前学界争议较多的是安乐死的合法化问题,即自然人在特定情形下是否享有对自己生命存续的决定权。其实,安乐死可以分为积极安乐死和消极安乐死两种情况。积极安乐死是指患病而无法治愈的自然人,在处于濒临死亡且忍受巨大的身体和精神痛苦的状态下,自愿向医生申请以人道主义的方法结束生命过程的行为。目前在世界范围内,只有荷兰和比利时等极少数国家对积极安乐死予以了合法化。与积极安乐死相对的消极安乐死是指患者自主决定撤除抢救设备和放弃治疗措施而听任自然死亡的行为。现实中许多患者因为贫穷等原因而放弃治疗或者拒绝前往医院医治,对于诸如此类的消极安乐死,多数国家的立法都未明确予以禁止。

在对胎儿利益的保护问题上,因为胎儿是"潜在的人",基于其特殊性而需对其民事权益进行必要的保护,故而有条件地赋予胎儿一定的民事权利能力成为现今世界各国的通行做法。但如果赋予胎儿一定的生命权,势必引起胎儿生命权与母亲的生命权、健康权以及生育自由权(堕胎权)的冲突。目前,我国对胎儿的保护只限于财产方面的权益,现行立法不承认胎儿的生命权。

二、身体权

身体权即自然人针对自己的身体所享有的人格利益,是指自然人维护其身体组织器官的完整性并在一定程度上支配其身体组织器官的权利。

身体权的内容主要包括以下三项:一是身体完整权。自然人有权保持自己的身体完整,维护自己的身体安全。法律禁止任何人非法破坏他人身体的完整性(医生所实施的为救治病人的手术除外)。当自然人的身体完整权遭受侵害时,权利人既可以采取正当防卫、紧急避险等积极措施,也可以行使人格权请求权,向加害人主张停止侵害、排除妨碍或者消除危险,还可以在产生损害后果时请求损害赔偿。二是行动自由权。自然人依法享有身体活动的自由,不受任何人的非法限制和剥夺。法律禁止任何个人或组织对他人身体非法实施检查、搜查拘禁等行为。三是对于身体利益在一定程度上的支配权。例如,完全民事行为能力人有权依法自主决定无偿捐献其人体细胞、人体组织、人体器官、遗体。但基于人的身体的特殊性,自然人对于身体利益的自决权要受到严格的限制,法律禁止以任何形式买卖人体细胞、人体组织、人体器官、遗体。

三、健康权

健康权即自然人针对自己的身体健康所享有的人格利益,是指自然人维持其人体生命活动的生理机能正常运作和身体功能完善发挥的权利。健康权的内容主要包括健康享有权、健康维护权和一定程度上的健康利益支配权。

健康权与身体权关系密切,对身体权的侵害往往同时也侵害了自然人的健康权,例如,非法移植人体器官的行为既有损人的身体的完整性,又有害人体健康,因此构成侵害健康权和侵害身体权的竞合。健康权与身体权的区别主要在于:一是权利客体不同,健康权的客体是身心健康,身体权的客体则是身体完整和行动自由;二是权利内容不同,健康权的内容主要包括健康享有权、健康维护权和一定程度上的健康利益支配权,身体权的内容主要包括身体的完整性、行动自由权和对于身体利益在一定程度上的支配权;三是侵权方式和侵权后果不同,对行动自由权的侵害如非法拘禁行为等可能构成对身体权的侵害而未必构成对健康权的侵害,反过来,只有有害健康而不破坏身体完整性的行为可能构成对健康权的侵害而未必构成对身体权的侵害。

第三节　姓名权和肖像权

作为姓名权和肖像权客体的姓名和肖像都反映和表明了自然人个体特征的人格标识意义,与权利人具有鲜明的一一对应关系,因此这两种人格权又被称为标表型人格权。

一、姓名权

姓名权是以自然人的姓名利益为客体的民事权利,它是自然人所享有的依法决定、使用、变更或者许可他人使用自己的姓名的权利。从姓名权的定义中可以看出,姓名权主要包括四项内容。

(一) 姓名决定权

虽然根据传统习惯,自然人的姓名最初都是由父母或其他监护人所决定的,但这并不意味着对自然人姓名决定权的否定。一方面,自然人成年之后,可以通过姓名变更手续更改自己的姓名,实施姓名决定权;另一方面,自然人自行决定和使用的笔名、艺名、网名、译名、字号、姓名和名称的简称等也是姓名权人实施姓名决定权的体现。

姓名作为自然人标明身份并区别于他人的专用符号,原则上应当与姓名权人是一一对应关系。但是在现实生活中,同名同姓是一种普遍而正常的现象,这种情况属于姓名的平行使用,彼此之间并不构成姓名权的侵害,除非有人故意更改姓名以造成与他人姓名的混淆。

(二) 姓名使用权

姓名使用权是姓名权人使用自己姓名的权利,即自然人在社会生活中使用自己姓名以标明身份并区别于他人的权利。任何个人或组织不能非法限制或剥夺姓名权人对自己姓名的使用权。

(三) 姓名变更权

姓名变更权是姓名权人依法更改自己姓名的权利。由于姓名是自然人的专有标识,它是一个自然人区别于其他自然人的符号,而姓名登记是公安机关的一项行政管理职能,因此,自然人虽然享有姓名变更权,但该权利的行使要受到一定的限制。姓名权人变更姓名应当有合理理由并符合法律规定,不得违反公序良俗,并且必须依法向有关机关办理登记手续。实践中被认可的变更姓名的合理理由一般包括名字中含有冷僻字、名字的谐音易造成本人受歧视或伤及本人感情、在同一单位内与他人姓名完全相同等情形。对于未成年人来说,如果父母离婚、再婚或者自己被收养以及收养关系变更时,监护人可以申请对其姓名予以变更。

（四）许可他人使用权

作为人格权的姓名权具有专属性和支配性，不能在整体上进行转让。但由于自然人尤其是名人的姓名之中蕴含着一定的商业价值，因此，除依照法律规定或者根据其性质不得许可的除外，姓名权人可以将自己的姓名许可他人使用。

与自然人的姓名权相对应，作为民事主体的法人和非法人组织享有名称权，有权依法决定、使用、变更、转让或者许可他人使用自己的名称。

二、肖像权

（一）肖像和肖像权的概念

所谓肖像是指通过影像、雕塑、绘画等方式在一定载体上所反映的特定自然人可以被识别的外部形象。传统理论一般将肖像的内涵限于以面部特征为中心的外部形象，甚至将肖像等同于头像，对于自然人的其他身体特征，即便能够反映个人的外在形象，也不认为属于肖像。《民法典》修正了这种观点，将肖像的最大特征归于可识别性，即使个人形象中的头像模糊不清甚至是没有头像，只要该形象具有可识别性，即与某自然人构成一一对应关系，那么该形象就属于肖像的范畴，对于该形象的制作、使用或公开就有可能构成对他人肖像权的侵害。由此，将面部以外的具有可识别性的其他身体特征纳入肖像权的保护范畴，扩大了肖像权的保护范围。

肖像权是以自然人的肖像利益为客体的民事权利，它是自然人所享有的依法制作、使用、公开或者许可他人使用自己肖像的权利。从肖像权的定义中可以看出，肖像权主要包括肖像制作权、肖像使用权、肖像公开权、许可他人使用权四项内容。

（二）对肖像权的特别保护

我国《民法典》规定了对肖像权的特别保护制度。首先，在图像编辑技术高度发达的互联网时代,为防止深度伪造他人肖像的侵权行为,明确规定任何组织或者个人不得以丑化、污损或者利用信息技术手段伪造等方式侵害他人的肖像权。其次,在肖像权人与肖像作品权利人的利益平衡中,通过对肖像作品权利人的适当限制来保护肖像权人的权益。如果未经肖像权人同意,即使是肖像作品权利人也不得以发表、复制、发行、出租、展览等方式使用或者公开肖像权人的肖像。再次,构建有利于肖像权人的合同解释规则。在当事人对肖像许可使用合同中关于肖像使用条款的理解有争议时,应当作出有利于肖像权人的解释,这体现了适当倾斜保护肖像权人的立法思路。最后,规定了不定期肖像许可使用合同中的双方任意解除权规则和定期肖像许可使用合同中肖像权人的任意解除权规则。即:在当事人对肖像许可使用期限没有约定或者约定不明确时,任何一方当事人可以随时解除肖像许可使用合同,但是应当在合理期限之前通知对方;在当事人对肖像许可使用期限有明确约定时,如果肖像权人有正当理由,仍然可以解除肖像许可使用合同,但是应当在合理期限之前通知对方,并且一般情况下要赔偿因解除合同所造成的对方损失。由此,既强化了对肖像权人的人格尊严的保障,又兼顾了对交易相对方合法权益的维护。

(三) 对肖像的合理使用

对肖像权的保护并不妨碍他人对肖像的合理使用。以下对于肖像的合理使用行为可以不经肖像权人同意而直接实施:一是为个人学习、艺术欣赏、课堂教学或者科学研究在必要范围内使用肖像权人已经公开的肖像;二是为实施新闻报道而不可避免地制作、使用、公开肖像权人的肖像;三是国家机关为依法履行职责而在必要范围内制作、使用、公开肖像权人的肖像;四是为展示特定公共环境而不可避免地制作、使用、公开肖像权人的肖像;五是为维护公共利益或者肖像权人合法权益而制作、使用、公开肖像权人肖像的其他行为。

三、形象权

民事主体的姓名、名称、肖像、声音等人格标识背后都蕴含着一定的商业价值,民事主体享有许可他人使用自己的姓名、名称、肖像、声音等具有个性化的人格标识并获取经济利益的权利。学界将这种权利称为形象权、商品化权或者公开权。

在判断是否构成对形象权的侵害以及行为人是否要承担民事责任时要着重考虑营利目的、违法行为、因果关系、主观恶意等因素。下面以侵害他人姓名背后的商业利益为例对形象权侵权责任的构成要件予以说明:第一个构成要件是营利目的。侵权人使用他人姓名的目的就在于非法利用被侵权人姓名之中所蕴含的商业价值为自己谋取经济利益,因此,营利目的构成侵权责任的必备要件。第二个构成要件是违法行为。侵权人实施了未经姓名权人同意而非法使用他人姓名或与他人姓名容易造成混同的文字或符号的行为。第三个构成要件是因果关系,即侵权人不法行为与损害事实之间的因果关系。因果关系判断的标准就在于侵权人所使用的文字或符号是否足以使普通人将其与姓名权人之间产生合理联想并导致认识上的混同。只要从普通人的思维出发,足以将侵权人所使用的文字符号与姓名权人产生合理联想和认识上的混同,从而误以为侵权人所提供的商品或服务与姓名权人存在某种必然的联系,即可认定侵权行为与损害事实之间存在因果关系。第四个构成要件是主观恶意,即侵权人在使用他人姓名或与他人姓名相关联的文字及符号之时,存在非法利用他人姓名所蕴含的财产权利以获取不当经济利益的故意。

第四节　名誉权和荣誉权

名誉权和荣誉权是我国《民法典》所规定的与民事主体的社会评价

紧密相关的两种具体人格权。

一、名誉权

名誉是对民事主体的品德、声望、才能、信用等多个方面的社会评价。名誉权是以名誉利益为客体的人格权,是指自然人、法人或非法人组织依法所享有的保有和维护其名誉利益不受他人侵害的权利。

名誉权具有如下特征:一是主体的广泛性。与生命权、身体权、健康权、姓名权、肖像权、隐私权等绝大多数具体人格权都只能由自然人享有不同,名誉权的主体既可以是自然人,也可以是法人或非法人组织。二是权利的专属性。名誉权由权利主体专属享有并与权利主体伴随终身,民事主体对其名誉权既不能随意抛弃,也不能转让或由他人继承。三是客体的独特性。名誉权以名誉利益为客体,这是名誉权独立存在并与其他具体人格权相区别的基本特征。四是行使的被动性。名誉权难以主动行使,一般体现为一种在名誉受到侵害或者面临侵害危险时的消极防御性的权利。此外,名誉权虽然是一项人格权,不具有直接的财产价值,但它与权利人的财产利益紧密关联,当一个人名誉受损时会导致其社会评价的降低,从而影响到其参与民事活动的机会,进而导致其一定财产利益的损失。

在对民事主体的名誉权进行保护时,要妥善处理好名誉权与正当的新闻报道和舆论监督之间的关系。媒体为公共利益而实施的新闻报道、舆论监督等行为具有社会正当性,即使该行为不可避免地影响到了他人的名誉,也一般不构成侵害名誉权。但如果媒体在新闻报道中捏造、歪曲事实,或者对他人提供的严重失实内容未尽到合理核实义务,或者使用侮辱性言辞等贬损他人名誉,则构成对他人名誉权的侵害,从而需要承担相应的民事责任。在判断媒体对他人提供的新闻报道信息是否尽到合理核实义务时,应当着重考虑下列因素:一是内容来源的可信度;二是对明显可能引发争议的内容是否进行了必要的调查;三是内容的时限性;四是内容与公序良俗的关联性;五是受害人名誉受贬损的可能性;六是媒体的核实能力和核实成本。报刊、网络等媒体对内容失实的报道应当及时采取更正或者删除等必要措施。

二、荣誉权

我国《民法典》第990条将以荣誉利益为客体的荣誉权作为一项具体人格权加以规定,并在第1031条对荣誉权的保护和荣誉权人的权利进行了专门规定。

学界对于荣誉权的法律性质存在不同意见,主要观点有三种:一是人格权说,即将荣誉权认定为一项独立的具体人格权,我国现行《民法典》采纳了这种观点;二是身份权说,认为荣誉权与人格权不同,并非人人都可享有,只有民事主体获得一定荣誉后才能享有荣誉权,因此,荣誉权以特定的身份条件为前提,应归于身份权的范畴;三是非独立权利说,认为荣誉权不是一项独立的民事权利,不宜将其规定在民事立法中加以特别保护。

本书赞同非独立权利说。首先,荣誉权客体中所谓的"荣誉"在本质上与名誉一样,仍然是对民事主体的一种社会评价,它只不过是名誉的一种载体或表现形式,完全可以将荣誉归于名誉权之中加以保护。其次,荣誉的内涵难以确定,实践中各种荣誉称号和奖励的种类、级别、授予条件、侵害方式既不规范,也不统一。再次,荣誉并非人人都能享有,也非人人都必须具有,它是一种并不具有普遍意义的特殊权益,因此不宜以具有普遍意义的民事权利形式加以确认和保护。最后,从比较法研究的结果可以看出,域外国家或地区的民法典均未将荣誉权列为一项独立的民事权利加以保护。

回过头来审视我国《民法典》第1031条对荣誉权的专门规定,其第一款"民事主体享有荣誉权。任何组织或者个人不得非法剥夺他人的荣誉称号,不得诋毁、贬损他人的荣誉"中的"诋毁、贬损他人的荣誉"实质上只是侵害名誉权的方式或手段,对遭受此种侵害的权利人完全可以通过名誉权相关规定予以保护。第二款"获得的荣誉称号应当记载而没有记载的,民事主体可以请求记载;获得的荣誉称号记载错误的,民事主体可以请求更正"中荣誉称号的记载实质上属于个人信息的记载,而对个人信息提出异议、请求更正或删除的权利完全可以通过《民法典》第1037条关于个人信息决定权的相关规定加以保护。可见,该条规定的两款内容实际上都无存在的必要。

第五节　隐私权和个人信息权益

隐私权在我国的民事立法和司法实践中呈现一个从无到有且保护范围日益扩大的趋势。随着互联网技术的广泛运用和日益发展,对自然人的隐私权和个人信息权益进行保护已成为当今时代的迫切需要。

一、隐私权

(一)隐私和隐私权的概念

所谓隐私,是指与公共利益、群体利益或者他人利益无关的,当事人不愿意公开的私人信息或者当事人不愿意被他人打扰的私人领域的生活安宁。根据我国《民法典》的规定,隐私的内容包括自然人的私人生活安宁和不愿为他人知晓的私密空间、私密活动、私密信息。

隐私权是以隐私利益为客体的人格权,是指自然人对其私人生活安宁和私密空间、私密活动、私密信息所享有的保有和维护其隐私利益不受他人侵害的权利。任何组织或者个人不得以刺探、侵扰、泄露、公开等方式侵害他人的隐私权。

(二)隐私权的特征

隐私权具有如下特征:一是主体的特定性。隐私权只能由自然人享有,法人和非法人组织不能成为隐私权的主体。二是权利的专属性。隐私权由权利主体专属享有并与权利主体伴随终身,民事主体对其隐私权既不能随意抛弃,也不能转让或由他人继承。三是客体的广泛性。隐私权以隐私利益为客体,这是隐私权独立存在并与其他具体人格权相区别的基本特征,而隐私利益内容广泛,很难给出一个详尽且准确的定义,因此只能在范围上大致表述为自然人的私人生活安宁和不愿为他人知晓的私密空间、私密活动、私密信息。同时,随着时代的发展,隐私的概念以及隐私权保护的范围也在不断扩大,就私密信息来说,存在将当事人一切不愿意为他人所知晓的个人信息都归于个人隐私加以保护的趋势。四是行使的被动性。隐私权难以主动行使,一般体现为一种在隐私受到侵害或者面临侵害危险时的消极防御性的权利。此外,虽然隐私权与人格尊严密切相关,是自然人的一项重要的人格权,但出于维护公共利益的需要,有时需要对隐私权的保护进行一定的限制以谋求个人权益与公共利益的平衡。

(三)隐私权与名誉权的区别

隐私权与名誉权有诸多联系,早期在我国民事立法尚未将隐私权作为一项独立的民事权利进行保护时,司法实践中往往也是将隐私纳入名誉权进行保护的。然而,隐私权与名誉权同为独立的人格权,二者存在诸多区别,主要体现在:一是主体不同。隐私权的主体只能是自然人,而名誉权的主体则既包括自然人,也包括法人和非法人组织。二是客体不同。隐私权以隐私利益为客体,隐私具有真实性且与主体的社会评价一般无关;名誉权以名誉利益为客体,名誉体现为对权利人的社会评价。三是侵害方式不同。侵害隐私权的方式主要体现为刺探、侵扰、泄露、公开他人的私人生活安宁、私密空间、私密活动或者私密信息;侵害名誉权的方式主要体现为以侮辱、诽谤等方式传播对权利人不利的虚假的信息。四是抗辩事由不同。在被指控侵权时,信息的真实性可以由被指控人作为名誉权侵权的抗辩事由,却不能作为隐私权侵权的抗辩事由。五是侵权责任的承担方式不同。消除影响的责任形式可以适用于侵害名誉权但一般不能适用于侵害隐私权。

（四）侵害隐私权的方式

根据我国《民法典》第 1033 条的规定,侵害隐私权的行为主要包括以下类型:一是以电话、短信、即时通讯工具、电子邮件、传单等方式侵扰他人的私人生活安宁;二是进入、拍摄、窥视他人的住宅、宾馆房间等私密空间;三是拍摄、窥视、窃听、公开他人的私密活动;四是拍摄、窥视他人身体的私密部位;五是处理他人的私密信息;六是以其他方式侵害他人的隐私权。

二、个人信息权益

（一）个人信息的概念

个人信息是以电子或者其他方式记录的能够单独或者与其他信息结合识别特定自然人的各种信息,包括自然人的姓名、出生日期、身份证件号码、生物识别信息、住址、电话号码、电子邮箱、健康信息、行踪信息等。可见,我国在个人信息的概念上采用了国际上通行的"可识别性"规则,即凡是能够直接或间接地识别特定自然人的信息都属于个人信息。

值得注意的是,隐私权保护的重要内容之一便是对自然人私密信息的保护,而私密信息属于个人信息的一种。对于这种交叉重合的情况,我国《民法典》规定:对于个人信息中的私密信息,适用我国《民法典》有关隐私权保护的相关规定,只有在没有具体规定时才适用《民法典》有关个人信息保护的规定。

（二）个人信息权益的内容

个人信息权益是指自然人对其个人信息依法所享有的支配并排除他人侵害的权益。虽然我国《民法典》规定了对个人信息的保护,但立法并未将该项权益上升为一项独立的具体人格权"个人信息权"加以保护。

个人信息权益主要包括以下内容：一是信息保有权。自然人对其个人信息享有完全由自己保有并排除他人非法占有的权利，信息保有权是个人信息权益的基础和前提。二是信息使用权。对于个人信息是否使用以及如何使用，完全应当由权利人自主决定，他人不得非法干涉。个人信息的权利人既可以自己使用个人信息，也可以许可他人使用自己的个人信息。三是信息知情权。当自然人的个人信息为他人所保有和处理时，权利人享有对该个人信息的知情权，自然人可以依法向信息保有者和处理者请求查阅或者复制其个人信息。四是信息更正和删除权。个人信息的权利人发现信息记载有错误时，有权提出异议并请求及时采取更正等必要措施；自然人发现信息处理者违反法律、行政法规的规定或者双方的约定处理其个人信息时，有权请求信息处理者及时删除该个人信息。

（三）个人信息的处理和免责规则

个人信息的处理包括个人信息的收集、存储、使用、加工、传输、提供、公开等形式。无论采用何种方式处理个人信息，都应当遵循合法、正当、必要的原则，不得过度处理，并符合下列条件：一是征得该自然人或者其监护人同意；二是公开处理信息的规则；三是明示处理信息的目的、方式和范围；四是不违反法律、行政法规的规定和双方的约定。信息处理者不得泄露或者篡改其收集、存储的个人信息；未经自然人同意，不得向他人非法提供其个人信息。

为了避免因个人信息保护而损害社会公共利益，《民法典》确立了处理个人信息时的免责规则，对以下三类行为予以免责：一是在个人信息权利人同意的范围内合理实施的行为。这可以理解为民法理论中受害人同意规则的具体运用。二是合理处理权利人自行公开的或者其他已经合法公开的信息，但是该权利人明确拒绝或者处理该信息侵害其重大利益的除外。这一规定对于数据产业和数字经济的发展具有重要意义，有助于维护个人信息保护和数据共享之间的平衡。三是为维护公共利益或者个人信息权利人合法权益而合理实施的其他行为。

第五章　婚姻家庭法

　　婚姻家庭关系是基于婚姻、血缘或者法律拟制而形成的特定社会关系,它在本质上是一种身份关系,因此作为民事法律制度组成部分的婚姻家庭法是调整民事主体因婚姻家庭而产生的人身关系和财产关系的法律规范的总称,它是规范夫妻关系和家庭关系的基本准则。

　　中华人民共和国成立后颁布的第一部具有基本法性质的法律即是1950年通过的《婚姻法》,这足见婚姻家庭法在社会主义法制建设中的重要性。其后,我国于1980年制定新的《婚姻法》并于2001年进行修正。对于收养制度,我国1991年通过并颁布《收养法》,并于1998年进行修正。我国现行《民法典》的"婚姻家庭编"是在原有《婚姻法》《收养法》的基础上,适应社会发展需要而对我国婚姻家庭制度做出的新发展。

第一节　婚姻家庭法概述

　　与我国的婚姻家庭法相对应,域外许多国家和地区采用亲属法(或亲族法)的名称。亲属法是调整亲属关系的发生、变更和终止以及基于亲属关系而产生的权利义务关系的法律规范的总称。本书认为,婚姻家庭法与亲属法只是使用名称的不同,二者在基本含义和调整范围上并没有本质的区别。虽然我国《民法典》未采用"亲属法"这一用语,但"亲属"一词在我国《民法典》中被广泛使用,它是我国婚姻家庭制度建构的基本元素,也是研究婚姻家庭法时离不开的基本概念。

一、亲属的概念和特征

民法上的亲属是指由民事法律规范所确认和调整的,基于血缘、婚姻或法律拟制而产生的,具有特定权利和义务关系的人与人之间的社会关系。

亲属具有以下特征:首先,亲属是一种人与人之间的社会关系,它只能发生于作为民事主体的自然人之间;其次,亲属关系由民事法律规范所确认和调整,它体现了平等主体之间的社会关系;再次,亲属关系基于血缘、婚姻或法律拟制等特定的法律事实而产生,它是主要以血缘和婚姻为纽带而形成的社会关系;最后,亲属具有固定的身份和称谓,亲属之间具有特定的权利和义务关系,即亲属之间特定的身份关系和财产关系。

二、亲属的种类

我国古代因宗法制度而将亲属分为宗亲、外亲、妻亲等种类。现代各国的婚姻家庭制度一般都是根据亲属产生的原因而将其分为配偶、血亲和姻亲三种,我国《民法典》第 1045 条所规定的"亲属包括配偶、血亲和姻亲"亦是采用了此分类法。

(一) 配偶

配偶即夫之妻或妻之夫。配偶关系因婚姻的成立而发生,具有婚姻关系的男女双方互为配偶。配偶关系在亲属关系中居于重要地位,它是其他亲属关系赖以发生的基础。

(二) 血亲

法律上的血亲包括自然血亲和拟制血亲两种类型。自然血亲是指出于同一祖先,因出生而形成的有血缘关系的亲属,如父母与子女、祖父母与孙子女、外祖父母与外孙子女、兄与弟、叔伯与侄子等,均属自然血亲的关系。拟制血亲又称法定血亲,是指本来并不存在血缘联系,但法律确认其与自然血亲具有同等法律地位的亲属,比如养父母与养子女、养子女与养父母的近亲属、继父母与受其抚养教育的继子女等,均属拟制血亲的关系。

以是否具有直接的血缘关系为标准,可以将血亲分为直系血亲和旁系血亲。直系血亲是指与自己具有直接血缘关系的亲属,即生育自己的和自己所生育的上下各代亲属。由己身计算,上至父母、祖父母、曾祖父母,下至子女、孙子女、曾孙子女等,均为直系血亲。旁系血亲是指与自己具有间接血缘关系的亲属,即双方之间无从出关系但与自己同出一源的血亲。同源于父母的兄弟姐妹之间、同源于祖父母、外祖父母的堂表兄弟姐妹之间以及叔姑舅姨与侄子侄女外甥外甥女之间,均为旁系血亲。

(三) 姻亲

姻亲是指因婚姻而产生的亲属关系。姻亲主要包括以下四类亲属:一是血亲的配偶,如儿媳、女婿、嫂子、姐夫等;二是配偶的血亲,如岳父岳母、公婆、夫之姐妹、妻之兄弟等;三是配偶的血亲的配偶,如妯娌、连襟等;四是血亲配偶的血亲,如亲家母、儿媳的娘家兄弟等。

三、亲等

亲等即亲属的等级,是计算亲属关系亲疏远近的尺度。我国古代依照生者祭奠死者时所穿丧服的不同来反映和区分亲属关系的亲疏远近,由此将亲属分为斩衰亲、齐衰亲、大功亲、小功亲、缌麻亲五个等级,不仅将亲属关系的远近作为亲属之间立嗣、继承、婚姻、赡养等民事关系的依据,而且在刑事责任的承担上严格遵循“准五服以制罪”的原则,即:服制所体现的亲属关系越近,以尊犯卑者处刑愈轻,以卑犯尊者处刑愈重;服制所体现的亲属关系越远,以尊犯卑者处刑愈重,以卑犯尊者处刑愈轻。

我国现行《民法典》则是沿袭了 1980 年《婚姻法》的规定,以"代"为单位来表示亲属关系的亲疏远近,例如《民法典》第 1048 条规定"直系血亲或者三代以内的旁系血亲禁止结婚"中的"三代"。此处的"代"即世辈,以一辈为一代,其计算方法是:对于直系血亲,以己身为一代,向上或向下计算至该亲属,经过几辈即为几代;对于旁系血亲,从己身和该旁系血亲分别向上计算至同源直系血亲,以经过世辈多者为准来确定亲属的等级,经过几辈即为几代。代数越少,表明亲属关系越亲近;代数越多,表明亲属关系越疏远。

代数计算法不够精确,只能大致地反映和区分亲属间的亲疏远近关系。为适应不同情况下判定亲属关系的需要,我国《民法典》又明文规定了近亲属和家庭成员两个概念。近亲属是指配偶、父母、子女、兄弟姐妹、祖父母、外祖父母、孙子女、外孙子女。家庭成员是指配偶、父母、子女和其他共同生活的近亲属。

四、婚姻家庭法的基本原则

婚姻家庭法的基本原则是婚姻家庭制度的本质、主旨、基本精神和指导思想的体现,它是普遍适用于各种婚姻家庭关系并贯穿于整个婚姻家庭制度的法律规则,是制定、解释、执行和研究婚姻家庭法的基本准则。婚姻家庭法的基本原则主要包括以下五项。

(一)婚姻家庭受国家保护原则

尽管婚姻家庭关系通常被认为是人们"私生活"即个人生活领域的事情,但这并不意味着国家公权力对此放任不管。保护婚姻家庭既是国家管理权力的体现,也是国家公权力必须承担的义务和责任。同时,个人婚姻家庭生活中的诸多事情也迫切需要国家公权力的介入,例如,成年男女的婚姻自由权、合法的婚姻家庭关系、婚姻关系存续期间夫妻个人财产与共同财产的区分、抚养和赡养的权利与义务等,都需依靠国家强制力来实施充分而全面的保障。我国《民法典》在 1980 年《婚姻法》所规定的若干婚姻家庭法基本原则的基础上,新增加婚姻家庭受国家保护原则,彰显了国家对婚姻家庭加强保护的立法理念。

(二)婚姻自由原则

婚姻自由原则是指当事人有权依法自主决定自己的婚姻问题,不受其他任何人的干涉。婚姻自由原则是婚姻家庭法的一项重要的基本原则,是我国《宪法》所规定的婚姻自由在婚姻家庭法中的贯彻,是民法的意思自治原则在婚姻家庭法中的体现。婚姻自由包括结婚自由和离婚自由两个方面,二者相辅相成,缺一不可。为了保障婚姻自由,就必须对包办、买卖婚姻和其他干涉婚姻自由的行为予以禁止。

(三)男女平等原则

婚姻家庭法中的男女平等原则是指男女两性在婚姻关系和家庭生活的一切方面地位平等,享有同等的权利并负担同等的义务。男女平等原则对于克服由于历史原因所造成的我国长期以来存在的男尊女卑、重男轻女观念和消除事实上男女两性的不平等地位具有重要意义。对于男女平等,我国《宪法》第 48 条明确规定:"中华人民共和国妇女在政治的、经济的、文化的、社会的和家庭的生活等各方面享有同男子平等的权利。"因此,作为婚姻家庭法基本原则的男女平等原则也是对我国《宪法》相关规定的贯彻和落实。

(四)一夫一妻制原则

一夫一妻制度是指一男一女结为夫妻的婚姻制度。根据一夫一妻制原则,任何人都不得同时有两个以上的配偶,一切公开或隐蔽的一夫多妻或一妻多夫的两性关系都是违法的。一夫一妻制是坚持男女平等的必然结果。无论是国外个别地方残存的一夫多妻制,还是我国古代社会长期存在的一夫一妻多妾制,都严重违反了男女平等的原则,与现代文明背道而驰。为贯彻和维护一夫一妻制,就必须对重婚以及有配偶者与他人同居的行为予以坚决禁止。

(五)保护弱势群体合法权益的原则

妇女、未成年人、老年人、残疾人等一些特定群体由于受到社会地位、生存状况以及年龄、身体机能等因素的限制,无论是在社会上还是在家庭中都处于弱势地位,其合法权益往往容易受到侵害,对此,我国婚姻家庭法将保护弱势群体合法权益作为一项基本原则,强调对妇女、未成年人、老年人、残疾人合法权益的保障,禁止家庭暴力,禁止家庭成员间的虐待和遗弃。

第二节　婚姻制度

婚姻是男女双方以夫妻身份共同生活为目的而建立的为法律制度或社会风俗习惯所认可的社会关系。虽然域外出现了同性婚姻[1],体现了现代社会中家庭结构和家庭形式的多元化趋势,但我国现行法律制度仍然将婚姻的范围限定于男女两性的结合,不承认同性婚姻的合法性。[2] 婚姻是产生家庭的最重要的原因和前提,婚姻制度在婚姻家庭法中居于重要地位。

一、结婚制度

(一)结婚的概念和特征

结婚,又称婚姻的成立,是指男女双方依照法律规定的条件和程序确立夫妻关系的法律行为。结婚具有以下特征:首先,结婚必须是男女

---

[1] 目前世界上认可同性婚姻合法的国家和地区超过了 30 个,在婚姻关系以外承认同性伴侣关系合法的国家和地区也有十几个。

[2] 我国台湾地区已实现同性婚姻合法化。

两性的结合,即一男一女的结合,结婚的主体既不能是同性,也不能是超过两个的自然人;其次,结婚是一种法律行为,作为结婚主体的男女双方均要有明确的确立夫妻关系的意思表示;再次,结婚要依照法律规定的条件和程序而完成;最后,结婚的法律后果是确立夫妻关系。夫妻关系确立后,相互之间即因存在特定的身份关系而享有一定权利并承担一定义务,非经法律程序,夫妻关系不能解除。

(二) 结婚的要件

结婚的成立须具备以下要件:一是男女双方须有结婚的合意,即结婚出自双方的完全同意和自愿。二是男女双方须达到法定婚龄。我国《婚姻法》对结婚年龄的规定是,男不得早于 22 周岁,女不得早于 20 周岁。三是不属于法律规定的禁止结婚的条件,这是结婚的消极性要件。我国将具有直系血亲或三代以内旁系血亲的亲属关系作为禁止结婚的条件。此外,根据一夫一妻制原则,一方或双方已有配偶当然属于结婚的禁止条件。四是要求结婚的男女双方须亲自到婚姻登记机关进行结婚登记。结婚登记是婚姻成立的形式要件,男女双方办理登记并取得结婚证后始确立夫妻关系即婚姻关系。

(三) 无效婚姻

无效婚姻是指因违反婚姻成立要件从而不具有法律效力的婚姻。根据我国《民法典》的规定,导致无效婚姻的原因主要有三种:一是重婚,即有配偶者又与他人再行结婚。二是有禁止结婚的亲属关系,即男女双方属直系血亲或三代以内的旁系血亲。三是未到法定婚龄。法定婚龄是指法律所规定的男女可以结婚的最低年龄。不同国家的法定婚龄各有差异,这与各个国家或地区的政治、经济及人口发展情况、人的身体发育和智力成熟情况以及历史传统和风俗习惯等因素紧密相关。我国《民法典》规定的法定婚龄是男性 22 周岁,女性 20 周岁。

（四）可撤销婚姻

可撤销婚姻是指婚姻成立时因欠缺某些结婚要件从而法律赋予当事人撤销婚姻请求权的婚姻。我国《民法典》所规定的可撤销婚姻包括受胁迫结婚和未履行重大疾病如实告知义务的婚姻两种情形。

对于因胁迫结婚而形成的婚姻关系，受胁迫的一方可以向人民法院请求撤销该婚姻，但撤销婚姻的请求应当自胁迫行为终止之日起一年内提出。同样，被非法限制人身自由的当事人请求撤销婚姻时，应当自恢复人身自由之日起一年内提出。

我国 1980 年的《婚姻法》将"患有医学上认为不应当结婚的疾病"规定为禁止结婚条件，违反禁止结婚条件的婚姻属于无效婚姻。这里的"医学上认为不应当结婚的疾病"在实践中主要包括严重遗传性疾病、指定传染病以及有关精神病。按照 1980 年《婚姻法》的规定，男女一方或双方如果婚前患有医学上认为不应当结婚的疾病且婚后尚未治愈，当事人可以申请宣告婚姻无效。但现行《民法典》删除了该项规定，不再将任何疾病作为结婚的禁止性条件，只是规定了重大疾病的如实告知义务，即"一方患有重大疾病的，应当在结婚登记前如实告知另一方；不如实告知的，另一方可以向人民法院请求撤销婚姻。"因此，未履行重大疾病如实告知义务的婚姻按照现行立法属于可撤销婚姻的范畴。于此情形下，当事人撤销婚姻的请求应当自知道或者应当知道撤销事由之日起一年内提出。

二、离婚制度

婚姻关系既然能产生，也能因一定的法律事由而消灭，那就是婚姻的终止。导致婚姻终止的主要法律事由有二：一是离婚，二是当事人死亡。对于离婚，我国婚姻家庭法一以贯之的指导思想是：既要保障离婚自由，又要反对轻率离婚，在坚持男女平等的同时，注重照顾妇女和未成年人的利益。

（一）离婚的概念和特征

离婚是指夫妻一方或双方依照法定的条件和程序解除婚姻关系的法律行为。此处的"双方"解除行为主要是指登记离婚，"一方"解除行为主要是指诉讼离婚，既包括一方主张离婚而另一方反对离婚从而导致诉讼的情形，也包括双方对离婚虽无异议但对财产分割和子女抚养不能达成协议从而不得不通过诉讼来解除婚姻关系的情形。

离婚具有以下特征：首先，离婚的主体是具有合法夫妻关系的男女。其次，离婚发生在夫妻双方生存期间。如果配偶一方死亡，婚姻关系就会自动解除，而离婚则是人为解除婚姻关系的行为。再次，离婚必须履行法定的程序才能发生法律效力。最后，离婚的主要法律后果是婚姻关系的解除，但同时也不可避免地会引起夫妻财产关系、子女抚养关系、对外债权债务关系的处理等一系列法律后果。

（二）登记离婚

登记离婚也称行政登记离婚，是指夫妻双方达成离婚的合意并经过法定的离婚登记机关解除婚姻关系的法律制度。虽然登记离婚有时也被称为协议离婚，但严格地说，协议离婚这个概念不够准确，因为协议作为婚姻当事人达成离婚合意的证明，只是登记离婚的前提和基础，仅仅有离婚协议并不能发生离婚的效力。除了协议之外，双方还必须经离婚登记机关办理有关手续来解除婚姻关系，登记才是解除夫妻关系最重要的环节和条件。

登记离婚须符合以下条件：一是离婚双方具有完全的民事行为能力。如果夫妻有一方为限制民事行为能力人或者无民事行为能力人，则只能适用诉讼离婚而不能适用登记离婚的形式。二是双方自愿解除夫妻关系，离婚是婚姻当事人双方的共同真实意思。三是夫妻双方对离婚后子女抚养、财产以及债务处理等事项达成一致意见。四是夫妻双方签订有书面离婚协议，离婚协议应载明双方自愿离婚的意思表示和对子女抚养、财产以及债务处理等事项协商一致的意见。五是夫妻双方亲自到婚姻登记机关申请离婚并取得离婚证。

在登记离婚的程序上,我国《民法典》创新规定了离婚冷静期制度,即:"自婚姻登记机关收到离婚登记申请之日起三十日内,任何一方不愿意离婚的,可以向婚姻登记机关撤回离婚登记申请。前款规定期限届满后三十日内,双方应当亲自到婚姻登记机关申请发给离婚证;未申请的,视为撤回离婚登记申请。"然而,离婚冷静期制度创设的合理性值得反思:第一,离婚冷静期制度单方面在离婚程序上提高门槛、设置障碍,这在一定程度上不当地限制了人们的离婚自由,违反了婚姻自由的原则。第二,离婚冷静期制度不当地把人设想为不理性的、出尔反尔的人,背离了"理性人前提"规则。第三,对于存在家庭暴力、虐待、不履行赡养或抚养义务以及一方当事人对夫妻共同财产的转移、藏匿、破坏等行为时,离婚冷静期制度有可能会产生延长或加重当事人所受损害的不良后果。第四,离婚冷静期制度迎合了片面的传统道德观念,将离婚看成是不好的事情,正所谓"宁拆十座庙,不毁一桩婚",然而,道德观念和道德标准并非一元化且会随着社会的发展而不断变化,现代观念认为,没有感情的婚姻是不道德的婚姻,强行维护不道德的婚姻本身就是违反道德的。第五,离婚冷静期制度缺乏充分的群众基础,多项民调显示该制度的民众支持率非常低。

(三) 诉讼离婚

1. 诉讼离婚的概念

诉讼离婚,又称判决离婚或裁判离婚,是指夫妻一方向人民法院提出离婚诉讼要求终止婚姻关系,由法院在审理后判决解除夫妻关系的法律制度。

2. 诉讼离婚的调解

人民法院审理离婚案件,应当进行调解。如果当事人双方经调解和好,则一般由起诉离婚的原告撤诉;如果经调解达成离婚协议,则婚姻关系在调解书送达后解除;如果调解无效,则由法院判决准予离婚或不准离婚。

3. 判决离婚的理由

我国的现行民事立法和婚姻家庭法理论都将"感情破裂"作为诉讼离婚中判决离婚的标准和理由。即：如果夫妻感情确已破裂，调解无效，应准予离婚。判断夫妻感情是否确已破裂，一般从夫妻的感情基础、婚后感情、离婚原因、婚姻现状以及有无和好可能等诸多因素着手进行综合判断。我国《民法典》明文列举了夫妻感情破裂的几种常见情形：一是重婚或有配偶者与他人同居；二是实施家庭暴力或虐待、遗弃家庭成员；三是有赌博、吸毒等恶习屡教不改；四是因感情不和分居满二年；五是兜底条款，即其他导致夫妻感情破裂的情形。此外，符合以下两种情形时，法院应当准予离婚：一是一方被宣告失踪而另一方提出离婚诉讼；二是经人民法院判决不准离婚后，双方又分居满一年，一方再次提起离婚诉讼。

4. 对诉讼离婚的限制

我国《民法典》规定了对诉讼离婚进行限制的两种特殊情形：一是为保护军人家庭的安全与稳定，消除现役军人的后顾之忧，对军人配偶要求离婚的权利进行一定的限制。即：除军人一方有重大过错外，现役军人的配偶要求离婚，须征得军人同意。二是基于我国婚姻家庭法有关保护弱势群体合法权益的原则，为切实加强对妇女这一弱势群体的保护，规定特定条件下对男方离婚诉权进行限制。即：女方在怀孕期间、分娩后一年内或中止妊娠后六个月内，男方不得提出离婚，但女方提出离婚或人民法院认为确有必要受理男方离婚请求的情况不在此限。

（四）离婚的法律后果

婚姻当事人自完成离婚登记取得离婚证，或者人民法院的离婚判决书、离婚调解书生效时起，婚姻关系解除，离婚产生相应的法律后果。

1. 离婚在人身关系方面的法律后果

离婚使夫妻之间因结婚而形成的夫妻身份关系归于消灭，基于夫妻身份关系所产生的权利义务关系随之终止，夫妻双方的互相抚养关系、家事代理权、相互继承关系、同居关系、姻亲关系等均消灭,男女双方获得再婚的自由。

2. 离婚在财产关系方面的法律后果

离婚时,夫妻的共同财产由双方协议处理;协议不成而诉讼离婚时,由人民法院根据财产的具体情况,遵循照顾子女和女方权益的原则判决予以分割。离婚时,夫妻共同债务应当共同偿还。共同财产不足清偿或者财产归各自所有时由双方协议清偿;协议不成时由人民法院判决。离婚后,夫妻的共同财产和共同债务将随着夫妻关系的解除而不复存在。

3. 离婚在父母子女关系方面的法律后果

父母与子女间的关系并不因父母离婚而消除。离婚后子女无论由哪一方直接抚养,都仍然是父母双方的子女,父母双方对于子女都有抚养、教育、保护的权利和义务。对于由一方直接抚养的子女,另一方应负担必要的生活费和教育费的一部分或全部,同时享有探望子女的权利。

(五)离婚救济体系

我国《民法典》从第 1087 条至第 1092 条通过对共同财产的处理、经济补偿请求权、共同债务的清偿、离婚经济帮助、无过错方的损害赔偿请求权、不当行为处理规则等内容的规定,确立起一个比较全面而系统的离婚救济体系,对弱势群体、有家务贡献者、经济困难者、权益受损者等对象的合法权益予以充分的保障。这主要包括以下内容:一是在共同财产的处理上,如果夫妻协议不成,则由人民法院根据财产的具体情况,按照照顾子女、女方和无过错方权益的原则判决。二是家务特别贡献者享有经济补偿请求权,即夫妻一方因抚育子女、照料老人、协助另一方工作等负担较多义务时,离婚时有权向另一方请求补偿,另一方应当给予补偿。三是在共同债务的清偿上,双方协议不成时,由人民法院判决,判决时仍应遵循照顾子女、女方和无过错方权益的原则。四是对生活困难者的离婚经济帮助,即离婚时,如果一方生活困难,有负担能力的另一方应当给予适当帮助。五是无过错方的损害赔偿请求权,即因一方重婚、与他人同居、实施家庭暴力、虐待或遗弃家庭成员以及其他重大过错而导致离婚时,另一方作为无过错方有权请求损害赔偿。六是不当行为的处理规则,即夫妻一方有隐藏、转移、变卖、毁损、挥霍夫妻共同财产或者伪造夫妻共同债务企图侵占另一方财产的情形时,在离婚分割夫妻共同财产时,对该方可以少分或者不分。如果是离婚后另一方才发现有上述行为时,仍然可以向人民法院提起诉讼,请求再次分割夫妻共同财产。

第三节 家庭关系

家庭关系是民法上基于血缘、婚姻或法律拟制等特定的法律事实而产生的亲属关系。根据亲属关系主体的不同,可以将家庭关系区分为夫妻关系、亲子关系和其他亲属关系三大类。

一、夫妻关系

(一)夫妻关系的概念

夫妻关系是指法律规定的男女因结婚而形成的权利义务关系,它在整个家庭关系中处于核心的地位。我国的婚姻家庭制度在夫妻关系中全面贯彻男女平等的原则,夫妻在家庭中地位平等,平等地享受权利和承担义务。

(二)夫妻人身关系

夫妻人身关系是指婚姻关系存续期间的男女之间具有人身属性的、以特定精神利益而非经济利益为内容的权利义务关系。夫妻人身关系主要体现为以下六项内容。

1. 夫妻姓名权

姓名权是自然人的一项最为基本的人格权,其主要内容包括姓名决定权、姓名使用权和姓名更改权等。我国古代社会在男尊女卑、三从四德的传统观念影响下,一直坚持婚后"妻从夫姓"的做法。中华人民共和国成立后的《婚姻法》和现行《民法典》都贯彻男女平等的原则,保障夫妻双方都有各自使用自己姓名的权利。

2. 夫妻人身自由权

夫妻双方都有参加生产、工作、学习和社会活动的自由,一方不得对他方加以限制或干涉,这也是男女平等原则在夫妻人身关系中的重要体现。

3. 互为家庭成员权

登记结婚后,根据男女双方约定,女方可以成为男方家庭的成员,男方可以成为女方家庭的成员。在男到女家落户或女到男家落户问题上,任何一方不得强迫另一方,任何第三人也无权干涉。

4. 夫妻同居的权利和义务

夫妻双方以配偶身份共同生活,这是婚姻关系的重要内容和体现。同居既是一种权利,又是一种义务。然而,同居权利不能强行要求,同居义务也不能强制履行,夫妻同居的权利和义务只能通过协商才能实现。我国《民法典》所规定的禁止有配偶者与他人同居以及夫妻分居满二年经调解无效准予离婚等内容从一个侧面也体现了立法对夫妻同居权利义务的承认。

5. 夫妻日常家事代理权

夫妻日常家事代理权即夫妻在日常家庭事务上互为代理人,互享代理权。夫妻任何一方因家庭日常生活需要而实施的民事法律行为,对夫妻双方发生法律效力,除非夫妻一方与相对人另有约定。当然,夫妻日常家事代理权应严格限制于日常家庭事务以及为家庭日常生活需要的情形。同时,夫妻之间对一方可以实施的民事法律行为范围的限制,不得对抗善意相对人。

6. 夫妻忠实和协助义务

夫妻应当互相忠实,这是一夫一妻原则在夫妻关系上的体现和要求。重婚、有配偶者与他人同居、婚外性行为等违反夫妻忠实义务的行为理应受到道德的谴责和法律的严惩。同时,夫妻关系中男女双方应互相尊重,互相关爱和帮助。

(三) 夫妻财产关系

夫妻财产关系是指婚姻关系存续期间的男女之间以经济利益为主要内容的权利义务关系,它主要体现在共同财产关系和共同债务关系之中。此外,在扶养关系上,夫妻之间有互相扶养的义务,任何一方不履行扶养义务时,需要扶养的一方有要求对方付给扶养费的权利;在继承关系上,夫妻之间有相互继承遗产的权利。我国《民法典》"对于夫妻财产制在总体上建构了法定财产制与约定财产制相结合、在法定财产制中共同财产制与个人特有财产制相结合的制度体系。"[1]

1. 约定财产制

约定财产制是指夫妻双方以约定的方式决定夫妻财产制形式的法律制度。夫妻可以约定婚姻关系存续期间所得的财产以及婚前财产归各自所有、共同所有或部分各自所有、部分共同所有。夫妻对婚姻关系存续期间所得的财产以及婚前财产的约定,对双方具有法律约束力。

约定财产制具有优先于法定财产制适用的效力。夫妻双方关于财产制的约定应当采用书面形式。只有在没有约定或约定不明确的情况下,才适用夫妻法定财产制的法律规定。夫妻之间的财产约定对夫妻双方具有约束力,但并不必然具有对外效力。如果夫妻对婚姻关系存续期间所得的财产约定归各自所有,那么,对于夫或者妻任何一方的对外债务,只有在相对人知道该约定时,才能以夫或者妻单方的个人财产清偿。

2. 法定财产制

法定财产制是法律直接规定的夫妻财产制度,是夫妻对其财产没有约定、约定不明确或者约定无效时依法律规定而直接适用的夫妻财

---

① 张晓远:《婚姻家庭继承法学》,四川大学出版社 2022 年版,第 78 页。

产制度。

根据我国《民法典》的规定,除法律规定属于夫妻一方的财产外,我国实行夫妻共有财产制度,夫妻对共同所有的财产有平等的处理权。夫妻共同所有财产主要指夫妻在婚姻关系存续期间所得的下列财产:一是工资、奖金和劳务报酬;二是生产、经营、投资的收益;三是知识产权的收益;四是继承或者受赠的财产(属夫妻一方财产的除外);五是其他应当归共同所有的财产。

实行法定财产制即共同财产制的夫妻生活并不排斥属于夫或妻一方的个人财产的存在。属于夫妻一方的个人财产主要包括一方的婚前财产、一方因受到人身损害获得的赔偿或者补偿、遗嘱或者赠与合同中确定只归一方的财产、一方专用的生活用品以及其他应当归一方的财产。夫妻一方对其个人财产可依自己意愿独立行使占有、使用、收益和处分的权利,无须征得另一方的同意;其对外负担的个人债务也应以其个人财产清偿。

同时,在实行法定财产制即共同财产制时,夫妻在婚姻关系存续期间一般不得进行也没有必要进行共同财产的分割。但在特殊情形下,夫妻一方可以向人民法院请求分割共同财产,这主要适用于两种情况:一是夫妻一方有隐藏、转移、变卖、毁损、挥霍夫妻共同财产或者伪造夫妻共同债务等严重损害夫妻共同财产利益的行为;二是夫妻一方负有法定扶养义务的人患重大疾病需要医治,另一方不同意支付相关医疗费用。

3. 共同债务

共同债务是夫妻双方应连带承担清偿责任的对外债务。根据《民法典》的相关规定,夫妻共同债务主要包括以下类型:一是夫妻双方共同签名的债务;二是夫妻一方所欠但另一方事后追认的债务;三是夫妻一方在婚姻关系存续期间以个人名义为家庭日常生活需要所负的债务;四是债权人能够证明是用于夫妻共同生活、共同生产经营或者基于夫妻双方共同意思表示的债务。

二、亲子关系

(一) 亲子关系的概念和种类

亲子关系,即父母子女关系,是指由民事法律规范所调整的父母和子女之间的权利义务关系。父母和子女是血缘关系最近的直系血亲,亲子关系构成家庭关系的核心。父或者母对亲子关系有异议且有正当理由时,可以向人民法院提起诉讼,请求确认或者否认亲子关系;成年子女对亲子关系有异议且有正当理由时,也可以向人民法院提起诉讼,请求确认亲子关系。

亲子关系包括两类:一是自然血亲的亲子关系。父母与婚生子女或非婚生子女均属自然血亲的亲子关系。非婚生子女享有与婚生子女同等的权利,任何人不得加以危害和歧视。二是拟制血亲的亲子关系。养父母与养子女、继父母与受其抚养教育的继子女均属拟制血亲的亲子关系。

值得注意的是,随着现代生物医学技术的发展,人工授精、试管婴儿等人工生育方式日益增多,甚至代孕行为也开始出现,当女性采用自己提供的受精卵由其他女性代孕生子时,生母和孕母之中究竟谁才是孩子法律意义上的母亲? 这给传统的亲子关系带来冲击,对此我国现行立法并未有明确规定。

(二) 亲子关系的内容

亲子关系的内容主要体现为以下权利义务关系:第一,父母对子女有抚养义务。抚养义务既不能放弃,也不能附加条件,不能以离婚未直接抚养子女或未行使探望权为理由拒绝支付抚养费用。如果父母不履行抚养义务时,未成年子女或者不能独立生活的成年子女有要求父母给付抚养费的权利。第二,父母对未成年子女有教育、保护的权利和义务。如果未成年子女造成他人损害,父母应当依法承担民事责任。第三,子女对父母有赡养的义务。赡养义务既不能放弃,也不能附加条件,不能以放弃继承权或者其他理由拒绝支付赡养费用。如果成年子女不履行赡养义务时,缺乏劳动能力或者生活困难的父母有要求成年子女给付赡养费的权利。不过,履行赡养义务的前提是成年子女本身有收入来源和赡养能力,不然赡养义务也难以落实。第四,父母子女有相互继承遗产的权利。第五,父母与子女之间应当相互尊重。例如,子女应当尊重父母的婚姻权利,不得干涉父母离婚、再婚以及婚后的生活,而且,子女对父母的赡养义务也不应因父母婚姻关系的变化而终止。反过来,父母也应当尊重成年子女的婚姻权利,不得干涉成年子女的婚姻关系。

(三) 继父母与继子女关系

父母一方死亡后另一方再婚,或者父母离婚后一方或双方与其他人再婚时,子女与父或者母的再婚配偶之间形成继父母与继子女关系。

继父或者继母和受其抚养教育的继子女间的权利义务关系适用我国《民法典》关于父母子女关系的有关规定。无论是否存在受抚养教育的关系,继父母与继子女间均应相互尊重,不得虐待或歧视。

值得注意的是,形成拟制血亲的继父母与继子女在亲子关系上都具有双重的主体地位。受继父母抚养教育的继子女既与其继父母依法存在父母子间的权利义务关系,也继续保持与其生父母间的父母子女关系;同样,抚养教育了继子女的继父母既与其生子女保持权利义务关系,又与受其抚养教育的继子女发生父母子女的权利义务关系。不过,形成拟制血亲的继父母与继子女关系之效力只存在于亲子关系之中,而不能推及于双方的其他近亲属,这与收养明显不同。[1]

(四) 养父母与养子女关系

养父母与养子女的关系源于收养行为。所谓收养,是指自然人依法领养孤儿或他人的子女作为自己的子女,从而使领养人与被领养人

---

[1]　陈苇:《婚姻家庭继承法学》,高等教育出版社 2022 年版,第 142—143 页。

之间产生法律拟制的父母子女关系的民事行为。

1. 收养关系的成立

根据我国《民法典》第1098条的规定,原则上收养人应当同时具备下列条件:一是无子女或者只有一名子女;二是有抚养、教育和保护被收养人的能力;三是未患有在医学上认为不应当收养子女的疾病;四是无不利于被收养人健康成长的违法犯罪记录;五是年满30周岁。同时,有配偶者收养子女时,应当夫妻共同收养;无配偶者收养异性子女时,收养人与被收养人的年龄应当相差40周岁以上;收养8周岁以上未成年人时,应当征得被收养人的同意。此外,收养关系的成立还必须办理登记,即:收养应当向县级以上人民政府民政部门登记,自登记之日起收养关系成立。

2. 收养的效力

收养的效力一方面是在养父母与养子女间产生拟制直系血亲关系,在养子女与养父母的近亲亲属间形成拟制亲属关系,另一方面,养子女和生父母间的权利义务关系以及养子女与生父母近亲属之间的权利义务关系因收养关系的成立而消除。养父母和养子女间的权利和义务,适用我国《民法典》对父母子女关系的相关规定。

3. 收养关系的解除

收养关系的解除包括协议解除和诉讼解除两种方式。

协议解除适用于以下两种情况:一是对于未成年的被收养人,为了保护未成年人的合法权益,贯彻"儿童最大利益原则",在被收养人成年以前原则上不允许收养人解除收养关系,除非是存在送养人且收养人和送养人达成解除收养关系的合意,但此时如果养子女达到8周岁以上时,还应当征得养子女本人的同意。二是对于已成年的被收养人,养父母与成年养子女关系恶化、无法共同生活时,双方可以协议解除收养关系。当事人协议解除收养关系时,应当到民政部门办理解除收养关系登记。

诉讼解除也适用于两种情况:一是对于未成年的被收养人,如果收养人不履行抚养义务,有虐待、遗弃等侵害未成年养子女合法权益行为时,送养人有权要求解除养父母与养子女间的收养关系。当送养人、收养人不能达成解除收养关系协议时,可以向人民法院提起诉讼要求解除收养关系。二是对于已成年的被收养人,如果养父母与成年养子女关系恶化、无法共同生活且双方不能达成协议时,任何一方可以向人民法院提起诉讼要求解除收养关系。

收养关系解除后,在与养父母的关系上,养子女与养父母以及其他近亲属间的权利义务关系即行消除;经养父母抚养的成年养子女,对缺乏劳动能力又缺乏生活来源的养父母,应当给付生活费;因养子女成年后虐待、遗弃养父母而解除收养关系的,养父母可以要求养子女补偿收养期间支出的抚养费。在与生父母的关系上,未成年养子女与生父母以及其他近亲属间的权利义务关系自行恢复;成年养子女与生父母以及其他近亲属间的权利义务关系是否恢复,可以协商确定。

三、其他亲属关系

(一) 祖孙关系

祖孙关系包括祖父母与孙子女的关系和外祖父母与外孙子女的关系。祖孙之间在符合一定条件时具有抚养、赡养的权利义务关系:有负担能力的祖父母、外祖父母,对于父母已经死亡或父母无力抚养的未成年的孙子女、外孙子女,有抚养的义务;有负担能力的孙子女、外孙子女,对于子女已经死亡或子女无力赡养的祖父母、外祖父母,有赡养的义务。在继承关系上,孙子女、外孙子女可代位继承祖父母、外祖父母的遗产,而祖父母、外祖父母也是孙子女、外孙子女的第二顺序的法定继承人。

(二) 兄弟姐妹关系

兄弟姐妹是旁系血亲中关系最为亲密的亲属,我国《民法典》规定了兄弟姐妹之间在一定条件下的扶养关系:有负担能力的兄、姐,对于父母已经死亡或父母无力抚养的未成年的弟、妹,有扶养的义务;由兄、姐扶养长大的有负担能力的弟、妹,对于缺乏劳动能力又缺乏生活来源的兄、姐,有扶养的义务。在继承关系上,兄弟姐妹之间互为第二顺序的法定继承人。

第六章　继承法

继承法对自然人死亡之后的财产归属进行规范,是调整继承关系的法律规范的总称,而继承关系是平等主体之间因自然人死亡所引发的民事法律关系,因此继承法具有私法的性质,属于民法的重要组成部分。同时,继承法是一种与身份紧密联系的财产法,它以身份关系为基础,以财产关系为基本内容。在继承制度的立法上,我国于1985年通过并颁布《继承法》,现行《民法典》"继承编"则是在其基础上,根据我国社会家庭结构、继承观念等方面的发展变化而对原有继承制度的修改和完善。

第一节　继承法概述

一、继承的概念和特征

民法上继承的概念有广义和狭义之分。广义的继承是指继承人对死者生前身份和财产上的权利义务的概括承受。在广义的继承中,继承的客体不限于财产性的权利义务,还包括与死者身份相关的权利义务,如我国古代的爵位世袭制、宗祧继承制等。狭义的继承仅是指继承人对死者生前财产上的权利义务的承受,故又称财产继承。现代民法上的继承一般都是指狭义的继承。

继承具有以下特征:一是继承因被继承人的死亡而发生,被继承人的死亡(包括自然死亡和宣告死亡)是继承发生的法定原因。二是继承从被继承人死亡时开始,被继承人死亡的时间既包括自然死亡的时间,也包括推定死亡的时间。如果相互有继承关系的数人在同一事件中死亡且难以确定死亡时间时,则推定没有其他继承人的人先死亡;如果死者都有其他继承人,那么辈份不同时推定长辈先死亡,辈份相同时推定同时死亡,相互之间不发生继承。三是继承在具有特定亲属关系的自然人之间发生。四是继承的客体是被继承人的遗产,它仅限于被继承人死亡时遗留下来的个人合法财产。五是继承是对被继承人生前财产权利义务的概括承受。

二、继承的种类

根据不同的标准,可以将继承划分为不同的种类。

(一)法定继承和遗嘱继承

根据继承的依据是法律的直接规定还是体现被继承人意思表示的遗嘱,可以将继承分为法定继承和遗嘱继承。本章第二节和第三节将分别对这两种继承方式予以阐释。

(二)单独继承和共同继承

根据继承人的人数的不同,可以将继承分为单独继承和共同继承。单独继承是指被继承人的全部遗产由一个继承人予以继承的制度。导致单独继承的原因可能是不存在其他继承人,或者其他继承人依法被剥夺了继承权。共同继承是指存在两个以上继承人的继承。共同继承中不可避免地会遇到不同继承人继承份额的分配比例问题。

(三)有限责任继承和无限责任继承

根据继承人在继承遗产时所承担的债务清偿责任的不同,可以将继承分为有限责任继承和无限责任继承。有限责任继承也称为限定继承,是指对继承人在继承遗产时所承担的债务清偿责任予以限定,即继承人仅以其继承的遗产总额为限承担对被继承人所负债务的清偿责任。对于超出继承人所继承遗产总额的被继承人的债务,除继承人自愿偿还的外,继承人不负清偿的法律义务。无限责任继承是指继承人对被继承人生前所负债务要负无限清偿的责任,例如我国民间传统的"父债子还"。现代绝大多数国家在继承制度上采用有限责任继承即限定继承的规则。

(四)本位继承、代位继承和转继承

根据继承人是否以本人的继承人资格参与继承,可以将继承分为本位继承、代位继承和转继承。本位继承是指继承人以自己的继承人资格直接参与继承的方式,本位继承人对被继承人的继承地位直接来源于其本人依法所享有的继承权。代位继承是指被继承人的特定亲属(如享有继承权的子女或兄弟姐妹)先于被继承人死亡时由该特定亲属的子女或其他晚辈直系血亲代替先死亡的长辈直系血亲继承被继承人遗产的一项法定继承制度,代位继承人对被继承人的继承地位来源于其死去的直系尊亲属本人的继承资格。转继承是指继承人在继承开始后、遗产分割前死亡时其所应继承的遗产份额转由其继承人继承的一种继承制度。转继承是对遗产份额的再继承,而非继承权利的移转。转继承人对被继承人的继承地位来源于其享有继承权的被转继承人本人的继承资格。

三、继承权

(一)继承权的概念和特征

继承权是继承人依照法律规定或者根据被继承人的合法遗嘱而享有的承受被继承人遗产的权利。法定继承人直接依照法律规定而享有法定继承权;遗嘱继承人依据被继承人生前立下的合法遗嘱而享有遗嘱继承权。

继承权具有以下特征：第一，继承权的主体即继承人只能是自然人，法人或非法人组织均不能享有继承权；第二，继承权是继承遗产的权利，是一种独立而特殊的财产权，它以继承人与被继承人所具有的一定的身份关系为基础；第三，继承权具有排他性，是一种绝对权，任何人均不得对继承人的合法权益进行侵害；第四，继承权发生的根据是法律的直接规定或合法有效的遗嘱；第五，继承权的实现以被继承人死亡为前提条件。

（二）继承权的放弃

继承权的放弃是继承人放弃自己继承权的意思表示，它属于一种单方的民事法律行为。继承权既然是一种权利，继承权人当然可以依自己意志对自己享有的继承权进行处分，包括对继承权的放弃。但继承人放弃继承权的意思表示应当在遗产处理前以书面形式明确作出，否则视为接受继承。继承人放弃继承权后，其放弃行为的效力追溯到继承开始的时间，该继承人被视为自始没有应继份额。

（三）继承权的丧失

继承权的丧失，又称继承权的剥夺，是指继承人因存在特定的犯罪或重大违法行为而被依法取消继承遗产的资格。

根据我国《民法典》第 1125 条的规定，继承人被剥夺继承权的法定原因主要包括以下五种：一是故意杀害被继承人；二是为争夺遗产而杀害其他继承人；三是遗弃被继承人，或者虐待被继承人情节严重；四是伪造、篡改、隐匿或者销毁遗嘱，情节严重；五是以欺诈、胁迫手段迫使或者妨碍被继承人设立、变更或者撤回遗嘱，情节严重。不过，《民法典》也规定了继承权丧失的例外情况，即：针对上述五种丧失继承权情形中的后三种情形，如果继承人确有悔改表现，并且被继承人表示宽恕或者事后在遗嘱中将其列为继承人时，该继承人不丧失继承权。

四、继承法的基本原则

继承法的基本原则是贯穿于整个继承制度、反映财产继承制度的本质和精神、指导和规范继承行为、解释和适用继承法的基本思想和根本准则。继承法的基本原则主要包括以下四项：一是保护私有财产继承权的原则。国家依法保护自然人的私有财产的继承权，以国家公权力对继承关系进行必要的干预。二是继承权男女平等的原则。男女平等原则对于克服由于历史原因所造成的我国长期以来存在的男尊女卑、重男轻女观念和消除事实上男女两性的不平等地位具有重要意义，该项原则是我国《宪法》关于男女平等的规定和《民法典》平等原则在继承法中的贯彻和体现。三是权利与义务相一致的原则。这一原则体现在继承制度的方方面面，如在确定继承人的范围以及分配遗产时，将继承权与继承人是否履行扶养义务联系在一起等。四是遵守公序良俗的原则。继承法鼓励和弘扬尊老爱幼的传统美德，充分保障老年人、未成年人以及胎儿的合法权益，倡导继承人在继承中秉持互谅互让、和睦团结的宗旨解决继承问题。

第二节　法定继承

一、法定继承的概念和适用范围

法定继承，是指依照法律直接规定的继承人范围、继承顺序、继承份额等来确定具体继承事宜的继承方式。法定继承的实施以特定身份关系的存在为前提，以法律的直接规定为依据。长期以来，法定继承都是我国最常见、最重要的继承方式。

根据我国《民法典》的规定，具有下列情形的遗产按照法定继承办理：一是遗嘱继承人放弃继承或者受遗赠人放弃受遗赠；二是遗嘱继承人丧失继承权或者受遗赠人丧失受遗赠权;三是遗嘱继承人、受遗赠人先于遗嘱人死亡;四是遗嘱无效部分所涉及的遗产;五是遗嘱未处分的遗产。

以上有关法定继承适用范围的规定体现了遗嘱继承的效力优先于法定继承的原则。依据此项原则,继承开始后,如果存在合法有效的遗嘱或遗赠扶养协议,就按照遗嘱继承、遗赠或者遗赠扶养协议办理;如果既有遗嘱又有遗赠扶养协议且二者的内容存在抵触,则按照遗赠扶养协议办理。只有在没有遗嘱,也没有遗赠扶养协议,或者虽然有遗嘱和遗赠扶养协议但遗嘱和遗赠扶养协议均无效或不能执行时,才适用法定继承。

二、法定继承人

(一) 法定继承人的概念和范围

法定继承人是由法律直接规定的可以依法继承死者遗产的人。我国《民法典》所规定的法定继承人包括以下六类:一是配偶;二是子女,包括婚生子女、非婚生子女、养子女和形成抚养关系的继子女;三是父母,包括生父母、养父母和形成抚养关系的继父母;四是兄弟姐妹,包括同父母的兄弟姐妹、同父异母或者同母异父的兄弟姐妹、养兄弟姐妹、有扶养关系的继兄弟姐妹;五是祖父母、外祖父母;六是符合条件的儿媳和女婿,指对公、婆尽了主要赡养义务的丧偶儿媳和对岳父、岳母尽了主要赡养义务的丧偶女婿。

此外,胎儿在遗产继承中具有特殊的法律地位。遗产分割时应当保留胎儿的继承份额,这就是我国继承法上的预留份制度。如果胎儿出生后死亡的,保留的份额由其继承人继承;如果胎儿出生时是死体的,保留的份额按照法定继承由原被继承人的其他继承人继承。应当为胎儿保留遗产份额而没有保留时,应从继承人所继承的遗产中扣回。

(二) 法定继承人的顺序

世界各国继承制度中有关法定继承人的顺序各有不同。"确定各法定继承人继承顺序的依据主要有四个：一是婚姻关系；二是血缘关系（包括法律拟制的血亲关系）的远近；三是扶养关系；四是民族风俗习惯、伦理道德观念以及立法态度等。"[①]

我国《民法典》将法定继承人分为两个顺序。第一顺序的法定继承人为配偶、子女、父母；第二顺序的法定继承人为兄弟姐妹、祖父母、外祖父母。对公、婆尽了主要赡养义务的丧偶儿媳和对岳父、岳母尽了主要赡养义务的丧偶女婿，作为第一顺序继承人参与继承。同一顺序继承人继承遗产的份额一般应当均等。继承开始后，由第一顺序继承人继承，第二顺序继承人不继承。只有当不存在第一顺序继承人时，才由第二顺序继承人继承。

与我国《民法典》的规定有所不同，台湾地区的继承制度将配偶单独列为当然继承人，同时规定了不同顺序的继承人，即：子女是第一顺序继承人；父母是第二顺序继承人；兄弟姐妹是第三顺序继承人；祖父母是第四顺序继承人。同一顺序继承人对遗产一般平均继承。当配偶作为当然继承人与各顺序继承人共同继承时，规则如下：配偶与第一顺序继承人继承时，平均继承；配偶与第二顺序或第三顺序继承人继承时，配偶占二分之一，其他继承人共占二分之一；配偶与第四顺序继承人继承时，配偶占三分之二，其他继承人共占三分之一。可见，台湾地区的继承制度更加注重保护配偶的权益，同时将子女的继承顺位排在父母之前，体现了将遗产保留在家族内部且注重向下流转的特点。

（三）遗产分配的规则

法定继承中对遗产的分配一般应当遵循以下规则。

1. 均等规则

同一顺序继承人之间应当均等分配。这是对同一顺序继承人继承权的平等保护。同一顺序法定继承人的法律地位是平等的，不分男女老幼，不论是有自然的血缘关系还是拟制的血缘关系，都平等地享有继

[①] 陈苇：《婚姻家庭继承法学》，高等教育出版社 2022 年版，第 265—266 页。

承被继承人遗产的权利,并应当均等地获得遗产。

2. 照顾弱者规则

遗产分配时,对生活有特殊困难的缺乏劳动能力的继承人,应当予以照顾。对继承人以外的依靠被继承人扶养的缺乏劳动能力又没有生活来源的人,可以分给他们适当的遗产。这里"生活有特殊困难"是指继承人因为没有独立的经济收入或其他生活来源,难以维持其基本的物质生活条件;"缺乏劳动能力"是指继承人因尚未成年不具备劳动能力或因年迈、疾病等原因而部分丧失或全部丧失劳动能力。

3. 权利义务一致规则

继承人如果对被继承人尽了主要扶养义务或者与被继承人共同生活,则可以在遗产分配时予以多分,相反,继承人如果有扶养能力和扶养条件却不尽扶养义务,则应当在遗产分配时不分或者少分。值得注意的是:一方面,如果继承人有扶养能力和扶养条件且愿意尽扶养义务,但被继承人因有固定收入和劳动能力从而明确表示不要求其扶养时,分配遗产时一般不应因此而影响继承人的继承份额。另一方面,有扶养能力和扶养条件的继承人虽然与被继承人共同生活,但如果对需要扶养的被继承人不尽扶养义务时,可以少分或者不分遗产。此外,对继承人以外的对被继承人扶养较多的人,可以分给他们适当的遗产。这些方面都体现了权利与义务的一致性。

4. 协商规则

同一顺序继承人继承遗产的份额一般应当均等,但继承人经协商达成一致意见时,也可以不均等。继承制度中遗产分配的协商规则是民法的意思自治原则在继承法中的贯彻和体现。不过,协商的结果应取得所有继承人的一致同意,不能采取多数决的方式来决定遗产分配不均等。

四、代位继承

代位继承是指被继承人的特定亲属(如享有继承权的子女或兄弟

姐妹)先于被继承人死亡时由该特定亲属的子女或其他晚辈直系血亲代替先死亡的长辈直系血亲继承被继承人遗产的一项法定继承制度。

享有继承权的被代位继承人先于被继承人死亡是发生代位继承的法定事由和前提条件。我国《民法典》所规定的代位继承适用于两种情形:一是对被继承人子女应继份额的代位继承,即:被继承人的子女先于被继承人死亡时,由被继承人的子女的直系晚辈血亲代位继承;二是对被继承人兄弟姐妹应继份额的代位继承,即:被继承人的兄弟姐妹先于被继承人死亡时,由被继承人的兄弟姐妹的子女代位继承。无论上述哪一种情形,代位继承只适用于法定继承,而不适用于遗嘱继承,且代位继承人一般只能继承被代位继承人有权继承的遗产份额。

第三节　遗嘱继承

随着人们自主权利意识的增强,越来越多的人在生前立下遗嘱,确保其对个人财产归属的安排能在死后得到落实,这有助于避免和减少遗产继承中的财产纠纷。遗嘱继承成为现代社会越来越重要的继承方式。

一、遗嘱的概念和有效要件

遗嘱是指自然人生前按照法律规定的方式对自己的财产在身后如何处分所作出的处理和安排。

有效的遗嘱须具备以下条件:一是遗嘱人在设立遗嘱时须有完全民事行为能力。无行为能力人或者限制行为能力人所立的遗嘱无效。二是遗嘱必须表示遗嘱人的真实意思。受胁迫、欺骗所立的遗嘱无效;伪造的遗嘱和被篡改的遗嘱因不能表示遗嘱人的真实意思,因此伪造和被篡改的内容无效。三是遗嘱内容须合法。遗嘱不得剥夺缺乏劳动能力又没有生活来源的继承人的遗产份额,不得违反法律法规的强制性规定,不得违背公序良俗。四是遗嘱必须采用合法形式进行设立。

遗嘱的有效不等于遗嘱的生效,依法成立的遗嘱还必须等到遗嘱人死亡时方可生效,因此遗嘱是一种死因行为,即以行为人的死亡作为法律行为效力发生根据的法律行为。在遗嘱生效前,遗嘱人可以随时改变自己的意思,对遗嘱进行撤回或者变更。

二、遗嘱的形式

遗嘱的形式包括自书遗嘱、代书遗嘱、打印遗嘱、录音录像遗嘱、口头遗嘱、公证遗嘱。遗嘱人以相同或不同的形式立有数份内容相抵触的遗嘱时,以最后所立的遗嘱为准,这就是后立遗嘱优于先立遗嘱的规则,因为后立遗嘱代表了遗嘱人最新的意思表示。

(一) 自书遗嘱

自书遗嘱是由遗嘱人自己亲笔书写的遗嘱。自书遗嘱应由遗嘱人亲笔书写全部内容,不能由他人代笔,也不能部分内容采用打印的方式。遗嘱书写完毕,遗嘱人必须亲自签名,并注明具体的书写日期。

(二) 代书遗嘱

代书遗嘱,又称代笔遗嘱,是指由遗嘱人口述内容、由他人代为书写的遗嘱。代书遗嘱应当有两个以上见证人在场见证,由其中一人代书,注明年、月、日,并由代书人、其他见证人和遗嘱人签名。见证人必须是完全行为能力人,且不能是继承人、受遗赠人或者与继承人、受遗赠人有利害关系的人。

(三) 打印遗嘱

随着电脑以及打印机的普及,采用打印形式订立遗嘱的人越来越多。对此,我国《民法典》增加打印遗嘱作为遗嘱的法定形式,明确规定打印遗嘱应当有两个以上见证人在场见证,见证人应当见证打印遗嘱的制作过程,而且遗嘱人和见证人应当在遗嘱每一页签名,并注明具体的签名日期。由于立法对有效打印遗嘱所规定的条件几乎与代书遗嘱一样苛刻,这必然会在一定程度上影响立遗嘱人对此种遗嘱方式的选择。

(四)录音录像遗嘱

录音录像遗嘱是指通过录音或录像作为手段记录遗嘱人口述处分遗产内容的遗嘱形式。以录音、录像形式设立遗嘱时,应当有两个以上见证人在场见证。

(五)口头遗嘱

口头遗嘱是指遗嘱人以口头形式所设立的遗嘱。由于口头遗嘱在发生纠纷时往往会产生举证困难,因此只适用于特定的情形。遗嘱人在危急情况下可以立口头遗嘱。口头遗嘱应当有两个以上见证人在场见证。在危急情况解除后,遗嘱人能够用书面或者录音、录像形式设立遗嘱时,应采用其他形式设立遗嘱,原来所立的口头遗嘱无效。

(六)公证遗嘱

公证遗嘱是指由国家公证机关对遗嘱行为的真实性和合法性予以认可的书面遗嘱形式。我国 1985 年的《继承法》及相关司法解释赋予公证遗嘱在所有遗嘱形式中的最高效力,确立了公证遗嘱优于普通遗嘱的遗嘱规则。即:自书、代书、录音、口头遗嘱等普通遗嘱均不得撤销或变更公证遗嘱;遗嘱人以不同形式立有数份内容相抵触的遗嘱时,如果其中有公证遗嘱,则以最后所立公证遗嘱为准。但现行《民法典》并未保留此项规定。因此,在当前的继承法律制度中,公证遗嘱优于普通遗嘱的遗嘱规则不复存在,公证遗嘱的效力与其他普通遗嘱并无二致。当存在有数份内容相抵触的遗嘱时,依据后立遗嘱优于先立遗嘱的规则,仅以立遗嘱的先后时间来判断遗嘱的效力,并不区分公证遗嘱和非公证遗嘱。

三、遗嘱继承的概念和适用要件

遗嘱继承是指根据被继承人生前所设立的合法有效的遗嘱来确定继承人和继承份额并进行遗产转移的继承方式。

遗嘱继承于以下要件得以满足时适用：一是被继承人所设立的遗嘱合法有效；二是遗嘱指定的继承人没有放弃继承，也不存在丧失继承权的情况；三是遗嘱继承人后于遗嘱人死亡，否则不适用遗嘱继承，也不发生代位继承；四是遗嘱指定的财产继受人属于法定继承人的范围，否则属于遗赠；五是不存在遗赠扶养协议，否则优先按照遗赠扶养协议来处理。

四、必留份制度

我国《民法典》第1141条规定："遗嘱应当为缺乏劳动能力又没有生活来源的继承人保留必要的遗产份额。"这就是我国继承法上的必留份制度。

与我国的继承制度有所不同，域外许多国家在继承法上有特留份制度而无必留份制度。特留份是指根据法律规定遗嘱人不得以遗嘱取消的应由特定的法定继承人继承的遗产份额。特留份制度的实质是通过对特定的法定继承人规定一定的应继承份额来限制遗嘱人的遗嘱自由。遗嘱人在设立遗嘱时，如果没有给特留份权利人保留法定的份额，则其遗嘱中对相应部分财产的处分无效。

我国只有必留份制度而无特留份制度。必留份制度与特留份制度的区别主要体现在四个方面：一是在立法目的上，特留份制度是为了限制遗嘱自由，保护特定的法定继承人的财产继承权益，防止遗嘱人滥用遗嘱随意处分遗产，维护家族利益，避免遗产外流；必留份制度在于保护需受扶养的继承人的利益，为其生活提供必要的保障。二是在主体范围上，特留份的主体范围远远大于必留份。必留份仅包括"欠缺劳动能力又无其他生活来源的合法继承人";特留份权利人的范围通常包含死者的直系尊、卑亲以及配偶,有的国家还加入了死者的同辈亲属,如兄弟姐妹等。三是在确定依据上,特留份权利人的范围由法律明确规定,在确定特留份权利人时,只考虑身份关系而不考虑权利人的经济状况;必留份权利人则酌情确定,考虑的依据是继承人的劳动能力和收入状况。四是在保留财产的份额上,特留份制度要求为权利人保留的财产份额是确定的,立法明确规定了配偶、父母及其他特留份权利人在不同情况下享有的遗产份额比例;必留份制度的规定具有不确定性,法律规定为权利人"保留必要的遗产份额",具体份额多少才属必要要根据实际情况来酌情确定。

我国的必留份制度尚存在一些亟待解决的问题。例如,对受益人范围规定得过于狭窄,必留份制度仅仅适用于"缺乏劳动能力又没生活来源的继承人",即"双缺乏"人群,从而对遗嘱自由的限制过于宽松,是否修改为"单缺乏"的标准即对于缺乏劳动能力或者没有生活来源的继承人均保留适当的份额更为妥当? 同时,如果增设"在生前对被继承人尽了较多抚养义务的继承人"作为必留份权利人,则不仅能更好地体现权利义务相一致的原则,而且也与法定继承制度的相关规定相一致。此外,《民法典》及相关司法解释都没有对"必要的遗产份额"给予明确的规定,使得法官在具体裁决份额时自由裁量权过大,容易导致法律适用的不统一。

第四节　遗赠和遗赠扶养协议

一、遗赠

(一)遗赠的概念和特征

遗赠是自然人以遗嘱的方式将全部或部分遗产赠送给国家、集体组织或者法定继承人以外的自然人,并于遗嘱人死亡后发生法律效力的单方民事法律行为。

遗赠具有以下特征：一是遗赠属于单方民事法律行为，只要求遗赠人单独一方的意思表示即可有效成立；二是遗赠是给予他人财产利益的无偿行为，受遗赠人只承受遗产中的财产权利，而不承受其中的财产义务；三是遗赠属于死因行为，于遗赠人死亡后始发生法律效力；四是受遗赠人的范围非常广泛，包括国家、集体组织或者法定继承人以外的人，但不包括法定继承人，否则就属于遗嘱继承而不是遗赠；五是受遗赠的主体具有不可替代性，受遗赠权只能由本人享有。

（二）遗赠与遗嘱

遗赠继承与遗嘱继承有诸多相似之处，二者都是自然人生前用遗嘱处分个人财产并于其死亡后适用遗嘱转移和分配财产的继承方式，也就是说，依据立遗嘱人的遗嘱所发生的继承方式未必都是遗嘱继承，而是还包括遗赠继承。

遗赠继承与遗嘱继承的主要区别在于：遗嘱继承中的继承人只能是属于立遗嘱人的法定继承人范围之内的自然人；遗赠继承中的受遗赠人是立遗嘱人的法定继承人以外的自然人或者国家、集体以及有关组织。同时，权利行使的方式和效力也不同：在遗嘱继承中，继承人在遗产处理前没有以书面形式作出放弃继承表示时，视为接受继承；在遗赠继承中，受遗赠人在知道受遗赠后 60 日内未作出接受或者放弃受遗赠的表示时，视为放弃受遗赠。

（三）遗赠实现的条件和要求

遗赠的实现需要符合以下条件和要求：一是遗赠人生前立下了合法有效的遗嘱，这是遗赠产生的基础和遗赠实现的依据。二遗赠人死亡，这是遗赠发生效力的前提。三是受遗赠人有接受遗赠的意思表示，这是遗赠实现的必要条件。限制民事行为能力人和无民事行为能力人的接受遗赠的意思表示一般由其法定代理人作出。受遗赠人在合理期间内没有表示时，视为放弃受遗赠。四是遗赠的实现不得妨碍清偿遗赠人依法应当缴纳的税款和债务,不得妨碍遗赠人应保留的必留份。当法定继承与遗嘱继承、遗赠并存时,由法定继承人清偿被继承人依法应当缴纳的税款和债务;但如果税款和债务超过了法定继承遗产的实际价值,则超出部分由遗嘱继承人和受遗赠人按比例以所得遗产清偿。五是受遗赠人不存在丧失受遗赠权的情况。

二、遗赠扶养协议

遗赠扶养协议是指遗赠人(即受扶养人)和扶养人(即受遗赠人)之间订立的,由扶养人承担遗赠人生养死葬的义务并在遗赠人死亡之后取得其全部遗产或约定遗产的协议。遗赠扶养协议对于提倡尊老养老的优良传统、发扬互助精神、切实保障老年人的合法权益、减轻国家和社会的负担、解除扶养人后顾之忧、减少继承纠纷等都具有重要意义。

遗赠扶养协议具有以下特征:一是遗赠扶养协议是一种双方民事行为,由遗赠人(即受扶养人)和扶养人(即受遗赠人)协商订立;二是遗赠扶养协议是一种诺成行为,协议在扶养人和受扶养人双方意思表示一致时即可成立;三是遗赠扶养协议是一种双务有偿行为,扶养人和受扶养人互相享有权利、负有义务;四是遗赠扶养协议是一种要式行为,应采用书面形式;五是遗赠扶养协议在各种继承方式中效力最高,它既优先于法定继承,也优先于遗嘱继承和普通的遗赠。

第五节 遗产的处理

一、遗产的概念和特征

遗产是指自然人死亡时遗留的可以依法转移给他人的个人合法财产权益。遗产既包括现实的财产,如自然人生前的收入、房屋、储蓄和生活用品、林木、牲畜和家禽、一般文物、图书资料等,也包括一定的财产权利,如自然人著作权、专利权中的财产权利等。

遗产具有以下特征:一是合法性。遗产必须是自然人生前的合法财产以及财产权利,依照法律规定不得继承的财产及财产权利(如毒品、淫秽物品、枪支弹药、特殊文物、探矿权、采矿权、取水权、捕捞权、居住权等)或者根据其性质不得继承的财产及财产权利(如领取抚恤金、残疾补助金等具有人身属性的财产权利)不能列为遗产。二是时间特定性。遗产必须是被继承人死亡时所遗留的财产。三是财产性。遗产必须是为人所能控制的物质财富,包括现实财产和符合法律规定的虚拟财产。四是概括性。遗产是被继承人生前的财产权利和财产义务的统一体。

二、遗产管理人

遗产管理人是指在继承开始后由遗嘱指定或者依照法律规定而产生的对被继承人遗产实施清理、保护、管理、分割、债务处理以及其他管理遗产行为的自然人或组织。我国《民法典》首次比较系统地规定了遗产管理人制度,它以遗产管理为核心,通过对遗产管理人的产生路径、职责和责任、报酬等问题的规定,实现遗产管理的制度化、规范化,有利于维护继承人、受遗赠人以及被继承人的债权人等多方主体的合法权益,对于继承制度的完善具有重要意义。

关于遗产管理人的选任,继承开始后如果有遗嘱执行人,则遗嘱执行人即为遗产管理人;没有遗嘱执行人时,继承人应当及时推选遗产管理人;如果继承人未推选,则由继承人共同担任遗产管理人;如果没有继承人或者继承人均放弃继承时,由被继承人生前住所地的民政部门或者村民委员会担任遗产管理人。

遗产管理人主要履行下列职责:一是清理遗产(包括积极遗产和消极遗产即被继承人的债务)并制作遗产清单;二是向继承人报告遗产情况;三是以合理方式保护遗产,采取必要措施防止遗产毁损、灭失,预防和阻止任何组织或者个人的非法侵吞或者争抢;四是处理被继承人的债权债务;五是按照遗嘱或者依照法律规定分割遗产,在遗产分割时应当有利于生产和生活需要,不损害遗产的效用,对于不宜分割的遗产,可以采取折价、适当补偿或者共有等方法处理;六是实施与管理遗产有关的其他必要行为。

三、无人继承遗产的处理

无人继承的遗产又称为无人承受的遗产,是指继承开始后既无人继承又无人受遗赠的遗产,即没有法定继承人、遗嘱继承人、受遗赠人承受的遗产。

导致遗产无人继承的情况很多,有可能是死者本来就没有法定继承人也未立遗嘱指定受遗赠人,也没有签订遗赠扶养协议;也有可能是死者本来有法定继承人或者受遗赠人,但法定继承人丧失继承权,受遗赠人放弃或丧失受遗赠权;还有可能是死者通过遗嘱处分了部分财产,当不存在法定继承人时,未经遗嘱处分的财产就属于无人继承的遗产;还有可能是遗嘱全部或者部分无效又不存在法定继承人等。

对于无人继承的遗产,根据死者生前身份确定其归属。即,死者生前是集体所有制组织成员的,遗产归所在集体所有制组织所有;死者生前不是集体所有制组织成员的,遗产归国家所有,由国家用于公益事业。

第七章　侵权责任法

侵权责任法是民事法律制度的重要组成部分。1986 年《民法通则》的通过和颁布标志着我国侵权责任法律制度的起步。《民法通则》建立了包括停止侵害、排除妨碍、消除危险、返还财产、恢复原状、赔偿损失、消除影响、恢复名誉、赔礼道歉等在内的丰富的侵权责任承担方式，为此后我国侵权法的单独立法奠定了坚实的基础。此后《产品质量法》《消费者权益保护法》《道路交通安全法》《食品安全法》等法律对相关领域的侵权责任作出了具体详细的规定。2009 年第十一届全国人大常委会第十二次会议审议通过的《侵权责任法》是我国侵权领域的基本法，该法自实施以来，在保护民事主体的合法权益、预防和制裁侵权行为方面发挥了重要作用。我国现行《民法典》"侵权责任编"则是在《侵权责任法》的基础上编纂而成，代表了我国侵权责任法律制度的发展和完善。

第一节　侵权责任法概述

侵权责任法是调整因侵权行为所产生的侵权责任的法律规范的总称，因此侵权行为和侵权责任是侵权法律制度中的核心概念。

一、侵权行为的概念和特征

（一）侵权行为的概念

侵权行为是指侵害他人的人身或财产权益而依法应承担民事责任的违法行为。侵权行为发生后，在侵害人与受害人之间就产生了特定的民事权利义务关系，受害人有权要求侵权人承担赔偿损失等不利的法律后果。

（二）侵权行为的特征

侵权行为具有以下特征：第一，侵权行为是一种违法行为，该行为不为法律所许可或鼓励。第二，侵权行为是一种事实行为，它不以意思表示为必备要素，其法律后果的发生基于法律的直接规定。第三，侵权行为的表现形式既可以是作为，也可以是不作为，不作为侵权行为以行为人事先存在某种特定的法定义务为前提。第四，侵权行为是侵害他人民事权益的行为，此处的"民事权益"原则上是指绝对性民事权益，既包括生命权、健康权、姓名权、名誉权、肖像权、隐私权等人格权，也包括所有权、用益物权、担保物权等物权，还包括著作权、专利权、商标权等知识产权以及监护权、婚姻自主权、继承权等其他具有绝对性的人身和财产权益，但一般不包括具有相对性特征的债权。第五，侵权行为人应承担损害赔偿等民事责任。

二、侵权行为的分类

为了准确地把握侵权行为的特点以及不同侵权行为之间的联系与区别，依据一定的标准可以将侵权行为划分成不同的类型。

（一）一般侵权行为与特殊侵权行为

根据侵权责任的构成要件和归责原则，可以将侵权行为分为一般侵权行为和特殊侵权行为。一般侵权行为是指行为人基于过错而侵害他人的民事权益,依法应当承担侵权责任的行为;特殊侵权行为则是由法律直接规定的,在侵权责任的主体、主观构成要件、举证责任分配等方面不同于一般侵权行为的行为。从侵权责任的主体来看,一般侵权行为的主体为一般主体;特殊侵权行为的主体是特殊主体,如国家机关或者国家机关工作人员、从事危险作业的人员、造成环境污染的人员、施工单位、建筑物的所有人或者管理人、动物的饲养人或者管理人、《产品质量法》规定的生产商和销售商等。从主观构成要件来看,一般侵权行为要求行为人主观上具有过错,也就是故意或者过失;特殊侵权行为则不考虑行为人主观上有无过错,只要其他要件具备,就构成特殊侵权从而需要承担侵权责任。从举证责任分配来看,一般侵权行为遵循"谁主张,谁举证"的原则,由受害人一方承担举证责任;而特殊侵权行为中的举证责任往往倒置。

(二) 单独侵权行为与共同侵权行为

根据实施侵权行为的主体的数量,可以将侵权行为分为单独侵权行为和共同侵权行为。单独侵权行为是指只有一人单独实施的侵权行为;共同侵权行为是指由两人以上实施的侵权行为。其中,共同侵权行为根据侵权行为人主观意思的不同状态又可细分为共同加害行为、共同危险行为和无意思联络的数人侵权行为。

(三) 积极的侵权行为与消极的侵权行为

根据侵权行为实施方式的不同,可以将侵权行为分为积极的侵权行为和消极的侵权行为。积极的侵权行为,又称作为的侵权行为,是指行为人积极实施的侵害他人权益的不法行为;消极的侵权行为,又称不作为的侵权行为,是指负有法定作为义务的行为人消极地不实施其法定义务从而侵害他人权益的不法行为。

三、侵权责任法的基本原则

侵权责任法的基本原则是贯穿于整个侵权责任制度、反映侵权责任制度的本质和精神、指导和规范侵权责任法的解释和适用的基本思想和根本准则。侵权责任法的基本原则主要包括以下五项。

（一）全面保护原则

侵权责任法为民事主体的合法权益提供全面保障，它不仅适用于权益受到损害已造成损害事实的情况，还适用于虽未造成实际损害但存在权益受到妨碍或者权益存在危险的情况。对于任何危及他人人身、财产安全的侵权行为，被侵权人都有权请求侵权人承担停止侵害、排除妨碍、消除危险等侵权责任。

（二）救济受害人原则

救济受害人是侵权责任法最重要的功能，因此有人将侵权责任法称为救济法。侵权责任法的重要机能在于填补损害及预防损害，在受害人遭受侵害以后通过追究加害人的侵权责任从而使受害人遭受损害的状态尽可能恢复到原来未受侵害的状态。侵权责任法的基本架构和体系都以救济为中心而构建。尤其是，侵权责任法中的公平责任作为一项损失分担原则，在加害人和受害人都没有过错时，仍然谋求最大限度地减轻受害人所受到的损害，这充分体现了侵权责任法的救济受害人的原则。

为救济弱者，有学者甚至提出"富者生债务"理论[1]。根据该理论，对于富人因其为富人之故而令其承担更多义务是合理适当的事情，即对于同样的事实，若发生在穷人身上则不构成产生责任的原因，若发生

---

[1] 瑞士法学家、政治家布伦奇里（Bluntschli Johann Kaspar，1808～1881）提出该理论。

在富人身上则产生赔偿义务。① 虽然这样的理论听起来可能有些极端,但公平责任适用时对当事人损失承担能力即财产能力的考量实际上与这样的理论不谋而合。

(三) 平等保护原则

侵权责任法的平等保护原则是我国《民法典》平等原则在侵权责任法中的贯彻和体现,它要求对受害人和加害人的利益进行平等而均衡的保护。受害人和加害人作为民事主体在法律上地位平等,对二者的合法权益应当平等保护,既不能为了保护受害人而片面牺牲加害人的利益,从而不当地限制加害人的行为自由,或者要求加害人承担法律以外的赔偿责任,也不能为了保护加害人而片面牺牲受害人的利益,否定受害人的合理诉求,以致受害人的损失不能依法得到充分而全面的填补。虽然救济受害人是侵权责任法最重要的功能,但对加害人责任的追究必须依法进行,平等保护原则与救济受害人原则并不矛盾。

(四) 过错责任与无过错责任相结合的原则

我国侵权责任制度实行过错责任和无过错责任相结合的原则。过错责任是侵权责任的一般原则,它把过错作为一般侵权责任不可或缺的构成要件,"无过错即无责任"。无过错责任是侵权责任的特殊原则,它不以过错为构成要件,注重对受害人合法权益的保障,在现代社会中得到越来越普遍的适用。过错责任与无过错责任相结合,较好地协调和平衡了"个人自由""社会安全""受害者权益"等多种利益的关系,有助于在侵权责任法中更好地贯彻和弘扬民法的平等保护和公平正义的价值观,体现了侵权责任法中归责制度的发展和完善。

(五) 以填补损失为主、以惩罚性赔偿为补充的原则

我国侵权责任法中对损害赔偿责任的追究以填补受害人的损失为

---

① 【日】牧野英一:《法律的进化与进步》,孟祥沛译,商务印书馆 2021 年版,第 92 页。

主,以惩罚性赔偿为补充。侵权责任法最重要的功能是为受害人所受之损害提供救济,因此侵权责任的追究以填补受害人的损失为原则,这里的损失既包括直接损失,也包括间接损失。与此同时,我国侵权责任法积极发挥预防功能,规定了惩罚性赔偿制度。

惩罚性赔偿适用的情形主要包括三种:一是侵害知识产权的惩罚性赔偿。故意侵害他人知识产权,情节严重的,被侵权人有权请求相应的惩罚性赔偿。二是产品责任惩罚性赔偿。明知产品存在缺陷仍然生产、销售,或者没有依据规定采取有效补救措施,造成他人死亡或者健康严重损害的,被侵权人有权请求相应的惩罚性赔偿。三是环境污染、生态破坏侵权的惩罚性赔偿。侵权人违反法律规定故意污染环境、破坏生态造成严重后果的,被侵权人有权请求相应的惩罚性赔偿。

我国侵权责任法在对损害赔偿责任的追究中将填补受害人的损失和惩罚性赔偿制度相结合,以填补损失为主,以惩罚性赔偿为补充,这既有助于有效弥补受害者的损失,切实保障受害者的合法权益,实现侵权责任法的救济功能,又有助于惩罚违法行为,提高违法成本,防止侵权人将来重犯并达到威慑他人的目的,从而实现侵权责任法的预防功能。

第二节　侵权责任

一、侵权责任的概念和特征

侵权责任是侵权人因实施不法侵权行为所应承担的不利的法律后果。

在对民事责任采用二元论的我国,侵权责任具有以下特征:其一,侵权责任是民事主体违反法定一般义务应承担的民事责任;其二,侵权责任是以侵权行为为事实根据的民事责任;其三,侵权责任是依据法律的直接规定而承担的民事责任;其四,侵权责任是侵权人向被侵权人承担的民事责任;其五,侵权责任的承担方式多种多样,不只限于财产责任,也包括消除影响、赔礼道歉、恢复名誉等不具有财产性质的责任;其六,侵权责任具有优先性,即相对于行政责任、刑事责任,侵权责任具有优先实现的效力。[①]

二、侵权责任的归责原则

归责原则即确定责任归属的原则,是指确定加害人是否需要承担侵权责任的规则和依据。对于我国侵权责任法上归责原则的体系和种类,学界尚有不同观点。其一是一元归责原则体系说,即以过错责任原则作为唯一归责原则;其二是二元归责原则体系说,即主张侵权责任的归责原则包括过错责任原则和无过错责任原则两种;其三是三元归责原则体系说,在该说下又分为两种观点,一种主张由过错责任原则、过错推定原则和无过错责任原则构成三元归责体系,另一种主张由过错责任原则、无过错责任原则和公平责任构成三元归责体系,学界以赞同后一种三元归责体系说者居多;其四是四元归责原则体系说,即主张侵权责任的归责原则包括过错责任原则、过错推定原则、无过错责任原则和公平责任原则四种。

(一) 过错责任原则

过错责任原则,是指将行为人主观上的过错(包括故意和过失)作为令其承担民事责任基本条件的责任确定规则。按照过错责任原则,行为人仅在有过错的情况下,才承担民事责任;如果行为人没有过错,就不需要承担民事责任。过错责任原则的确立为民事主体的行为确立了标准,它要求行为人尽到对他人的谨慎和注意义务,尽量避免损害后果的发生,有助于实现法律责任和道德责任的统一,较好地协调和平衡了"个人自由"和"社会安全"两种利益的关系。过错责任原则是世界上

---

① 郭明瑞:《侵权责任法通义》,商务印书馆 2022 年版,第 24—26 页。

第一部近代民法典《法国民法典》所确立的民法基本原则,此后相继为各个近代国家的民法典所仿效。我国《民法典》第 1165 条第 1 款规定:"行为人因过错侵害他人民事权益造成损害的,应当承担侵权责任。"过错责任原则是我国侵权责任法的一般归责原则。

(二)过错推定责任原则

过错推定责任原则是指当损害结果发生时依照法律规定首先推定造成他人损害的行为人有过错,只要行为人不能证明自己没有过错就要承担民事责任的责任确定规则。过错推定责任适用的前提是必须有法律的明确规定,这一点与无过错责任相似。对于适用过错推定责任的行为,被害人不必举证对方的主观过错,而是直接从损害事实的客观要件及它与违法行为的因果关系中,推定行为人主观有过错。如果行为人能证明自己没有过错,则无须承担侵权责任;只要行为人不能证明自己在主观上无过错,就要因这种推定的过错而承担侵权民事责任。可见,过错推定责任原则仍然是将过错作为承担侵权责任的基本条件和依据,它只不过是过错责任原则的一种特殊适用方式,并没有脱离过错责任原则的轨道,因此,完全可以将过错推定责任原则归入过错责任原则的范畴。

我国《民法典》所规定的适用过错推定责任的情形主要包括:一是无民事行为能力人在教育机构遭受人身损害时,推定教育机构具有过错(《民法典》第 1199 条);二是医疗机构违反法律、行政法规、规章以及其他有关诊疗规范的规定,或者隐匿或者拒绝提供与纠纷有关的病历资料,或者伪造、篡改或者销毁病历资料,从而造成患者损害的,推定医疗机构有过错(《民法典》第 1222 条);三是动物园饲养的动物致人损害时,推定动物园具有过错(《民法典》第 1248 条);四是建筑物、构筑物或者其他设施及其搁置物、悬挂物发生脱落、坠落致人损害时,推定其所有人、管理人或者使用人具有过错(《民法典》第 1253 条);五是堆放的物品倒塌致人损害时,推定堆放人具有过错(《民法典》第 1255 条);六是林木折断致人损害时,推定林木的所有人或者管理人具有过错(《民法典》第1257条）；七是地下设施施工致人损害时，推定施工人具有过错（《民法典》第1258条）；八是非法占有高度危险物中所有人、管理人的过错推定责任（《民法典》第1242条）。

（三）无过错责任原则

无过错责任原则，也叫严格责任原则或者危险责任原则，是指不以行为人的过错为承担侵权责任根据的归责原则，当损害结果发生时，不问行为人有没有过错，只要有令其承担责任的相关法律规定，行为人即应依法承担民事责任。执行这一原则时确定责任的依据并非行为人的过错，而是损害事实的客观存在，该侵权责任是一种根据行为人的活动及所管理的人或物的危险性质与所造成损害后果的因果关系而由法律明确规定的特别责任。近现代民法中的无过错责任是随着经济的发展、科学技术的提高而出现并发展起来的，在充满高度风险的现代社会，无过错责任得到越来越普遍的适用，在有些领域甚至有取代过错责任的趋势。我国《民法典》第1166条规定："行为人造成他人民事权益损害，不论行为人有无过错，法律规定应当承担侵权责任的，依照其规定"，这是无过错原则在我国《民法典》中的体现。

我国《民法典》所规定的适用无过错责任的情形主要包括：一是无民事行为能力人、限制民事行为能力人致人损害时，监护人承担无过错责任（《民法典》第1188条）；二是用人单位的工作人员因执行工作任务致人损害时，用人单位承担无过错责任（《民法典》第1191条）；三是提供个人劳务一方因劳务致人损害时，接受劳务一方承担无过错责任（《民法典》第1192条）；四是因产品存在缺陷造成他人损害时，生产者和销售者承担的不真正连带责任为无过错责任（《民法典》第1202、1203条）；五是机动车与行人、非机动车驾驶人之间发生道路交通事故时，机动车一方承担无过错责任（《民法典》第1208条）；六是因环境污染、破坏生态致人损害时，侵权人承担无过错责任（《民法典》第1229条）；七是高度危险责任中，从事高度危险作业者、高度危险物品的经营者、占有人承担无过错责任（《民法典》第1236条—第1242条）；八是饲养的动物致人损害时,动物饲养人或者管理人承担无过错责任(《民法典》第1245条—第1247条、1249条);九是建筑物倒塌致人损害时,建设单位与施工单位承担无过错责任(《民法典》第1252条);十是医疗机构违反告知义务,给患者造成损害时,医疗机构承担无过错责任(《民法典》第1219条);十一是因医疗产品致患者损害时,医疗机构与产品提供者承担的不真正连带责任为无过错责任(《民法典》第1223条);十二是在道路上倾倒、堆放、遗撒妨碍通行物时,行为人承担无过错责任(《民法典》第1256条)。

(四) 公平责任原则

所谓公平责任原则,是指当损害结果发生而加害人和受害人都没有过错时,以公平作为价值判断标准,根据实际情况和可能,由双方当事人分担损失的原则。但公平责任原则究竟是不是侵权责任的归责原则值得商榷。

公平责任原则最早的法律依据是我国1986年《民法通则》第132条所规定的"当事人对造成损害都没有过错的,可以根据实际情况,由当事人分担民事责任。"该法条中存在"分担民事责任"这一用语,因此公平责任被视为侵权责任的归责原则之一。但公平责任在司法实践中经常容易被滥用,学界对该法条表述也存在诸多异议。2009年《侵权责任法》第24条将公平责任的表述修改为"受害人和行为人对损害的发生损害都没有过错的,可以根据实际情况,由双方分担损失",这实际上是将该原则限定为一项损失分担的规则而不再是责任分担的原则。我国《民法典》第1186条在《侵权责任法》的基础上对公平责任法条进行了进一步的修改和完善,规定"受害人和行为人对损害的发生都没有过错的,依照法律的规定由双方分担损失",仍然是将所谓的公平责任作为一项损失分担的规则。

同时,过错责任原则和无过错责任原则作为侵权责任的两项归责基本原则,外延也已经周延,过错责任和无过错责任将过错情形的有无已经进行了完整概括和全面覆盖。而且,相比于过错责任原则和无过错责任原则在司法实践中的广泛运用,公平责任的适用空间非常狭小,不具有普遍意义,不适宜作为侵权责任归责的一般原则。

综上,本书在侵权责任归责原则的种类和体系上赞同二元归责原则体系说,即主张侵权责任的归责原则仅包括过错责任原则和无过错责任原则两种。过错推定责任原则可归入过错责任原则的范畴;公平责任只是损失分担规则而不是独立的侵权责任归责原则。

三、侵权责任的一般构成要件

过错责任原则是我国侵权责任法的一般归责原则,因此侵权责任的一般构成要件即过错侵权责任的构成要件,是指行为人因一般侵权行为而承担民事责任所需要具备的条件和要素。

侵权责任的一般构成要件包括违法行为、损害事实、过错和因果关系四个方面。

(一) 违法行为

作为侵权行为构成要件的违法行为也称为行为的违法性,是指造成损害后果的行为是违反法律禁止性规定的行为。违法性是侵权责任的重要构成要件。如果行为人的行为合乎法律的规定,那么即使此种行为造成了损害,行为人也不须承担民事责任。

值得注意的是,对于违法性是否属于侵权责任的独立的构成要件,学界有不同意见,有学者认为不应当以违法性作为侵权责任的构成要件,因为,一方面,即使某种行为没有违反法律的明确规定,但由于行为人存在过错也要承担侵权责任;另一方面,过错即违法,违法性要件通常已经被过错要件吸收。[1]

(二) 损害事实

损害事实即民事主体合法民事权益遭受不利益的事实,是指某种

---

[1] 王利明、周友军、高圣平:《中国侵权责任法教程》,人民法院出版社 2010 年版,第 183 页。

侵害他人人身权益或财产权益的行为导致受害人财产利益或非财产利益减少或灭失的客观事实。"无损害即无责任",损害事实的存在是侵权责任构成的前提、必备要素和首要条件。

作为侵权责任构成要件的损害事实具有以下特点:一是损害系合法权益所遭受的侵害;二是损害具有客观确定性,即损害事实是真实发生客观存在的,同时损害的范围和程度可以确定,即可以通过一定的方式予以衡量;三是损害具有可救济性,即受害人所受损害依法应当得到救济且可以通过一定的方式进行补救。

损害事实包括两大类:一是人身权益遭受损害的事实,包括人格利益的损害和身份权益的损害,其中对精神性人格权和身份权所造成的人格利益损害被称为是精神损害事实,它是一种无形的人格利益损害;二是财产权益遭受损害的事实,包括直接损失和间接损失,后者是受害人可得利益的丧失。

(三) 过错

过错是指行为人实施不法行为时主观上故意或者过失的心理状态。过错包括故意和过失两种形态。故意是指行为人预见到自己行为的后果但仍然希望或者放任该结果发生的主观心理状态;过失是指行为人能够预见或者应当预见到自己行为的后果,但由于疏忽大意没有预见,或者虽然预见但轻信可以避免(结果导致侵害后果发生)的主观心理状态。无过错责任原则在适用时不考虑行为人有无过错,因此,过错只是过错责任即一般侵权责任的构成要件。

(四) 因果关系

因果关系是指两个事实或现象之间所存在的一种引起和被引起的联系。作为侵权责任构成要件的因果关系是指违法行为与损害事实之间存在的前者引起后者因此以前者为因、以后者为果的客观联系。

在上个世纪 80 年代,从前苏联引入的必然因果关系理论盛行于我国侵权法学界。该理论简单地将哲学上的"必然与偶然"这一对范畴引入侵权法领域,认为在判定侵权因果关系之时,只有当违法行为与损害结果之间具有内在的、本质的、必然的联系,即由违法行为到损害结果的运动呈现出符合客观规律的无法避免、确定不移的必然趋势之时,才能认为违法行为与损害结果之间存在法律上的因果关系。由于必然因果关系说严重混淆了法律因果关系与哲学因果关系,不适当地限制了侵权责任的成立以及赔偿的范围,因此对于受害人极为不利。后来必然因果关系说受到理论界的抨击,相当因果关系说出现并逐渐为司法界所接受,包括最高人民法院在内的许多法院在认定侵权的因果关系时都采用了相当因果关系说。①

　　侵权法上的相当因果关系说认为:某一行为于现实情形引起某种损害事实的发生时,尚不能由此断定该行为与损害事实之间存在因果关系;只有依据社会的一般经验考虑,同等行为足以引起与损害事实同样的结果时,才能认定二者之间存在因果关系。相当因果关系较必然因果关系合理扩大了因果关系的范围,使加害人不会被轻易免除责任,从而在许多情况下有利于保护受害人的利益,实现民法的社会价值。

四、侵权责任的减免事由

　　侵权责任的减免事由是指行为人针对受害人主张由其承担侵权责任的要求而提出的主张减轻或免除侵权责任的理由。侵权责任的减免事由一般包括以下几项:一是不可抗力,即不能预见、不能避免且不能克服的客观情况。二是正当防卫,即行为人为了使国家、公共利益、本人或者他人的人身、财产和其他权益免受正在进行的不法侵害,而采取的制止不法侵害的行为。三是紧急避险,即行为人为了使国家、公共利益、本人或者他人的人身、财产和其他权益免受正在发生的危险,不得已采取的牺牲一个较小利益来保护较大利益的行为。四是受害人原因。如果损害是因受害人故意造成时,行为人不承担责任;如果受害人

---

① 程啸:《中国侵权法四十年》,《法学评论》2019 年第 2 期。

对同一损害的发生或者扩大有过错时,可以减轻侵权人的责任。五是第三人原因。如果损害是因第三人所造成时,由第三人承担侵权责任。六是自甘风险,即自愿参加具有一定风险的文体活动时因其他参加者的行为受到损害的受害人不得请求其他参加者承担侵权责任。七是自助行为,即当民事主体的合法权益受到侵害,情况紧迫且不能及时获得国家机关保护,不立即采取措施将使其合法权益受到难以弥补的损害时,受害人可以在保护自己合法权益的必要范围内采取扣留侵权人财物等合理措施。八是依法履行公务。行为人如果是根据法律法规的授权依法履行公务而给他人造成损害时,不需要承担侵权责任。

第三节 特殊主体的责任

在侵权责任法律关系中,由于存在多个侵权主体且其共同侵权的主观意识形态不同,或者由于某些特定的人与侵权行为人具有特殊的关系,或者由于侵权行为发生于特殊的网络环境,或者由于某些特定的人负有法定或者约定的特殊义务,因此会导致这些主体在民事责任的承担上具有特殊性。

一、共同侵权责任

作为共同侵权行为的结果,共同侵权责任是指两人以上共同实施对他人人身或财产权益的侵害而依法应承担的民事责任。与单独一人侵权所导致的一人侵权责任不同,共同侵权责任的特点就体现在加害人为数人,由此就会产生数人分担侵权责任时不同种类的责任形态。

(一) 连带责任

连带责任指数个侵权人就其共同造成的侵害后果各负全部赔偿义务的民事责任,即,受害人有权向共同侵权人中的任何一人或数人请求赔偿全部损失,而加害人即侵权人中的一人或数人都负有向受害人赔偿全部损失的责任。当侵权人中的一人或数人向受害人赔偿全部损失后,其他侵权人的赔偿责任得以免除,已经承担全部赔偿责任的侵权人可以向其他侵权人就其应当承担的责任份额追偿。

在连带责任中,虽然每个连带责任人都负有向受害人赔偿全部损失的义务,但并不意味着连带责任人之间不存在各自责任份额的区分或差异。连带责任人内部的责任份额根据各自责任的大小确定;难以确定责任大小时则平均承担责任。连带责任是一种法定责任,责任人的内部约定或其实际上内部责任份额的差异都不能改变连带责任的性质。

我国《民法典》所规定的适用连带责任的情形主要包括:一是共同实施侵权行为人的连带责任,即"二人以上共同实施侵权行为,造成他人损害的,应当承担连带责任"(《民法典》第1168条)。二是教唆者、帮助者的连带责任,即"教唆、帮助他人实施侵权行为的,应当与行为人承担连带责任"(《民法典》第1169条)。三是共同危险行为人的连带责任,即"二人以上实施危及他人人身、财产安全的行为,其中一人或者数人的行为造成他人损害,……不能确定具体侵权人的,行为人承担连带责任"(《民法典》第1170条)。四是分别实施充足原因侵权行为的连带责任,即"二人以上分别实施侵权行为造成同一损害,每个人的侵权行为都足以造成全部损害的,行为人承担连带责任"(《民法典》第1171条)。

(二) 按份责任

按份责任是指数个责任人分别按照各自份额向受害人承担赔偿义务的民事责任形态。在按份责任中,每个侵权人都有根据其责任大小而明确确定的应当由其承担责任的份额。对于按份侵权责任人,受害人仅有权要求其按照份额承担相应的赔偿责任;每个侵权人也仅就自己应当承担的责任份额负有赔偿义务。当侵权人中的一人或数人按照自己的份额向受害人赔偿损失后,其侵权赔偿责任得以免除。按份责任人各自赔偿份额的清偿不影响其他按份责任人的赔偿份额和赔偿责任。

按份责任是无意思联络的数人侵权行为所适用的责任形态。我国《民法典》第 1172 条规定了分别实施非充足原因侵权行为的按份责任，即"二人以上分别实施侵权行为造成同一损害，能够确定责任大小的，各自承担相应的责任；难以确定责任大小的，平均承担责任。"

（三）先付责任

先付责任是指两个或两个以上的侵权行为人承担损害赔偿责任时，受害人只能依法先向其中的一个或数个侵权人请求赔偿，该侵权人赔偿后有权向其他责任人追偿的共同侵权责任形态。

我国《民法典》所规定的适用先付责任的情形主要包括：一是产品生产者、销售者的先付责任，即"因运输者、仓储者等第三人的过错使产品存在缺陷，造成他人损害的，产品的生产者、销售者赔偿后，有权向第三人追偿"（《民法典》第 1204 条）。二是建设单位、施工单位的先付责任，即"建筑物、构筑物或者其他设施倒塌、塌陷造成他人损害的，……建设单位、施工单位赔偿后，有其他责任人的，有权向其他责任人追偿。"（《民法典》第 1252 条）。三是所有人、管理人、使用人的先付责任，即"建筑物、构筑物或者其他设施及其搁置物、悬挂物发生脱落、坠落造成他人损害，……所有人、管理人或者使用人赔偿后，有其他责任人的，有权向其他责任人追偿"（《民法典》第 1253 条）。

（四）补充责任

补充责任是指两个或两个以上的侵权行为人对其共同承担的损害赔偿责任有先后顺序，顺序在前的侵权责任人应当首先就受害人所受损害承担全部赔偿责任，只有在前一顺序责任人不能承担责任或者不能承担全部责任时，才由顺序在后的侵权责任人承担部分赔偿责任的共同侵权责任形态。在补充责任的适用中，一方面，承担补充责任的侵权人承担责任的顺序在后，其承担责任的前提条件是前一顺序责任人不能承担责任或者不能承担全部责任;另一方面,即使前一顺序责任人不能承担责任,承担补充责任的侵权人一般也是承担部分责任而不需要承担全部赔偿责任。

我国《民法典》所规定的适用补充责任的情形主要包括:一是监护人的补充责任,即"有财产的无民事行为能力人、限制民事行为能力人造成他人损害的,从本人财产中支付赔偿费用;不足部分,由监护人赔偿"(《民法典》第 1188 条)。二是劳务派遣单位的补充责任,即"劳务派遣期间,被派遣的工作人员因执行工作任务造成他人损害的,由接受劳务派遣的用工单位承担侵权责任;劳务派遣单位有过错的,承担相应的责任"(《民法典》第 1191 条)。三是安全保障义务中的补充责任,即对于因第三人行为造成的损害"经营者、管理者或者组织者未尽到安全保障义务的,承担相应的补充责任"(《民法典》第 1198 条)。四是教育机构的补充责任,即对于无民事行为能力人或者限制民事行为能力人在幼儿园、学校或者其他教育机构学习、生活期间受到的第三人人身损害"幼儿园、学校或者其他教育机构未尽到管理职责的,承担相应的补充责任"(《民法典》第 1201 条)。

(五)不真正连带责任

侵权法上的不真正连带责任,是指数个行为人违反法定义务,对一个受害人实施加害行为,或不同的行为人基于不同的行为而致使受害人的权利受到损害,各个行为人对产生的同一内容的侵权责任各负全部赔偿责任,并因行为人之一的履行而使全体责任人的责任归于消灭的侵权责任形态。[①] 在不真正连带责任中,已经承担全部赔偿责任的侵权人中的一人或数人一般可以向其他侵权人追偿。

我国《民法典》所规定的适用不真正连带责任的情形主要包括:一是产品生产者和销售者的不真正连带责任,即"因产品存在缺陷造成他

---

① 杨立新:《侵权法》,中国人民大学出版社 2021 年版,第 65 页。该书将补充责任和先付责任均视为特殊的不真正连带责任类型。

人损害的,被侵权人可以向产品的生产者请求赔偿,也可以向产品的销售者请求赔偿"(《民法典》第 1203 条)。二是医疗产品的不真正连带责任,即"因药品、消毒产品、医疗器械的缺陷,或者输入不合格的血液造成患者损害的,患者可以向药品上市许可持有人、生产者、血液提供机构请求赔偿,也可以向医疗机构请求赔偿"(《民法典》第 1223 条)。三是环境污染和生态破坏的不真正连带责任,即"因第三人的过错污染环境、破坏生态的,被侵权人可以向侵权人请求赔偿,也可以向第三人请求赔偿"(《民法典》第 1233 条)。四是饲养动物致害的不真正连带责任,即"因第三人的过错致使动物造成他人损害的,被侵权人可以向动物饲养人或者管理人请求赔偿,也可以向第三人请求赔偿"(《民法典》第 1250 条)。

二、替代责任

替代责任是与自己责任相对应的一个概念。近代民法把自己责任作为一项与人格平等、私有权神圣不可侵犯、契约自由等同等重要的民法的基本原则。与中外古代社会普遍存在的株连制度刚好相反,自己责任原则要求一个人只对自己的行为负责;一个人无须对别人的行为负责,别人也无须对他的行为负责。近现代社会中刑法上罪责自负原则和民法上自己责任原则的确立彻底将不文明、不合理的连坐株连制度扔进了历史的垃圾堆。

然而在特定情形下,让民事主体对与自己有某种关联关系的其他人的行为所造成的损害承担相应的法律责任具有必要性和合理性,由此替代责任得以产生。替代责任制度是自己责任原则的例外,它是一种特殊的侵权责任形态,替代责任的适用必须有法律的明文规定。同时,在替代责任中也要注意责任人与加害行为的直接实施人之间的利益平衡,当民事主体为其他人的致害行为承担侵权责任后,一般可以向有故意或者重大过失的直接致害人追偿。

对于替代责任,学界一般认为:所谓替代责任制度,是指依照法律的明文规定,民事主体对他人的侵权行为或者对自己所有、管理的动物和物件的侵权行为承担责任的侵权责任形态。"民事主体对这种损害承担责任总是基于一定的既有法律关系,如监护关系、雇佣关系、所有权关系等。之所以由这些民事主体承担责任是基于以下理由:首先,他们最有可能防止损害的发生;其次,他们可能是加害人所执行的某种活动的受益人;再次,由他们承担责任比由其他人承担责任或者受害人承担责任更公平;最后,他们对致害物件等具有利益关系。"①"为他人的侵害行为承担的责任为人的替代责任,为自己管领的对象致人损害承担的责任为物的替代责任,包括饲养动物致人损害责任和物件致人损害责任等。"②

本书认为,替代责任是一个民事主体代替其他民事主体承担侵权责任的形态,它应当只存在于民事主体之间。动物或物件都不是适格的民事主体,它们本身就不具备承担民事责任的资格。在饲养动物致人损害和物件致人损害中,侵权人并非替代动物或物件承担责任,而是为自己未尽到管理义务的不作为行为所承担的责任,这种责任形态仍然属于自己责任的范畴。故而,本书将饲养动物致害责任和物件致害责任排除出替代责任。

由此,我国《民法典》所规定的适用替代责任的情形主要包括:一是监护人的替代责任,即"无民事行为能力人、限制民事行为能力人造成他人损害的,由监护人承担侵权责任。监护人尽到监护职责的,可以减轻其侵权责任"(《民法典》第1188条)。二是用人单位的替代责任,即"用人单位的工作人员因执行工作任务造成他人损害的,由用人单位承担侵权责任。……劳务派遣期间,被派遣的工作人员因执行工作任务造成他人损害的,由接受劳务派遣的用工单位承担侵权责任"(《民法典》第1191条)。三是个人劳务中的替代责任,即"个人之间形成劳务关系,提供劳务一方因劳务造成他人损害的,由接受劳务一方承担侵权责任"(《民法典》第1192条)。

---

① 张新宝:《侵权责任构成要件研究》,法律出版社2007年版,第22页。
② 郭明瑞:《侵权责任法通义》,商务印书馆2022年版,第150页。

三、网络侵权责任

网络侵权,是指发生于互联网环境下的侵权行为,它与传统的非互联网侵权行为在本质上并无不同。但由于网络侵权行为发生于互联网空间,因此对于网络用户的侵权行为,网络服务提供者是否要承担责任以及如何承担责任成为网络侵权中一个比较复杂的问题。本书在此主要探讨网络服务提供者的侵权责任。

(一)网络侵权责任的一般规定

根据我国《民法典》第 1194 条的规定:"网络用户、网络服务提供者利用网络侵害他人民事权益的,应当承担侵权责任。"这就是我国侵权责任法律制度中关于网络侵权责任的一般规定。

(二)避风港原则中的通知规则

由于网络服务提供者较难对海量的网络信息进行全面、及时、有效的审查,不加区分地令其对所提供服务的网络平台上发生的网络用户的侵权行为一概承担责任的做法缺乏公平合理性。因此,美国 1998 年《数字千年版权法案》中规定通过设立"通知和移除"规则来对网络服务提供者提供一定的免责情形,这项规则被称为避风港原则,并逐渐发展成为国际上通用的互联网侵权纠纷处理原则。

根据避风港原则,网络服务提供者首先有接到权利人通知后采取必要措施有效制止侵权行为的义务。即:遭受网络侵权的权利人有权通知网络服务提供者采取删除、屏蔽、断开链接等必要措施。网络服务提供者接到通知后,应当及时将该通知转送相关网络用户,并根据构成侵权的初步证据和服务类型采取必要措施;未及时采取必要措施的,对损害的扩大部分与该网络用户承担连带责任。网络服务提供者只要采取了必要措施,即可对采取措施前的网络侵权行为免除其相应的法律责任,由此获得特定条件下的免责空间。

(三) 避风港原则中的反通知规则

网络用户接到网络服务提供者转送的有关权利人的通知后,可以向网络服务提供者提交不存在侵权行为的声明。网络服务提供者接到声明后,应当将该声明转送发出通知的权利人,并告知其可以向有关部门投诉或者向人民法院提起诉讼。网络服务提供者在转送声明到达权利人后的合理期限内,未收到权利人已经投诉或者提起诉讼通知的,应当及时终止所采取的措施。

(四) 红旗规则

避风港原则为网络服务提供者提供了一定的免责空间,但在特定条件下,避风港原则不再适用,仍然要追究网络服务提供者的侵权责任,那就是红旗规则,即,当网络用户在网络平台上实施侵权行为的事实非常明显,像一面鲜艳的红旗在网络服务提供者面前公然飘扬时,网络服务提供者不能对该侵权行为视而不见。红旗规则体现在我国《民法典》第1197条所规定的"网络服务提供者知道或者应当知道网络用户利用其网络服务侵害他人民事权益,未采取必要措施的,与该网络用户承担连带责任"。红旗规则修正了避风港原则的不足,强调了网络服务提供者的注意义务,有助于减少网络侵权行为,有效保护民事主体的合法权益。

四、安全保障责任

安全保障责任即违反了安全保障义务的责任,是指负有安全保障义务的民事主体因没有履行该项义务造成他人人身或财产权益损害从而依法应承担的民事责任。此处的"安全保障义务"是指宾馆、商场、银行、车站、机场、体育场馆、娱乐场所等经营场所、公共场所的经营者、管理者或者群众性活动的组织者应依法承担的对进入相关场所或参加相关活动之人的人身、财产安全予以保障的义务。安全保障义务是一种法定的注意义务。

　　安全保障责任的构成需要具备以下条件：一是安全保障责任的承担主体是负有安全保障义务的特定主体，一般局限于宾馆、商场、银行、车站、机场、体育场馆、娱乐场所等经营场所、公共场所的经营者、管理者或者群众性活动的组织者；二是义务人未尽到安全保障义务，在违反安全保障义务的行为上体现为不作为，即应当作为而没有作为，这表明义务人行为的违法性；三是存在损害事实，造成了他人的人身权益或财产权益遭受损害的后果；四是义务人违反安全保障义务的行为与损害事实之间存在因果关系；五是义务人主观上存在过错，这里的过错只包括过失而不包括故意。

　　安全保障责任与第三人侵权责任有时会产生竞合，即受害人的损害是由于第三人的不法行为所造成，而同时又存在相关场所的经营者、管理者或者相关活动的组织者未尽到安全保障义务的情况，此时由第三人承担侵权责任，由相关经营者、管理者或者组织者承担相应的补充责任。

五、高空抛物责任

　　我国《民法典》第1254条所规定的高空抛物责任制度虽然对2009年《侵权责任法》第87条所规定的相关内容进行了一定的补充和完善，但其核心内容与《侵权责任法》第87条的规定无异。无论是《民法典》第1254条，还是《侵权责任法》第87条，都包含以下核心内容，即："难以确定具体侵权人的，除能够证明自己不是侵权人的外，由可能加害的建筑物使用人给予补偿。"许多学者对此项规则提出异议，认为对建筑物使用人追究责任不合理，举证责任倒置不适当，既违反了自己责任原则也无法用替代责任理论进行解释，滥用侵权责任法的救济功能，混淆了物件损害责任与行为致害责任的区别等。[①]

---

① 孟祥沛：《对侵权责任法第87条的考察》，日本《广岛法学》2012年第4期；曹险峰：《侵权法之法理与高空抛物规则》，《法制与社会发展》2020年第1期；孟祥沛：《连坐恶法岂能死灰复燃？——论侵权责任法第87条及民法典编纂中的高空抛物责任》，《上海政法学院学报》2020年第3期。

　　《民法典》第 1254 条有关高空抛物条文的诸多内容值得商榷:第一,该条首句是"禁止从建筑物中抛掷物品",但高空抛物行为的性质和后果不只是局限于民法领域,甚至当抛物行为未造成损害事实时完全不会引发民事主体之间的任何纠纷,私法不存在对此行为调整的空间,因此这种一般行为规范不宜放在《民法典》之中。第二,规定中的"从建筑物中抛掷物品或者从建筑物上坠落的物品造成他人损害的,由侵权人依法承担侵权责任"完全属于我国《民法典》第 1165 条所规定的一般侵权责任适用的情形,没有必要在此重复规定。第三,规定中的"经调查难以确定具体侵权人的,除能够证明自己不是侵权人的外,由可能加害的建筑物使用人给予补偿"属于不合理的民事连坐。第四,规定中的"可能加害的建筑物使用人补偿后,有权向侵权人追偿"因补偿本身就不合理,因此追偿亦失去存在的基础。第五,规定中的"物业服务企业等建筑物管理人应当采取必要的安全保障措施防止前款规定情形的发生;未采取必要的安全保障措施的,应当依法承担未履行安全保障义务的侵权责任"属于我国《民法典》第 1198 条所规定的安全保障义务的适用情形,没有必要在此重复规定。第六,该条尾句是"发生本条第一款规定的情形的,公安机关应当依法及时调查,查清责任人",这种对公安机关执法义务的管理性规范不宜规定在作为民事实体法的《民法典》之中。综上,《民法典》第 1254 条的内容要么不合理,要么重复立法,整体上没有存在的价值。

下编　商法学

第一章　商法总论

第一节　商法的概念和特征

一、商法的概念

商法,也称为商事法(Commercial Law/Business Law),是指规制商事主体或者商事行为的相关法律规范,亦即调整商事关系的法律规范之总称。就商法而言,有区分形式意义上的商法和实质意义上的商法的必要。所谓形式意义上的商法,是在采纳"民商分立"立法模式的国家中,专门制定的以"商法典"为名称的法律规范集合。形式意义上的商法,其内容往往包含商法一般规则、公司、证券、保险、破产、票据、海商等基础性商事法律制度。在此种立法模式下,各种商事单行法,包括公司法、证券法、保险法、票据法等,均被视为商法的特别法。截至目前,世界上有大约 40 多个国家拥有形式意义上的商法,包括法国、德国、比利时、日本、韩国、美国、阿根廷等国家。所谓实质意义上的商法,则是在未制定"商法典"的国家中,虽然未以"商法"命名,但以规制商事主体或者商事行为为目的的法律法规的总称。就现代商业社会而言,一国可以没有形式意义上的商法,但必然拥有实质意义上的商法。我国《民法典》采取"民商合一"模式,这也使我国的商法规范主要存在于《公司法》《证券法》《保险法》《票据法》《海商法》《商业银行法》等商事单行法中,由此构成了我国实质意义上的商法体系。

在学理上,也将商法区分为广义商法与狭义商法两种。所谓广义商法,就是有关商事的全部法律规范的总称,包括国际商法与国内商法。国际商法是国际有关商事的法律规范,如国际商事条约及国际商事惯例。国内商法则是国内有关商事的法律规范,可以进一步区分为商事公法和商事私法。商事公法规定于宪法、行政法、刑法等公法规范中且与商事关系的调整有关,但并不具备完整的法律体系;商事私法则指私法中有关商事关系调整的法律规范,在民商合一国家则主要体现为民法典中有关商事的规定、商事特别法以及商事习惯法。而狭义的商法,则仅指商事私法。

法律是以社会关系为调整对象的,商法的调整对象是商事关系。所谓商事关系(commercial relationship),是商事主体通过营利性活动所建立的财产关系以及其他相关的经济社会关系。商事关系的特点包括:

(一) 商事关系发生在平等主体之间

商事关系属于私法法律关系,因而与公法法律关系区别开来。私法调整私人之间的关系,包括财产关系和人身关系。商法是私法的一种,但其仅调整财产关系,人身关系不属于商法的调整范围。商法不调整人身关系的原因在于,商事关系是以营利为目的,但人身关系并不具有营利的性质。财产关系是通过生产、分配、交换和消费过程形成的经济关系,具有平等性、自愿性和有偿性的特征。所谓平等性,即商事主体地位平等,在商事关系中商事主体之间不存在地位的高下,因而在当事人之间也不存在支配或者命令关系。所谓自愿性,即商事主体之间所进行的商事活动是建立在自愿的基础上,主体依据自身的判断进行决策并实施相关行为,不受其他干预和影响。所谓有偿性,即商事关系的发生须遵循等价有偿原则,各方基于对自身利益的考量进行交易,不能低价或者无偿获取他人的财产和服务。

(二) 商事关系发生在持续的经营过程中

在私人的交易关系中,交易往往具有营利性的特征,但相当一部分交易活动是偶尔发生的,不具有持续性,因而不能作为商事关系加以对待。譬如,私人买卖房产的活动虽然可能带有营利的目的,但由于该买卖仍然是以满足居住需求为主要目的且并非经常进行,因而不能被认为是一种商事法律关系。当商事主体以追求利润为目的持续地进行经营活动并形成相应的财产关系,即可以认定为商业经营关系。持续经营性使得商事财产关系与非商事财产关系区分开来:以信托关系为例,受托人在接受委托人委托后,即开始持续进行经营管理信托财产的活动,其目的是追求信托财产的保值增值;以保险关系为例,保险公司承保各类保险业务,其目的是收取投保人的保费进而获得保险收入,以此获得经营利润。

(三)商事关系是具有独立性的社会关系

商法与民法均属私法,这使得商法和民法具有某种共同性。但两者之间存在着诸多不同,民法调整一般性财产关系,而商法调整的是持续经营性财产关系,这使得商法具有了独立于民事法律关系的性质和地位,具体体现为,商法有独立的调整对象、规范内容以及调整方法。民事法律关系是静态的财产关系,商事法律关系与财产的运营相关,是一种动态的财产关系。由于商事法律关系与民事法律关系存在着显著不同,也导致商法采取不同于民法的制度和原则。市场经济在客观上追求效率,在商事主体的设立、商事行为的开展等方面,均需有操作性和便捷性的法律规范。商法对于商事关系的调整也采取某些特殊的方法和规则,如无因性、外观主义、交易定型化、严格责任主义及短期实效等。以商法中存在的权利分离现象为例,当投资者将资金或其他财产投入公司后,该资金及财产便成为公司财产的一部分,由公司行使所有权。此种制度设计,目的在于促进财产效用的最大化,使公司以所有人身份管理财产进而获得超越于财产使用权的更大激励。

二、商法的基本原则

商法的基本原则,是指贯穿于商法各个组成部分,统辖商法各项具体规范,反映商法精神的基本准则。商法基本原则具有高度抽象性和概括性,能够成为商法规范的适用基础,在具体规则发生冲突时作为权衡的依据。对于商法基本原则的内容,虽然学理观点存在一定分歧,但无外乎促进交易效率、维护交易公平和保护交易安全三点。

(一) 促进交易效率原则

在商事活动中,商事主体基于自身判断进行交易,通过简便快捷的交易形式,相对较短的交易周期,可以达到降低交易成本、提升商业利润的效果。基于此目标,商法须确立促进交易效率之基本原则。

1. 交易自由

商法是调整平等主体之间商事关系的法律规范,因而应当尊重当事人的意思自治,确保主体间自由交易。保护交易自由也是市场经济的基本要求,商事主体只有在自主决策、自由缔约的情况下,才能够通过对自身利益的权衡进行交易,从而实现自身利益最大化。为确保交易自由,商法采用任意性规范的形式,赋予当事人进行商业经营的自由,在其行为不违反法律的效力性强制性规定的情况下,承认交易行为的效力。在商法中,交易自由往往体现在两个方面,即合同自由、企业自治。所谓合同自由,是当事人在订立商事合同时,对于合同是否订立、合同内容、形式以及相对人选择方面可以自主决定,除违背公序良俗或者法律强制性规定外,法律尊重当事人的选择。所谓企业自治,是指在企业的设立、自主经营以自我管理方面享有的充分自主权,也是经济自由主义在商事组织法领域的集中体现。此外,在一些商事交易中,商法也允许当事人自由选择,如在公司法中可以通过公司章程对公司事务进行自主安排,票据法中规定有票据的任意记载事项,保险法领域当事人对保险价值的自由约定等。

2. 交易定型化

在现代商业社会,交易活动反复进行,如果拘泥于固定形式,必将拖慢交易过程,增加交易成本,降低社会整体经济效率。为此,简化交易程序,将可以重复的交易方式、交易规则定型化,有助于简化交易程序,促进商事交易效率提升。交易定型化通常体现在以下三方面:第一,交易形态定型化,即预先对交易形态进行类型化安排,让任何商事主体通过交易均可获得同样的效果。以客运合同为例,通过预先公示路程长短与缴费之间的标准,便可以迅速在承运方与乘客之间订立客运合同,并通过电子支付或者其他支付方式迅速支付相关费用,从而促进交易迅速、便捷地展开。第二,交易客体定型化,具体表现为交易客体的商品化和证券化。当交易的客体是有形物,对生产制造的产品进行统一规格和标记,使得消费者能够容易地识别商品,也可以确保对种类化、同质化产品进行批量供应,从而促进交易的迅速完成。交易客体的证券化,可以将无形财产或权利通过证券化的方式加以有形化,从而简化转让程序,促进交易进行。公司法领域的股票和公司债券、票据法领域的各种票据、海商法领域的载货证券等,都是权利证券化的典型形式。经过证券化以后的权利得以定型化,方便辨认和交易。第三,交易方式的定型化。所谓交易方式定型化,即在商事交易中,一方当事人事先拟定一般的交易条款,对方只能对此表示同意或者不同意的交易方式。保险公司拟定的保单,公用事业企业所拟定的供应水电气热力的合同等,都采取定型化的形式,以方便交易,提升效率。

3. 时效短期化

所谓时效的短期化,就是缩短交易行为所产生的请求权时效期间,进而更加迅速地使行为的效力得以确定。短期化的时效制度,能够激励当事人尽快行使权利,加速交易进行,这适应了频繁的商事交往过程中对缩短交易进度的需要,避免"躺在权利上睡觉"状态的出现。例如,与我国《民法典》规定的 3 年普通诉讼时效相比,在《海商法》中,海上货物运输中向承运人要求赔偿的请求权,海上拖船合同请求权,共同海损请求权,其时效时间仅为 1 年;在《票据法》中,持票人对支票出票人的权利,持票人对前手的追索权,时效期间仅为 6 个月,更有甚者,持票人对前手的再追索权,其时效期间仅为 3 个月。

（二）维护交易公平原则

商事交易以追求利益最大化为最终目的，在商事主体利己性考量下，难免会产生损人利己、为追求利益而不择手段等现象。商法规范的设定，其重要目的之一就是实现商事交易当事人之间的利益均衡，从而维护交易公平。

1. **商事主体法律地位平等**

商事交易中，交易主体法律地位平等，是维护交易公平的前提条件。如果商事主体的法律地位不平等，则商事交易公平难以实现，该原则具体体现于以下三方面：第一，独立的人格。商事主体须具有独立人格，这是确保商事主体法律地位平等的前提条件。商法的重要作用之一，就是赋予商事主体以独立人格，如承认公司的法人地位，其具有区别于股东的独立人格，因而以公司财产对外承担责任，股东仅需承担有限责任，确保公司可以基于自身的利益开展经营活动，不受股东和其他利益相关者影响。第二，商事主体地位平等。商事主体在交易中地位平等，意味着无论商事主体的经济实力、所有权性质或者所属国家有何不同，其法律地位均应平等。商事交易中一方不得将自己的意志强加于另一方，或者对另一方实施操控或施加不当影响。第三，合法权益平等保护。商事主体的合法权益受法律平等保护，意味着，商事主体在获得司法救济方面的权利是平等的，在出现商事纠纷的情况下，无论商事主体之间的财力、主体性质以及国籍等方面是否存在差异，均享有获得法律救济的权利，法院或者仲裁机构在适用法律时，不得因商事主体的不同身份而加以区别对待。

2. **商事交易应诚实信用**

诚实信用原则，简称诚信原则，基于该原则，商事主体在进行商业活动时，应当以善意方式进行，不得实施欺诈或者其他有悖诚信的行为。诚信原则乃现代民法之"帝王条款"，其对商法的影响同样不可忽视。以保险法为例，保险合同即为最大诚信（utmost good faith）合同，《保险法》第 5 条明确规定，保险活动当事人行使权利、履行义务应当遵循诚实信用原则；而在信托法中，诚信原则体现为受托人的受信义务

(fiduciary duties)，包括处理信托事务的义务、忠诚义务、善良管理人义务、亲自处理信托事务义务、分别管理信托财产义务等。

3. 情势变更

关于情势变更原则的规定，最早见诸《汉谟拉比法典》，该法典规定：一个人在穷困潦倒时，所借60价之谷物，在收货时返还50价谷物就可以。日耳曼法也有类似规定，当一个女子订婚后，患癫病或者发狂或者双目失明时，男方可以解除婚约。上述规定可以认为是情势变更原则的规范源头。与之相对，罗马法坚持"合同必须严守"原则，其虽已经区分严正合同与诚信合同，却没有确立情势变更原则。

情势变更原则的正式确立是在"一战"后。"一战"以及随后的"经济危机"，导致了物价上涨和货币贬值。在这种情况下，法院面对众多无法依照现行法律或者先例加以审判的案件，开始逐步采纳经由学理"情势不变条款"发展出的情势变更理论，其本质是赋予法院对合同关系加以干预的"公平裁量权"，从而平衡当事人之间的利益冲突，使得法律能够适应社会经济形势变化的需要。

在理论层面，情势变更原则的新进展体现在，为合同当事人设定"再交涉义务"，即赋予合同当事人在缔结合同后重新商议合同内容的权利。我国《合同法》中，并未确立"情势变更"规则。在最高院发布的《合同法司法解释（二）》第26条，开始加以规定。《民法典》将这一规则正式纳入合同编，即第533条，"合同成立后，合同的基础条件发生了当事人在订立合同时无法预见的、不属于商业风险的重大变化，继续履行合同对于当事人一方明显不公平的，受不利影响的当事人可以与对方重新协商；在合理期限内协商不成的，当事人可以请求人民法院或者仲裁机构变更或者解除合同。人民法院或者仲裁机构应当结合案件的实际情况，根据公平原则变更或者解除合同。"由于我国奉行"民商合一"立法模式，因而该规定同样适用于商事合同领域。

（三）确保交易安全原则

商事交易具有频率高、交易标的大、交易程序复杂等特征，这使得商事交易具有较大不确定性,继而加大交易风险。商事法律制度的目的之一就是要确保商事交易安全,通过一系列交易规则和制度的建立,防范、减少和化解风险,增强商事主体对于交易安全的信心。为保障交易安全,商事法律制度在以下几方面进行了制度构建。

1. 强制主义

所谓强制主义,即通过法律手段对商事组织和商事交易进行规制,这是商法公法化的重要体现。在商事活动中,商事主体应当遵循意思自治原则,但为了维护公共利益及保障交易安全,商法中往往也采用具有强制性的措施,从而达到克服当事人交易地位不平等以及确保商事交易自身的规范性等目的。商法中体现强制主义的规范集中在以下几方面。

(1)商事主体法定

第一,主体设立法定。由于商事主体及其行为与经济社会发展具有重要关联,因而各国商法均从各个层面、多个角度对商事主体进行较为严格的控制。就市场准入而言,则体现为三个方面:其一,类型法定。对于商事主体的类型,商法进行了明确规定,投资者只能按照法律规定的类型设立商事主体,而不能依据自身的意愿创设法律没有规定的商事主体类型。在我国,商事立法对于公司的形式只规定了有限责任公司和股份有限公司两类,这就意味着,我国设立的公司只能采取这两种形式;而存在于比较法上的无限公司、两合公司等形式,则不在我国公司类型之列,投资者也不能采用这两种形式设立公司。其二,设立标准法定。商法对商事主体的设立标准有着明确规定,在符合相应标准的情况下,才能够设立商事主体。其三,设定程序法定。通常地,商法对商事主体的设立程序作出规定,而投资者则需要遵守相应的程序性规定,反之则无法设立商事主体。

第二,主体内容法定。商事主体的内容,包括其财产关系、组织关系等内容,这些内容由法律明确规定,当事人不能基于自身意思在法律规定以外创设不同的财产和组织关系等。

(2)商事行为法定

第一,商事行为内容法定。现代商法较多地通过公法性规范直接对商事行为的内容加以调整，例如对不正当竞争行为的禁止、对商业垄断的限制等。

第二，商事行为形式法定。商法也采用强行性规定的形式对商事活动加以调整。如公司法中关于公司章程必须记载事项的规定、票据法上关于票据绝对记载事项的规定、海商法上关于海上货物运输合同及载货证券的规定等。

2. 公示主义

所谓公示主义，是指当事人在商事交易活动中，对于涉及交易利害关系人的营业上事实，应当进行登记或公告才能发生法律效力。公示主义可以增加市场的透明度，从而确保交易当事人或者利害关系人获得准确信息。在公司法上，公司在一系列情形下负有公告义务，如在公司决议合并或减少资本时应向各债权人公告；公司募股及募集公司债时应将各事项加以公告。在证券法领域，公示主义体现为信息披露，即证券发行人或者上市公司应当按照要求将自身债务、经营等情况向证券管理部门报告，并向投资者公告。而信息披露的内容则包括招股说明书、债券募集办法、股票上市报告书、年度报告、中期报告和临时报告等。在商事登记领域，则是借助当事人登记行为以达到公示效果，通过商事登记，当事人能够了解相对方的经营情况、资信情况等，此类登记包括企业创设、变更、合并、减资、解散等事项。

3. 外观主义

所谓外观主义，即以交易当事人的行为外观为依据认定该行为的法律效果。基于外观主义，在交易当事人真实意思与表示意思不一致的情况下，应当以意思表示为准。外观主义确立的主要目的，就是赋予行为以外观上的优越性，并使依赖该外观而进行交易的当事人利益得到维护，从而在全社会层面将交易安全置于优先地位。德、日等大陆法系国家使用"外观主义"概念，在英美法系国家则以禁反言（estoppel by representation）替代之。以票据法为例，基于票据的文义性，票据上记载的内容与真实的交易关系存在不一致的情况下，并不影响票据行为的效力。

4. 严格责任主义

使交易当事人承担较为严格的责任,是商法在立法倾向上的一种政策考量,并与作为归责原则的"严格责任"区分开来。商事活动具有较强的社会性,因商事交易而产生的后果可能会影响交易安全,所以有必要对部分商事主体及其负责人的行为采取较为严格的责任。在公司法领域,发起人须对设立中公司的债务承担无限连带责任;公司负责人在执行业务过程中,如违反法律、行政法规或者公司章程,造成他人损害的,在公司承担责任后,公司可依法追究负责人的责任。在票据法领域,凡是在票据上签章的人,包括出票人、承兑人、背书人、保证人等,均需对票据权利人承担连带责任。在证券法领域,当发生证券欺诈行为时,发行人、上市公司应当承担赔偿责任;发行人、上市公司的董事、监事、高级管理人员和其他直接责任人,以及保荐人、承销商,应当承担连带赔偿责任;发行人、上市公司的控股股东、实际控制人有过错的,也应与发行人、上市公司承担连带赔偿责任。上述内容均是严格责任的具体表现,体现出商法对于交易安全保障的特殊倾向。

第二节 商法的立法体例和渊源

以商法的法律渊源是成文法还是判例法作为区分依据,可以将各国商法区分为大陆法系商法和英美法系商法。在大陆法系国家,商法规范以成文法为主要形式,大陆法系各国制定了大量的商事法律,但由于《民法典》的制定,在大陆法系国家就存在着是否在《民法典》之外制定单独的《商法典》的问题,即是选择"民商合一"还是"民商分立"模式。而在英美等普通法系国家,商事法律则以商事判例法为主,同时也包括商事习惯法和商事成文法。由于普通法系国家没有制定《民法典》的传统,因而也就不存在采用"民商合一"抑或"民商分立"的问题。此处将主要对大陆法系国家商法的立法体例加以论述。

一、民商分立

商业活动的目的是营利,而商事交易则以效率、安全、等价有偿等为其内在追求。在中世纪,随着商业活动尤其是跨国商业活动的不断增加,在地中海沿岸出现了商事习惯和商人法庭,商法作为商人团体的法律逐渐发展起来。此时,商法即商人团体的自治法,其天然地与商人阶层联系在一起。到了近代,商人主体的独立地位已不复存在,但商事活动所具有的区别于民事活动的特殊性则依然存在:就商主体而言,各种商事企业被纳入进来,这使得商法具有了公共性特征;就商行为而言,其在具有营利性特征的同时还具有营业性,这也与民事活动显著地区分开来。目前,世界上采纳民商分立体系的国家大约有 40 多个,这些国家在民法典之外制定了单独的商法典,包括法国、德国、比利时、西班牙、日本、韩国等。

二、民商合一

近代以来,随着商品经济的发展,商人群体的独立性受到冲击,民事主体的普遍商化使得商事主体的范围不断扩大。商人特权的消失,商人阶层逐步消解,使得商法独立于民法的地位受到质疑。此外,随着商事关系变得日益复杂化和多样化,商法典独立存在的基础受到破坏,制定单行商事法规的需求则越来越强。从法律规范的性质看,民法和商法均为私法规范,也都调整平等主体之间权利义务,民法的基本原则同样适用于商法领域,如意思自治、诚实信用等。世界上第一次尝试采用民商合一模式的是瑞士,瑞士于 1881 年制定了“债务法”,并在 1907 年制定其民法典时将债务法纳入作为第五编,从而确立了民商合一的立法模式。此后,土耳其、意大利、挪威、丹麦等国先后采纳此种模式。

三、我国的商事立法及其模式选择

我国古代历史上并不存在现代意义上的商事法律，真正的商法规范制定开始于清末。1903年，清廷派载振、伍廷芳、袁世凯等官员编定商律，并于1904年公布《公司律》《商人通例》，1906年公布《破产律》，1909年编制《大清商律草案》。但清朝于1911年灭亡，上述立法大多未能颁行。

民国初期，北洋政府在《大清商律草案》的基础上，于1914年制定并颁布了《中华民国商律》，并采纳民商分立的立法体例。随后，又颁布了《公司条例》和《商人通例》。此后，南京国民政府一改之前所采纳的民商分立的立法体例，改采民商合一体例，并于1929年制定了包含商法章节的《中华民国民法》。这部法典将旧商法总则、商人、经理人、代办商、商事行为、交互计算、行纪、仓库等制度纳入债编，而一些不能纳入的部分，则以单行法形式加以规定。1929年以后，南京国民政府又相继制定了《票据法》《公司法》《海商法》《保险法》和《商事登记法》等，由此构成了民国时期民商合一与单行商法补充的立法模式。

中华人民共和国成立后较长一段时间，由于实行计划经济体制，对商法规范的需求较少，因而一直未能确立商法规范体系。改革开放以后，基于市场经济建设的需要，我国开始制定并颁布一系列商事单行法，其中包括《破产法（试行）》（1986）、《海商法》（1992）、《公司法》（1993）、《票据法》（1995）、《保险法》（1995）、《担保法》（1995）、《合伙企业法》（1997）。这些商事单行法，在我国市场经济的发展和完善过程中发挥了重要作用。我国《民法典》于2020年5月28日颁布，法典采纳民商合一的立法模式，将有关商法的一般性规定纳入到民法典之中，这也表明我国采用民商合一立法模式，并将商事单行法作为调整商事活动各个具体领域的规范基础。

第三节　商主体

　　商主体,是指能够以自己的名义实施商行为并独立享有权利且承担义务的人。首先,商主体是可以独立享有民事权利并承担民事义务的人。其次,商主体是能够实施商行为的人,这就意味着商主体应当依法取得商人资格,其所实施的商行为应当具有营利性,并以实施特定的商行为作为经常性的营业内容。最后,商主体是以自己名义实施特定商行为的人。

一、商主体的分类

(一)商法人、商合伙和商个人

　　这一分类是依照商主体的组织结构形态和特征所做的分类。

　　商法人,是指按照法定构成要件和程序所设立的,具有相应法人资格,能够参与商事活动,并能够独立享有权利和承担义务的组织。

　　商合伙,是指两个或者两个以上合伙人,依照法律以及合伙协议的规定,共同出资、共同经营、共担风险、共享收益的商事组织。就商合伙而言,合伙人对合伙经营产生的债务承担无限连带责任。

　　商个人,是指通过法定程序取得商主体资格,能够独立从事商行为,依法享有法律权利并承担义务的自然人或者个体企业。

(二)法定商人、注册商人与任意商人

　　这一分类是依据法律授权或者法律设定的要件、程序和方式所做的分类。

　　法定商人,是指以法律规定的特定商行为为营业内容而无须履行商事注册登记手续的商人。法定商人因其实施特定的商行为而自动取

得商人资格,但不排除其具有进行非商事登记意义上的登记义务。

注册商人,是指经过一般商事登记程序设立的商人。商事登记对于注册商人而言,具有创设商主体的效力。

任意商人,是指依据种类和范围要求以商人方式进行经营,由其自主决定是否登记注册的商人。

(三) 大商人与小商人

大商人,又称完全商人,是指以法律规定的商行为为营业范围,符合商事登记条件而设立的商人,这一概念是相对于小商人概念而言的。

小商人,又称不完全商人,是从事商法规定某些商行为的主体,是依据商事登记特别规定而设立的商人。

二、商法人

现代商业社会中,商法人是最为重要和普遍的商事主体。商法人制度在我国的确立,实际上是在现代企业制度建立之后,即公司制度建立之后。我国《民法典》第三章将法人区分为营利法人、非营利法人和特别法人。其中,营利法人属于商法人,非营利法人则不是商法人。而在特别法人中,除农村集体经济组织法人属于商法人外,其他类型包括机关法人、城镇农村合作经济组织法人以及基层群众性自治性组织法人均不属于商法人。

在我国,商法人涉及到的法律规范有《民法典》《公司法》《全民所有制工业企业法》《企业法人登记条例》《集体所有制企业条例》等。在此基础上,可以基于组织形态、所有制性质、国籍等因素对商法人加以分类。

(一) 公司型商法人与非公司型商法人

依据组织形态的不同,可以将商法人划分为公司型商法人与非公司型商法人。

公司型商法人,是依据公司法或者商事特别法设立的、以营利为目的的社团性法人。依照公司法设立属于普通商业公司,而依照特别法设立的则属于特殊公司,例如商业银行、保险公司等。

非公司型商法人,是指依据特别法设立的、未采取公司形式的企业法人,如非公司型国有企业、集体企业。

(二) 全民所有制企业法人、集体所有制企业法人、私人企业法人、股份制企业法人

依据所有制性质的不同,可以将商法人划分为全民所有制企业法人、集体所有制企业法人、私人企业法人、股份制企业法人。

全民所有制企业法人,是指由国家投资设立的企业法人,企业所有权属于国家,而企业对其财产仅享有经营管理权。

集体所有制企业法人,是指由集体投资设立的企业法人,集体作为企业的投资人并享有企业的所有权,企业对其财产仅享有经营管理权。

私人企业法人,是指由私人投资设立的企业,其中,私人法人企业属于公司企业,由公司享有其财产所有人,投资者仅享有股权。与之不同,私人非法人企业则包括合伙企业和个人独资企业,这些企业的由投资人所有,企业对其财产仅享有经营管理权。

股份制企业法人,是指投资者依照公司法规定而设立的企业法人,也可能是经过股份制改造而形成的。对于股份制企业法人,投资者可能有多种类型,国家资本、私人资本均可。股份制企业法人的投资者仅享有股权,其财产属公司所有并由公司进行经营管理。

(三) 本国商人与外国商人

依据国籍的不同,可将商法人划分为本国商人和外国商人。

基于本国法设立的企业是本国商人,基于外国法设立的企业是外国商人。就外国商人而言,其通常是在东道国设有分支机构,但分支机构并不具有独立的法人资格,其民事责任仍然由外国商人承担。

三、商合伙

(一) 商合伙的概念和特征

商合伙,是指两个或两个以上的合伙人,基于法律规定和合伙协议共同出资、共同经营、共享收益、共担风险的商事组织。对合伙经营所产生的债务,商合伙的合伙人承担无限连带责任。商合伙具有如下特征。

1. 合伙不具有法人资格。全体合伙人应当对合伙债务承担无限连带责任,在合伙资产不足以清偿合伙债务时,债权人可以要求任一合伙人清偿全部债务;在合伙关系内部,合伙债务由合伙人按照出资比例或协议约定以各自所有的财产承担责任。例外是在有限合伙中,普通合伙人对合伙企业债务承担无限连带责任,有限合伙人则以其所认缴的出资额为限承担责任。

2. 合伙是独立的商事主体。合伙不具有法人资格,但合伙与商自然人又有着明显不同。首先,合伙具有自己的独立意思,这种意思是全体合伙人在遵守一定的规则和程序的情况下作出的。其次,合伙具有自己的事务执行机关。合伙人可以委托专门的合伙事务执行人,执行人对内执行合伙事务,对外代表合伙企业进行商事活动。合伙财产也具有一定的独立性。合伙的财产最终属于合伙人所有,但在合伙存续期间,基于合伙人出资和经营收益会形成具有一定独立性的合伙财产,合伙财产由合伙人共同管理和使用。除非合伙企业进行清算,否则合伙人不得请求分割。

(二) 商合伙的分类

就合伙的种类而言,可以分为普通合伙、隐名合伙、有限合伙三类。其中,《民法典》第 27 章规定的合伙属于普通合伙,而《合伙企业法》规定的合伙企业则包括普通合伙和有限合伙两类。

1. 普通合伙

普通合伙,是指合伙人共同出资、共同管理,并由全体合伙人承担无限连带责任的合伙。就普通合伙而言,全体合伙人是全部出名的,也就意味着,全体合伙人及其合伙关系是对社会公开的,并为公众知晓。而在财产不足以清偿全部债务时,合伙人应当以自己的财产承担无限连带责任,各合伙人对于超出自己应当承担份额的,可以向其他合伙人追偿。

2. 隐名合伙

隐名合伙,是指一部分合伙人作为显名合伙人,出名参与合伙事务,另一部分合伙人则作为匿名合伙人,不出名参与合伙事务。此种合伙类型目前并未得到我国法律的承认,但在德国、法国等国则存在有关隐名合伙的法律规范。

3. 有限合伙

有限合伙,是指一部分合伙人承担无限责任,另一部分合伙人承担有限责任的合伙类型。我国《合伙企业法》规定了有限合伙制度。与普通合伙相比较,有限合伙制度更具资本优势,因而为合伙融资提供了便利。与此同时,有限合伙中的普通合伙人对合伙债务承担无限或无限连带责任,因而相比于公司,有限合伙具有信用方面的优势。

四、商个人

所谓商个人,是指基于法律的规定取得商主体资格的自然人或个体企业,其可依法享有法律上的权利和承担法律上的义务,商个人的创设者须以其全部财产为商个人债务承担连带责任。商个人在法律上具有以下特点:其一,商个人在个人属性方面与自然人之间存在密切联系,自然人的名称、个人属性等对商个人存在重要影响,如果自然人的名称发生变化,则商个人的名称往往也会发生相应变化。其二,商个人在财产方面与自然人密切联系,商个人在财产方面不具有独立的责任能力,因此创设商个人的自然人或者家庭应当以其全部财产为商个人的债务承担连带责任。在我国,商个人主要包括三种类型,即个体工商户、农村承包经营户和个人独资企业。

（一）个体工商户

根据《民法典》第 54 条，自然人从事工商业登记，经依法登记，为个体工商户，个体工商户可以起字号。个体工商户可以由个人经营，也可以由家庭经营。个体工商户可以在法律允许的范围内，经营工业、手工业、建筑业、交通运输业、服务业、修理业及其他行业。根据《民法典》第 56 条第 1 款，个体工商户的债务，个人经营的，以个人财产承担；家庭经营的，以家庭财产承担；无法区分的，以家庭财产承担。个体工商户可以起字号，意味着个体工商户对外以户的名义独立进行商事活动，并以此取得权利或承担义务。

（二）农村承包经营户

根据《民法典》第 55 条，农村集体经济组织的成员，依法取得农村土地承包经营权，从事家庭承包经营的，为农村承包经营户。据此，农村承包经营户无需办理工商登记。农村承包经营户所进行的生产活动包括两类，一类属于非营利为目的的维持基本生活需求的行为，对此不宜认定为经营行为。另一类，当农村承包经营户进行生产经营，不是为了满足家庭需求，而是以商品交换为目的，因而从事农、林、牧、副、渔等行业时，其行为即被认为是经营行为，此时应属商主体。根据《民法典》第 56 条第 2 款，农村承包经营户的债务，以从事农村土地承包经营的农户财产承担；事实上由农户部分成员经营的，以该部分成员的财产承担。

（三）个人独资企业

所谓个人独资企业，是指依法在中国境内设立，由一个自然人投资，财产为投资人个人所有，投资人以其个人财产对企业债务承担无限责任的经营实体。个人独资企业是由一人出资组织设立，因而不同于合伙企业和公司。个人独资企业的业主虽然可以聘任管理人员，但管理人员的权限是源自于业主的委托和授权，实质是由业主享有决定企业一切事项的权利。个人独资企业不具有独立的法人人格，其只能以营业主人的人格为其人格,而不是以个人独资企业本身的人格和身份进行。与此同时,个人独资企业可以设置单独的商业账簿,该账簿的作用是使相关主体了解企业的经营和财务状况。最终,个人独资企业是由投资者个人承担营业的一切后果,无论营利或是亏损,均有营业主人自己负责,即由营业主人承担无限责任。

五、商辅助人

商辅助人,是指辅助他人从事商事经营活动的人。基于商事辅助人与被辅助者之间的关系不同,可以将其区分为独立辅助人与非独立辅助人两种。就独立的商辅助人而言,其从事的仍然是经营性行为,但却与直接从事经营活动的商主体在经营方式、权利能力以及责任能力等方面存在显著差异,因而有必要单独确立其主体地位。而非独立的商辅助人,则是指在商事交易中受到商主体的委任或支配,辅助商主体开展经营活动的人。由此,非独立的商辅助人并非商主体,而是在经营活动中以商主体的名义实施法律行为,并由商主体承担法律后果。典型的非独立商辅助人包括经理人、代办人等。此处将着重论述独立的商辅助人。

(一) 代理商

代理商是受其他主体的委托,在代理权限范围内,以被代理人名义从事商行为的主体。商事代理人的活动能够为其他商事主体的经营提供诸多便利,这使得商事代理制度成为经济活动中重要的组成部分。代理商事经营的主体,其所进行的代理行为是基于被代理的委托而进行,代理行为产生的法律后果由被代理人承担。

(二) 行纪商

行纪商是指以自己的名义为委托人进行贸易活动,由委托人支付报酬的商事主体。行纪人与第三人订立合同的,行纪人对该合同直接享有权利、承担义务。第三人不履行义务,致使委托人受到损害的,行纪人应当承担赔偿责任。由此,当行纪人按照约定买入委托物时,委托人应当及时受领,经行纪人催告后,委托人无正当理由拒绝受领的,行纪人依法可以提存委托物;委托物不能卖出或者委托人撤回出卖的,经行纪人催告后,委托人不取回或者不处分该物的,行纪人依法可以提存委托物。

(四)居间商

居间商是指向委托人报告订立合同机会或提供订立合同媒介,以此接受报酬的商事主体。居间商是完全商人,其活动完全是基于自身的名义而开展,因而与雇佣关系或者代理存在本质上的不同。居间商基于自身提供的服务而获得报酬。

(五)商业银行

商业银行是指依法设立的吸收公众存款、发放贷款、办理结算等业务的企业法人。商业银行以安全性、流动性、效益性为经营原则,依法独立开展业务,并以其全部法人财产独立承担民事责任。商业银行在经营中,遵循自主经营、自担风险、自负盈亏、自我约束的原则。

第四节　商行为制度

商行为是由商事主体所实施,基于特定意思表示以达到预期法律效果的行为。商行为在本质上属法律行为的一种,其目的是实现商事法律关系的设立、变更和终止。商行为概念主要为大陆法系国家所使用,在不同国家,由于商事立法的原则不同,商行为概念本身也呈现出不同模式。法国商法采用商行为主义,商行为意指任何主体所从事的营利行为;德国商法则采商主体主义,商行为须为商主体所从事的营利行为。在我国,并不存在商法典或者与之类似的制定法,因而对商行为并没有专门的法律规定。

一、商行为的特征

商行为作为法律行为的下位概念，具有以下特征。

第一，商行为以营利为目的。商行为在本质上具有营利性，即实现利润的最大化。以营利为目的，是以行为自身的性质为衡量标准，至于行为的结果是否最终营利在所不问。营利性是区分商行为与非商行为的主要标准。由于营利目的是行为人的内心意思，因而只有通过外在的表现才能加以识别，具有一定的复杂性；为实现辨别商行为的简便性，许多国家的法律明确规定，只要是商主体实施的行为，就可以推定其以营利为目的，因而属于商行为。

第二，商行为具有营业性特征。所谓营业性，是指行为主体以营利为目的持续开展商业活动，即进行职业性的营利行为。与此相对，虽然主体实施的行为以营利为目的，但仅是偶尔为之且非在特定时段内进行的不间断行为，不属于营业。一定程度上，由于营业性活动已被纳入公权力监管范畴，因而往往须进行商业登记，实施商业登记的行为即可推定为商行为。当然，这种推定并非确定，一方面，并不是所有的商主体均需登记；另一方面，主体所实施的商行为也未必均需进行登记。

第三，商行为是具体特定形态的商业活动。商行为是以商事交易为内容的法律行为，其行为具有特定形态：其一，技术性，商事交易往往有较高技术门槛，尤其是在票据、保险、海商等领域，相关从业人员需要具备相关的技术水准，其商事活动也需遵守相应的规范。其二，效率性，商行为具有简便、快捷的特征，其目的是实现交易的规模化和快速化，因而商行为往往采取定型化的行为模式，并适用相对于民事活动而言更短的诉讼时效。其三，安全性，由于商行为具有规模化、资金量大以及交易主体广泛的特征，因而确保商行为有序进行具有重要意义，为此，商行为往往采取外观主义，即采取一种客观主义视角，以维护商事交易安全。

二、具体商行为

具体商行为分为商事合同、商事代理、商事行纪、商事信托、商事票据、商事保险、证券交易、商事期货、海商等。以下简述部分具体商行为。

（一）商事合同

商事合同是商事主体相互之间或者商事主体与非商事主体之间，以商事交易为目的而进行的商行为。在商事买卖过程中，最多的交易关系是通过商事合同完成的。我国的商事合同立法采取民商合一体例，《民法典》统一将民事合同与商事合同规定于"合同编"之中。其中涉及商事性质的合同包括买卖合同、供应水电气热力合同、借款合同、租赁合同、融资租赁合同、保理合同、承揽合同、建设工程合同、运输合同、技术合同、保管合同、仓储合同、委托合同、物业服务合同、行纪合同、中介合同等有名合同类型。当然，民商合一并不意味着商事合同为民事合同所取代，在大多数情况下，各具体的商事有名合同仍然反映商事活动的基本特征。

（二）商事代理

商事代理属于基本商行为。商事代理是在商事交易中，代理人在代理权限内，以被代理人名义进行相关活动，其结果由被代理人承担的商行为。代理制度为企业的贸易活动提供了便利：首先，企业可以借助于代理商的专业知识、商业渠道、运营队伍等资源开展广泛经营；其次，企业可以节省营业成本，不必支付营业场所费用，也无需向特定人员提供职业和社会保障，而只需向代理商支付佣金。在大陆法系国家，代理往往区分为民事代理和商事代理，商事代理是以民事代理制度为基础的特别法律制度，二者在主体、客体和内容方面存在着某种程度不同。而在英美法系国家，由于不存在民法和商法之间的区分，因而商事代理往往是通过单独的商事代理法加以调整。在我国,立法未严格区分民事代理和商事代理。《民法典》第 7 章对民事代理作出了规定,基于民商合一立法模式,商事代理行为也可以直接适用《民法典》相关规定。

(三) 商事行纪

所谓商事行纪,是商事主体以自己名义为委托人从事经营活动,以此为职业性经营并获得报酬的行为。行纪制度是一种重要的商业活动,其具有以下优势:其一,委托人可以不显示自己的姓名和名称与他人进行交易,使得委托人能够在保守一定商业秘密的情况下开展经营活动;其二,委托人可以利用行纪商的资产和信用为自身服务,行纪商所具有的市场渠道以及专业知识也可以为委托人的市场拓展提供便利,从而极大地促进商业活动的展开;其三,行纪人以自己的名义与第三人开展交易,这使得行纪商能够以为自己事务负责的方式进行商业活动,从而在经营过程中能够更好地识别商业机会,灵活采取应对策略,获得更好的经济效果。

(四) 商事居间

商事居间,是指居间为委托人与第三人订立合同提供缔约机会或者媒介服务,并从委托人处获取一定报酬的商事行为。居间业务根据居间商所受委托内容不同,可以区分为指示居间和媒介居间。所谓指示居间,是指居间商为委托人提供订立合同机会的居间;而媒介居间,则是居间商为委托人订立合同提供订约媒介的居间。商事居间活动具有如下特点:其一,商事居间活动的目的是促成委托人与第三人订立合同,居间商以居间活动为其职业,居间活动的领域包括商品、有价证券的买卖、保险合同、不动产交易、货物运输等;其二,居间商在商事活动中不介入委托人与第三人的交易关系,而是居于中介人地位。居间商以促成合同订立为其任务,但订立合同则是委托人与第三人进行的,与居间商无关,居间商以提供服务并获取报酬为目的,至于合同最终是否订立,则与其没有直接关系。与代理类似,商事居间也以民事居间法律关系为基础,但由于商事居间所具有的营利性特征,使得其在行为构成、行为有效性以及行为后果方面都具有区别于民事居间的特殊性。我国《民法典》第 26 章采用中介合同概念,以此替代《合同法》中的居间合同,但两者在本质上相同,中介合同一章没有规定的,相应法律关系调整可以参照委托合同。

(五)商业银行业务

商业银行业务,包括负债业务、资产业务和中介业务三个组成部分。所谓负债业务,是指商业银行通过持有自有资本和吸引外来资金进行的筹集资金来源业务;所谓资产业务,是指商业银行运用资金以获取利润的业务,包括贷款业务、投资业务和其他资产业务;所谓中介业务,是指不动用自身资金而以获取手续费为目的进行的各项业务,包括结算业务、代收款项、代理买卖等。在我国,商业银行业务规定于《商业银行法》中,根据该法,我国的商业银行业务包括吸收公众存款、发放贷款、办理结算等业务。具体的业务类型规定于该法第 3 条,包括吸收公众存款,发放短期、中期和长期贷款,办理国内外结算,办理票据贴现,发行金融债券,代理发行、代理兑付、承销政府债券,买卖政府债券,从事同业拆借,买卖、代理买卖外汇,提供信用证服务及担保,代理收付款项及代理保险业务,提供保管箱服务,经中国人民银行批准的其他业务。在某种意义上,商业银行业务不仅仅是一种商行为,其往往会对经济活动、公共利益乃至社会生活产生广泛影响,因而法律对商业银行业务也会进行一定的监管,这也使得调整此种商行为的规范具有一定的公法性质。

(六)期货交易

期货交易,又称期货买卖,是期货交易双方按照期货交易所的规定,在交易所内预先签订有关商品、金融商品或期货交易选择权合同,货款的支付和货物交割则在约定的远期进行的一种商行为。期货交易是在现货交易的基础上发展出来的一种更为复杂的商业交易形式,且具有一定的投机性。期货交易通常具有以下特征:第一,期货交易必须在交易所内进行。期货交易必须在交易所内进行,这是各国法律的一致性规定,禁止不通过期货交易所进行的场外期货交易。第二,期货交易当事人不能直接进行交易。在期货交易过程中,交易各方必须委托期货经纪公司与对方进行买卖、结算和交割等相关事宜,而不能以自己的名义与对方直接进行交易。第三,期货交易的标的物通常不是商品,而是标准化合约。期货合同是标准化合同,除了价格是可以变化的,期货合同中规定了标的物的标准质量品级、标准规格、标准数量、交割时间、交割地点等。期货交易在本质上,是为了通过标准化的期货合同买卖,将与实物相关的价格涨跌风险加以转移,从而实现套期保值或者赚取差价的目的。期货交易具有一些基本制度,其中,公开市场制度,是指由代表买方和卖方的场内经纪人在交易大厅,以公开叫价方式对期货合约数量和价格等进行展示,寻求交易的相对方,在公开协商后达成一致并进行交易。而价格报告制度,则是指在交易过程中,一方面,参加交易的各方有义务提醒市场报告员准确记录交易价格;另一方面,交易所须及时准确地就交易价格向会员通报,以保证交易者都能平等、及时地获得交易价格信息。此外,期货交易还包括会员制度、保证金制度、经纪人行为制约制度、每日价格最大波动幅度限制、违规行为处罚制度等。

(七) 证券交易

证券交易,是指当事人按照法律规定的证券交易规则,对经发行并交付的证券进行买卖的行为。证券市场的充分发展,不仅能够助力本国经济的健康、快速发展,也能够对世界经济一体化具有重要的推动作用。从证券的权利性质看,可以将其区分为物权证券、债权证券和社员权证券。物权证券是指示一定财产权利的证券,如提单、仓单等;债权证券是指示一定债权的证券,如各种票据和债权;社员权证券,则是指示某一组织成员权利的证券,典型者如股票。法律依照上述证券性质的不同对其进行分类调整:对于物权证券,主要是通过民法或者与之相关的法律(如海商法中关于提单的规定)进行调整;对于债权证券,主要由票据法进行调整;对于成员权证券(也称资本证券),则由专门的证券法加以调整。

(八) 商事信托

所谓信托,是委托人基于对受托人的信任,将其财产权委托给受托人,由受托人按委托人的意愿,并以自己的名义,为受益人的利益或者特定目的,进行管理或者处分的行为。信托可以分为民事信托和商事信托。民事信托以安排个人资产转移等为目的实施,而商事信托则是以获取商事利益为目的的商事法律行为。现代经济生活中,商事信托在种类、规模和范围方面,都已超过民事信托。商事领域实施信托的目的,在于筹集资本进而创造适于个人、企业等共同参与的资本经营模式。常见的商事信托,包括基金信托、贷款信托、公司股东表决权信托、附担保的公司债信托、雇员受益信托等。我国《信托法》并未区分民事信托与商事信托,并将公益信托也纳入其中,主要从信托设立、信托财产、信托当事人、信托的变更与终止等方面对信托加以规范。

第五节 商号制度

商号,又称商业名称,是指商主体在进行商行为时使用的名称。商号在法律上具有如下特征:第一,商号是商主体所使用的名称。商主体作为一种法律上的主体,既可以是商自然人、商合伙,也可以是商法人。商号专属于商主体,是商主体之间相互区别的重要标志。第二,商号是商主体在进行商行为时使用的名称。商法人的成立就是为了从事商行为,因而自然需要一个商业名称,其在商事活动中使用该名称以表明其身份。而对商自然人、商合伙来说,如果其不是以商人身份从事经营活动,则只能使用其原有的姓名,只有在进行商事活动时才可以使用该商业名称。第三,商号是商主体表明自己身份的名称。商人在营业活动中需要表明自己的身份,只有将自己与其他主体区分开来,才使其自身具有可辨识性,也才能在经营活动中积累良好的商誉,以促进其营业规模的扩大。

一、商号的选用

在商号的选用上,往往需要遵循特定的原则,归纳起来包括真实原则和自由原则两种。

所谓真实原则,是指商主体在选用商号时应当与经营者的名称、营业内容和资金状况等一致。凡不一致的,则应当禁止其使用,以防止对公众造成某种模糊和混淆,包括德国、法国、瑞士以及拉美在内的许多国家都采用真实原则。

所谓自由原则,是指商主体有选择商业名称的自由,其商业名称的选用与主体的姓名、营业种类和营业范围无关,法律不加限制。当然,自由原则也是相对的和有限制的,主体在商业名称选用时须遵守相应的禁止性规定。

在我国,对于商号选用奉行的原则,学界观点不一,有观点认为是真实原则,也有观点认为采用自由原则,但无论哪种原则,实际上各国商法都会不同程度地对商号选定施加一定的限制。我国《企业名称登记管理规定》对于商号的选定作出如下规定。

第一,商主体只能登记一个企业名称,企业名称由行政区划名称、字号、行业或经营特点、组织形式组成,企业名称中的字号应当由两个以上汉字组成,企业应当根据其组织结构或者责任形式,依法在企业名称中加以标明。

第二,企业名称中不得使用法律规定的禁止事项,包括:(1)损害国家尊严或者利益;(2)损害社会公共利益或者妨碍社会公共秩序;(3)使用或者变相使用政党、党政军机关、群团组织名称及其简称、特定称谓和部队番号;(4)使用外国国家(地区)、国际组织名称及其通用简称、特定称谓;(5)含有淫秽、色情、赌博、迷信、恐怖、暴力的内容;(6)含有民族、种族、宗教、性别歧视的内容；(7)违背公序良俗或者可能有其他不良影响；(8)可能使公众受骗或者产生误解；(9)法律、行政法规以及国家规定禁止的其他情形。

第三，企业名称冠以"中国""中华""中央""全国""国家"等字词，应当按照有关规定从严审核，并报国务院批准。国务院市场监督管理部门负责制定具体管理办法。企业名称中间含有"中国""中华""全国""国家"等字词的，该字词应当是行业限定语。例外的是，使用外国投资者字号的外商独资或者控股的外商投资企业，企业名称中可以含有"中国"字样。

第四，企业分支机构名称应当冠以其所从属企业的名称，并缀以"分公司""分厂""分店"等字词，境外企业分支机构还应当在名称中标明该企业的国籍及责任形式。企业集团名称应当与控股企业名称的行政区划名称、字号、行业或者经营特点一致。控股企业可以在其名称的组织形式之前使用"集团"或者"(集团)"字样。

二、商号的登记及其效力

商号登记，是指商主体按照法律规定，在登记机构办理注册申请，其选定的商号经审查后获得专有使用权。对于商号是否需要进行登记，各国立法存在差异。在英美法系国家，非公司的商号无强制要求进行登记，通过使用即获得认可。而在多数大陆法系国家，则采用强制登记制度，商号被认为是商业信用的标志，对其进行登记可以防止他人滥用，同时也可以借公示来维护交易秩序和安全。在我国，《企业名称登记管理规定》第 4 条规定："企业只能登记一个企业名称，企业名称受法律保护"。可见，我国对商号采取强制登记的态度，并由县级以上人民政府市场监督管理部门负责商号登记管理。

根据登记原因和目的的不同，商号登记可以区分为以下类型：其一，商号创设登记。商主体在创立时进行的登记，经过登记后，商号成为商主体的名称，其可以在商事经营活动中加以使用，产生对外效力。

其二,商号变更登记。商主体在经营存续期间,变更原登记商号的一部分或者全部,应向登记机关办理变更登记,否则便无法对抗善意第三人。其三,商号转让登记。商号的转让,可以与营业一起转让,或者在营业终止的情况下单独转让。商号的转让只有在登记机关办理转让登记后才生效,否则不得对抗善意第三人。其四,商号废止登记。商主体终止营业须废止商号,此时应向登记机关办理登记。非经登记,商号的废止不得对抗善意第三人。其五,商号撤销登记。法定事由发生的情况下,主管机关依职权撤销商主体的营业登记,在这种情况下,商号所依附的载体已不存在,因而应一并撤销,并依法登记。其六,商号继承登记。在业主死亡的情形下,由继承人依法继承其营业,此时应依继承事由办理登记。

经过登记,商主体即取得商号的专有使用权,并产生如下效果:第一,宣示效力,商号经登记后,其作为商主体的一项重要营业内容,即已通过登记程序所具有的正式声明作用,构成对社会交易中不特定第三人的通知;第二,排他效力,商号经登记后,便具有了在一定区域内排斥他人登记或使用同一商业名称的效力;第三,救济效力,当他人在进行相同营业时非法使用已经登记的商号或与之近似,便可能侵犯特定商主体的权利,被侵害的商主体有权请求停止侵权行为,并主张损害赔偿。

三、商号的转让

商号具有财产权性质,依照权利人的意愿,其可以对商号加以转让。各国立法均肯定商号转让的合法性,但对于商号转让,存在两种不同的模式:一种是不可单独转让,即商号应当同营业一起转让,而不能同营业相分离,除非营业终止的情况发生,德国、瑞士、意大利、日本等采取此种立法模式;另一种是可单独转让,即商号可以脱离于营业而单独转让,在这种模式下,商主体可以仅转让商号而不转让营业,也能够使多处营业同时使用一个商号,法国采用此种立法模式。

第二章　公司法

第一节　公司概述

公司是社会经济活动中最重要的主体,是股东依照法律的规定、通过出资设立的企业法人,公司以其全部独立法人财产对公司债务承担责任。在不同的国家,公司的定义存在差异。大陆法系国家的公司立法通常会明确规定公司的定义,具体可分为以下三种情形:第一,以法国、日本和韩国为代表,在公司法或商法中对公司做统一定义;第二,以瑞士和意大利为代表,未对公司做统一定义,而采用各类公司分别定义模式;第三,以德国和葡萄牙为代表,并未对公司进行统一的定义,同时也未对各类公司进行分别定义,而是通过相关法律规定各类公司的性质和设立目的。就英美法系国家而言,由于缺少对法律概念进行严格界定的传统,所以对于公司概念亦缺少明确的定义,一般地,英国的公司称为"company",而美国的公司则称作"corporation"。我国的公司法对于公司的类型及其内涵作出了相对明晰的规定:我国的公司,是指股东依照公司法的规定,通过出资方式设立的,股东以其认缴的出资额或者认购的股份为限对公司承担责任,而公司则以其全部财产对公司债务承担责任的企业法人。

一、公司的特征

（一）公司具有营利性

所谓营利性,也就是企业性,即通过经营获取利润。公司是由投资者组成的,投资者进行投资的目的,自然是为了获得投资收益。公司的营利性并不仅指自身的营利,还包括向其成员分配利润。公司从事营利活动所获得的利益,完全是为了其成员投资获得利益,这也是营利性法人与公益性法人的区别所在。

公司的营利性具有以下特征:其一,内容的确定性,公司所进行的营业活动,须事先明确规定,该规定的内容即公司的法定营业范围,公司应当在其营业范围内依法开展各项经营活动,公司的经营范围一旦确定,就不能随意更改;其二,营业须具有稳定性与连续性,公司的营业活动需要连续不断地进行,偶尔进行的营利性行为不构成营业,而各种公司连续经营期限的长短,则可由公司章程作出规定。基于营利性这一公司存在的主要目标,传统公司法形成了股东至上原则,即追求利润最大化以满足股东的利润回报要求。在认同公司应当负有社会责任的情况下,公司还需兼顾营利性以及社会责任,此时营利性便具有更为标志性的意义,并以此将商事公司与承担行政和社会职能的非商事企业以及其他组织区分开来。

（二）公司具有法人性

公司是具有法人性质的企业形式。公司的法人性使其具有独立的人格、独立的组织机构、独立的财产以及独立承担民事责任的能力。

1. 公司具有独立人格,使其与公司股东区分开来,并具有自身的组织机构。完善的组织机构是公司进行正常经营活动的前提条件,也是基于公司法而确立、符合公司基本运作要求的组织基础。公司组织机构包括管理机构和业务活动机构。公司的管理机构是进行公司决策、管理公司事务以及代表公司进行业务活动的机构;公司的业务活动机构,则是公司开展日常经营活动的组织和分支,如公司的销售机构、内部科室、会计审计等部门。

2. 公司拥有独立的财产。独立的财产既是公司承担责任的物质保障,也是公司进行业务经营的基本条件。公司的财产主要是通过股东出资形成的,此外,公司的营利以及其他途径获得的收益也是形成公司财产的重要来源。公司股东在对公司履行出资义务后,就不再对这部分财产享有支配权,而仅享有股权。由此,股东在出资后,如果对相关资产进行占有、使用、收益和处分,则构成对公司财产的侵犯。

3. 公司承担独立的财产责任。公司责任是其独立人格的重要表现,公司在参与经济活动、享有广泛权利的同时,也应当承担经营过程中可能出现的风险和责任。公司财产责任的独立性体现在以下三个方面:第一,公司责任独立于股东责任。股东在履行了缴纳出资的义务之外,其对公司债务不再负责,公司必须以自身拥有的财产清偿债务,即使在资不抵债的情况下,也不能以公司以外的股东财产清偿债务。第二,公司责任独立于管理人员责任。公司的经营活动是由其董事、经理等管理人员进行的,管理人员的过错有可能导致公司经营失败,但不能要求公司管理人员对公司债务承担责任,在公司无力清偿债务的情况下,除非存在特殊的理由,不能将公司的董事、经理等作为连带责任人。第三,公司责任独立于其他公司或者法人组织责任。公司作为经济主体,其在经营活动中自然与其他组织和个人发生经济关系,例如母公司与子公司之间的关系,关联公司之间的关系等,虽然存在上述关系,但就民事法律地位而言公司乃独立法人,其财产责任应独自承担,而不应当为其他主体承担财产责任。

(三) 公司具有社团性

公司是一种社团法人,即应当由两个以上股东发起设立,此种由多数人构成的法律性质被称为公司的社团性或联合性。基于传统理论,法人一般分为社团法人和财团法人两大类,前者是以人的集合为成立基础,后者则以财产集合为成立基础。社团法人是以社员的结合为基础形成的法人,其目的要么是为了谋求全体成员的经济利益,如公司、合作社等,要么是为了谋求成员的非经济利益,如俱乐部等。财团法人,则是通过财产的设定使其独立取得权利、承担义务的法人,财团法人成立的目的一般是为了社会公益事业,如慈善、教育、文化等。社团性是公司法人的重要特征,现代公司法基本制度都是基于公司的社团性结构设计的,其重点内容是对公司股东之间的利益冲突加以调整。

作为社团法人,公司是以其成员出资组成,并依照约定或者规定的份额或者比例缴纳出资,进而组成的以财产为内容的人的联合体。我国公司法在承认公司社团性的同时,也对例外情况加以规定。一方面,公司的社团性有助于集合多数人的资本,因而有助于规模经营,也使得现代社会的大型企业多数均采用公司形式;另一方面,公司的社团性也有助于公司分散投资风险,公司的股东往往人数众多,没有能力对企业进行管理和控制,因此也仅对企业债务承担有限责任,这种有限责任也刺激了投资者的积极性。

二、公司类型

通常情况下,公司形态由法律加以规定,即实行法定主义。但在不同国家与不同时期的法律中,公司类型也存在不同。以下对大陆法系国家、英美法系国家公司类型予以介绍,并就学理层面的公司类型划分加以说明,最后介绍我国的公司类型。

(一)无限公司、有限公司、股份公司与两合公司

在大陆法系国家,根据公司股东责任的不同,将公司划分为无限责任公司、有限责任公司、股份有限公司以及两合公司四种类型。此种分类不仅是一种理论分类,同时也是公司法上的法定分类,包括德国、法国、瑞士、日本在内的公司法均采此种分类方式。

无限责任公司,又称无限公司(unlimited company),是由全体股东对公司债务承担无限连带责任的公司类型。无限公司由两个以上股

东组成,且两个股东均须为自然人,当公司股东仅剩一人时,公司应当解散或者变更为独资企业。无限公司的股东对公司债务承担无限连带责任,当公司资产不足以清偿债务时,公司的债权人可以要求全体公司股东或者任一股东就未能清偿的债务以自己的全部资产进行清偿。无限公司中股东结合的基础在于股东的个人信用,且无限公司股东转让出资受到严格限制,这使得无限公司具有稳定的公司组织结构。

有限责任公司,也称有限公司(limited company),是指由两个或两个以上股东出资设立,股东依出资额为限对公司债务承担有限责任,公司则以全部资产对其债务承担责任的公司。

股份有限公司,又称股份公司(company limited by share),是指公司全部资产分成等额股份,由两个或两个以上股东认购相应的股份,并就其所认购股份对公司债务承担有限责任,公司以全部资产对其债务承担责任的公司。

两合公司(jointly owned company),是指由有限责任股东和无限责任股东共同组成的公司,其中,有限责任股东对公司债务以其出资额为限承担有限责任,而无限责任股东则对公司债务承担无限责任。两合公司主要存在于大陆法系国家,与其相对应的企业类型,在英美法系国家被视为有限合伙(limited partnership),并依据有限合伙法进行调整。另外,还存在一种特殊的两合公司,即股份两合公司,普通的两合公司具有无限公司与有限公司的特点,而股份两合公司则具有无限责任公司和股份有限公司的双重特点。股份两合公司的有限责任股东,是以购买公司股票的形式进行出资,因而相比于普通的两合公司更易于吸收社会投资。

在我国,《公司法》第2条明确规定:"本法所称公司,是指依照本法在中华人民共和国境内设立的有限责任公司和股份有限公司。"这表明,我国相关法律并未承认无限公司和两合公司的实际存在。从发展趋势上看,由于当代社会中,经济活动的复杂程度和交易频度都大幅增加,因而使无限公司和两合公司股东投资风险也日益突出,采用这两种形式的国家日趋减少,目前各国普遍采用的是有限责任公司和股份有限公司两种公司形态。可以说,我国的公司法相关规定也顺应了此种发展趋势。

(二) 封闭公司与开放公司

此种分类方式为英美法系国家公司法所采纳,其所采用的分类标准为是否公开发行股份以及是否允许自由转让股份。封闭式公司(close corporation),又称私人公司,其公司股份只能在特定范围内向股东发行,股东所持有的股份或者股票能够进行非公开的转让,而不能在证券交易所进行公开挂牌买卖。与之相对,开放式公司(public corporation),又称公众公司,其公司股份可以在证券市场上向公众公开发行,并广泛地为社会公众持有,股东所持有的股票可以在证券交易所进行自由的交易,此类公司须按照法律规定履行报告和披露义务。

(三) 人合公司、资合公司与人合兼资合公司

这是以信用基础为标准对公司进行的分类,此种分类更多的是学理而非法定分类,但此种分类对于理解公司法相关理论与规范具有重要的作用。

人合公司,是指以股东个人的信用、声誉等因素作为公司信用基础而组成的,此种公司对外进行经营活动所依据的是股东的个人信用,而不是公司自身的资产多寡。人合公司的股东对公司债务承担无限连带责任,股东以其个人全部资产对公司的债务进行清偿。无限责任公司是典型的人合公司。

资合公司,是指以资本和资产作为信用基础进行对外经营活动的公司,此种公司在进行对外经营活动时,依靠的是公司的资本和资产而非股东个人的信用。资合公司的股东对公司的债务只在其出资范围内承担责任,由此股东之间无需相互了解,仅以出资相结合。股份有限公司是最为典型的资合公司。

人合兼资合公司,是指以股东个人信用和公司资本信用作为公司对外进行经营活动之基础的公司,此类公司既有人合性质,又具备资合

性质,前文所述两合公司、股份两合公司在本质上即属于人合兼资合公司。

(四) 母公司与子公司

基于公司之间控制与从属关系可以分为母公司与子公司。母公司,又称控股公司,是指拥有其他公司一定比例以上的股份,并能够直接或者间接对其他公司的经营活动进行实际支配的公司。与此相对,子公司是指一定比例以上的股份由另一公司拥有,并受到该公司控制与指挥的公司。子公司虽然受到母公司的控制,但在法律层面,子公司拥有自己的名称和章程,并能够以自己的名义开展业务活动,其财产与母公司相互独立,因而在本质上仍具有独立的法人资格。

我国《公司法》未规定母公司概念,而对子公司在第 13 条第 1 款进行规定:"公司可以设立子公司。子公司具有法人资格,依法独立承担民事责任。"而在"附则"中,则对控股股东、实际控制人做了明确规定。《公司法》第 265 条规定:"控股股东,是指其出资额占有限责任公司资本总额超过百分之五十或者其持有的股份占股份有限公司股本总额超过百分之五十的股东;出资额或者持有股份的比例虽然低于百分之五十,但依其出资额或者持有的股份所享有的表决权已足以对股东会的决议产生重大影响的股东。"所谓实际控制人,则"是指通过投资关系、协议或者其他安排,能够实际支配公司行为的人。"根据上述规定,当控股股东或者实际控制人并非自然人,而是另一家公司时,该公司即处于母公司的地位。

(五) 本公司与分公司

基于公司内部的管辖关系,可以将公司分为本公司与分公司。本公司,又称总公司,是管辖公司组织的管理机构,其通过支配公司的营业活动和资金调度实现对公司内外部事务的管理。分公司是公司内部设置的、受本公司支配的分支机构或附属机构。从法律定位来看,分公司与本公司的关系不同于子公司与母公司,虽然两者在外观上具有一

定的相似性。分公司有自己的名称,如分行、办事处等,分公司的设立
并不需要如一般公司设立的法律程序,仅需履行简单的登记和管理手
续。但是,分公司的业务、资金和人事等均受到本公司的支配和管理,
与此同时,其不具有独立的法人资格,也没有属于自身的独立财产,分
公司占有、使用的财产均是作为本公司的财产而计入其资产负债表的。
对于分公司,我国《公司法》第 13 条第 2 款进行了规定:"公司可以设立
分公司。分公司不具有法人资格,其民事责任由公司承担。"

三、我国公司法中的公司类型

根据我国《公司法》第 2 条,我国公司法所承认的公司类型为有限
责任公司和股份有限公司。

(一) 有限责任公司

有限责任公司,是指由一定人数的股东所组成,股东以其出资为限
对公司债务担责,公司则以其全部资产对其债务担责的企业法人。与
其他类型的公司相比较,有限责任公司具有以下特征:其一,股东人数
有法定限制。就各种类型的公司而言,法律往往只规定股东人数的下
限而无上限的规定,而对于有限责任公司,则明确规定了股东人数的上
限。根据我国《公司法》第 42 条,有限责任公司由 1 个以上 50 个以下
股东出资设立。但当有限责任公司的股东人数超过 50 人时,是否应当
变更公司的形式,我国《公司法》并未作出明确规定。现实中,为满足
《公司法》对股东人数的规定,部分公司将持股的员工股东组成持股会,
并将持股会作为有限责任公司的一个股东。其二,公司设立程序与组
织机构相对简单。有限责任的设立方式比较简单,其只能通过发起设
立,而无募集设立方式。公司的资本亦由股东全部认缴。有限公司的
机关设置也相对简单,根据《公司法》第 75 条,规模较小或者股东人数
较少的有限责任公司,可以不设董事会,设一名董事,行使本法规定的
董事会的职权。该董事可以兼任公司经理。其三,兼具人合性与资合

性。不同于股份有限公司的公开性与非人合性特征，有限责任公司既具有人合性又具有资合性，其人合性特征体现在，对于股东人数的限制，不得向社会公开募集股份，股权的转让须获得其他股东的同意，公司的经营项目和财物账目无须向社会公开等。而其资合性则体现在，股东对公司债务只承担有限责任，公司的设立有最低资本要求，股东出资只能通过货币、实物、知识产权等法律规定的形式等。

（二）股份有限公司

股份有限公司，是指公司的全部资本划分为等额股份，股东根据其所认购的公司股份承担责任，而公司则以其全部财产对债务承担责任的企业法人。相比于其他公司类型，股份有限公司具有以下特征：其一，股东的广泛性。股份有限公司的股票公开发行，投资者只要认购股票即可成为公司股东，根据我国《公司法》第92条，除对股份有限公司的发起人作出规定外，对于股东人数的上限则没有要求，因而体现出股东的广泛性。其二，出资的股份性。股份有限公司的股份，是构成公司资本的最小单位，将公司全部资本划分为等额股份，有助于股东股权的确定，同时也有助于公司向社会公开募集资本。其三，股份的公开性。股份有限公司采取公开募集方式获取股本，其股份具有较高的流通性且能够自由转让与交易，股份有限公司的股票通过公开发行和自由流通，促进了公司资本的证券化运行，也催生了资本市场，并反向促进了公司股票的流通。其四，经营状况的公开性。股份有限公司的经营状况，不仅要让股东知晓，还要向社会进行公开，使得公众了解公司的经营情况。对于上市股份有限公司而言，这种公开的意义则更为突出，上市公司必须将其重要经营事项向社会全面、及时、准确地进行公告。

股份有限公司具有其他公司形式所不具备的优越性，如有利于集资、分散风险、公开透明、管理科学等，但与此同时，也具有一些不足之处，因而需要采取相应的手段加以规制。一方面，股份有限公司容易为少数股东操纵和控制，由于公司股份数量巨大，股东人数多，大股东只要掌握一定比例的股份，就能控制公司的经营与管理，因而有可能损害众多小股东的利益;另一方面,由于股份有限公司的股东分散且流动性比较强,股东往往对于公司缺乏责任感,一旦公司业绩有所波动,就有可能引发股东抛售股票,造成公司股价下降,进而影响到公司的正常经营,甚至使得一些有发展潜力的公司失去继续经营的活力。此外,由于股票可以自由交易,因而易于引发股票市场的投机,一些人购买企业的股票,不是为了通过合法持股以及合法的股票交易获取利润,而是通过内幕交易等非法手段谋取不正当收益,同时破坏合法、诚信的市场环境。

(三)国有独资公司

国有独资公司,是指由国家单独出资、由国务院或者地方人民政府授权本级人民政府国有资产监督管理机构履行出资人职责的有限责任公司。国有独资公司是我国公司法规定的一种特殊公司形态,其主要针对我国特殊国情,是在借鉴各国现代公司制度的基础上,以促进国有企业改革为目的而创设的一种公司形态。由此,国有独资公司的投资主体具有特殊性和单一性,其并非由普通公民或法人发起设立,而是由国务院或者地方人民政府授权本级人民政府国有资产监督管理机构履行出资人职责的有限责任公司。在本质上,国有独资公司属于有限责任公司,因而具有有限责任公司的一些普遍特征,如独立的法人人格,公司股东承担有限责任而公司则以全部财产对其债务承担责任等。与此同时,国有独资公司也具有一定的特殊性。

第一,股东权行使。国有独资公司不设股东会,由履行出资人职责的机构行使股东会职权。履行出资人职责的机构可以授权公司董事会行使股东会的部分职权,但公司章程的制定和修改,公司的合并、分立、解散、申请破产,增加或者减少注册资本,分配利润,应当由履行出资人职责的机构决定。根据《公司法》第169条第1款,"国家出资公司,由国务院或者地方人民政府分别代表国家依法履行出资人职责,享有出资人权益。国务院或者地方人民政府可以授权国有资产监督管理机构或者其他部门、机构代表本级人民政府对国家出资公司履行出资人职责。"

第二，董事会。国有独资公司的董事会，须依照公司法对于有限责任公司董事会的规定行使职权，此外，还需依照公司法关于国有独资公司的规定行使特定的股东会职权。董事的任期每届不超过三年，且应当过半数为外部董事，并应当有公司职工代表。国有独资公司的董事会成员由国有资产监督管理机构委派，而董事会成员中的职工代表，则由公司职工代表大会选举产生。董事会设董事长一人，可以设副董事长，董事长、副董事长由国有资产监督管理机构从董事会成员中指定。

第三，监事会。国有独资公司不设监事会。根据《公司法》第176条，"国有独资公司在董事会中设置由董事组成的审计委员会行使本法规定的监事会职权的，不设监事会或者监事。"此外，国家出资公司还应当依法建立健全内部监督管理和风险控制制度，加强内部合规管理。

第二节　公司的设立

公司设立，是指设立人以取得公司法人资格为目的，依据公司法规定而实施的组建公司的一系列法律行为的总称。公司设立行为包括：订立发起协议；制订章程；认缴股款；选择公司所在地；决定公司种类、名称、资本总额、出资方式；申请公司设立登记；其他筹办事项等。公司的设立与公司成立相区分：公司设立是公司成立的必经程序，而公司成立则是公司设立的法律后果。在完成公司设立行为，且由主管机关发给营业执照，并取得公司法人主体资格后，公司才正式成立。

公司设立具有以下特征：其一，设立主体是发起人。发起人在公司设立过程中具有十分重要的作用，其对内执行公司的设立业务，对外则代表设立中的公司。其二，设立行为发生在公司成立之前。公司法对于公司的设立规定了相应的条件和程序，公司设立行为就是依照相应的条件和程序，取得设立行为所应具有的法律效果。但完成了公司设立行为，并不意味着公司一定能够成立，最终结果也有可能是公司设立失败。其三，公司设立行为的目的是取得相应的主体资格。公司设立的最终目标是成立公司,并取得相应主体资格。在现代法律体系中,公司只有通过完成一系列设立行为才能成立。在公司设立过程中,设立人在此阶段所从事的与公司设立无关的活动,则应当由设立人自己承担相应的法律责任,而不能纳入公司设立过程。

一、公司的设立原则

在不同的国家或地区,由于经济基础、社会环境、法律制度等方面存在差异,因而对公司设立也秉持不同原则,包括自由设立、特许设立、核准设立、单纯准则设立和严格准则设立等原则。

(一) 自由设立

基于自由设立原则,法律对企业的设立不做任何限制条件,当事人无需履行任何手续即可自由设立公司。自由设立主义主要存在于近代以前,当时,商业社团无法得到法律的认可,当然法律也就不会对商业社团作出相应的干预,企业主要是作为一种事实而存在,因而无需依法设立。但自由设立公司的缺陷也同样明显,因无需履行任何法律程序,很多公司不具备基本的经济和组织条件,使公司的债权人无法得到有效保护,进而影响经济活动的有效开展。当然,在现代社会中,这种自由设立的方式依然存在,只是范围较小,例如有些国家对于个人独资企业、流动摊贩等采取免于登记的态度,允许其自由设立并从事经营活动。

(二) 特许设立

基于特许设立原则,公司的设立须经过国家元首命令或者经国家特别法规定而得到许可。在特许设立的原则之下,公司被视为国家权力的延伸,如英国王室特许设立东印度公司。现在公司法领域,基于特许设立的公司数量已经很少,但并非完全不存在。实际上,许多国家通过制定专门的中央银行法来设立中央银行,也有一些国有企业是通过国家特别立法的形式设立,这些企业通常是包括公用企业在内的一些特殊性质的企业。

（三）许可设立

在许可设立方式下，公司的设立除了需要具备法律所规定的条件外，还需经政府主管部门的审核批准，此后才能登记成立。1673 年法王路易十四颁布商事敕令创立了该项制度。此后，德国法中也曾采用过该项制度，如《德国民法典》第 22 条就规定，以营利为目的的社团，如法律无特别规定时，可因邦（州）的许可取得权利能力。许可设立模式下，虽然可以一定程度上防止公司设立过度宽松的弊端，但容易受到行政权力的影响，亦不利于公司的及时、有效设立。

（四）准则设立

准则设立，是指公司的设立只要符合法律规定的条件，即无需报行政主管机关批准，而直接向主管机关申请登记设立，此种做法适应了公司大量出现的发展趋势。英国 1862 年公司法首先采取此种制度。而在美国，根据多数州公司法的规定，设立公司时，只需要设立人向州务卿递交经设立人签署的公司章程，即可获得州务卿受理并设立公司。随着公司制度的发展，各国在单纯准则设立的基础上，以法律进一步严格规定公司设立要件，规定公司设立须经主管机关登记才能成立，即严格准则设立。严格准则设立原则下，公司设立的最后阶段是办理注册登记，只要公司设立符合法律规定的条件，登记机关就只能进行登记，而不能以法律规定之外的理由拒绝登记，这是严格准则设立与许可设立的区别。目前，严格准则设立为大多数国家或地区采用，也符合公司设立的发展趋势。

就我国公司法而言，公司设立曾长期实行许可设立主义，但许可设立带来的行政干预过度，复杂的设立程序降低了经济运转效率，其弊端日益明显。基于我国自身法律实践，在借鉴比较法经验的基础上，我国公司法对公司设立制度进行了改革。《公司法》第 29 条规定："设立公司，应当依法向公司登记关申请设立登记。""法律、行政法规规定设立公司必须报经批准的,应当在公司登记前依法办理批准手续。"基于上述规定,以及《公司法》在设立公司时对注册资本、缴纳方式等方面的规定,可以发现我国公司的设立原则是严格的准则设立与许可设立相结合。在一般情况下,设立公司须符合法律规定,经过办理登记注册手续而登记为有限责任公司或者股份有限公司,此时通常适用严格的准则设立。此外,对于涉及国家安全、公共利益以及关系国计民生等特定领域和特定行业,例如银行、保险、证券等行业,相关法律规定需进行专门审批的,则应当进行审批,此时适用的是许可设立。

二、设立条件

我国《公司法》针对有限责任公司和股份有限公司的设立,规定了不同的设立条件,具体如下:

(一) 符合法定人数

公司属于社团法人,因而法律往往对公司股东的人数作出规定。就有限责任公司而言,对有限责任公司的股东不设置最低人数限制,而基于有限责任公司所具有的封闭性和人合性特征,根据《公司法》第42条,有限责任公司由1个以上50个以下股东出资设立。就股份有限责任公司而言,由公司特征所决定,法律无法规定股份有限公司的股东人数,但公司法对公司发起人的数量作出了规定,并对发起人住所进行了限定。根据《公司法》第92条,设立股份有限公司,应当有1人以上200人以下为发起人,其中应当有半数以上的发起人在中华人民共和国境内有住所。

(二) 符合规定的公司资本

根据我国现行《公司法》第47条第1款,"有限责任公司的注册资本为在公司登记机关登记的全体股东认缴的出资额。全体股东认缴的出资额由股东按照公司章程的规定自公司成立之日起五年内缴足。"对于有限公司的注册资本,我国《公司法》的规定经历了一个变化的过程。1993 年颁布的《公司法》不仅规定了注册资本最低限额,且要求在公司设立时一次性足额实缴,此种规定虽然有助于维护公司的运营,并对债权人提供保障,但其僵硬的规定与公司的营利性并不兼容,在监管可行性方面也存在问题,这是此后公司法在修订过程中对其加以改变的重要原因。根据 2013 年《公司法》第 26 条第 1 款,"有限责任公司的注册资本为在公司登记机关登记的全体股东认缴的出资额。"该规定并未对公司的设立规定注册资本最低限额,且对出资和股份的缴纳采取认缴制,法律对公司注册资本的缴纳亦未做强制规定。与之不同,现行《公司法》对于公司注册资本的缴纳设定了五年的期限。此外,根据法律、法规以及国务院的决定,对于特殊公司的注册资本最低限额等如另有规定,还需遵守相应的规定。

(三) 制定公司章程

根据《公司法》第 5 条规定:"设立公司应当依法制定公司章程。公司章程对公司、股东、董事、监事、高级管理人员具有约束力。"就有限责任公司而言,由于股东人数受到限制,因而由全体股东共同制定章程是可以实现的,实践当中,公司章程通常是由包括律师在内的第三人起草,并由股东共同决议通过。而对于股份有限公司来说,由于股东人数众多,尤其是对于股票公开交易的上市公司而言,其股权具有开放性、流动性,因而公司法对此类公司章程有不同的规定。就股份有限公司而言,根据《公司法》第 94 条规定,"设立股份有限公司,应当由发起人共同制订公司章程。"对于发起设立的股份有限公司,由发起人制定公司章程并共同通过;而在募集设立情形下,则需要由发起人制定章程,并经创立大会通过,后加入股份有限公司的股东则视为接受已通过公司章程的约束。

(四) 有公司名称及符合要求的组织机构

公司名称是其在进行营业活动时适用的以表明自身身份的名称。

根据《公司法》第 7 条的规定，"依照本法设立的有限责任公司，应当在公司名称中标明有限责任公司或者有限公司字样。依照本法设立的股份有限公司，应当在公司名称中标明股份有限公司或者股份公司字样。"此外，公司也需建立相应的组织机构，组织机构的建立应符合法律的规定。有限责任公司应当设立股东会、董事会和监事会，但结合我国《公司法》相关规定，股东人数较少或者规模较小的有限责任公司，也可以不设董事会或者监事会，只需设立一名执行董事或者 1—2 名监事，国有独资公司则不设股东会，而股份有限公司则必须设立股东会、董事会和监事会。

（五）有公司住所

公司住所是设立公司的必备条件之一，我国《公司法》第 8 条规定，公司以其主要办事机构所在地为住所。实践当中，公司住所具有以下法律意义：其一，确立登记、税收等管理关系，工商行政管理、税收征管等管理关系的确立，以公司住所地为其标准；其二，确立合同履行地，在合同关系中，在履行地不明的情况下，根据《民法典》第 511 条规定，对于给付货币的，在接受货币一方的所在地履行，货币和不动产以外其他标的，在履行义务一方所在地履行，即应以公司住所为履行地；其三，确认诉讼管辖及司法文书送达，在公司经营活动中，有可能涉及各类纠纷，法院审理案件时需要确认诉讼管辖以及司法文书送达的地址，公司住所则是确认管辖地的重要依据，同时也是司法文书送达地的依据；其四，确认准据法，在涉外民事关系中，在确认适用何种法律时，公司住所是其重要依据之一。

三、公司的设立方式

在大陆法系各国，通常来说，公司的设立方式有发起设立和募集设立两种。多数国家和地区的公司立法均规定了以上两种设立方式。对于不同的公司类型，发起设立均有适用的空间，只是当设立的股份有限公司规模较大,且需要较多资金向社会筹集的情况下,则募集设立的方式相对更为适合。而在英美法系国家,公司法中似乎没有关于发起设立和募集设立的概念。

所谓发起设立,是由发起人认购全部注册资本而设立公司,发起设立适合于包括有限责任公司和股份有限公司在内的任何公司设立。只是由于有限责任公司具有更强的人合性,其资本具有很强的封闭性,因而其设立方式均为发起设立。采用发起方式设立公司时,因无需向社会进行资金募集,只需由发起人出资即可完成,因而能够有效缩短公司的设立周期,减少设立费用。

所谓募集设立,也称渐次设立或复杂设立,是指发起人认购一部分公司应发行股份,其余部分向社会公开募集的设立方式。在我国,只有股份有限公司可以采纳这种设立方式,通过募集设立公司,可以通过向社会公众或者特定群体发行股份而募集更多资金。由此,以募集设立方式设立的股份有限公司,其股东除发起人外,还包括持有股份的社会公众。采用募集设立方式虽有募集丰厚资金的优点,但也存在弊端:一方面,由于募集设立公司的股权较为分散,因而不利于发起人实现对公司的控制;另一方面,募集设立时可能通过溢价发行股票的方式形成公司创设利润,使得部分发起人可能借设立公司之名获得创设利润,损害社会公众的利益。我国《公司法》第97条第2款规定,“以募集设立方式设立股份有限公司的,发起人认购的股份不得少于公司章程规定的公司设立时应发行股份总数的百分之三十五;但是,法律、行政法规另有规定的,从其规定。”通过对发起人认购股份占公司发行股份总数的比例限制,既可以实现公司的融资目的,使得公众认购保持在一定的股份比例,同时也可以防止发起人完全凭借他人资本开办公司而自己不承担财产责任的投机行为。

四、公司的设立程序

根据设立方式不同,公司设立程序也有所区分,采取发起设立方式的设立程序较为简单,而采取募集设立方式的设立程序则较为复杂。不论采取何种设立方式,公司的设立均以设立登记而结束,经登记的公司正式取得独立主体资格。

(一)发起人协议

发起人协议是发起人所订立的、用以确定发起人之间关于设立公司权利与义务的书面协议,该协议在性质上被视为合伙协议。发起人协议的主要内容包括:公司经营宗旨、项目、注册资本、投资额、出资方式、经营管理、盈余分配等。股份有限公司的设立依赖于发起人的发起行为。我国《公司法》第93条规定:"股份有限公司发起人承担公司筹办事务。发起人应当签订发起人协议,明确各自在公司设立过程中的权利和义务。"

(二)订立公司章程

公司章程以规范公司成立后各方行为为目的,其必须记载法定的绝对必要记载事项,也可以选择性记载相对必要记载事项,还可在不违反法律强制性规定的情况下记载发起人一致同意的任意事项。就有限责任公司而言,应当由股东共同制定公司章程。对应于有限责任公司章程应载明事项,根据《公司法》第46条包括:"(一)公司名称和住所;(二)公司经营范围;(三)公司注册资本;(四)股东的姓名或者名称;(五)股东的出资额、出资方式和出资日期;(六)公司的机构及其产生办法、职权、议事规则;(七)公司法定代表人的产生、变更办法;(八)股东会认为需要规定的其他事项。"有限责任公司的章程应当由股东签名或者盖章。对于股份有限公司,由发起人制订公司章程,而采用募集方式设立的则经创立大会通过。根据《公司法》第94条,"设立股份有限公司,应当由发起人共同制订公司章程。"对于公司章程应当载明的事项,《公司法》第95条作出明确规定,其中包括:"(一)公司名称和住所;(二)公司经营范围;(三)公司设立方式;(四)公司注册资本、已发行的股份数和设立时发行的股份数,面额股的每股金额;(五)发行类别股的,每一类别股的股份数及其权利和义务;(六)发起人的姓名或者名称、认购的股份数、出资方式;(七)董事会的组成、职权和议事规则;(八)公司法定代表人的产生、变更办法;(九)监事会的组成、职权和议事规则;(十)公司利润分配办法;(十一)公司的解散事由与清算办法;(十二)公司的通知和公告办法;(十三)股东会认为需要规定的其他事项。"

(三) 报相关部门审批

通常情况下,设立公司,应当依法向公司登记机关申请设立登记。但根据《公司法》第 29 条第 2 款,法律、行政法规规定设立公司必须报经批准的,应当在公司登记前依法办理批准手续。而基于相关法律规定,需办理批准的有限责任公司包括以下两类:其一,法律、法规规定须经批准的,如设立经营保险业务的有限责任公司,应事先得到保险监管机关的批准;其二,公司营业项目中有必须经有关部门批准的内容,如设立有关烟草专卖方面的公司,须经国家烟草管理部门批准。

(四) 缴纳出资

缴纳出资是公司设立过程中履行设立协议或者公司章程中规定的出资义务的行为。就有限责任公司而言,根据《公司法》第 47 条,"全体股东认缴的出资额由股东按照公司章程的规定自公司成立之日起五年内缴足。"由此,股东应当按期足额缴纳公司章程中规定的各自所认缴的出资额,股东以货币出资的,应当将货币出资足额存入有限责任公司在银行开设的账户,以非货币财产出资的,应当依法办理其财产权的转移手续。此外,法律、行政法规以及国务院决定对有限责任公司注册资本实缴、注册资本最低限额、股东出资期限另有规定的,从其规定。对于股份有限公司,由于其分为发起设立和募集设立两种,我国法律对于这两种方式下股份的认购有不同的规定。

(五) 申请设立登记

申请设立登记是指由设立人指定的代表或代理人向登记机关报送

登记申请书等文件,并申请设立登记的行为。根据《公司法》第 30 条,"申请设立公司,应当提交设立登记申请书、公司章程等文件,提交的相关材料应当真实、合法和有效。申请材料不齐全或者不符合法定形式的,公司登记机关应当一次性告知需要补正的材料。"对于申请材料的具体范围,根据《公司登记管理条例》第 20 条第 2 款,应当包括"(一)公司法定代表人签署的设立登记申请书;(二)全体股东指定代表或者共同委托代理人的证明;(三)公司章程;(四)股东的主体资格证明或者自然人身份证明;(五)载明公司董事、监事、经理的姓名、住所的文件以及有关委派、选举或者聘用的证明;(六)公司法定代表人任职文件和身份证明;(七)企业名称预先核准通知书;(八)公司住所证明;(九)国家工商行政管理总局规定要求提交的其他文件。"

第三节　公司资本制度

注册资本是公司成立时公司章程规定的,由股东投资形成的公司自有财产总额。注册资本具有相对确定性,是企业在设立时基于注册资本登记后所确定的,公司的注册资本确定后,便不能随意进行更改。公司注册资本具有重要法律意义。首先,注册资本是公司成立的前提条件。公司要取得法人资格,需要满足法律的规定,公司法规定了公司成立的条件,注册资本是其中重要的一项,属于实体性和财产性条件。对于申请设立的公司来说,不具备相应的注册资本则不能登记成立,已经成立的公司如果不满足注册资本的要求,则会被撤销或是公司人格被否定。其次,注册资本确立了股东对公司承担有限责任的基础。通过注册登记,股东的个人财产与公司自身的财产得以明确区分,并向社会公示,使得公司能够用其自身资本对外承担法律责任。公司注册资本,是全体股东所要承担的责任限度。在股东履行出资义务的情况下,其出资就是用于偿还公司债务的最大限额,除此之外,股东不必承担其他的财产责任。最后,注册资本的充足、真实,能够确保公司拥有稳定的运营资本,进而可以保障交易安全以及债权人的权利。公司以其全部资产对其债务承担责任。由此,确定和维持一定的公司资本,对于确保公司的偿债能力,保障公司债权人的利益具有实质性意义。

资本这一概念,存在不同的含义:其一,注册资本(registered capital),也称核定资本或额面资本,是指在注册登记时公司的资本总额。其二,授权资本(authorized capital),也称名义资本(nominal capital),是指根据公司章程授权公司可以发行的全部资本额度。授权资本概念仅存在于授权资本制之下,公司在设立时无需发行全部授权资本额度,其只需部分发行即符合要求,而后根据董事会之决定分次发行即可。其三,发行资本(issued capital),是指公司已发行的资本总额。在授权资本制下,股东无需全部支付已发行的股份,发行资本由已缴资本和待缴资本构成。一般情况下,在公司资本全部缴纳之前,发行资本总是低于公司资本。其四,实缴资本(paid-up capital),也称实收资本,已缴资本,是指股东已经缴纳的公司资本。在法定资本制下,允许股东对认购的股份实施分期缴纳,股东实际缴纳即构成实缴资本。在公司发行资本全部缴足的情况下,实缴资本即等于公司的发行资本。其五,待缴资本(uncalled capital),是指公司已发行且为股东认购,但尚未缴纳的资本。待缴资本是股东有义务按约定或者公司之要求缴纳的资本,其实际上已经构成股东对公司债务的担保。其六,保留资本(reserved capital),是指在经营正常的情况下,公司不得向股东催缴的资本,该部分资本只有在公司破产时才可要求股东缴纳,因而又称为储备资本。

一、公司资本原则

各国的公司法中,由于其所采用的资本制度不同,因而各国的资本原则也存在差异。但是,基于公司法所具有的基本目标和规范的相似定位,经过长期发展的公司法仍然形成了为各国所认可与采纳的资本原则。此即公司的"资本三原则":资本确定原则、资本维持原则与资本不变原则。

（一）资本确定原则

基于该原则,公司必须在其章程中对公司资本总额作出明确规定,且须全部认缴,此后公司才能够成立;而在公司成立后,如果需要发行股份,则要履行增资程序,经股东会决议并修改公司章程后才能完成。资本确定原则为大陆法系国家所采用,后大陆法系国家多数采折中资本制,但这种资本制仍保留了资本确定原则的基本精神和要求。此外,在实行授权资本制的国家,通常也要求公司章程对资本额加以明确规定,这也是资本确定原则的基本要求。就目的而言,资本确定原则是为了保证公司设立时资本的真实可靠,也确保公司具有稳健的财产基础及财务结构,进而确保交易秩序与交易安全。但该原则亦有其不足之处,即不够灵活,当公司的资本数额较大时,资本不易较快认足会限制公司的设立,而当公司资本数额较少的情况下,又会在其后增加资本时遇到法律程序繁琐带来的障碍。此外,在公司初成立或者业务较少的情况下,缴足资本可能造成资金的闲置和浪费,不利于经济效率的提升。

（二）资本维持原则

资本维持原则,亦称为资本充实原则,即在公司存续过程中,公司财产应当保持与资本额相当。资本维持原则适用于公司存续期间,公司法就资本制度所确立的多数规则是基于资本维持目的而设计的,其原因在于:公司在成立后,尤其是公司运行期间,其公司财产有可能低于公司的资本,如因为经营亏损使得公司财产减少,因固定资产的贬值而实际价值低于其原有价值等。资本维持原则的确立,即为防止因资本减少而使债权人利益受损,也防止股东对于公司的利润分配提出不当请求,从而减少公司资产并危害其正常业务开展。

我国公司法中有对于资本维持原则的规定,譬如,根据《公司法》第48条,股东可以以非货币财产出资,实物、知识产权、土地使用权、股权、债权等可以用货币估价并可以依法转让的非货币财产作价出资,对作为出资的非货币财产应当评估作价,核实财产,不得高估或者低估作

价;根据第 50 条,有限责任公司设立时,股东未按照公司章程规定实际
缴纳出资,或者实际出资的非货币财产的实际价额显著低于所认缴的
出资额的,设立时的其他股东与该股东在出资不足的范围内承担连带
责任;根据第 162 条,除因减少公司注册资本、与持有本公司股份的其
他公司合并等六种情形外,股份有限公司不得收购本公司股份;根据第
210 条、第 213 条,公司分配当年税后利润时,应当提取利润百分之十
列入公司法定公积金,股份有限公司以超过票面金额的发行价格发行
股份所得溢价款以及国务院财政部门规定列入资本公积金的其他收
入,应当列为公司资本公积金。

(三) 资本不变原则

资本不变原则,是指公司的资本确定后,即不得随意增减,如需改
变公司资本,则需要依照法律程序进行。公司资本不变原则的确立,其
目的就是保障债权人权益,防止公司资本的不当减少或增加。公司资
本的不当减少,会使得公司的财产能力降低,难以保护公司债权人的权
益;公司资本不必要的增加,则有可能造成资金的浪费,从而使股东的
利益受损。资本不变原则与资本维持原则就其制度功能而言,具有相
似目的,资本不变原则是资本维持原则的体现之一,资本不变原则能够
维持公司资产不低于法定的标准。

我国公司法中,资本不变原则也主要体现在对公司增减资的程序
规定上。根据《公司法》第 59 条与第 116 条的规定,公司增加或者减少
注册资本,应当经股东大会同意,并依法向公司登记机关办理变更登
记。根据第 228 条,对增加注册资本,可分两种情形:其一,有限责任公
司增加注册资本时,股东认缴新增资本的出资,应依公司法设立有限责
任公司缴纳出资的有关规定执行;其二,股份有限公司为增加注册资本
发行新股时,股东认购新股,应依公司法设立股份有限公司缴纳股款的
有关规定执行。而对于减少注册资本,公司法的规定则更为严格,根据
第 224 条规定,公司需要减少注册资本时,必须编制资产负债表及财产
清单;公司应当自股东会作出减少注册资本决议之日起 10 日内通知债

权人,并于 30 日内在报纸上或者国家企业信用信息公示系统公告;债权人自接到通知书之日起 30 日内,未接到通知书的自公告之日起 45 日内,有权要求公司清偿债务或者提供相应的担保。

二、公司资本制度

因法律传统、经济社会发展以及现实状况等多种变量的影响,各国的公司资本制度也有不同设计。总体而言,各国公司法的公司资本制度主要有三种模式,即在功能上存在明显差异的法定资本制和授权资本制,以及介于两者之间的折中资本制。

(一)法定资本制

法定资本制,是指公司在成立时,在公司章程中记载注册资本的数额且全部资本须完成认购并缴纳,否则公司便不得成立。大陆法系国家主要采用法定资本制,该制度下公司的资本或者股份采用一次发行的方式。但法定资本制并不排斥分期缴纳,在采取法定资本制的大陆法系国家,一般都允许采取分期缴纳股款的方式,但要求首次缴纳不得低于一定的比率,并对分期缴纳规定有一定的时间限制。法定资本制主要包括以下内容:其一,公司在设立时须在章程中明确规定资本总额;其二,须将公司的资本、股份一次性发行,并由发起人或股东认足或募足;其三,认股人应根据发行规定缴纳股款,包括一次性缴纳和分期缴纳两种;其四,公司成立之后需要增加资本时,需要通过股东会决议、变更公司章程加以实现。

法定资本制具有的优点包括有利于公司资本的稳定,防止公司设立过程中的欺诈现象,使公司具备足够的资产以增进交易安全。而该制度可能带来的弊端则包括,在公司设立之初即保证全部资金到位,可能会导致资金闲置从而降低经济效率,在公司进行增资时,需要履行的手续也较为繁复。上述做法在经济发展过程中的不足逐步显现,不少大陆法系国家,如法国、德国等,已开始放弃法定资本制,改采折中资本制。

(二) 授权资本制

授权资本制,是指在公司成立时,只需在公司章程中载明注册资本总额,股东无需认购并缴纳全部股本,并授权董事会在公司成立后根据需要分一次或多次发行或募集。在授权资本制下,资本或股份并非如法定资本制的一次发行、分期缴纳,而是采取分期发行的方式。此时,授权资本与发行资本被区分开来,授权资本是公司章程所规定的资本总额,而发行资本则取决于公司决定发行的资本数额。授权资本制是普通法系国家尤其是英国和美国经过长期发展的产物。授权资本制的具体内容如下:其一,公司在设立时,公司章程中载明公司资本总额,但与此同时,章程中也载明公司首次发行的资本数额;其二,公司章程中的资本总额无需在公司成立时全部认足或募足,而只需发行一部分即可;其三,对于认股人已经认购的股份,可以一次性缴纳,也可以分次缴纳,这使得公司在成立时所占用的资金进一步降低;其四,公司成立后需要增加资本时,无须由股东会决议变更公司章程,只要由董事会决议即可发行新股。授权资本制的优势在于:一方面,公司不必一次发行全部资本或股份,减少了公司设立难度和资金浪费;另一方面,由董事会自行决定发行资本而无需变更公司章程,降低了公司增资的复杂程度,有利于提升公司运行效率。但授权资本制也并非没有弊端,由于公司章程中的资本并非实际的公司资本,而对公司首次发行资本的最低限额和发行期限也较少硬性规定,由此可能使公司资本与其经营规模严重脱节,对公司债权人的利益造成风险,同时也容易引发欺诈性商业行为。

(三) 折中资本制

所谓折中资本制,是在既有的法定资本制和授权资本制基础上形成的,兼有两种制度特征的公司资本制度。折中资本制包括许可资本制与折中授权资本制。所谓许可资本制,即在公司成立时,需要在公司章程中明确规定公司资本总额,并一次性发行且全部足额缴纳,与此同时,公司章程可以授权董事会发行新股,而无需通过股东会特别决议。许可资本制是在法定资本制的基础上,通过对董事会发行新股授权及放松程序限制而形成的,但在公司设立时,则仍然采用法定资本制,因而是以法定资本制为主体,兼采授权资本制形成的。所谓折中授权资本制,是指在公司成立时,只需发行和认足部分资本,未发行的部分授权董事会根据需要发行。与许可资本制的不同在于,折中授权资本制是在资本总额的范围内发行,但授权发行部分不得超过公司资本的一定比例。以日本商法为例,其中规定公司成立时发行的股份总数不低于公司股份总额的四分之一。

第四节　公司组织机构

公司组织机构,是指代表公司开展经营活动,行使相应管理和组织权能的机关总称。各国公司法中公司机关的模式虽有不同,但总体上可以划分为以下四类:

第一,权力机关,通常指股东会。作为公司的出资者与所有者,股东享有对于公司的最高权力,而股东行使权力的机关就是股东会,各国立法中通常将股东会作为公司的权利机关。

第二,决策机关,通常指董事会。董事会成员由公司股东会选举产生,由董事会成员组成的董事会对公司股东会负责,现代公司权力有转移到董事会的趋势,这使得董事会更多地享有公司的经营决策权与管理权。

第三,执行机关,通常指经理。经理在公司的日常经营过程中,按照董事会的要求进行管理并对董事会决议加以组织、实施。

第四,监督机关,通常指监事会。监事会对公司的董事、经理行为以及公司财务经营状况等进行监督,在发现可能侵犯公司、股东利益的违法或者不当行为时加以约束与纠正。

（一）股东会

股东会,是由全体股东组成的公司权力机关,在公司组织机构中处于核心位置。作为公司的最高权力机构,法律赋予股东会较大的职权,股东会有权选举和罢免董事、监事,有权修改公司章程,有权决定公司的经营和投资计划等,但股东会行使权利也须在法律规定的范围内,而非单独决定公司的所有重大决策。股东会是公司必须依法设立的组织机构,但对于特殊类型的公司,也存在例外,我国的国有独资公司不设股东会,而是由履行出资人职责的机构行使股东会职权或由其授权董事会行使股东会的部分职权。作为公司的最高权力机构,股东会针对公司的重大事项行使其职权,就其职权来源加以区分,可以划分为法定职权和章程规定职权两类。根据《公司法》第59条,我国有限责任公司的股东会职权包括:"(一)选举和更换董事、监事,决定有关董事、监事的报酬事项;(二)审议批准董事会的报告;(三)审议批准监事会的报告;(四)审议批准公司的利润分配方案和弥补亏损方案;(五)对公司增加或者减少注册资本作出决议;(六)对发行公司债券作出决议;(七)对公司合并、分立、解散、清算或者变更公司形式作出决议;(八)修改公司章程;(九)公司章程规定的其他职权。"股份有限公司股东大会的职权与有限责任公司相同。

（二）董事会

董事会通常是指由公司股东会选举产生并能够履行公司经营决策权的公司机关。董事会由股东会选举产生,亦对股东会负责;作为公司的常设机关,董事会作为组织始终存在,并代表公司对外从事经营活动;董事会具有经营决策权,其在法律和章程规定的范围内,对公司的经营管理进行决策。

1. 董事会职权

根据我国《公司法》第67条规定,有限责任公司的董事会行使下列职权:"董事会行使下列职权:(一)召集股东会会议,并向股东会报告工作;(二)执行股东会的决议;(三)决定公司的经营计划和投资方案;(四)制订公司的利润分配方案和弥补亏损方案;(五)制订公司增加或者减少注册资本以及发行公司债券的方案;(六)制订公司合并、分立、解散或者变更公司形式的方案;(七)决定公司内部管理机构的设置;(八)决定聘任或者解聘公司经理及其报酬事项,并根据经理的提名决定聘任或者解聘公司副经理、财务负责人及其报酬事项;(九)制定公司的基本管理制度;(十)公司章程规定或者股东会授予的其他职权。"

2. 董事会会议

董事会作为公司机关,是以召开董事会会议并形成决议的方式行使其职权。董事会的会议方式及表决程序等,除法律规定外,应由公司章程加以规定。一般情况下,董事会会议分为普通会议和临时会议。所谓普通会议,是指根据公司章程规定或者惯例在固定地点、固定时间召开的会议;所谓临时会议,则是指董事会针对特别事项临时召开的会议。我国有限责任公司董事会会议由公司章程加以规定,法律并未直接进行规定;而对于股份有限公司,根据《公司法》第 123 条,董事会每年度至少召开两次会议,每次会议应当于会议召开十日前通知全体董事和监事。代表十分之一以上表决权的股东、三分之一以上董事或者监事会,可以提议召开董事会临时会议。董事长应当自接到提议后十日内,召集和主持董事会会议。董事会召开临时会议,可以另定召集董事会的通知方式和通知时限。

3. 董事会决议

公司召开董事会会议后,参会的董事达到法定的比例,并经一定比例的董事表决通过后即可做出董事会决议。法律对于董事出席会议的比例、做出决议的通过比例等均作出相关规定。董事会的表决,实行一人一票,这种表决方式不同于股东会会议实行的按照出资或者股份计算表决票数的方式。对于有限责任公司而言,公司法赋予其董事会会议较大的灵活性,会议的议事方式和表决程序,除法律另有规定外,由公司章程规定,董事会应当对所议事项的决定做成会议记录,并由出席会议的董事签名;而对于股份有限公司,则须经全体董事过半数通过。

此外,股份有限公司的董事会会议,应当由董事本人出席;董事因故不能出席,可以委托其他董事代为出席,委托书中应载明授权范围。可见,在董事表决权代理方面,与股东表决权代理存在显著不同,董事表决权的代理人仅限于其他董事,除此之外的其他主体均不能作为代理人。

(三)监事会

监事会是指依法产生,代表股东对公司的经营管理及财务进行监督的公司机关,行使公司的监督职能。监事会的职责是对公司的经营和财务状况进行监督,以发现其中存在的违法、违规行为。为此,监事会的监督职能包含两个方面:一是对公司的经营行为进行监督;二是对公司的财务状况进行监督。

1. 监事会组成

就有限责任公司而言,根据《公司法》第 76 条规定,监事会成员不得少于三人。股东人数较少或者规模较小的有限责任公司,可以设一至二名监事,不设监事会。监事会应当包括股东代表和适当比例的公司职工代表,其中职工代表的比例不得低于三分之一,具体比例由公司章程规定。监事会中的职工代表由公司职工通过职工代表大会、职工大会或者其他形式民主选举产生。监事会设主席一人,由全体监事过半数选举产生。监事会主席召集和主持监事会会议;监事会主席不能履行职务或者不履行职务的,由半数以上监事共同推举一名监事召集和主持监事会会议。董事、高级管理人员不得兼任监事。

就股份有限公司的监事会设立而言,根据《公司法》第 130 条,监事会成员不得少于三人。监事会应当包括股东代表和适当比例的公司职工代表,其中职工代表的比例不得低于三分之一,具体比例由公司章程规定。监事会中的职工代表由公司职工通过职工代表大会、职工大会或者其他形式民主选举产生。监事会设主席一人,可以设副主席。监事会主席和副主席由全体监事过半数选举产生。监事会主席召集和主持监事会会议;监事会主席不能履行职务或者不履行职务的,由监事会副主席召集和主持监事会会议；监事会副主席不能履行职务或者不履行职务的，由半数以上监事共同推举一名监事召集和主持监事会会议。董事、高级管理人员不得兼任监事。

监事会的任期为每届三年，监事任期届满，连选可以连任。监事任期届满未及时改选，或者监事在任期内辞职导致监事会成员低于法定人数的，在改选出的监事就任前，原监事仍应当依照法律、行政法规和公司章程的规定，履行监事职务。有限责任公司的监事会每年度至少召开一次会议，监事可以提议召开临时监事会会议。监事会的议事方式和表决程序，除法律规定以外，由公司章程规定。监事会决议应当经半数以上监事通过。监事会应当对所议事项的决定作成会议记录，出席会议的监事应当在会议记录上签名。股份有限公司的监事会会议规则与有限责任公司大体相似，只是在监事会会议的最短期限上，根据《公司法》第 132 条规定，股份有限公司的监事会每 6 个月至少召开一次会议。

2. 监事会职权

监事会以及不设监事会公司的监事职权包括如下内容：(1)检查公司财务；(2)对董事、高级管理人员执行公司职务的行为进行监督，对违反法律、行政法规、公司章程或者股东会决议的董事、高级管理人员提出罢免的建议；(3)当董事、高级管理人员的行为损害公司的利益时，要求董事、高级管理人员予以纠正；(4)提议召开临时股东会会议，在董事会不履行本法规定的召集和主持股东会会议职责时召集和主持股东会会议；(5)向股东会会议提出提案；(6)依照公司法关于派生诉讼的规定，对董事、高级管理人员提起诉讼；(7)公司章程规定的其他职权。此外，监事可以列席董事会会议，并对董事会决议事项提出质询或者建议。监事会、不设监事会的公司监事发现公司经营情况异常，可以进行调查；必要时，可以聘请会计师事务所等协助其工作，费用由公司承担。

第五节　公司变更

一、公司合并

公司合并，是指两个或两个以上公司订立合并协议，并依照公司法规定的程序合并为一个公司的法律行为。公司合并同时涉及到合同法与公司法的适用，适用合同法主要为了解决合同的成立、效力以及履行等方面的问题，而适用公司法则是为了解决债权人、股东利益保护以及合并过程中存在的程序问题等。公司合并在公司运营过程中具有重要作用：一方面，通过公司合并可以扩大公司规模，拓展公司在特定领域的专业化程度，还可以促进合作与开拓市场，进而增强公司的竞争力；另一方面，对于部分存在经营困难的企业，通过合并可以使公司原有的营业得以继续，公司的财产和经营等均可转移到合并后的公司，以免在公司经营不利的情况下，因破产导致公司的终结。

就公司合并的方式而言，可以分为吸收合并和新设合并两类。所谓吸收合并（merger），也称兼并，是指一个公司吸收其他公司，并使得被吸收公司解散。通过吸收合并，存续公司保持其原有的公司名称，享有被吸收公司的财产和债权等权益，并负担其债务。所谓新设合并（consolidation），也称创设合并，是指两个或两个以上公司合并设立一个新的公司，合并之前的各个公司解散，由新设立公司接管原有各公司全部资产和业务。

（一）合并程序

根据我国公司法相关规定，公司合并需要完成以下程序：

1. 订立并通过合并协议

公司合并，应当由合并各方签订合并协议。合并协议即由合并各方签署的公司合并合同，其中应对公司合并所涉具体内容作出规定。

公司合并属于重新配置公司资产的重大法律行为,直接关系到股东权益,属于公司重大事项,因而须由股东会而非董事会决定是否进行公司合并,且参与合并公司须由各自股东大会以特别决议方式同意公司合并协议。有限责任公司的合并,须经代表三分之二以上表决权的股东通过;而股份有限公司的合并,必须经出席会议的股东所持表决权的三分之二以上通过;国有独资公司的合并,应当由履行出资人职责的机构决定。

2. 编制资产负债表和财产清单

公司合并,应当编制资产负债表及财产清单。资产负债表,可以使相对方了解公司现有资产的状况。财产清单的具体内容则包括公司的各种类型有形财产,如动产和不动产,各类无形财产,如商标权、专利权等,上述财产须分门别类标明价格,并记载于财产目录中。

3. 向债权人通知或公告

公司合并是对公司资产的重新配置,因而关系到公司债权人利益,法律对于维护债权人利益作出相应的规定。公司应当自作出合并决议之日起 10 日内通知债权人,并于 30 日内在报纸上或者国家企业信用信息公示系统公告。债权人自接到通知之日起 30 日内,未接到通知的自公告之日起 45 日内,可以要求公司清偿债务或者提供相应的担保。

4. 办理公司变更或设立登记

公司合并后,相应的公司登记事项需要向公司登记机关申请变更登记。

(二)合并的法律效果

1. 公司的消灭、变更或设立

公司合并完成后,有一个或一个以上公司随之消灭,由于消灭公司的全部权利和义务由存续或新设公司概括承受,因而其消灭无需经清算程序,法人人格即可直接消灭,并办理注销登记。因吸收合并而存续的公司,其承受了消灭公司的权利和义务,因而应就公司注册资本、公司章程以及股东等事项办理变更登记。因新设合并而设立公司的,参与合并的公司已经全部消灭,而新设立的公司则应当办理设立登记。

2. 权利、义务概括转移

因合并而消灭的公司,公司的财产以及相关权利义务均应由合并后存续的公司或者新设的公司概括承受。公司的财产发生转移的,应当依法定程序办理过户。因公司合并而承担的公司债务,应当进行公司债务登记,否则不得以公司债务的转移对抗第三人。

二、公司分立

公司分立,是指依法并通过签订协议,将一个公司分成两个或两个以上公司的行为。公司分立分为两种:一种是存续分立,即本公司继续存在,同时设立一个或一个以上新公司;另一种是解散分立,即本公司消灭,本公司依法分别成立两个或两个以上新公司。

(一) 分立程序

1. 作出决议及订立分立协议

有限责任公司的分立,须经代表三分之二以上表决权的股东通过;而股份有限公司的分立,必须经出席会议的股东所持表决权的三分之二以上通过;国有独资公司的分立,应当由履行出资人职责的机构决定。此外,公司分立,其财产作相应的分割,应当编制资产负债表及财产清单。

2. 通知债权人

公司分立,应自作出分立决议之日起 10 日内通知债权人,于 30 日内在报纸上或者国家企业信用信息公示系统公告。

3. 办理登记手续

就存续分立而言,本公司的登记事项发生变化,因而需办理变更登记,而分立出的公司则应办理设立登记;就解散分立而言,由于本公司已消灭,应办理注销登记,而分立出来的各公司则应当办理设立登记。

（二）法律效果

1. 公司的变更、设立与解散

在存续分立中,本公司因登记事项的变化而发生变更,而分立出的公司则具有了独立的法律人格;在解散分立中,由于本公司已消灭,因而其人格已不存在,而分立出来的各公司则具备了相应的法律人格。

2. 股权变动

公司分立还会导致公司股权的变动,在存续分立中,本公司的股东可以从本公司分立而成为新公司股东,也可以减少在本公司的股权,并获得对新公司的股权;在解散分立中,股东对本公司的股权则因公司的消灭而不复存在,与此同时获得对新公司的股权。

3. 债权、债务的承受

公司分立前的债务由分立后的公司承担连带责任,但公司在分立前与债权人就债务清偿达成书面协议另有约定的除外。

三、公司组织形式变更

公司组织变更,是指在公司的法人资格保持延续的情况下,使公司形式发生改变的行为。公司存在不同的形态,如无限公司,两合公司,有限责任公司,股份有限公司等,公司在不同的阶段可能会采取有利于自身经营与发展的公司形态,因而存在特定情形下,将公司由一种组织形态转变为另一种组织形态的客观需求。基于公司组织变更制度,公司无需经过清算和解散等繁琐程序,而仅需通过变更登记即转换为其他公司形态,其债权债务及营业也不因此而发生中断。我国公司法中只有有限责任公司与股份有限公司两种公司形式,因而公司组织的变更即根据法律规定在两种公司形式之间进行转换。我国《公司法》关于公司形式变更的规定如下。

第一,符合法定条件。有限责任公司变更为股份有限公司,应当符合股份有限公司的条件;股份有限公司变更为有限责任公司,应当符合有限责任公司的条件。

第二,经股东多数同意。公司组织形式的变更,属于公司重大变更事项,因而应当经过股东会或者股东大会的同意,仅由董事会同意不足以完成该项决定。而就股东同意来说,仅简单多数并不充分,而需要股东绝对多数同意才能完成。有限责任公司股东会对变更公司形式作出决议,须经代表三分之二以上表决权的股东通过;股份有限公司股东大会对变更公司形式作出的决议,须经出席会议的股东所持表决权三分之二以上通过。

第三,公司资本符合法律规定。有限责任公司变更为股份有限公司时,折合的实收股本总额不得高于公司净资产额有限责任公司变更为股份有限公司,为增加注册资本公开发行股份时,应当依法办理。

第四,债务承担。公司组织形式的变更未造成公司法人资格的消灭,因而公司的债务也具有延续性,由变更后的公司概括继受原公司的债权债务。有限责任公司变更为股份有限公司的,或者股份有限公司变更为有限责任公司的,公司变更前的债权、债务由变更后的公司承继。

第六节　公司的解散与清算

一、公司解散

公司解散,是指基于特定事由的发生,依据法定程序使得已成立公司人格归于消灭的法律行为。作为终止公司法人人格的重要原因,解散具有如下特征。

第一,公司解散的目的是消灭公司的法人资格。公司解散行为以消灭公司法人人格为目的,但除了因合并、分立等无需进行清算的事由外,解散公司必须经过清算。这就意味着,公司解散并不导致公司法人人格的消灭,而仅造成其营业权利能力的丧失。如此设定的原因在于,如果解散事实发生公司人格即刻消灭,会对公司内部及外部相关利害关系人产生重大影响,因而不利于股东或者债权人等利益的保护。因而,公司解散后,其法人人格仍然持续,只有在公司清算完成并注销后,其独立人格才宣告终止。

第二,公司解散须基于特定事由。公司解散的事由大体上有两种:一种是自愿解散,一种是强制解散。前者包括基于公司章程规定或者公司股东会会议决定,而后者则主要包括行政机关的命令或者法院的判决。

第三,公司解散须经过法定的清算程序。由于公司本身涉及复杂的对内及对外关系,因其法人资格的消灭可能会对公司的股东或者债权人的利益产生较大影响,因而法律规定公司解散时需要成立清算组织,经过清算以偿还债务即分配公司的财产。而清算本身也须遵循特定程序,如在自愿解散中,须由股东多数同意,而在行政或者司法解散中,则须遵循相应的行政和司法程序。

(一) 自愿解散

自愿解散,也称任意解散,是指基于公司章程规定或者股东会决议而解散。在自愿解散过程中,公司自身具有主导地位,没有外在强制力的施加。即便如此,自愿解散仍需遵循相应的法定程序。根据解散事由的不同,自愿解散可以分为公司章程规定事由发生的解散与股东会决议解散两种。

1. 公司章程规定事由发生的解散

我国公司法未规定公司的最长营业期限,也没有关于公司章程中规定营业期限的要求。在这种情况下,公司章程如果将营业期限作为任意事项规定于其中,在该期限届满且股东会未形成延长公司营业期限的决议时,公司将进入解散程序。此外,如果公司章程中记载了其他公司解散事由,则公司在该事由出现时解散。即便存在上述解散事由,仅属自愿解散,仍可通过修改公司章程使公司继续存在。

2. 股东决议解散

公司是贯彻股东自身意志的独立法人,因而当股东决定终止公司的经营并解散公司时,可以通过股东会决议解散公司。我国《公司法》第 229 条将"股东会决议解散"作为公司自愿解散的事由之一。公司自愿解散的,应当遵照相关法律规定,有限责任公司的股东会作出公司解散协议的,须经代表三分之二以上表决权的股东通过;股份有限公司则应由股东大会对公司解散作出决议,该决议须经出席会议股东所持表决权三分之二以上通过;由于国有独资公司不设股东会,作为公司的重大事项,公司解散必须由履行出资人职责的机构决定。

3. 公司的合并与分立

当公司合并发生时,无论是吸收合并还是新设合并,均涉及公司解散:在吸收合并过程中,吸收方存续,而被吸收方则解散;在新设合并过程中,合并各方均解散。在公司分立过程中,如果是存续分立,则本公司不解散;在解散分立过程中,才发生被分立公司的解散。

(二)强制解散

强制解散,是基于主管机关的决定或者法院的判决而发生解散的情形,具体包括行政解散和司法解散两种。

1. 行政解散

行政解散是因主管机关作出的决定而导致的公司解散。依法被吊销营业执照、责令关闭或者被撤销是公司解散的事由之一。行政解散属于强制解散,当公司受到主管机关吊销营业执照、责令关闭或者被撤销等行政处罚时,将会导致公司解散的结果。行政主管机关的上述处罚,并不导致公司人格的直接消灭。此时,公司的债权和债务关系可能尚未处理完毕,拖欠的税款可能尚未缴清,公司财产也有待处理,因而需完成公司的清算,并在清算后办理公司注销登记,进而使得公司的法人资格归于消灭。

2. 司法解散

(1)判决解散

当公司经营管理发生严重的障碍,公司继续存在可能损害股东利益的情况下,如果无法通过其他途径加以解决,则股东可以请求法院判决强制解散公司。我国《公司法》第 229 条将"人民法院依照本法第二百三十一条的规定予以解散"作为公司解散的事由,而根据《公司法》第 231条,公司经营管理发生严重困难,继续存续会使股东利益受到重大损失,通过其他途径不能解决的,持有公司百分之十以上表决权的股东,可以请求人民法院解散公司。公司经营发生严重困难的情形包括两种:一种是公司权力运行发生严重障碍,即所谓公司僵局,另一种是公司的经营业务发生严重困难。就前一种情形而言,当公司僵局发生时,公司的运行受到影响,公司的相关机构无法正常运作,公司的正常经营已经无法进行。在这种情况下,公司对外开展业务受到较大影响,公司的资产则可能不断的流失,最终使得公司的经营活动和正常运行均受到实质性破坏。就后一种情形而言,当公司的业务经营发生严重困难,股东利益将会因公司继续经营受到严重损害的情况下,股东可以请求法院解散公司。

上述经营管理方面的严重困难,须无法通过其他途径加以解决。司法解散作为一种最终的救济方式,只有在公司无法通过其他途径克服经营管理困难的情况下,才能加以选择。由此,如果能够选择其他方式解决上述困难,则相对而言公司解散并非最优选择。因而在诉讼之前,公司应当通过自身努力化解矛盾,在诉讼过程中,也可通过调解或者由公司、股东回购股份的方式等保持公司的存在。此外,根据《公司法》规定,提出司法解散的股东应满足持有公司全部股东表决权百分之十的标准,如此规定的原因在于,司法解散属于公司重大事项,涉及全体股东的切身利益,只有达到一定比例后相关股东才能够行使该项权利,这也意味着法律对于行使此项诉权较为慎重。

(2)破产宣告。当公司被宣告破产并进入破产程序后,该程序将在法院主持下进行,在破产程序终结后,公司法人资格就将消灭。

二、公司清算

公司清算,是指公司解散或者公司被宣告破产后,依照特定的法律程序处分公司财产、了结各种公司事务,最终使公司人格消灭的程序。

公司进入清算程序后,其权利能力和行为能力发生重大变化,公司由此进入终止前的特殊阶段。对于公司而言,清算具有十分重要的意义,具体体现为:首先,就法律地位而言,公司在清算期间仍然具有法人资格。公司在清算期间仍然属于独立法人,但不得开展与清算本身无关的业务活动,因而其各项活动的范围应以清算为中心。其次,在清算期间,公司的代表机构为清算组织。清算组织负责公司处理未了结业务,对外代表公司进行诉讼活动,这也意味着公司的董事会不再能够代表公司,而公司的印章、财产以及其他相关文件等均应交由清算组织管理。再次,公司在未按照法定程序清偿之前,不得将其财产分配给股东。在清算过程中,公司财产应当优先支付清算费用、职工工资和劳动保险、缴纳税款以及清偿公司债务,此后如果仍有剩余,可在股东之间进行分配,如果已经没有剩余,则股东不能分得公司财产。最后,公司清算将导致公司终止,公司法人人格消灭。清算终结后,公司的债务清偿完毕,公司的财产分配完成,公司相关事务终结。此时,清算组织可以申请公司注销,终止公司存续。

(一) 清算方式

1. 法定清算

法定清算不适用于因合并或分立而解散的情形:对于公司合并而言,公司的债权债务发生概括转移,由合并之后的公司加以承担;对于公司分立而言,原有的公司债务可以由分立各方根据协议分担,也可以由分立后的公司承担连带责任。无论何种情形,就公司合并或者分立而言,其债权债务承担均无需通过清算程序加以完成。公司因解散而进行清算的,应当在解散事由出现15日内成立清算组,开始清算。董事为公司清算义务人,应当在解散事由出现之日起15日内组成清算组进行清算。清算组由董事组成,但是公司章程另有规定或者股东会决议另选他人的除外。

2. 指定清算

指定清算,是指经利害关系人申请后,由法院指定并组成清算组进行清算。根据《公司法》第 233 条规定,应当清算,逾期不成立清算组进行清算或者成立清算组后不清算的,利害关系人可以申请人民法院指定有关人员组成清算组进行清算。人民法院应当受理该申请,并及时组织清算组进行清算。虽然成立清算组织但故意拖延清算的,或者违法清算可能严重损害债权人或者股东利益的,债权人可以向人民法院申请指定清算组进行清算。成立清算组但故意拖延清算的,如债权人未能提起清算申请,还可由股东向人民法院申请指定清算组对公司进行清算。此外,因被吊销营业执照、责令关闭或者撤销而解散的,作出决定的部门或公司登记机关,可以申请人民法院指定有关人员组成清算组进行清算。

3. 破产清算

公司被依法宣告破产的,依照有关企业破产的法律实施破产清算。清算组在清理公司财产、编制资产负债表和财产清单后,发现公司财产不足清偿债务的,应当依法向人民法院申请破产清算。人民法院受理破产申请后,清算组应当将清算事务移交给人民法院指定的破产管理人。由此,在公司被宣告破产后,其破产清算应根据破产法进行。

(三)清算的实施

1. 清算组的职权

清算组在公司清算期间,可以行使的职权包括:(1)清理公司财产,分别编制资产负债表和财产清单;(2)通知、公告债权人;(3)处理与清算有关的公司未了结的业务;(4)清缴所欠税款以及清算过程中产生的税款;(5)清理债权、债务;(6)分配公司清偿债务后的剩余财产;(7)代表公司参与民事诉讼活动。

2. 处理公司债权债务

清算组应当自成立之日起 10 日内通知债权人,并于 60 日内在报纸上或者国家企业信用信息公示系统公告。债权人应当自接到通知书之日起 30 日内,未接到通知的自公告之日起 45 日内,向清算组申报其债权。债权人申报债权,应当说明债权的有关事项,并提供证明材料。清算组应当对债权进行登记。在申报债权期间,清算组不得对债权人进行清偿。

3. 财产分配

清算组在清理公司财产、编制资产负债表和财产清单后,应当制定清算方案,并报股东会或者人民法院确认。就公司财产而言,在分别支付清算费用、职工工资、社会保险费用和法定补偿金,缴纳所欠税款,清偿公司债务后,如果仍有剩余财产,则有限责任公司按照股东出资比例分配,股份有限公司按照股东持有的股份比例分配。在公司清算期间,清算组不得开展与清算无关的经营活动,而且在公司财产未依照前款规定清偿前,不得将其分配给股东。

(四) 清算的终止

公司清算结束后,清算组应当制作清算报告。自行清算的,应当将清算报告报股东会、股东大会确认;指定清算的,应当报人民法院确认。除因合并、分立以及破产解散之外,公司解散后应当在法定期间内到登记机关申请注销公司登记。此外,在向登记机关申请办理解散登记后,还应在公司所在地进行公告。

第三章　证券法

第一节　证券概述

一、证券概念

所谓有价证券，是指为了筹措长期资金而向社会公众发放的、可以对一定的收入拥有请求权的投资凭证。资本证券主要包括股票、债券和投资基金三种。随着金融创新的发展，证券的品种也越来越多样，出现了各种衍生证券。此外，一些权利证书及凭证，如股款缴纳证书等，也可以被视为证券法上的证券。

（一）股票

股票是由股份有限公司发行，证明股东依其所持股份享有权利和承担义务的书面凭证。股票通常具有如下特征。

1. *股票属于要式证券*

股票须采取书面形式或者法律规定的形式。根据我国《公司法》规定，股票采用纸面形式或者国务院证券监督管理机构规定的其他形式。股票应当载明下列主要事项：公司名称；公司成立日期；股票种类、票面金额及代表的股份数；股票的编号。股票由法定代表人签名，公司盖章。发起人的股票，应当标明发起人股票字样。此外，由于科技的不断发展，无纸化股票也由此出现。所谓无纸化股票，即将股票记录保存在存储系统中,并通过电子和通讯技术等进行股票的发行、交易、保管、交割、清算、登记等相关活动。

2. 股票属于证权证券

股票是公司签发给股东,用以证明所持股份的权利凭证。基于证券与权利之间的关系进行划分,可以将证券区分为证权证券和设权证券两种。证权证券是指证券发行仅为对既有权利的证明,而设权证券则是指权利的产生源自于证券发行。股票属于证权证券,属于对股东与公司间投资关系的证明,股票是公司签发的证明股东所持股份的凭证。

3. 股票属于可转让证券

股票的持有者可以转让股票,以替代不能将股票退还公司而导致的抽回资本方面的障碍。基于股票具有的可流通性和可转让性,证券市场得以形成,进而有必要通过证券法对股票的转让和流通进行规制。

4. 股票属于永久性证券

股票自身并没有期限限制,只要发行股票的公司存在,股票的效力也将一直持续。股票持有人只有在公司终止时,才能够要求分配剩余财产。股票的这一特征使其与债券区分开来:债券是有期限的,在期限到来时,债券持有人有权要求债务人还本付息。

(二) 债券

债券是发行人依照法定程序发行的,承诺按期向投资者支付利息并偿还本金的债权债务凭证。债券与股票同属证权证券,债券属于债权债务关系的凭证,而股票则是股权凭证。与股票的无期限相比,债券具有期限性。相比于股票,债券的投资风险小,投资的保障度更高。根据发行主体的不同,可以将债券分为政府债券、金融债券、公司债券和一般企业债券。政府债券,是指中央或者地方政府为筹集资金或者为了特定目的而向投资者发行,承诺在指定日期向债券持有人偿还本金和事先约定利息的债务凭证。公司债券是公司发行的债务凭证,由公司承诺在特定日期向债券持有人偿还本金并按事先约定的利率支付利息。金融债券是由银行或者非银行金融机构发行的债券。金融机构通过发行金融债券筹措到稳定且期限可调的资金,进而解决资金利用方面的不便,以优化资产结构和扩大长期投资业务。金融债券的利率通常低于公司债券,但高于政府债券。

(三)证券投资基金

证券投资基金是指发行人向社会公众发行的,由持有人按照所持基金数量享有相应权利并承担相应义务的书面凭证。证券投资基金是一种利益共享、风险共担的集合证券投资方式,通过发行基金单位集中投资者资金,由基金托管人托管,由基金管理人管理和运用资金,从事股票、债券等金融工具投资。以基金单位是否可增加或赎回为标准,可以分为开放式基金和封闭式基金;以投资风险和收益不同为标准,可以分为成长型投资基金、收入型投资基金和平衡型投资基金;以资本来源和运用地域不同,可以分为国际基金、国内基金、国家基金和区域基金等;以投资对象为标准,可以分为股票基金、债券基金、货币基金、期货基金等。证券投资基金具有以下特点。

第一,证券投资基金是一种间接的投资方式。基金投资者购买基金后,是由基金管理人管理和运作基金资产,进行相应的组合投资。与购买股票相比,基金的投资者与上市公司不存在任何关系,其只是间接享有公司利润的分配权。

第二,证券投资基金具有流动性。基金的买卖通常较为方便,以开放式基金为例,投资者在购买基金后,可以随时向基金管理公司赎回基金,也可以委托投资顾问或者代理销售机构等购买或赎回基金。

第三,证券投资基金的运作具有专业性。在证券投资基金的运作和管理过程中,主要是通过专业的基金管理公司进行相应的操作。因此,由专业人理财成为证券投资基金的重要特征。相比于一般投资者在投资经验和管理措施等方面的薄弱,基金管理公司的专业性在一定程度上确保了投资的专业性和基金投资人的利益。

（四）衍生证券

所谓衍生证券,是从股票、债券等中衍生出来的投资工具类型。衍生证券具有的共同特征是采用保证金交易。此种合约在履行过程中,一般采取现金差价结算,在到期日以实物交割的方式履行合约时,买方缴足货款。此种交易特征,使得衍生证券具有了加杠杆效用。

二、证券法的基本原则

（一）"三公"原则

公开、公平与公正,是资本市场正常运行的基本条件,也是证券市场得以发展的基本保障。证券的发行、交易活动,必须遵循公开、公平、公正原则,这一原则也被称为"三公"原则。

1. 公开原则

所谓公开原则,是指证券的发行、交易、上市公司的重组、重大事项等信息须公开,以防止发生内幕交易、证券欺诈等违法行为。公开的具体内容包括以下三方面。

第一,发行信息公开。发行人需就企业财务状况、经营状况以及资产状况等提供准确的信息,使投资者能够了解并掌握真实情况,此类信息包括发行人财务报告、经营情况、前景展望、定价方式以及承销商信息等。

第二,交易信息公开。上市公司需要对公司资本构成、股权结构以及股份持有等情况进行持续公开,此类信息包括公开发行股票或债券持有情况、股东持股比例、公司股票和债券的交易情况及价格变动情况等。

第三,重大事项信息公开。对于可能影响公司股票价格的重大资产重组以及日常经营重大事项,上市公司均需及时公开,以减少社会公众投资者的信息不对称。此类信息包括上市公司收购、重大资产重组、主要董事及高管人员的变动、公司经营中的突发事件等。对于上述可能影响公司股价的重大事项,上市公司应当予以全面披露。

2. 公平原则

所谓公平原则,是指各类主体能够以平等的地位参与证券市场的各项活动中,进而营造出市场参与者公平竞争的环境。公平原则意味着,证券市场活动的参与者,应当获得平等的市场环境,只要是证券市场的参与者,无论其规模如何,财产多寡,职责轻重,均平等地享有权利,并对其行为的法律后果承担责任。发行人应享有平等的筹资机会,证券经营机构可以进行平等竞争,投资者也享有平等的交易机会。市场主体应当享有完全平等的待遇,做到同股同权,同股同利。此外不同类别的股东也应享有不同类别的权利并承担相应义务,而非简单的一律平等。

3. 公正原则

所谓公正原则,是指证券监督机构对被监管对象进行公正监管,在发生危害交易安全和交易秩序的行为时,及时依法处理。公正原则包含以下内容:其一,规则公正,证券监管机构在制定监管规则时,应当以市场运行规律为基础,尽量排除行政权力干扰,从保护投资者利益角度出发制定科学、完善的规则。其二,程序公正。证券监管机构的监管应当符合程序规定,确保监管行为合法合规,在调查和处理违规违法行为时,应当遵循法律规定的程序,确保处理和处罚结果公正。

二、平等、自愿、有偿和诚信原则

证券发行、交易活动的当事人具有平等的法律地位,应当遵守自愿、有偿、诚实信用的原则。所谓平等,是指参与证券发行与交易活动的当事人具有平等的法律地位,可以进行独立的意思表示,法律平等保护其合法权益。所谓自愿,是指当事人在证券发行和交易活动中,可以自行决定自身的行为,依法独立行使自己的民事权利。所谓有偿,是指当事人在进行证券发行和交易活动中应当进行等价交换,任何人不得无偿或者低价获得他人的证券权益。所谓诚信,即当事人在证券相关活动中应当诚实、守信,不得通过欺诈等手段危害对方利益。

三、遵守法律、禁止欺诈原则

证券的发行、交易活动,必须遵守法律、行政法规;禁止欺诈、内幕交易和操纵证券市场的行为。据此,在进行证券发行和交易过程中,相关主体须遵守法律,并且不得进行内幕交易、操纵市场及欺诈客户等违法行为。

四、分业经营原则

我国证券业与银行业、信托业、保险业实施分业经营。根据这一原则,不仅证券业应当与银行业、信托业、保险业等实现分业经营,而且证券公司也应当与银行、信托、保险机构分别加以设立。这种较为彻底的分业经营原则,确保了对于金融行业监管的有效实施。实行适度的分业经营和分业管理,既是防范金融风险的客观需要,也与我国金融业发展的现状相契合。此外,在坚持分业经营的同时,我国也允许一定程度的混业经营和混业管理,《证券法》第 6 条中的"国家另有规定的除外"为此奠定了法律基础,也使得分业经营原则体现出一定的灵活性。

实施分业经营、分业监管,能够避免货币资本和保险资金不受限制地进入股市、债市,以免出现银行、保险资金流入股市,造成股市自身的暴涨、暴跌。银行业、保险业等与证券业之间虽然存在相互交叉投资和业务合作,但就经营业务本身而言则存在本质不同,分业经营能够确保相关行业完善各自的经营模式,充分提升本领域内的经营水平,而非进入其他行业进行竞争。当然,上述各种业务之间也非完全隔离,在市场发展的成熟阶段,各行业之间会存在适度的混业经营,这也是提升金融市场经营效率、满足金融业发展的必然选择,只不过,此种混业经营乃是在分业基础上进行的。此种合作不仅存在于资本市场层面,也存在于市场监管层面,例如对银行资金和保险资金依法合规进入股市,以及证券公司开展融资融券等业务领域的规制。

五、集中统一监管

证券市场具有自身的复杂性,其交易强度大,涉及的金额高,若不进行有效的监管,则可能产生较大风险。我国资本市场即采取集中统一监管模式,由国务院证券监督管理机构依法对全国证券市场进行集中统一监管。此种模式能够提高监管效率,亦能使监管措施具备权威性,进而防止出现政出多门、多头负责乃至相互掣肘的管理失衡状态。当然,集中统一监管并非毫无缺点,采取集中统一的行政监管体系,客观上使得权力被集中到某一机关,因而为权力寻租提供了空间。同时,完全贯彻集中统一监管机制,在权力过度集中且监管水平未能有效提升的情况下,有可能会制约证券市场的健康发展,抑制市场的生机与活力。因此,在实施集中统一监管的同时,也应健全监管机关的相关制度,严格从业人员的职业规范,并不断调整和创新管理体制,以促进我国证券市场的健康、稳定与繁荣。

第二节　证券发行

一、证券发行概述

证券发行,是指证券发行人以筹集资金为目的,依照法定条件与程序向投资人销售有价证券的活动。股票、公司债券的发行,具有以下特点:其一,发行主体须按照法律规定设立。证券发行人作为依法设立的主体,其自身信用和规范运作对于证券发行具有重要意义。无论股票还是公司债券,发行人均是依照《公司法》所设立,其所发行的有价证券体现了企业信用。其二,以直接向公众投资者募集资金为目的。通过证券发行,发行人可以直接募集社会资金,并将其投入社会经济运行之中,从而促进社会经济的发展,并获取相应的收益。这与通过银行等金融机构进行间接融资存在较大差异,金融机构发行的金融债券所募集的资金,主要用于补充金融机构的运营资本,或者是对市场中的金融交易进行投资,上述活动均具有资金融通性质,进而间接地对实体产业发展具有推动作用。其三,须符合法律规定的条件和程序。证券法对于发行人的资格以及发行条件等进行了严格规定。其四,性质上属于证券销售行为。狭义的证券发行,是发行人在完成募集后,准备并交付证券的一系列行为,而广义的证券发行,则将募集也包含进来,即在证券发行前,向社会公开招募或向特定人销售证券的行为。

证券发行可以做以下分类。

第一,直接发行和间接发行。直接发行,是指发行人直接向投资者进行证券销售,进而自担证券发行责任与风险。间接发行,则是发行人委托证券发行中介机构,由其代理发行业务,中介机构从中赚取差价和手续费的发行方式。

第二,公开发行和非公开发行。公开发行,是指发行人向不特定对象发售证券,所有投资人均可依法参与认购的发行方式。一方面,公开发行以社会公众投资者为发行对象,筹资范围和筹资额度均较大,此为发行对象公开化;另一方面,公开发行要求发行中公开的程序和条件较多,便利公众投资者根据发行人提供的信息做出自由选择,此为发行方式的公开化。所谓非公开发行,又称私募发行、内部发行,是指发行人仅面向少数特定主体发行证券的方式。非公开发行的对象,大体上可分为两类:一是机构投资者,包括投资基金、保险公司以及与公司有密切联系的企业等,二是与证券发行人有密切关系的个人投资者,如公司的股东、内部员工等。非公开发行有确定的投资人,发行手续简单,可以节省发行费用和发行时间,比较适合于筹资额度不大的股份公司。

第三,新股发行和设立发行。这是根据发行目的的不同而进行的分类。所谓新股发行,是指已经成立的公司因生产和经营需要而追加资本并发行股份。所谓设立发行,是指在公司设立时发行股份。股份有限公司的设立,可以采取发起设立或者募集设立的方式。发起设立,是指由发起人认购公司应发行的全部股份而设立公司。募集设立,是指由发起人认购公司应发行股份的一部分,其余股份向社会公开募集或者向特定对象募集而设立公司。

第四,平价发行、溢价发行和折价发行。根据发行价格不同进行的分类。平价发行,是指证券发行的价格同其票面金额一致;溢价发行则是指证券发行价格高于其票面金额;折价发行,是指低于票面金额的发行价格。在我国,平价发行和溢价发行为法律所许可,而折价发行则不为法律所允许。

第五,股票发行、债券发行和基金证券发行。这是根据发行证券种类进行的分类。股票发行,是指股份有限公司依照法定条件和程序,向投资人出售股票的行为。债券发行,是指符合发行条件的组织和机构,依照法律规定的条件和程序,向投资人出售债券以筹集资金的行为。基金证券发行,则是指发行人向投资人发售代表信托收益权的证券以筹集受托资金的行为。

二、证券发行规则

(一)股票发行

股票发行分为设立发行和新股发行,两种发行方式具有不同的条件和程序。

股票的设立分为发起设立和募集设立两种。公司的发起设立,因其不涉及社会公众,公司法并未对公司的发起设立另行规定。根据我国《证券法》第 11 条规定,设立股份有限公司公开发行股票,应当符合《公司法》规定的条件和经国务院批准的国务院证券监督管理机构规定的其他条件,向国务院证券监督管理机构报送募股申请和下列文件:(1)公司章程;(2)发起人协议;(3)发起人姓名或者名称,发起人认购的股份数、出资种类及验资证明;(4)招股说明书;(5)代收股款银行的名称及地址;(6)承销机构名称及有关的协议。相比于发起设立,募集设立则因其涉及股票的公开发行,因而应符合法律、行政法规规定的其他条件和程序。

就新股发行而言,根据《证券法》第 12 条规定,公司首次公开发行新股,应当符合下列条件:(1)具备健全且运行良好的组织机构;(2)具有持续经营能力;(3)最近三年财务会计报告被出具无保留意见审计报告;(4)发行人及其控股股东、实际控制人最近三年不存在贪污、贿赂、侵占财产、挪用财产或者破坏社会主义市场经济秩序的刑事犯罪;(5)经国务院批准的国务院证券监督管理机构规定的其他条件。

(二) 公司债券的发行

在首次发行公司债券的情况下,公开发行公司债券应当符合下列条件:(1)具备健全且运行良好的组织机构;(2)最近三年平均可分配利润足以支付公司债券一年的利息;(3)国务院规定的其他条件。申请公开发行公司债券,应当向国务院授权的部门或者国务院证券监督管理机构报送下列文件:(1)公司营业执照;(2)公司章程;(3)公司债券募集办法;(4)国务院授权的部门或者国务院证券监督管理机构规定的其他文件。聘请保荐人的,还应当报送保荐人出具的发行保荐书。

再次发行公司债券的,除应符合证券法规定的首次发行公司债券的条件,还应遵守证券法关于再次发行公司债券的规定。根据《证券法》第 17 条,有下列情形之一的,不得再次公开发行公司债券:(1)对已公开发行的公司债券或者其他债务有违约或者延迟支付本息的事实,仍处于继续状态;(2)违反本法规定,改变公开发行公司债券所募资金的用途。

(三) 证券发行的申请与核准

对于证券发行申请而言,其需要完成以下步骤:其一,申请文件的报送,发行人依法申请公开发行证券所报送的申请文件的格式、报送方式,由依法负责注册的机构或者部门规定;其二,申请文件需真实、准确、完整,发行人报送的证券发行申请文件,应当充分披露投资者作出价值判断和投资决策所必需的信息,内容应当真实、准确、完整,为证券发行出具有关文件的证券服务机构和人员,必须严格履行法定职责,保证所出具文件的真实性、准确性和完整性；其三，申请文件披露，发行人申请首次公开发行股票的，在提交申请文件后，应当按照国务院证券监督管理机构的规定预先披露有关申请文件。

证券发行申请完成后，需要进行证券发行核准。其一，就审核机构而言，国务院证券监督管理机构或者国务院授权的部门依照法定条件负责证券发行申请的注册。证券公开发行注册的具体办法由国务院规定。按照国务院的规定，证券交易所等可以审核公开发行证券申请，判断发行人是否符合发行条件、信息披露要求，督促发行人完善信息披露内容。依照前两款规定参与证券发行申请注册的人员，不得与发行申请人有利害关系，不得直接或者间接接受发行申请人的馈赠，不得持有所注册发行申请的证券，不得私下与发行申请人进行接触。其二，就核准时间而言，国务院证券监督管理机构或者国务院授权的部门应当自受理证券发行申请文件之日起三个月内，依照法定条件和法定程序作出予以注册或者不予注册的决定，发行人根据要求补充、修改发行申请文件的时间不计算在内。不予注册的，应当说明理由。其三，就公告而言，证券发行申请经注册后，发行人应当依照法律、行政法规的规定，在证券公开发行前公告公开发行募集文件，并将该文件置备于指定场所供公众查阅。发行证券的信息依法公开前，任何知情人不得公开或者泄露该信息。发行人不得在公告公开发行募集文件前发行证券。其四，就错误纠正及相关责任而言，国务院证券监督管理机构或者国务院授权的部门对已作出的证券发行注册决定，发现不符合法定条件或者法定程序，尚未发行证券的，应当予以撤销，停止发行。已经发行尚未上市的，撤销发行注册决定，发行人应当按照发行价并加算银行同期存款利息返还证券持有人；发行人的控股股东、实际控制人以及保荐人，应当与发行人承担连带责任，但是能够证明自己没有过错的除外。股票发行人在招股说明书等证券发行文件中隐瞒重要事实或者编造重大虚假内容，已经发行并上市的，国务院证券监督管理机构可以责令发行人回购证券，或者责令负有责任的控股股东、实际控制人买回证券。

第三节　证券交易

一、证券交易概述

证券交易,是指证券持有人依据法律规定的方式,将其所持有的证券转让给受让人。证券交易包括证券买卖、质押、赠与、继承等。证券交易是资本市场活动的核心,市场主体的行为均以此为中心而展开。证券交易作为一种特殊的买卖行为,在交易主体、交易对象、交易场所、交易方式等方面具有自身独特性。

(一) 证券交易主体

证券交易主体具有广泛性,凡具有民事权利能力和民事行为能力的自然人和法人均可实施证券交易行为。但与此同时,《证券法》也对特定主体进行证券交易做出限制,主要体现在以下几个方面。

第一,对证券交易场所、证券公司和证券登记结算机构从业人员的限制。根据《证券法》第40条规定,证券交易场所、证券公司和证券登记结算机构的从业人员,证券监督管理机构的工作人员以及法律、行政法规规定禁止参与股票交易的其他人员,在任期或者法定限期内,不得直接或者以化名、借他人名义持有、买卖股票或者其他具有股权性质的证券,也不得收受他人赠送的股票或者其他具有股权性质的证券。任何人在成为前款所列人员时,其原已持有的股票或者其他具有股权性质的证券,必须依法转让。

第二,对证券服务机构和人员的限制。根据《证券法》第42条规定,为证券发行出具审计报告或者法律意见书等文件的证券服务机构和人员,在该证券承销期内和期满后6个月内,不得买卖该证券。除前款规定外,为发行人及其控股股东、实际控制人,或者收购人、重大资产交易方出具审计报告或者法律意见书等文件的证券服务机构和人员,自接受委托之日起至上述文件公开后 5 日内,不得买卖该证券。实际开展上述有关工作之日早于接受委托之日的,自实际开展上述有关工作之日起至上述文件公开后 5 日内,不得买卖该证券。

第三,对股东、董事、监事、高级管理人员的限制。根据《证券法》第44 条规定,上市公司、股票在国务院批准的其他全国性证券交易场所交易的公司持有百分之五以上股份的股东、董事、监事、高级管理人员,将其持有的该公司的股票或者其他具有股权性质的证券在买入后 6 个月内卖出,或者在卖出后 6 个月内又买入,由此所得收益归该公司所有,公司董事会应当收回其所得收益。但是,证券公司因购入包销后剩余股票而持有百分之五以上股份,以及有国务院证券监督管理机构规定的其他情形的除外。

(二) 证券交易的方式

证券在证券交易所进行上市交易的,应当采用公开的集中交易方式或者国务院证券监督管理机构批准的其他方式。总体上,证券交易分为集中竞价交易和非集中竞价交易两种。所谓集中竞价,就是在买卖双方之间以及各自内部,通过竞争方式决定交易价格,该价格在证券交易所公开申报,竞价交易,最终在出价最低的卖主与出价最高的买主之间达成交易。集中竞价交易遵守价格优先、时间优先规则。所谓价格优先,即在买入申报时,价格高的申报优先于价格低的申报,在卖出申报时,卖价低的申报优先于卖价高的申报;而所谓时间优先,则是指同价位的买卖申报依照时间先后顺序确定。

在集中竞价方式之外,证券交易的方式还可以采用非集中竞价方式,包括做市商制和协议制。所谓做市商制,是指由具有做市商资格的证券公司进行双向报价,以此为基础凭借自有资金与投资者进行证券交易,赚取买进和卖出差价的交易方式。协议制,是指证券交易双方以一定期限内的证券买卖市场价格为基础,确定证券交易价格的交易方式,其经常适用于大宗交易情形。

（三）证券交易的对象

证券交易的对象应符合法定形式。进行交易的证券必须是依照法定条件和程序发行的,其类型包括股票、公司债券、政府债券证券衍生品种等。就证券而言,其通常采用纸面形式,但随着技术的发展,无纸化交易已经成为越来越多被采纳的证券形式。以我国为例,上海和深圳证券交易所的证券交易已经实现无纸化,交易当事人的证券交易主要是通过其证券账户和资金账户进行的。

（四）证券交易场所

证券交易必须在法定场所进行,也就是在证券交易场所完成证券交易。证券交易场所可分为场内交易和场外交易。所谓场内交易,即在证券交易场所进行的交易。依法核准并上市交易的证券,应当在证券交易所内挂牌交易。场外交易,又称柜台交易,是指在证券交易所以外进行的交易,场外交易比较灵活,交易价格可以由买卖双方协商确定。我国《证券法》第 37 条规定,公开发行的证券,应当在依法设立的证券交易所上市交易或者在国务院批准的其他全国性证券交易场所交易。非公开发行的证券,可以在证券交易所、国务院批准的其他全国性证券交易场所、按照国务院规定设立的区域性股权市场转让。

二、证券上市

证券上市,是指已经公开发行的证券在满足法定条件的情况下,经提请审查并经主管机关批准后,在交易所公开挂牌交易的法律行为。对于上市公司来说,证券上市能够提高证券的流通性,扩大上市公司的筹资途径;对于投资者而言,证券上市能够为其提供透明和便利的证券交易市场,并降低证券投资的成本。上市公司的股票关系到投资者的利益乃至社会整体的金融秩序,因此各国法律对股票上市条件均做出相应规定。

在我国,根据《证券法》第 47 条规定,申请证券上市交易,应当符合证券交易所上市规则规定的上市条件。证券交易所上市规则规定的上市条件,应当对发行人的经营年限、财务状况、最低公开发行比例和公司治理、诚信记录等提出要求。以《上海证券交易所股票上市规则》(2023 年 2 月第 16 次修订)为例,根据 3.1.1 规定,境内发行人申请首次公开发行股票并在本所上市,应当符合下列条件:(一)符合《证券法》、中国证监会规定的发行条件;(二)发行后的股本总额不低于 5000 万元;(三)公开发行的股份达到公司股份总数的 25％以上;公司股本总额超过 4 亿元的,公开发行股份的比例为 10％以上;(四)市值及财务指标符合本规则规定的标准;(五)本所要求的其他条件。

股票上市程序包括申请、审核以及上市公告等,先由发行公司提出上市申请,并经证券交易所审核,核准后由发行公司与证券交易所订立上市协议,并由公司在法律规定的期限内对相关文件进行公告。上市交易的证券,有证券交易所规定的终止上市情形,由证券交易所按照业务规则终止其上市交易。证券交易所决定终止证券上市交易的,应当及时公告,并报国务院证券监督管理机构备案。此外,对证券交易所作出的不予上市交易、终止上市交易决定不服的,当事人可以向证券交易所设立的复核机构申请复核。

三、禁止交易行为

对于证券交易,法律在保障交易安全,促进证券交易正常进行的情况下,也对禁止的交易行为进行了规定,此类行为通常包括内幕交易、操纵市场、虚假陈述以及欺诈客户等。

(一) 内幕交易

内幕交易,也称内部交易、内线交易,是指禁止证券交易内幕信息的知情人和非法获取内幕信息的人利用内幕信息从事证券交易活动。内幕交易行为主要包括利用内幕信息买入或者卖出所持有的公司证券,也包括泄露内幕信息以及建议他人买入或者卖出证券的行为。内幕交易行为是对股东平等知情权的破坏,进而为法律所禁止。

内幕信息,是指证券交易活动中,涉及发行人的经营、财务或者对该发行人证券的市场价格有重大影响的尚未公开的信息,包括对上市公司等股票交易价格以及上市交易公司债券的交易价格产生较大影响的重大事件。就前者而言,主要包括:公司的经营方针和经营范围的重大变化;公司发生重大债务和未能清偿到期重大债务的违约情况;公司发生重大亏损或者重大损失;公司生产经营的外部条件发生的重大变化;公司的董事、三分之一以上监事或者经理发生变动,董事长或者经理无法履行职责等。就后者而言,主要包括:公司股权结构或者生产经营状况发生重大变化;公司债券信用评级发生变化;公司重大资产抵押、质押、出售、转让、报废;公司发生未能清偿到期债务的情况;公司新增借款或者对外提供担保超过上年末净资产的百分之二十;公司放弃债权或者财产超过上年末净资产的百分之十等。

证券内幕信息的知情人,主要包括:发行人及其董事、监事、高级管理人员;持有公司百分之五以上股份的股东及其董事、监事、高级管理人员,公司的实际控制人及其董事、监事、高级管理人员;发行人控股或者实际控制的公司及其董事、监事、高级管理人员;由于所任公司职务或者因与公司业务往来可以获取公司有关内幕信息的人员;上市公司收购人或者重大资产交易方及其控股股东、实际控制人、董事、监事和高级管理人员;因职务、工作可以获取内幕信息的证券交易场所、证券公司、证券登记结算机构、证券服务机构的有关人员;因职责、工作可以获取内幕信息的证券监督管理机构工作人员;因法定职责对证券的发行、交易或者对上市公司及其收购、重大资产交易进行管理可以获取内幕信息的有关主管部门、监管机构的工作人员;国务院证券监督管理机构规定的可以获取内幕信息的其他人员。证券交易内幕信息的知情人和非法获取内幕信息的人,在内幕信息公开前,不得买卖该公司的证券,或者泄露该信息,或者建议他人买卖该证券。内幕交易行为给投资者造成损失的,应当依法承担赔偿责任。

（二）操纵市场

操纵市场，是指交易主体利用资金或者信息等优势，不当影响某种证券的价格，使得该价格无法反映正常的市场供需情况，诱导投资者进行股票买卖，进而从中谋取利益的非法行为。通常情况下，操纵市场行为包括：单独或者通过合谋，集中资金优势、持股优势或者利用信息优势联合或者连续买卖；与他人串通，以事先约定的时间、价格和方式相互进行证券交易；在自己实际控制的账户之间进行证券交易；不以成交为目的，频繁或者大量申报并撤销申报；利用虚假或者不确定的重大信息，诱导投资者进行证券交易；对证券、发行人公开作出评价、预测或者投资建议，并进行反向证券交易；利用在其他相关市场的活动操纵证券市场；操纵证券市场的其他手段。操纵市场行为在破坏证券市场秩序的同时，也会给投资者带来严重的利益损失，应当依法承担赔偿责任。

（三）虚假陈述

虚假陈述，是指证券市场的参与者在相关活动中做出虚假陈述或者信息误导，使投资者利益受到损害，破坏正常市场秩序的行为。根据《证券法》第 56 条规定，禁止任何单位和个人编造、传播虚假信息或者误导性信息，扰乱证券市场。禁止证券交易场所、证券公司、证券登记结算机构、证券服务机构及其从业人员，证券业协会、证券监督管理机构及其工作人员，在证券交易活动中作出虚假陈述或者信息误导。各种传播媒介传播证券市场信息必须真实、客观，禁止误导。传播媒介及其从事证券市场信息报道的工作人员不得从事与其工作职责发生利益冲突的证券买卖。编造、传播虚假信息或者误导性信息，扰乱证券市场，给投资者造成损失的，应当依法承担赔偿责任。

对于虚假陈述与损害结果间的因果关系，原告能够证明下列情形的，人民法院在原告能够证明下列情形时应当认定其成立：（1）信息披露义务人实施了虚假陈述；（2）原告交易的是与虚假陈述直接关联的证券；（3）原告在虚假陈述实施日之后、揭露日或更正日之前实施了相应的交易行为，即在诱多型虚假陈述中买入了相关证券，或者在诱空型虚假陈述中卖出了相关证券。如果被告能够证明下列情形之一的,则人民法院应当认定交易因果关系不成立:(1)原告的交易行为发生在虚假陈述实施前,或者是在揭露或更正之后;(2)原告在交易时知道或者应当知道存在虚假陈述,或者虚假陈述已经被证券市场广泛知悉;(3)原告的交易行为是受到虚假陈述实施后发生的上市公司的收购、重大资产重组等其他重大事件的影响;(4)原告的交易行为构成内幕交易、操纵证券市场等证券违法行为的;(5)原告的交易行为与虚假陈述不具有交易因果关系的其他情形。

涉及虚假陈述时行为人的过错包括两种情形:一是行为人故意制作、出具存在虚假陈述的信息披露文件,或者明知信息披露文件存在虚假陈述而不予指明、予以发布;二是行为人严重违反注意义务,对信息披露文件中虚假陈述的形成或者发布存在过失。发行人的董事、监事、高级管理人员和其他直接责任人员主张对虚假陈述没有过错的,人民法院应当根据其工作岗位和职责、在信息披露资料的形成和发布等活动中所起的作用、取得和了解相关信息的渠道、为核验相关信息所采取的措施等实际情况进行审查认定;上述人员不能提供勤勉尽责的相应证据,仅以其不从事日常经营管理、无相关职业背景和专业知识、相信发行人或者管理层提供的资料、相信证券服务机构出具的专业意见等理由主张其没有过错的,人民法院不予支持。此外,独立董事、保荐机构、承销机构等机构、证券服务机构等,有证据证明其无过错的,可以免责。

(四) 欺诈客户

所谓欺诈客户,是指在证券交易中,证券公司及其从业人员利用其受托人地位,实施损害投资者利益的行为。根据《证券法》第57条规定,欺诈客户行为主要包括以下类型。

第一,违背客户的委托为其买卖证券。证券公司与客户的关系属于一种委托代理关系,据此,证券公司根据客户的委托,以自己的名义为客户进行证券交易,并使证券交易的结果归于客户。此种委托代理应当在委托权限范围内进行,超越委托人授权范围的交易即属于欺诈客户行为。

第二,不在规定时间内向客户提供交易的确认文件。证券公司应当制作买卖成交报告书,并及时交付客户,未提交或者未在规定时间内提交上述文件的,即属于欺诈客户行为。

第三,未经客户的委托,擅自为客户买卖证券,或者假借客户的名义买卖证券。证券公司基于客户委托为客户进行交易,如果所实施的交易行为不属于委托事项的范围,则应当获得客户的同意,未经授权且未获得客户同意即为客户买卖证券,或者假借客户名义买卖证券的,即属于欺诈客户行为。

第四,为牟取佣金收入,诱使客户进行不必要的证券买卖。证券公司在客户的委托下进行交易,并赚取佣金,此为证券公司盈利的重要来源。若证券公司及其工作人员,以赚取佣金为目的,诱使客户进行不必要的证券买卖,则属于欺诈客户行为。

第五,其他违背客户真实意思表示,损害客户利益的行为。此类行为包括但不限于,对客户做出保证收益的承诺,对客户做出弥补损失的承诺,在客户未同意的情况下将其委托保管的证券用作抵押或者出借等。

实施上述欺诈行为给客户造成损失的,证券公司及其工作人员应当依法承担赔偿责任。证券公司工作人员在执行命令或者职务行为过程中因欺诈给客户造成损害的,证券公司应当承担赔偿责任。证券公司承担赔偿责任后,可以向有责任的证券公司工作人员进行追偿。

第四节　证券商制度

证券公司,是指依法成立,在资本市场从事证券投资活动的金融机构。证券公司也被称作投资银行,顾名思义,其所从事的业务范围不同于传统的商业银行,后者主要进行货币信贷等金融活动,而投资银行则主要从事资本市场的证券投资活动。有鉴于证券行业的特殊性质,证券公司须依法设立,未经国务院证券监督管理机构批准,任何单位和个人不得以证券公司名义开展证券业务活动。

一、证券公司的设立

(一)设立条件

根据《证券法》第 118 条第 1 款规定,设立证券公司,应当具备下列条件,并经国务院证券监督管理机构批准:(1)有符合法律、行政法规规定的公司章程;(2)主要股东及公司的实际控制人具有良好的财务状况和诚信记录,最近三年无重大违法违规记录;(3)有符合本法规定的公司注册资本;(4)董事、监事、高级管理人员、从业人员符合本法规定的条件;(5)有完善的风险管理与内部控制制度;(6)有合格的经营场所、业务设施和信息技术系统;(7)法律、行政法规和经国务院批准的国务院证券监督管理机构规定的其他条件。

(二)注册资本

对于从事不同业务类型的证券公司,法律分别规定了不同的最低注册资本限额。具体而言,证券公司经营证券经纪、证券投资咨询及与证券交易、证券投资活动有关的财务顾问业务的,注册资本最低限额为人民币五千万元;经营证券承销与保荐、证券融资融券、证券做市交易、证券自营及其他证券业务之一的,注册资本最低限额为人民币一亿元;经营证券承销与保荐、证券融资融券、证券做市交易、证券自营及其他证券业务中两项以上的,注册资本最低限额为人民币五亿元,且应当是实缴资本。此外,国务院证券监督管理机构根据审慎监管原则和各项业务的风险程度,可以调整注册资本最低限额,但不得低于法律规定的限额。

(三)设立程序

根据法律规定,设立证券公司的程序主要分为以下三步。

第一,向国务院证券监督管理机构提出申请。未经国务院证券监督管理机构批准,任何单位和个人不得以证券公司名义开展证券业务活动。国务院证券监督管理机构应当自受理证券公司设立申请之日起6个月内,依照法定条件和法定程序并根据审慎监管原则进行审查,作出批准或者不予批准的决定,并通知申请人;不予批准的,应当说明理由。

第二,经批准后,向公司登记机关申请登记,并领取营业执照。

第三,领取营业执照后,向证券监督管理机构申请证券业务许可。

二、证券公司的业务范围

经国务院证券监督管理机构核准,并取得经营证券业许可证后,证券公司可以经营相关证券业务,此类业务包括以下类型。

(一) 证券经纪业务

在证券交易中,证券公司可以受投资者委托,代理客户买卖证券,或者为其提供交易设备、交易条件和交易信息等服务,收取手续费或者佣金。证券公司在证券经纪业务中,是基于投资者的委托并以自己的名义进行证券买卖等业务,承担由此发生的法律结果,并将该结果间接地归于委托人。证券经纪业务是证券公司的重要业务,在此项业务中,证券公司与委托人之间不是一般的委托代理关系,而是基于委托发生的行纪关系。一般情况下,证券公司可设立分支经纪机构,或者发展个人经纪人:分支机构体现为分散的证券营业部及营业网点,个人经济人则主要是为证券公司发展和培育客户,并协助客户进行证券交易。

(二) 证券投资咨询业务

证券公司所从事的投资银行业务,使其熟悉证券发行人、上市公司的业务运作与基本情况,基于此种业务和信息优势,证券公司便可以根据公众投资者的需求,为其提供证券投资分析、资产管理规划等相关业务。投资咨询服务的形式较为多样,除了一些常规化的培训讲座、报告会等,还包括在报纸杂志上发表投资咨询类文章,以及通过电台、电视台等媒体提供证券投资服务等。投资咨询类业务可以弥补中小投资者在专业投资领域的不足,以及对上市公司及相关投资项目的信息了解不充分,使其投资决策更为谨慎与合理,并规避不必要的投资风险。除此之外,投资咨询类业务也有助于证券公司更多地联系中小投资者,并在激烈的竞争中发展并维护更多的客户,从而提升其总体证券业务水平。

(三)财务顾问业务

与证券交易、证券投资活动有关的财务顾问业务,包括为客户提供财务咨询、分析或者方案设计。通过证券公司的财务顾问服务,能够使得企业的财务状况和财务管理等符合现代企业制度的要求,并逐步满足上市公司公开披露信息的要求。近年来,财务顾问业务已经成为证券公司重要业务领域之一,证券公司作为财务顾问,在公司上市、并购重组等领域发挥重要作用,其向证券监管机构提供的专门财务报告使其成为促成上述资本运作的推动者。随着证券公司的治理水平不断提高,其财务顾问业务的规模与质量也日益提升,此类业务的规范度和专业度也越来越受到公众投资者的关注。

(四)证券承销、保荐业务

为了确保发行人的发行文件和上市文件等的真实性、准确性和完整性,证券公司根据约定对相关文件进行核查,并推荐发行人进行证券发行和上市。在此一过程中,证券公司需要负责组织、协调会计师事务所、资产评估机构等证券服务机构及其人员,对证券发行人、上市公司的资产状况、财务状况、盈利能力等情况进行评估、审核,以确保发行人所提供的材料真实可靠,并因此获得承销费用。而在证券发行市场中,为了提高筹资效率,同时降低筹资风险,通常会采用由证券公司承销的方式进行证券发行,证券承销可以由一家证券公司进行独自承销,也可以由多家机构进行共同承销。在证券发行过程中,证券公司可以凭借其专业能力,协调投资机构、证券咨询机构等进行证券的推介与路演,以此对发行人进行推广,通过专业化的辅助工作,确保证券发行的顺利进行。

(五)证券融资融券

融资融券交易,是指投资者向具有证券交易所会员资格的证券公司提供担保物,借入资金买入上市证券或借入上市证券并卖出的行为。投资者在进行融资融券交易过程中,需要开立两个账户,即信用证券账户和信用资金账户。所谓信用证券账户,是投资者以参与融资融券交易为目的,向证券公司申请开立的账户,以记录投资者委托证券公司持有担保证券的数额。信用资金账户,则是投资者在证券公司所指定的存款银行开设的资金账户,以记载投资者缴存的担保金的数额。

(六)证券做市交易

证券公司可以以做市商身份,以自有资金和证券进行交易满足公众在投资方面的需求。从事做市交易时,证券公司作为特许交易商,向公众投资者进行证券买卖的报价,并接受公众投资者买入证券的请求,此时,证券公司是以自有资金和证券进行交易,在此交易过程中,买卖双方无需等待交易相对方,而是由证券公司直接与投资者进行交易。证券公司通过买卖报价之间存在的差额,赚取一定的利润,同时也能够维持证券市场的流动性。

(七)证券自营业务

证券公司可以依法直接从事证券交易的自营业务,此时证券公司根据自身的判断买卖证券,并由此承担证券买卖带来的收益和损失。一般地,证券自营业务包括两种情形,在交易所进行的自营买卖以及在证券公司营业部进行的店头买卖。

（八）其他证券业务

在上述证券业务之外，证券公司经许可后，可以经营国务院证券监督管理机构所核定的证券业务。此类业务包括但不限于委托代付代收股息红利业务、证券投资基金份额业务、代销政府证券等。当然，为加强对证券公司进行管理与监督，维护正常的金融秩序，证券公司在从事其他证券业务时也应获得国务院证券监督管理机构的批准。

三、证券公司的业务规则

证券公司的业务范围包括承销业务、自营业务以及经纪业务。证券承销业务主要是针对证券一级市场，因而不会与自营或经纪业务出现冲突。而后两者主要存在于二级市场，因而可能产生利益冲突。为此，证券公司应当遵守相应的业务规则，具体分述如下。

（一）自营业务

证券公司在证券市场中从事多种业务类型，各种业务之间有可能出现一定利益冲突，为了避免这种利益冲突，实践中存在三种基本做法：其一，分业经营，即将证券自营业务及经纪业务分由不同的证券公司进行，从事自营业务的公司不得再从事经纪业务。该制度能够有效地保护投资人利益，但在某种程度上可能制约证券公司的发展，因而近来已经较少为立法所采纳；其二，业务风险隔离，即允许证券商同时经营多种证券业务，但同时应当对各种业务加以分离，通过风险隔离制度保障证券公司合法合规经营，防范道德风险，防止证券公司通过兼营业务的机会获取不正当利益；其三，信息披露，允许证券公司混合处理自营业务与经纪业务，但应当对相应信息进行披露，并对可能存在较大利益冲突的事件等进行充分披露。我国证券法律制度采取上述第二种做法，即为了实现业务风险隔离，证券公司应将从事不同业务的人员、资金和账目分隔，防止混合操作以产生不正当逐利行为。

同时，客户交易结算资金的管理，也是证券公司应当受到规制的业务领域。证券投资者通常会将一部分交易结算资金交存证券公司,此时,如果证券公司存在资金短缺问题,并且其内部控制机制欠缺,则有可能出现证券公司挪用客户交易资金的情况。如果客户的结算资金受到挪用,会使其利益受到较大损害,尤其是在证券公司破产的情况下,客户很难收回其交存的资金。由此,为保护证券投资者的资金安全,我国《证券法》第131条做出相应规定:其一,证券公司客户的交易结算资金应当存放在商业银行,以每个客户的名义单独立户管理,以此确立证券公司客户资金的独立账户制度。其二,证券公司不得将客户的交易结算资金和证券归入其自有财产,禁止任何单位或者个人以任何形式挪用客户的交易结算资金和证券;证券公司破产或者清算时,客户的交易结算资金和证券不属于其破产财产或者清算财产;非因客户本身的债务或者法律规定的其他情形,不得查封、冻结、扣划或者强制执行客户的交易结算资金和证券。由此,将客户资金与证券公司的资金区分开来,交付证券公司的客户资金不发生所有权转移,在证券公司破产时客户享有取回权。

在实施业务风险隔离的基础上,我国证券法保障证券公司的自营业务开展:一方面,证券公司的自营业务必须以自己的名义进行,不得假借他人名义或者以个人名义进行,证券公司的自营业务必须使用自有资金和依法筹集的资金,不得将其自营账户借给他人使用;另一方面,证券公司应当依法审慎经营,勤勉尽责,诚实守信,证券公司的业务活动,应当与其治理结构、内部控制、合规管理、风险管理、风险控制指标以及从业人员构成等情况相适应,符合审慎监管和保护投资者合法权益的要求,证券公司依法享有自主经营的权利,其合法经营不受干涉。

(二) 经纪业务

由于投资者不具有证券交易所的会员资格,因而必须委托证券公司代其进行证券买卖,对于此种法律关系的具体性质,学界观点存在一定的分歧,但从该种法律关系本身的性质看,认定为委托关系已经能够为证券公司及其客户间的关系确定相应的法律适用依据。

1. 委托关系

就委托书的制备与保存而言,证券公司办理经纪业务,应当制备统一的证券买卖委托书,供委托人使用。采取其他委托方式的,必须作出委托记录。客户的证券买卖委托,不论是否成交,其委托记录应当按照规定的期限,保存于证券公司。同时,就委托事项的办理而言,应当满足以下几点:(1)根据客户的要求进行买卖,证券公司接受证券买卖的委托,应当根据委托书载明的证券名称、买卖数量、出价方式、价格幅度等,按照交易规则代理买卖证券,如实进行交易记录;(2)制作成交报告单,买卖成交后,证券公司应当按照规定制作买卖成交报告单交付客户,以满足客户及时了解交易情况的需求;(3)对账单真实,证券交易中确认交易行为及其交易结果的对账单必须真实,保证账面证券余额与实际持有的证券相一致。

2. 禁止全权委托

所谓全权委托,是指客户委托证券公司全权管理自己的证券账户和资金账户,并决定买卖股票的时间、种类、数量等。根据《证券法》第134条规定,证券公司办理经纪业务,不得基于客户的全权委托而决定证券买卖、选择证券种类、决定买卖数量或者买卖价格。证券公司不得允许他人以证券公司的名义直接参与证券的集中交易。之所以做出上述规定,原因在于,全权委托违反了证券经纪活动的基本宗旨:其一,全权委托使证券交易的决策与风险分离,根据风险自负原则,证券交易参与人享有自主决策权,并承担其所做出交易决定的后果,但全权委托使得交易的决策与结果的承担相互分离,从而使投资者在无法介入交易的情况下承担交易结果。其二,全权委托改变了证券经纪业务的性质,证券公司以证券经纪业务为名,从事全权委托买卖,实质上突破了证券法对于业务风险隔离的制度设定:证券经纪业务中,证券公司是基于成交量作为其佣金计算的依据,而投资者则是通过买卖股票的差价获取收入,两者的目标存在明显的不同,全权委托使得证券公司处于利益冲突之中,因而与证券经纪业务的性质相矛盾。

3. 损失补偿之禁止

证券公司所从事的证券经纪业务,是通过接受投资者委托,以自己名义为委托人办理证券买卖并收取佣金,证券经纪业务的性质使其无法向投资者承诺投资收益。缺乏法律依据的损失补偿承诺,违反了证券经纪的中立性质,因而为证券法所禁止。通过向投资者提供补偿损失的承诺,证券公司即向投资者进行相应的保证,以使其在投资收益达不到约定时获得补偿,这种做法违反了证券市场风险自负的基本原则,投资者在投资时其意志将会受到影响,从而难以形成真实的市场价格;此外,损失补偿承诺虽然可能会在特定时段增加证券公司的营业收入,但却会增大其市场风险,一旦投资者出现亏损,证券公司无论补偿与否,都会受到质疑乃至引发法律诉讼,而因此导致的证券公司经营失败更有可能引发市场风险,从而使更多的证券投资人利益受损。

第五节　上市公司收购

上市公司收购,是指收购人以取得目标公司控制权为目的,通过证券市场或者以其他方式购买目标公司具有表决权的股份,从而使其拥有的股份权益达到或超过目标公司已发行股份法定比例的行为。在上市公司收购过程中,收购人进行证券交易的目的,并不仅仅是为了获得证券买入的价差,而是为了获取目标公司的控制权。上市公司收购作为收购人获得公司控制利益的一种资本运作方式,在各国均有较为完备的法律对其加以规制,但由于上市公司收购在内涵和外延上具有较大的不确定性,因而无论是大陆法系抑或英美法系国家,其对于公司收购的规范更多的是规定若干标准,将符合相关标准的行为纳入法律规制的范围。在我国,《证券法》第 62 条规定:"投资者可以采取要约收购、协议收购及其他合法方式收购上市公司。"根据此一规定,上市公司收购可以通过要约和协议收购来完成,也可以通过"其他合法方式"完成。对于何谓"其他合法方式",根据《上市公司收购管理办法》

第 5 条第 1 款,是指通过投资关系、协议、其他安排的途径成为一个上市公司的实际控制人,也可以同时采取上述方式和途径取得上市公司控制权。

一、上市公司收购的类型

(一)自愿收购与强制收购

根据收购是否为收购人的法律义务,可以将上市公司收购分为自愿收购与强制收购。所谓自愿收购,是指对于大量持有上市公司股份的人,法律并未规定其继续收购的强制义务,可以基于自身意愿决定进行收购。所谓强制收购,则是指收购人在持有目标公司一定数量或者比例的股份之后,法律规定收购人必须向公司的其他股东发出部分要约收购或全面要约收购。之所以规定强制收购,原因在于收购人在取得目标公司控制权后,可能会改变目标公司的经营管理,进而改变公司原有投资者的预期,此时应当让投资者享有向收购人出售股票的权利,以免其投资利益因公司收购行为而受到损害。

(二)全面收购与部分收购

根据收购人在公开收购中收购目标公司股份数量的不同,可将上市公司收购分为部分收购与全面收购。全面收购,是指收购人通过公开收购要约购买目标公司所发行全部股票的收购方式。部分收购,是指收购人收购目标公司一定数额与比例的股份的收购方式。全面收购既可以是自愿收购,也可以是强制收购,就前者而言,根据收购人的意愿,可以不限定购买的上限而进行全部收购;就后者而言,强制收购制度下,收购要约原则上须针对目标公司所发行的全部在外股票,因而强制收购基本上都属于全部收购。在部分收购过程中,收购人计划收购目标公司一定比例的股份,若承诺出售的股份数量超出收购人自愿购买的数量,收购人应当按比例向接受要约的股东购买。

（三）善意收购与敌意收购

根据公司收购是否获得目标公司管理层的认同与合作，可以将上市公司收购分为善意收购和敌意收购。所谓善意收购，是指在公司收购过程中，目标公司管理层能够与收购人就收购事宜达成一致意见，或者在目标公司管理层不提出反对意见的情况下进行收购。敌意收购，则是指收购人未能与目标公司管理性达成共识，并在目标公司管理层采取反对态度的情况下进行的收购行为。在善意收购过程中，收购人与目标公司的管理层就收购的条件、价格等事项能够在一定程度上达成一致，因而其收购成本较低，收购的成功率较高。而在敌意收购中，目标公司往往会采取反收购措施，包括提起反垄断诉讼以及发行新股等措施，上述措施使上市公司收购过程的难度和复杂性大幅增加，收购方也因此而付出更多的成本。

（四）要约收购、协议收购与其他合法方式的收购

根据收购方式的不同，可以将上市公司收购分为要约收购、协议收购与其他合法方式的收购。所谓要约收购，是指收购人向目标公司全体股东发出购买要约，以相同价格购买部分或全部发行在外的公司股票而进行的公司收购行为。协议收购，则是指在交易所外，收购人与目标公司股东就股份买卖达成协议，已取得上市公司股份从而完成公司收购的行为。其他合法方式的收购，则主要包括公开市场收购、委托书收购等。

（五）现金收购、易券收购与混合收购

根据公司收购中支付方式的不同，可以将上市公司收购分为现金收购、易券收购与混合收购。所谓现金收购，是指收购方以支付现金的方式购买目标公司股东的股票的收购方式。现金收购过程中，对于收购方的资金能力有着较高的要求，因而收购方对于资金的准备是否充足成为现金收购能否成功的重要因素。易券收购，是指收购公司通过向目标公司发行本公司股票的方式，换取目标公司股份而进行的收购行为。易券收购过程中，收购方无须通过支付现金的方式进行收购，因

而资金压力较小,但在股份交换的过程中可能涉及到新股发行,此外也需要确定合适的换股比例,因而收购人面临着更多的法律规定的约束。混合收购,则是指收购方通过包括现金、股票、债券等多种支付手段对目标公司进行收购的行为。

二、上市公司收购的法律规制

(一) 持股披露制度

所谓持股披露制度,是指当投资者所持有的上市公司表决权股份达到一定比例时,应当就该持股情况向证券监管机构及证券交易所进行报告,此后在持股发生法定的增减变化时进行报告与披露的制度。持股披露制度是各国证券法所普遍采纳的一项制度,通过该制度的设立可以达到以下两方面的目的:其一,可以保护目标公司,令其对本公司股票被收购的事实加以知悉,进而采取措施表明其自身态度,包括能及时采取反收购措施等;其二,可以使目标公司股东知悉公司股票被他人收购的信息,进而对其自身利益做出正确而及时的判断,包括分享因公司股票价格上涨而带来的投资收益。持股披露制度包含以下内容:

1. 披露临界点的设定

所谓披露临界点,即法律规定的、投资者及其一致行动人持有公司股份的比例,达到该比例后应当向监管部门等进行报告并予以公告。根据《证券法》第 63 条第 1 款:"通过证券交易所的证券交易,投资者持有或者通过协议、其他安排与他人共同持有一个上市公司已发行的有表决权股份达到百分之五时,应当在该事实发生之日起三日内,向国务院证券监督管理机构、证券交易所作出书面报告,通知该上市公司,并予公告,在上述期限内不得再行买卖该上市公司的股票,但国务院证券监督管理机构规定的情形除外。"此外,除通过证券交易所的证券交易,通过其他合法方式拥有权益的股份达到一个上市公司已发行股份的5%时,也应履行持股披露义务。

2. 爬坡规则

所谓爬坡规则,是指投资者及其一致行动人所持有的股份比例达到上市公司已发行的股份一定比例后,其所持有的股份比例每增加或减少一定比例时,应当履行法定的报告和公告义务,并在法定期限内不得再行买卖上市公司股票。《证券法》第63条第2款规定:"投资者持有或者通过协议、其他安排与他人共同持有一个上市公司已发行的有表决权股份达到百分之五后,其所持该上市公司已发行的有表决权股份比例每增加或者减少百分之五,应当依照前款规定进行报告和公告,在该事实发生之日起至公告后三日内,不得再行买卖该上市公司的股票,但国务院证券监督管理机构规定的情形除外。"该条第3款同时规定:"投资者持有或者通过协议、其他安排与他人共同持有一个上市公司已发行的有表决权股份达到百分之五后,其所持该上市公司已发行的有表决权股份比例每增加或者减少百分之一,应当在该事实发生的次日通知该上市公司,并予公告。"

3. 披露内容及法律后果

对于持股披露的内容,《证券法》第64条做出明确确定,主要包括以下四项:"(1)持股人的名称、住所;(2)持有的股票的名称、数额;(3)持股达到法定比例或者持股增减变化达到法定比例的日期、增持股份的资金来源;(4)在上市公司中拥有有表决权的股份变动的时间及方式。"违反持股披露制度的法律后果并非交易无效,而是使超过规定比例部分的股份失去表决权,这样既可以使相应的行为受到否定性评价,同时也考虑到证券交易的特殊性,确保了股票交易的连续性。

(二)要约收购规则

我国《证券法》对于要约收购进行了详细规定,以下仅从具体条件、信息披露以及法律后果方面进行简要介绍。

1. 要约收购的具体条件

在符合法律规定条件的情况下,投资者可以发出收购要约,而收购要约的有效期间,则意味着该要约对于要约人交易法律拘束力,在收购要约的有效期内,要约人不得随意撤回其要约。根据《证券法》第 67 条规定:"收购要约约定的收购期限不得少于三十日,并不得超过六十日。"收购要约一旦做出并公告,即不得撤销,否则将对受要约人产生不利影响,并扰乱证券市场秩序,但在收购要约确定的承诺期限内,收购人可以进行收购要约变更,但必须符合法律规定的条件。

2. 要约收购中的信息披露

由于要约收购会对目标公司及其股东利益产生重大影响,并且导致公司盈利或者经营产生较大变动,因而在要约收购中,要求收购人对于收购的相关信息进行充分披露,对于维护正常市场秩序以及目标公司利益具有重要意义。

3. 要约收购的限制

在要约收购过程中,为了保障收购过程的公平性,收购方所提出的要约收购条件应当适用于全部被收购公司的股东。当然,这种公平性也非绝对,当上市公司发行的股票存在不同的权益区分时,收购人可以依据不同种类股份的差异提出不同的收购条件。此外,我国的要约收购制度具有排他性,在收购人采取要约收购的情况下,便不能采取协议收购或者公开市场收购等公司收购形式。

(三) 协议收购规则

协议收购与要约收购的不同具体体现在以下四方面:其一,公开性不同。要约收购中的收购人必须对收购要约进行公告,但在协议收购过程中,收购人与目标公司股东进行的协商则需要保密,此类信息泄露后可能造成目标公司股价的波动,大大增加协议收购的难度。其二,公平性不同。要约收购中,收购要约中的各项条件适用于目标公司所有股票持有人,收购方不能对目标公司的股东进行区别对待。协议收购中,收购方与目标公司股东达成的协议条款不必完全相同,只要双方达成的协议是其真实意思表示,收购即为有效。其三,期限性不同。在要约收购过程中,证券法设定了明确的期限,以保护目标公司中小股东的利益,而在协议收购中,法律并未设定任何期限,协议收购的过程取决于实际的谈判过程。其四,排他性不同。在要约收购过程中,收购方相当于自动放弃通过要约收购之外的其他方式获取目标公司股份,而在协议收购过程中,收购方在进行收购的同时,还能够通过集中竞价等方式买卖目标公司的股票,法律对此没有限制。

1. 协议收购的公告

虽然协议收购只是收购方与目标公司特定股东之间经协商后进行的交易行为,但由于此种股份交易对目标公司的股权构成产生重大影响,因而应当通过公告等方式让公司的其他股东及公众投资者及时得到通知。在公告完成前,收购协议不得履行。

2. 控股股东的调查义务

基于协议收购以获取上市公司控制权,此种方式虽然主要是通过收购方与控股股东之间的协议加以完成,却会对公司及其他股东及公司债权人的利益产生普遍影响。为此,控股股东应当履行相应的调查义务,以尽量查明收购方的收购意图,以此避免恶意收购等损害其他股东和债权人利益情况的发生。

3. 收购过渡期

通过协议收购对上市公司股权进行收购的,通过设置收购过渡期制度,以维持公司管理层的稳定,同时确保公司在此期间实施的经营等活动不会损害公司股东及债权人的利益。

4. 收购协议的履行

以使收购协议顺利履行为目的,协议收购的当事方可以委托证券登记结算机构对拟转让股份进行保管,并可以将用于支付的现金存放于指定的银行。而在收购报告书公告之后,相关方根据证券交易所及登记结算机构的规则,在证交所确认后凭双方认可的银行证明,向登记结算机构申请解除股票的临时保管,办理过户登记手续。

(四) 收购的完成

收购期间届满后,无论是通过要约收购,还是协议收购等其他方式,均可能产生以下法律后果:其一,被收购的公司的股份部分不符合上市条件的,该上市公司的股票由证券交易所依法终止上市交易;其二,仍然持有被收购公司股份的其他股东,有权向收购人以收购要约的同等条件出售其股票,此种收购具有强制性,因而也称强制收购,为少数股东提供出售其股份的机会;其三,若被收购公司不具备股份有限公司条件的,应当依法变更企业形式。基于限制投机性上市公司收购行为的考量,法律对收购人在收购完成后的股份转让作出了限制,以此维护目标公司的正常经营,同时也保障其股权结构的稳定。此外,在收购方为公司法人的情况下,在完成上市公司收购并获取目标公司的控制权后,该目标公司即成为收购方的子公司,而实施收购的公司法人则成为目标公司的母公司。在收购公司取得目标公司控制权的情况下,其可以与目标公司合并,合并后目标公司的资产、负债以及其他权益均转移至合并后存续的公司,而被解散公司的原有股票则应由收购人依法更换。

第五节　证券监管制度

一、概述

证券监管,是指证券管理机关及其授权机关依据法律、法规和规章对证券市场进行的监督管理活动的总称。一般地,证券监管具有三方面作用:其一,有助于保障证券市场安全运行,通过对证券发行、从业人员资格以及公司证券业务的管理,能够起到增强市场信用、降低交易风险进而创造出安全的证券市场环境;其二,确保证券市场合法运行,监管机关通过对证券市场中不法行为的处罚,及时纠正证券市场中的违规违法行为,从而确保证券市场的依法有序运行;其三,确保证券市场有序发展,通过控制证券市场的发行规模以及制定相应程序规则,监管机关能够实现对证券市场的有效引导,确保证券市场交易秩序,进而推动证券市场有序发展。

证券市场监管通常可以分为自律型监管模式与政府主导型监管模式两种。在自律型监管模式下,证券行业采取一种自我管理的模式,国家对于证券行业的管理是通过证券行业自律组织的管理得以实现,行政机关对于证券市场的干涉较少。采取自律型监管模式的国家,一般不进行统一的证券监管立法,也不设立统一的证券监管机构,主要由自律组织进行自我管理,英国是此种模式的典型代表。在政府主导型监管模式下,主要是由政府设立专门证券监督机构,并对证券市场进行集中统一监管,而自律组织只是作为一种辅助的管理手段发挥作用。此种模式为多数国家所采纳,包括美国、日本等。

我国的证券市场监管采取政府主导的监管模式,这种模式的形成经历了一个变化过程。1998 年之前,我国证券监管制度采取多元化、多层次的监管模式,证券监管主要是由国务院证券委和证监会共同完成,证券委是证券市场的主管机构,依照法律、法规对证券市场进行统一管理,证监会是国务院证券委的监督机构,依照法律、法规对证券发行与交易活动进行管理和监管。1998 年 4 月,国务院对证券监管体制进行改革,此后,国务院证券委的职能以及中国人民银行的证券监管职能归由中国证监会行使,标志着由政府实施集中统一监管体制的基本形成。1998 年颁布的《证券法》明确规定了政府集中监管和自律管理相结合的证券监管模式。此种模式下,国务院证券监管机构在证券监管中居于主导地位,其同时拥有对自律组织的监管权以及证券规章制定权。相应地,证券自律监管机构居于从属地位,但其自律监管的作用同样重要,现行《证券法》加强了自律监管的职能,自律监管机构因而成为承担重要监管职能的机构。

二、证券监管机构的职责

我国证券监管机构的职责,是由法律加以规定的,其涉及的范围比较广泛,包括制定证券管理规章、执行证券法律规定、全面监督和管理证券市场以及查处证券违法行为等。根据《证券法》第 169 条的规定,国务院证券监督管理机构在对证券市场实施监督管理中履行下列职责：(1)依法制定有关证券市场监督管理的规章、规则,并依法进行审批、核准、注册,办理备案;(2)依法对证券的发行、上市、交易、登记、存管、结算等行为,进行监督管理;(3)依法对证券发行人、证券公司、证券服务机构、证券交易场所、证券登记结算机构的证券业务活动,进行监督管理;(4)依法制定从事证券业务人员的行为准则,并监督实施;(5)依法监督检查证券发行、上市、交易的信息披露;(6)依法对证券业协会的自律管理活动进行指导和监督;(7)依法监测并防范、处置证券市场风险;(8)依法开展投资者教育;(9)依法对证券违法行为进行查处;(10)法律、行政法规规定的其他职责。证券监管机构在被赋予上述职能的同时,也具有相应的执法权限与措施,以确保其能够完成法律所赋予的职能。

(一)监管措施

根据《证券法》第170条规定,国务院证券监督管理机构在履行职责时可以采取的措施如下。

1. 现场检查权

国务院证券监管机构有权对证券发行人、证券公司、证券服务机构、证券交易场所、证券登记结算机构进行现场检查。

2. 调查取证权

在涉嫌违法行为发生的情况下,证券监督管理机构有权进入涉嫌违法行为发生场所调查取证,以此查明事实以确定相关行为是否确定进而决定其是否违法。

3. 询问权

在证券案件的稽查中,证券监管机构有权询问当事人和与被调查事件有关的单位和个人,要求其对与被调查事件有关的事项作出说明,或者要求其按照指定的方式报送与被调查事件有关的文件和资料。

4. 查询、查阅权

法律赋予证券监管机构广泛的查询查阅权,具体包括查阅、复制与被调查事件有关的财产权登记、通讯记录等文件和资料;查阅、复制当事人和与被调查事件有关的单位和个人的证券交易记录、登记过户记录、财务会计资料及其他相关文件和资料；查询当事人和与被调查事件有关的单位和个人的资金账户、证券账户、银行账户以及其他具有支付、托管、结算等功能的账户信息，可以对有关文件和资料进行复制。

5. 查封、冻结权

在证券违法案件中，涉及到文件资料、资金、证券等，较容易被转移和隐匿，要么使违法行为无法被认定，要么即使违法行为被认定，因涉案财产被转移而使法律责任无法落实。由此，《证券法》对证券监管机构的查封、冻结权进行了明确规定。其中，对可能被转移、隐匿或者毁损的文件和资料，可以予以封存、扣押；对有证据证明已经或者可能转移或者隐匿违法资金、证券等涉案财产或者隐匿、伪造、毁损重要证据的，经国务院证券监督管理机构主要负责人或者其授权的其他负责人批准，可以冻结或者查封。另外，冻结或者查封的期限为6个月；因特殊原因需要延长的，每次延长期限不得超过3个月，冻结、查封期限最长不得超过2年。

6. 限制交易权

证券监管机构在其调查中，若发现行为人有从事操纵市场、内幕交易等重大证券违法行为时，采取措施事先限制其证券交易活动，相比于事后查处，更有利于维护证券市场的交易秩序，也可以避免事后查处难以挽回受害人损失等弊端。根据《证券法》规定，在调查操纵证券市场、内幕交易等重大证券违法行为时，经国务院证券监督管理机构主要负责人或者其授权的其他负责人批准，可以限制被调查的当事人的证券买卖，但限制的期限不得超过3个月；案情复杂的，可以延长3个月。

7. 限制出境权

在证券监管机构调查过程中，为了确保调查的顺利进行，同时也为避免相关人员逃避调查，根据《证券法》规定，其可以通知出境入境管理机关依法阻止涉嫌违法人员、涉嫌违法单位的主管人员和其他直接责任人员出境。

此外,为了防范证券市场风险,维护市场秩序,根据法律规定,国务院证券监督管理机构还可以采取责令改正、监管谈话、出具警示函等措施。

(二) 履职遵守的义务

证券法在赋予证券监管机构法定职权的同时,也对其履职所应遵守的义务进行了规定,以确保其在履职过程中,能够有效地维护证券投资者权益,并防止监管机构及其工作人员滥用职权。

1. 符合法定程序

国务院证券监督管理机构依法履行职责,进行监督检查或者调查,其监督检查、调查的人员不得少于 2 人,并应当出示合法证件和监督检查、调查通知书或者其他执法文书。监督检查、调查的人员少于 2 人或者未出示合法证件和监督检查、调查通知书或者其他执法文书的,被检查、调查的单位和个人有权拒绝。

2. 工作人员履职义务

国务院证券监督管理机构工作人员必须忠于职守、依法办事、公正廉洁,不得利用职务便利牟取不正当利益,不得泄露所知悉的有关单位和个人的商业秘密。

3. 禁止兼职义务

国务院证券监督管理机构工作人员在任职期间,或者离职后在《中华人民共和国公务员法》规定的期限内,不得到与原工作业务直接相关的企业或者其他营利性组织任职,不得从事与原工作业务直接相关的营利性活动。

(三) 监管权行使的保障

1. 公开制度

作为证券市场管理的基本原则之一,公开、公正、公平原则是保障投资者合法权利,促进证券市场健康发展的重要法律依据,证券监管机构在执法过程也要遵守该原则。根据《证券法》第 174 条规定,国务院证券监督管理机构制定的规章、规则和监督管理工作制度应当依法公开。国务院证券监督管理机构依据调查结果,对证券违法行为作出的处罚决定,应当公开。就前者而言,确保证券监管部分所制定的规章制度得到及时有效的公开,有助于投资者、上市公司以及证券机构等准确了解现行制度,并能够基于既有制度的规定及时调整其投资决策与经营行为,同时,规章与制度的公开也能够使监管机构为社会有效监督,进而避免这种违规行为和暗箱操作的出现。就后者而言,处罚结果公开,有利于被处罚者及时认识违法结果,同时也能为社会中其他主体提供相应的借鉴,在充分促进市场信息流通的基础上引导各方行为在合法轨道内进行。此外,结果公开也有助于各方对于证券监管机构进行充分监督,以提高其工作质量并防止监管权被滥用。

2. 信息共享

在行使证券监管职能的过程中,国务院证券监督管理机构应当与国务院其他金融监督管理机构建立监督管理信息共享机制。通过信息共享,有助于其他机关掌握相关信息,对于金融政策的确定以及金融市场的规制具有重要作用。此外,国务院证券监督管理机构依法履行职责,进行监督检查或者调查时,有关部门应当予以配合。各个部门之间的协调与合作,对于有效开展证券监管并降低行政成本具有重要意义。

3. 案件移送与国际合作

国务院证券监督管理机构依法履行职责,发现证券违法行为涉嫌犯罪的,应当依法将案件移送司法机关处理;发现公职人员涉嫌职务违法或者职务犯罪的,应当依法移送监察机关处理。此外,国务院证券监督管理机构可以和其他国家或者地区的证券监督管理机构建立监督管理合作机制,实施跨境监督管理。境外证券监督管理机构不得在中华人民共和国境内直接进行调查取证等活动。未经国务院证券监督管理机构和国务院有关主管部门同意,任何单位和个人不得擅自向境外提供与证券业务活动有关的文件和资料。

三、证券市场的自律管理

证券业协会是证券市场的自律管理机构,证券业协会具有以下特征:其一,自律性组织。自律性组织不同于国家机关,其主要是由会员自行组织、自行管理,其权力主要来源于会员的授权,并以维护会员自身合法权益为其主要目标,因而在组织形式、决策机制以及工作方式等方面均显著区别于国家机关。此外,证券业协会的会员均为证券公司,因而更多地体现了各个证券公司在法律轨道内维护自身利益、促进的证券业健康发展的目标。其二,社会团体法人。证券业协会具有法人资格,其成立符合法律规定的法人所应具备的必备要件,如名称、经营场所、组织机构等;与此同时,证券业协会又是社团法人,其成立的主要目的并非营利,其经费也是源自于会员所缴纳的会费,因而具有社会公益性质。

证券公司以会员身份加入证券业协会,通过此种方式实现证券市场的自律管理,与证券市场监管共同构成了我国证券市场的管理模式。证券业协会作为证券市场的自律性组织,通过依法履行与其设立目的相适应的职能而实现对证券业的调整。根据《证券法》第166条的规定,证券业协会履行下列职责:(1)教育和组织会员及其从业人员遵守证券法律、行政法规,组织开展证券行业诚信建设,督促证券行业履行社会责任;(2)依法维护会员的合法权益,向证券监督管理机构反映会员的建议和要求;(3)督促会员开展投资者教育和保护活动,维护投资者合法权益;(4)制定和实施证券行业自律规则,监督、检查会员及其从业人员行为,对违反法律、行政法规、自律规则或者协会章程的,按照规定给予纪律处分或者实施其他自律管理措施;(5)制定证券行业业务规范,组织从业人员的业务培训;(6)组织会员就证券行业的发展、运作及有关内容进行研究,收集整理、发布证券相关信息,提供会员服务,组织行业交流,引导行业创新发展;(7)对会员之间、会员与客户之间发生的证券业务纠纷进行调解;(8)证券业协会章程规定的其他职责。

第四章 保险法

第一节 保险概述

保险是通过分散、化解风险而保障社会经济稳定的重要工具。广义的保险概念包括商业保险、社会保险和相互保险三种，其本质上体现为多数人在面临同类风险的情况下，基于合理数学计算，聚集小额资金形成保险基金，对危险引发损失予以经济补偿的法律制度。狭义的保险仅指商业保险，即通过保险合同的订立以在当事人之间建立保险法律关系，由保险人在保险事故发生时对被保险人进行补偿。

一、保险的分类

基于不同的标准，可以将保险作不同的分类。

（一）强制保险与自愿保险

根据保险是否依据当事人自身意愿，可以将其分为强制保险与自愿保险。所谓强制保险，是指对于涉及社会公共利益或者公共安全的领域，国家通过立法形式，规定特定民事主体或者标的必须投保的保险类型。强制保险又分为两种形式：一种不仅要求特定民事主体或者标的必须投保，而且必须向指定保险公司投保；另一种则是只对特定范围的民事主体或者标的做出强制投保要求，但不指定保险公司，各保险公司在此类强制保险中依然存在竞争。我国 2004 年实施的《道路交通安全法》以及 2006 年实施的《机动车交通事故责任强制保险条例》,建立了机动车第三者强制保险制度,据此,机动车的所有人或者管理人应当依照法律规定投保机动车交通事故责任强制保险,至于机动车所有人或者管理人在哪家保险公司投保,则由其自由选择,法律并未作强制性规定。与强制保险不同,自愿保险是投保人与保险人通过平等协商,以签订保险合同的方式对特定风险进行承保的保险形式。就自愿保险而言,保险人或者其他主体均不能强迫当事人进行投保,当事人享有是否投保以及与哪家保险公司缔结保险合同的自由,与之相对,保险人也享有选择承保对象、决定是否承保以及确定承保数额的自由。

(二) 财产保险与人身保险

根据保险标的的不同,可以分为财产保险和人身保险。所谓财产保险,是以财产及其相关利益为保险标的的保险。财产保险又可以区分为广义与狭义两种。狭义的财产保险,是指以有形财产为其标的的保险,包括对企业的厂房、设备、房产以及其他财物等进行的保险。广义的财产保险,除了包括有形财产之外,还包括无形财产,如租金、利息收益以及民事赔偿责任等。我国保险法上的财产保险指的是广义的财产保险。所谓人身保险,是以人的身体和寿命作为保险标的的保险险种。人身保险包括人寿保险、健康保险和意外伤害保险三种。人寿保险是人身保险的主要组成部分,而健康保险和意外伤害险则通常作为人寿保险的附加险。

(三) 原保险与再保险

以承担保险责任的次序为标准,可以将保险划分为原保险与再保险。所谓原保险,是指在保险合同生效且保险事故发生后,保险人根据保险合同的约定向被保险人加以赔偿或者给付保险金的保险类型。原保险存在于投保人与保险公司之间,日常生活中所称的保险通常即指原保险。所谓再保险,也称为分保险,是指保险人将其所承保危险的一部分,分给其他保险人进行保障的保险类型。再保险能够分散保险公司所承保的危险,在一定程度上避免保险公司对其所承保的巨额保险赔偿中支付不能的风险,从而间接地维护保险人的利益。即便如此,再保险具有较强的独立性,这表现在:一方面,原保险的被保险人或受益人,不能向再保险的接受人提出赔偿请求,而再保险的接受人也不得向原保险的投保人主张保险费;另一方面,再保险的分出人,不得以再保险接受人未履行再保险责任为由,拒绝其在原保险中所应承担的赔偿或者支付保险金义务。

(四) 定值保险与不定值保险

根据保险价值在投保时是否确定为标准,可以将保险划分为定值保险与不定值保险。定值保险,也称为定额保险,是指保险合同双方当事人通过合同事先确定保险标的价值,以确定保险金最高限额的财产保险类型。实践中,定值保险合同多适用于海上保险、国内货物运输保险、国内船舶保险以及不易确定价值的艺术品为标的的财产保险。定值保险成立后,当发生保险事故时,保险人应当以合同所约定保险价值作为赔偿金额的计算依据,而不再对保险标的进行重新估价;当损失为一部分时,则仅需确定损失比例,并将该比例乘以确定的保险价值作为确定保险赔偿金的依据。与之相对的是不定值保险,即在合同订立时不预先确定保险标的的价值,在保险事故发生后另行确定保险价值进而认定损失金额的保险类型。实践中,大多数财产保险均采用不定值保险合同的方式订立。不定值保险合同中保险标的的损失额,以保险事故发生时当地市场中同类财产的市场价格来确定。

(五) 补偿性保险与给付性保险

以给付保险金的目的为标准,可以将保险区分为补偿性保险与给付性保险。所谓补偿性保险,是保险人以补偿被保险人因保险事故所受实际损害为目的的保险类型。财产保险属于补偿性保险,在保险事故发生后,保险人通过评定实际损失来确定保险金数额,其目的是补偿被保险人的损失。与之相对,给付性保险不以补偿损失为目的。大部分人身保险属于给付性保险:一方面,人身保险中人的生命或健康不能通过金钱进行衡量,因而保险事故发生后的损失亦无法进行价值评价;另一方面,一部分人身保险的保险金给付,仅是为了满足被保险人的特殊需要,因而并不以损害的存在为其赔付的基础。

(六) 单保险与复保险

以保险人的数量为标准可以划分为单保险与复保险。单保险,是指投保人对同一保险标的就同一事故、同一保险期间与一个保险人订立保险合同。复保险,也称重复保险,是指投保人对同一保险标的就同一事故、同一保险期间与多个保险人订立保险合同,且保险金总额超过保险价值的保险。除合同另有约定外,复保险的保险人应按照其所承保的保险金额占保险金额总和的比例承担赔偿保险金责任;复保险的投保人可以就保险金额总和超过保险价值的部分,请求各个保险人按照比例予以返还。

(七) 个别保险、集合保险与总括保险

以保险标的的数量为标准,可以将保险划分为个别保险、集合保险与总括保险。所谓个别保险,是指以一人或者一物为保险标的的保险;集合保险,是对多数性质相似的保险标的订立一个保险的合同,其又分为以多数物为保险标的的保险(集团保险)和以多数人为保险标的的保险(团体保险)。总括保险,是指在没有特定保险标的情况下,按照一定标准限定可以变动的多数人或者物作为保险标的的保险。总括保险中,保险人只确定一个不变的保险金额,并在保险事故发生后以该保险金额为限承担保险责任。

二、保险法的基本原则

保险法的基本原则,是指为保险法所特有的、对于保险法规范的制

定、适用等环节具有指导作用,其效力贯穿于整体保险法体系的基本准则。此处选择学界具有较高共识度的四项加以介绍,即保险利益原则、最大诚信原则、损失补偿原则和近因原则。

(一) 保险利益原则

所谓保险利益原则,即投保人、被保险人对保险标的具有保险利益。保险利益可以是投保人对保险标的所具有的经济上的利益,也可以是投保人因承担责任、义务而产生的利益关系。在保险事故发生时,具有保险利益的投保人其经济利益受到损害;反之,经济利益不受影响者便不具有保险利益。保险利益原则的确立,对于防止赌博和道德风险、限制赔偿范围都具有重要意义。保险利益具有以下特征:其一,合法性。投保人或者被保险人对于保险标的享有的利益应当受到法律的确认和保护,而违法获得或者基于损害公共利益而产生的利益均属非法利益,不能作为保险标的。投保人如果为非法利益投保,则会因其保险标的不具有合法性导致保险合同无效。其二,确定性。投保人或者被保险人对于保险标的的利害关系应当具有确定性,这种确定性具有客观性,而非仅凭借主观推断得到的获利可能性。其三,可计算性。保险利益应当是可以通过货币、股价等加以计量的利益,也是判断财产保险合同是否构成超额保险的重要标准。保险利益的可计算性不仅适用于财产保险领域,在人身保险领域同样适用。虽然从表面上看,人身保险的保险标的是人的身体和生命,因而不具有可以通过金钱衡量的特征。但人身保险的三大险种,却均具有可计算性:就意外伤害险和健康保险而言,是以损失或付出的费用为基础确定保险金,因而具有可计算性;就人寿保险而言,是以保险合同订立时所约定的保险金额为基础确定支付保险金的范围,因而仍然具有可计算性。

1. 人身保险中的保险利益

人身保险中的保险利益,是指投保人对于被保险人所具有的生命或身体上的、为法律所承认的利害关系,包括亲属关系、抚养关系、信赖关系等。基于此种利害关系,保险事故不发生将使投保人得利,而保险事故的发生则会使其遭受损失。人身保险的保险利益存在于保险合同订立之时,而在保险事故发生时是否存在保险利益,则并非法律关注的要点。保险利益的存在是保险合同订立的必要条件,但在索赔时则并非必要条件,若投保人与被保险人因离异、解除收养关系等原因导致保险利益丧失,亦不影响保险合同的效力。此外,法律对于人身保险中的保险利益,通常采取列举或者列举与概括相结合的方式,而对财产保险利益则通常采取概括方式。人身保险中,投保人对下列人员具有保险利益。

第一,本人。对于自己的生命和身体,任何人均享有投保的权利,只要投保人履行如实告知义务,并就保险合同条款与保险人达成一致,人身保险合同即可成立。保险人对于本身具有保险利益,一般情况下不会受到法律的限制。

第二,配偶、子女、父母。投保人与其配偶、子女、父母之间因法律规定而具有利害关系,配偶为其直系亲属外关系最为紧密的亲属,而父母、子女则是关系最为紧密的直系亲属。此处,父母,包括生父母、养父母和有扶养关系的继父母;子女,则包括婚生子女、非婚生子女、养子女和有扶养关系的继子女。投保人可以为其配偶、子女、父母订立以身体或寿命为保险标的的保险合同。

第三,家庭其他成员、近亲属。对于除配偶、父母、子女以外的其他家庭成员、近亲属,投保人并不当然具有保险利益,只有在具有扶养、赡养和抚养关系的情况下,才能为其投保。由此,有扶养关系的兄弟姐妹之间,有抚养或赡养关系的祖父母、外祖父母与孙子女、外孙子女之间,尽了主要赡养义务的丧偶儿媳、丧偶女婿与公婆、岳父母之间,均存在保险利益。

第四,与投保人有劳动关系的劳动者。劳动者可以通过工伤保险为其提供保障,但由于工伤保险的赔付范围和额度均受限制,超出范围和限制的损害仍由用人单位承担赔偿责任。为弥补工伤保险的不足,用人单位可以为与其存在劳动关系的劳动者购买保险,此处用人单位与劳动者之间存在保险利益。与此同时,法律对用人单位为劳动者投保做出了一定限制。《保险法》第 39 条第 2 款规定："投保人指定受益人时须经被保险人同意。投保人为与其有劳动关系的劳动者投保人身保险,不得指定被保险人及其近亲属以外的人为受益人。"

第五,同意投保人为其订立合同的其他主体。法律明确规定投保人为被保险人投保时须具有利益关系,在两者之间不存在利益关系的情况下,只要得到被保险人的同意,保险合同即可以成立,这使得对于保险道德风险的判断由被保险人自身决定。一方面,"被保险人同意"能够扩大保险利益主体的范围,满足社会对于保障的基本需求;另一方面,"被保险人同意"也能够在一定程度上避免道德风险的发生。

2. 财产保险中的保险利益

所谓财产保险的保险利益,是指投保人或被保险人因保险事故的发生而受到损害或因保险事故不发生受有利益。根据我国《保险法》第 12 条第 4 款:"财产保险是以财产及其有关利益为保险标的的保险。"此处的财产及其有关利益,包含三种类型,即现有利益、期待利益和责任利益三类。现有利益,指投保人或者被保险人对保险标的所享有的现存利益,包括所有权利益、占有利益、用益物权利益、担保物权利益等;期待利益,是指在投保人或者保险人对于保险合同订立时尚不存在但将来可能获得的利益;责任利益,是指对法律上应当承担责任所具有的保险利益。财产保险对于保险利益的时间要求与人身保险不同,前者以保险损害发生时投保人或者被保险人存在保险利益为依据,而后者则在于投保时的保险利益,至于损害发生时是否存在保险利益并非必要。一般的,财产保险利益体现为以下具体类型:

第一,所有权之保险利益。财产所有权人对其财产享有最为充分的保险利益,其所拥有的财产一旦受损将使其利益受到损失,因而无论是单独所有还是共有,所有人均对其财产享有保险利益。

第二,他物权之保险利益。享有他物权的主体,同样享有保险利益,即便相较于所有权人其利益相对较弱。例如,当债权人无法获得清偿时,抵押权人和质权人具有通过抵押或者出质财产优先受偿的权利,因而其对抵押和出质财产具有保险利益。

第三,占有他人财产的利益。此类占有利益,是投保人或者被保险人基于合同或者法律合法占有他人财产而具有的利益。以财产保管为例,保管人对于其所保管的财产负有相应责任,因而具有保险利益,保管人可以就其所保管货物的毁损灭失投保相应保险。

第四,期待利益。所谓期待利益,是指投保人或被保险人在订立保险合同时,对保险标的享有的利益尚不存在,但基于现有利益产生将来可以获得的利益。以船舶承运人为例,一旦船舶遭遇海难,则承运人将因无法将货物运送到目的地而难以获得运费收入,并由此遭受损失,这使得承运人对将来可能产生的运费收入具有期待利益。

第五,责任利益。责任利益是投保人或者被保险人对因其应当承担责任而产生的一种利益,此种责任源于违约责任、侵权责任或者法定责任。责任利益以投保人或者被保险人现有财产利益为基础,并着重于保险事故发生后财产利益的不减少。

(二) 最大诚信原则

诚实信用是现代商法的基本原则。最大诚信原则在早期是为了约束投保人而出现的,但随着保险制度的发展,为了防止保险人恶意抗辩,这一原则被扩大适用于投保人和保险人。一般地,最大诚信原则包括如实告知义务、信守保证义务、条款说明义务及弃权与禁止反言义务。其中,如实告知义务和信守保证义务是针对于投保人而言,条款说明义务及弃权与禁止反言义务则是针对保险人。

第一,如实告知义务。所谓如实告知义务,是指投保人在订立保险合同时,应当如实陈述,不得隐瞒或者欺骗保险人。如果投保人故意或者过失而未能进行如实告知,则可能引发对其不利的法律后果。对此,我国《保险法》第 16 条第 2 款规定:"投保人故意或者因重大过失未履行前款规定的如实告知义务,足以影响保险人决定是否同意承保或者提高保险费率的,保险人有权解除合同。"可见,无论是因投保人故意还是过失,只要其足以影响保险人的相关决定,保险人便有权解除合同,但两者区别如下:当投保人故意不履行如实告知义务的,保险人对于合同解除前发生的保险事故,不承担赔偿或者给付保险金的责任,并不退还保险费;而当投保人因重大过失未履行如实告知义务,对保险事故的发生有严重影响的,保险人对于合同解除前发生的保险事故,不承担赔偿或者给付保险金的责任,但应当退还保险费。

第二,信守保证义务。所谓保证,是指投保人或者被保险人在保险期间向保险人做出的承诺。保证与告知之间存在显著不同:首先,保证为保险合同的约定内容,属保险合同的重要组成部分,而告知义务则主要源于法律的规定,无需在保险合同中另加约定;其次,保证义务须严格遵守,违反该项义务则保险人可以解除合同,而在违反告知义务的情况下,保险人只有在证明未如实告知保险合同重要事项时才能解除合同。保证通常情况下体现为保单中的保证条款,此即明示保证,仓库保险合同中关于"不堆放危险品"以及人身保险合同中"不参加高度危险活动"的规定即为其著例。此外,也存在默示保证,此种保证主要是基于社会中普遍认可的行为规则或者是法律的强制性规定而产生。如在海上保险领域,默示保证包括以下三项,即适航能力、不改变航道以及运输合法性。

第三,条款说明义务。所谓条款说明义务,通常是指在保险合同订立过程中,保险人对于保险合同的条款负有向投保人进行解释的义务。保险合同是由保险人事先确定的,保险人在确定保险条款时经过慎重考量,并且由于保险领域所具有的专业性和技术性,投保人仅凭自身的理解往往难以充分领会保险合同条款的具体含义。在投保人仅能够通过选择是否投保而无法对保险合同条款进行协商的情况下,其自身利益难以得到保护。为此,各国保险法普遍规定了保险人对于保险条款的说明义务,以维护投保人权利。

第四,弃权与禁止反言。弃权,即保险人以明示或者默示的方式,放弃其在保险合同中的权利。通过明示弃权,保险人以法律或者习惯认可的形式表示弃权,而默示弃权,则是从保险人的行为中可以推断出其具有弃权的意思表示。通常情况下,默示弃权包括以下情形:保险人明知存在违反条件的情况下,仍然接受投保人所交保费;保险事故发生后,保险人明知有拒绝赔付的权利,但仍然要求投保人提出损失证明的;保险人明知投保人损失证明有瑕疵,但仍然无条件接受的;保险人接受投保人、被保险人的保险事故逾期通知等。所谓禁止反言,是指保险人在已经放弃可以主张的权利后,即不得反悔再向对方主张该项权利,例如保险人明知保险合同有违背条件、无效、失效或其他可解除原因而仍然承保并收取保费。若弃权行为是由保险代理人做出,则不论保险人是否知道,其具有与保险人自己之行为相同的法律效果。

(三) 损失补偿原则

损失补偿原则,是指当保险事故发生时,保险人在保险合同约定的范围内对被保险人所遭受的实际损失进行赔偿,被保险人不能因保险赔偿获得超过其损失的利益。这也就意味着:其一,被保险人可获得的赔偿以其实际损失为前提,当保险期限内发生保险事故,但该事故并未造成被保险人的损失,则被保险人无权要求获得赔偿;其二,保险人的保险赔偿是以保险责任为依据,对于无保险责任对应的损失,保险人无需进行赔偿;其三,保险人赔偿的保险金额具有限度,保险事故发生后,被保险人获得的保险金及第三者赔偿的总和,原则上不能超过被保险人的实际损失。损失补偿原则作为保险制度体系的核心,能够限制补偿额度,从而避免不当得利出现,遏制道德风险,促进保险业健康发展。在保险法领域,损失补偿原则适用于财产保险领域,而在人身保险中,人寿保险,作为一种给付型保险,并不适用补偿原则;而健康保险和意外伤害保险等短期人身险,则具有明显的补偿性质。

(四) 近因原则

近因原则乃保险人保险责任成立的重要依据,即导致保险事故的近因属于保险责任的承保范围时,保险人才承担保险责任。近因原则的适用,可以使现实当中诸多复杂但非决定性的因素得以排除,以防止保险人责任的过分增加,同时避免保险人不当推卸其所应当承担的保险责任。一般情况下,近因的认定标准有三种:一是顺推法,即将各种致损原因按照时间顺序加以排列,并将排序中最后一个作为损害事故的近因;二是逆推法,即从损害事故开始,从后向前推,直至引发事故的最初事件为止,若该最初原因与损害结果之间没有中断,则该事件即为保险事故的近因;三是直接作用法,即将损害事故发生具有最直接和决定性作用的原因作为近因,若保险事故是因直接原因所导致的,则保险人应当承担保险责任。目前,上述第三种方法得到保险界实务的普遍认可。

随着近因原则的逐步发展,为更合理地解决保险事故中的原因力问题,比例因果关系产生出来,为处理一些因果关系较为复杂的保险案件奠定基础。基于比例因果关系理论,若引起损害的因果关系并非单一而是复数的,则应根据比例来确定损害事故的发生原因,即判断因果关系在具体损害结果中所占的比例,而非采取简单的有或者无的方式对事故原因加以判断。比例因果关系注重基于比例确定保险人应当承担的保险责任,因而能够较好地平衡保险人与被保险人之间的利益,更加适应保险发展的趋势。

第二节　人身保险

所谓人身保险合同,是以人的寿命或身体为保险标的的保险合同,由投保人和被保险人约定,当发生合同约定的意外事故、疾病或者年老等原因,造成被保险人丧失劳动能力、伤残或者死亡,以及合同约定的期限届满的情况下,由保险人按照合同约定向被保险人或者受益人给付保险金的保险协议。相比于其他保险合同类型,人身保险合同具有自身的特殊性。

第一,人身保险合同一般是定额保险合同。人身保险合同以人的生命和身体为保险标的,两者均不可用金钱来进行估价,这使得人身保险合同的保险金额主要是由保险人事先通过科学计算以确定合理金额,并与投保人协商后加以适用,或者是双方当事人在订立保险合同时协商确定固定金额,在发现事故发生或者期限届满时,保险人根据已经确定的数额承担保险责任。

第二,人身保险合同具有给付性。在人身保险合同中,当保险人合同中出现导致被保险人疾病、伤残、死亡等保险事故,或者合同约定的保险期限届满,保险人须根据约定向被保险人或者受益人支付预先设定的保险金额。人身保险的给付性特征,使其不以被保险人的实际损失为前提,也不论被保险人或受益人是否可以从第三人处获得补偿。存在例外的是,健康保险或者意外保险中的医疗费用保险,其目的在于对被保险人因治疗疾病或者身体恢复等产生的实际费用进行补偿,被保险人因此不得获得超过其实际损失的数额,否则即构成不当得利。

第三,人身保险合同具有长期性。人身保险合同的期限较长,尤其是人寿保险合同,其有效期往往持续数年直至终身。在人寿保险领域,被保险人随着年龄的增大,其所需要的保障也越来越高,但其缴费能力却在逐步下降,采用长期保险的形式,有助于在保险期限内合理分配保险费,从而降低投保人负担。例外的是,意外伤害保险合同及短期保险合同,其虽然属于人身保险合同,但保险期限相对较短。

第四,人身保险合同具有储蓄性。人身保险合同通过投保人多次缴费,将保险费集中起来,并最终以保险金的形式返还给被保险人或受益人,由此人身保险业具有储蓄性质。在人寿保险领域,约定保险期限届满后,保险人将投保人所缴纳的保险金及一定比例的利息,扣除保险人所支出的费用后,以保险金的形式返还给被保险人或其受益人。在保险合同解除时,投保人或者其他权利人可以主张保险人返还保单的现金价值。由于人身保险具有此种储蓄性质,投保人或被保险人可以享有相关权利,如保单质押贷款、选择保险金给付方式以及退保等。

第五,人身保险合同以生命表为其承保基础。生命表是一个国家或者一个地区人口生存死亡规律的统计表,由此反映出该国或地区人群从诞生到死亡的规律,因而又称死亡表。人身保险合同的设计和运行是以生命表为基础,保险人根据生命表计算其在人身保险合同中应当收取的保险费、责任准备金等数额,这也与以危险事故发生规律性为承保依据的财产保险合同区别开来。

一、人身保险合同的分类

以保险的保障范围不同为标准,可以将人身保险合同划分为人寿保险、健康保险和意外伤害保险。

(一)人寿保险合同

人寿保险合同,是指以人的生命为保险标的,由投保人和保险人约定以其在合同规定期限内生存或者死亡为给付条件的保险合同。人寿保险是现代社会中人身保险的主要险种,其保费收入占到包括财产保险在内的全部保费收入的一半以上。根据保险金给付条件的不同,可以将人寿保险合同进一步划分为死亡保险合同、生存保险合同和生死两全保险合同。

1. 死亡保险合同

死亡保险合同,是以被保险人在保险期间内死亡为给付保险金条件的人寿保险合同。根据合同所约定的保险期限的不同,死亡保险合同可以分为定期人寿保险合同和终身人寿保险合同两类。其一,定期人寿保险合同,是以被保险人在保险合同规定期间内发生死亡事故后由保险人支付保险金的保险合同。基于该合同,当被保险人在合同规定期间内死亡的,保险人给付保险金;如果被保险人在保险期间内未死亡,则保险合同终止,保险人无需支付保险金,也不需要返还保险费。定期人寿保险合同适用于负担能力较低又希望获得保障或者短期内从事危险工作的群体,由于定期人寿保险合同不具有储蓄性质,因此在同等条件下其保险费用低于其他寿险合同。其二,终身人寿保险合同,是以被保险人生存期间届满为保险人给付保险金条件的人寿保险合同。也就是说,自保险合同生效之日起,不论被保险人何时死亡,保险人均需按照保险合同的规定给付死亡保险金。终身人寿保险合同具有储蓄性质，且其保险期限较长，因而保费要高于定期人寿保险合同。

2. 生存保险合同

生存保险，是指以被保险人在保险期间届满时继续生存为保险金给付条件的人寿保险合同。就生存保险合同而言，如果被保险人在保险期间内死亡，则保险人无需给付保险金，也无需返还所交付的保险费；但如果被保险人一直生存至保险期限届满，保险人则需要按照合同规定支付生存保险金。在生存保险合同中，适用范围较为广泛的是年金保险。所谓年金保险，即保险人按照合同约定的金额和方式向被保险人定期给付年金的生存保险。年金保险可划分为以下种类：其一，根据保险金给付额是否变动，划分为定额年金保险和变额年金保险。定额年金保险，是指每次保险给付额按合同规定的固定数额进行支付的年金保险，而变额年金保险，则是指按照货币购买力的变化对支付的年金进行调整的保险，通过此种调整，可以克服在通货膨胀条件下等额年金制度保障水平不足的弱点。其二，根据保险金期间的不同，可以划分为终身年金保险和最低保证年金保险。终身年金保险，是指被保险人在其生存期间一直可以领取年金的保险，被保险人死亡则年金不再支付。最低保证年金保险，可以分为两种，期间保证年金规定最低保证给付期间，在该期间内无论被保险人是否生存均可获得年金支付；退款年金则是指被保险人死亡，其年金领取数额低于所缴纳保费时，保险人以现金方式退还其差额的保险。

3. 两全保险合同

所谓两全保险合同，是指被保险人无论在保险期间内死亡，或者在保险期满时仍然生存，保险人均应按照合同承担给付保险金责任的保险。两全保险合同的主要目的，是从生存和死亡两个方面对被保险人提供保障，无论被保险人在保险期间内是否死亡，被保险人或者受益人均可在保险期间届满后获得保险人的保险金给付。由此，相较于死亡保险合同和生存保险合同，两全保险合同具有更强的保障功能，但其保险费率也相对较高。

（二）健康保险合同

健康保险合同，是指以被保险人身体为保险标的，在保险人因患病等原因支出医疗费用，以及因此导致残疾或者死亡时，保险人承担给付保险金义务的人身保险合同。健康保险能够在个人因疾病等造成严重困难时提供保障，对于企业和社会而言，也能够满足其成员的健康保障需求，分散、转移风险。相比于人寿保险和意外伤害保险，健康保险具有自身独特性。

第一，健康保险合同属于补偿性保险合同。健康保险虽然属于人身保险，但具有更多的补偿性，而非给付性。对于被保险人因疾病等原因发生医疗费用或者收入减少，或者因疾病等导致残疾或者死亡的，保险人应当给付保险金以弥补其医疗费支出、收入减少以及补偿丧葬费用等。由于具有补偿性，健康保险与财产保险具有一定的相似性。

第二，健康保险合同具有短期性。由于疾病发生的不确定性以及医疗服务的成本变化，保险人难以制定较为长期的保险费率标准，相比于人寿保险采取的长期合同模式，健康保险合同通常采取短期保险模式，其保险期间为一年及一年以下。在合同期限届满后，投保人申请办理续保的，保险公司应当按照约定费率和原条款继续承保。

第三，健康保险合同的费率确定具有特殊性。健康保险的费率，其确定与人的健康情况及其医疗费支出相关，如发病率、残废率、死亡率等因素，同时结合医疗费用等因素进行相应调整。此外，健康保险费率的确定还需要考虑被保险人的职业、性别、年龄等因素。

第四，健康保险合同承保条件的严格性。由于人的身体状况具有一定的不确定性，因而在健康保险合同的承保过程中，保险人通常会设定观察期，在观察期内被保险人因疾病支出的医疗费及收入损失，保险人不负责，而在观察期结束后保险单才正式生效。对于体检中无法达到健康合同条款中所要求身体健康状况的被保险人，保险人可以按照次健体保单承保，其也可以提高保费或者重新确定承保范围。

第五,健康保险合同具有附加性。通常情况下,由于健康保险所承保的疾病其发生率具有不稳定性,保险人往往会基于营利以及承保安全的考量,将健康保险作为人寿保险的附加险进行承保。

(三)意外伤害保险合同

意外伤害保险,是指保险人对被保险人遭受意外伤害或因此导致的残疾和死亡,按照合同的规定承担保险金支付义务的保险合同。在人身保险中,意外伤害保险所承保的人次是最多的,原因在于:一方面,其承保的期间较短,往往是一年以下,甚至包括较多期限极短的意外伤害险,如飞机、火车、轮船旅客的意外伤害险;另一方面,其承保的条件较为宽泛,对于被保险人没有年龄、身体条件等方面的特别限制。由于意外伤害保险的保费相对低廉,因而在人身保险费收入中所占比重不大。依据不同的分类标准,可以将意外伤害保险作如下划分:

第一,自愿性人身意外险合同与强制性人身意外险合同。根据意外险的承保是否基于主体自身意愿,可以将意外险区分为自愿性人身意外险合同与强制性人身意外险合同。自愿性人身意外险合同,是在投保人和保险人自愿协商的基础上订立的保险合同;强制性人身保险合同,则是基于法律、行政法规的强制性规定而订立的保险合同,是否订立该合同并不取决于当事人的自愿。

第二,个人意外伤害保险合同与团体意外伤害保险合同。个人意外伤害保险合同,是个体自然人投保的人身意外伤害保险合同,包括航空人身意外伤害保险合同、铁路和公路人身意外伤害保险合同等。团体意外伤害保险合同,是指以团体为单位进行投保,将团体成员作为被保险人的保险合同类型。由于是团体投保,降低了管理成本等费用,团体意外伤害险的保险费率相对更低。此外,意外险较少关注被保险人的年龄和身体状况等因素,而在团体内部,其成员所面临的危险程度和性质也基本确定,因而保险费基本相同。

二、人身保险合同的内容

（一）人身保险合同的一般条款

1. 当事人条款

就投保人而言，人身保险合同的投保人可以是自然人，也可以是法人或者非法人组织。自然人、法人或者非法人组织作为人身保险合同投保人的，不仅需要具有民事行为能力，还应当在订立人身保险合同时，对于被保险人具有保险利益。而保险利益存在于以下三种情形之中：血缘、婚姻关系；债权债务关系；劳动关系。就保险人而言，从事人身保险业务的保险人，不仅要有经保险监督管理机关依法批准的保险人资格，其业务范围也须经过批准。就被保险人而言，主要是指以自己的生命或身体作为保险标的的自然人，同时应当符合保险法所规定的相应限制性条件，根据我国《保险法》规定，无民事行为能力人不得成为被保险人，该法第 33 条第 1 款规定："投保人不得为无民事行为能力人投保以死亡为给付保险金条件的人身保险，保险人也不得承保。"但这一规定也有例外，即父母可以为其未成年子女投保人身保险，就受益人而言，其主要是指由被保险人或投保人指定的、享有保险金请求权的主体。此外，投保人指定受益人时须经被保险人同意；投保人为与其有劳动关系的劳动者投保人身保险，不得指定被保险人及其近亲属以外的人为受益人；被保险人为无民事行为能力人或者限制民事行为能力人的，可以由其监护人指定受益人。

2. 保险事故条款

保险事故，是指保险合同所约定的、保险人负责承保责任范围内的事故。保险人在合同所约定的范围内，以保险事故发生作为给付保险金的条件。不同于财产保险合同中的事故主要针对自然灾害和意外事故，人身保险合同条款中的事故，是被保险人因自然灾害或意外事故而死亡、伤残或者患病，或生存至保险期届满。

3. 保险金额和保险费条款

保险金额,是指由投保人和保险人在订立人身保险合同时所约定的,由保险人承担赔偿或者给付保险金责任的最高限额。为防范道德危险的发生,法律往往对保险金额加以限制。

保险费是指投保人根据合同所约定的保险费率,向保险人所交付的费用。一般地,人身保险的保险费包括两个部分:纯保险费,即以预定死亡率和预定利率为基础计算的,用以抵付保险金支出;附加保险费,是按照预定营业费用率计算的,用于补偿保险公司经营所支出的各项费用。人身保险的保险费支付有两种方式:一是趸交,即在签订合同时将整个保险期内应缴的保费全部缴清;二是分期支付,即在保险合同签订后分期支付保险费,包括按年交付、按半年交付、按月交付等。

(二)人身保险合同的特殊条款

人身保险合同除需具有保险合同的一般条款外,还具有一些与其自身特征相关的特殊条款,具体如下。

1. 不可抗辩条款

所谓不可抗辩条款,是指自人身保险合同成立后,经过合同约定或者法律规定的时间,人身保险合同的效力便不可争议。由于保险法秉持最大诚信原则,因而投保人有义务如实告知有关保险标的的情况及相关危险,若投保人未能如实告知相关情况,则保险人有权解除已经订立的保险合同。不可抗辩条款即针对保险人的解除权而设立,是对保险人解除的限制。人身保险合同一般属长期性合同,合同成立一段时间后即难以查清投保人在订立合同时是否如实告知相关情况,因而在特定时间经过后限制保险人解除权的行使,有助于保护被保险人或者受益人的权益。

2. 宽限期条款

所谓宽限期条款,是指在分期支付保险费的人身保险合同成立后,投保人未按合同约定的期间交付保险费,根据合同约定或者法律规定在缴费宽限期内该保险合同仍然有效,投保人可以在该宽限期内补缴保险费。在上述期限内发生保险事故，保险人仍需承担保险责任，但可以从保险金中扣除投保人欠缴的保费及利息。人身保险合同多为长期性合同，在合同存续期间，保险费亦采分期缴纳的方式，为了在较长时期内确保人身保险合同的稳定性而设定缴费宽限期，有助于在该期限内继续维持保险合同的效力，从而确保保险合同自身的稳定性。若超过保险合同宽限期仍未缴费的，则人身保险合同将会失效。

3. 复效条款

复效条款，是指对于失效的人身保险合同，在符合一定条件的情况下，可以恢复其效力的规定。在人身保险合同有效期内，投保人可能会因各种原因而无法在宽限期内缴纳保险费，并导致保险合同失效。此时，投保人可以通过申请复效的方式让合同重新生效，这不仅有助于保险人维持其业务稳定，同时也能够对合同失效后因超过承保年龄而无法获得保障的被保险人利益加以维护。复效后的保险合同，是之前人身保险合同的延续，原保险合同的效力在复效后依然得以维持。人身保险合同的复效，要满足以下条件：其一，投保人向保险人提出合同复效申请；其二，申请复效应在合同效力中止之日起两年内进行；其三，由保险人与投保人协商达成协议；其四，投保人应当补交效力中止期间的保险费。

4. 保单贷款条款

保单贷款条款，是指投保人在人身保险单积存有现金价值后，可以在保险单下已经积累的责任准备金的范围内，向保险人进行贷款并负担贷款利息。保单贷款条款，能够满足投保人的临时资金需求，降低投保人融资的难度，进而提高人身保险合同的价值。就人寿保险中的死亡保险保单而言，由于其利益转移可能会影响甚至损害被保险人的利益，还有可能危及人身安全，因而只有在得到被保险人同意的情况下，此类保单才能被转让或者质押。此外，由于人身保险合同的贷款有可能降低保险金的给付，进而影响受益人的权利，这也要求保单贷款条款应当控制其额度。在人身保险合同质押的情况下，若在贷款本息清偿之前发生保险事故，则保险人有权从应当给付的保险金中扣除应当偿还贷款的本息,并将余额支付给受益人;若贷款本息累计已经超过人身保险的现金价值,则人身保险合同的效力即时终止。

5. 自杀条款

自杀条款,是指以死亡为给付保险金条件的人身保险合同中,被保险人在合同生效后一定期限内自杀的,保险人对其死亡不负担给付保险金义务。在人寿保险合同中设置自杀条款,主要是为了防止通过蓄意自杀的方式以获取保险金的行为,以避免发生道德风险。基于法律规定,其限制为保险合同成立或者合同恢复效力之日起两年内,之所以如此设计,原因在于,自杀作为死亡方式的一种,并不仅仅因蓄意自杀谋取保险金才发生,被保险人因疾病、精神失常或者意外打击等原因,也可能会做出结束自己生命的行为。即使是在合同订立时存在蓄意自杀以谋取保险金的企图,但经过一定期间后,被保险人的自杀是否仍与最初订立合同时动机相同,也不无可质疑之处。因此,将自杀条款的期限设定为两年,是为平衡防止道德风险发生以及维护被保险人利益。同时,不具备民事行为能力的主体,其自杀行为不构成保险人免责的事由。此外,就自杀条款适用而言,保险人在符合该条款的情形下,其保险金给付义务得以免除,但其应当退还保险的现金价值。

6. 不丧失价值条款

所谓不丧失价值条款,是指保险人不能在保险合同解除或者终止时没收保单的现金价值,相应的利益应当由投保人或者被保险人享有。根据人身保险的惯例,保险人不得以任何理由没收保单的现金价值,即便因投保人、被保险人或受益人违反法律或者合同约定致使合同解除,保险单的现金价值仍属投保人或受益人。在投保人解除合同的条件下,若保单的现金价值已经产生,则保险人应当予以退还。但应注意的是,保险公司退还的现金价值,是扣减了合同解除所对应的保险费、承保费以及退保费用之后的价值,因此在合同的早期阶段,解除后现金价值与投保人缴纳的保费相比明显减少。只是到了保险合同的后期,当保费增值累积到一定数额,在抵消了前述各项费用之后,保单价值才能够超过或者等值于投保人缴纳的保费。因此不丧失价值条款并不意味着投保人在投保后较短时间内退保不会遭受较大的损失,只不过在人身保险合同中,通常还设有犹豫期条款,若投保人在犹豫期内退保则可取回全部已交保费,免于受到损失。

7. 保单转让条款

保单转让条款,是投保人与保险人约定、有关保险单转让及其转让条件的协议。人身保险的保单在经过一定的缴费期间后,其中积存的责任准备金具有现金价值,这使其具有有价证券的性质,因而可以进行转让。因涉及被保险人生命和健康,以死亡为给付保险金条件的保险单转让,必须经过被保险人的同意。在人身保险单转让后,受让人可以向保险人要求解除保险合同,退还保险单现金价值,也可以等待保险事故发生后领取保险金。此外,依据保险法惯例,如果保险单上的受益人是不可变更的,则保险单转让应当取得受益人的同意,如果保险单所指定的受益人非不可变更,那么转让保险单就无需征得受益人同意,转让保单的行为也就可以视为受益人变更。

第三节　财产保险

财产保险合同,是指由投保人支付保险费,并由保险人对所承保的财产及有关利益的损失承担赔偿责任的保险合同类型。此处的财产和利益损失,包括有形的财产因保险事故发生而受损,无形的财产利益无法获得,以及被保险人对第三人应付的赔偿责任。财产保险合同具有以下特征。

第一,财产保险合同的标的为财产和有关财产利益。财产合同以财产和有关财产利益为基础,因而与以人身利益为主要内容的人身保险合同存在本质差异。财产保险的既包括以有形物质财产为保险标的的保险,如运输工具保险、货物运输保险、家庭财产保险、企业财产保险等,也包括无形财产,如特定经济利益以及损害赔偿责任等。

第二,财产保险合同以损失补偿为目的。财产保险合同签订后,当保险事故发生进而造成被保险人经济损失时,保险人应当根据合同规定补偿被保险人实际经济损失,以使其财产恢复到损害事故未发生时的状态,但保险的赔偿不会使得被保险人获得超过损失的额外利益。

第三,财产保险标的价值具有确定性。财产保险是有关于财产和相关利益的保险,财产性即意味着其可以通过一定方式来确定货币价值。由于财产保险具有补偿性,也就意味着应当依据保险价值来约定保险金额。当财产保险合同的保险金额等于保险价值时属于足额保险,当保险金额低于保险价值属于不足额保险,反之则属于超额保险。就不足额保险而言,当损失发生时,除非当事人另有约定,保险公司按照保险金额与保险价值的比例承担赔偿责任。由此,就超额保险而言,我国法律未区分投保人的主观状态,而是规定凡属超额保险的超过部分即为无效,保险人只需在保险价值范围内承担保险责任。

第四,财产保险合同的期限较短。与人身保险合同经常设定较长的合同期限不同,财产保险合同的客体的流动性较强,因而财产保险合同的保险期间通常较短,往往设定为一年,在合同到期后,由双方当事人进行协商一致后可以进行续保。

一、财产保险合同的分类

基于保险标的的不同,可以分为财产保险合同、责任保险合同、保证保险合同及信用保险合同。

(一)财产保险合同

财产保险合同是指以有形财产为保险标的的保险合同,包括企业财产保险合同、家庭财产保险合同、运输工具保险合同、货物运输保险合同以及农业保险合同等。

(二)责任保险合同

责任保险合同是指以被保险人对第三人应负赔偿责任为保险标的

的保险合同,包括产品责任保险合同、公众责任保险合同、雇主责任保险合同以及职业责任保险合同等。责任保险合同以第三人请求被保险人赔偿作为保险事故,并以被保险人向第三人所应赔偿损失的金额作为实际损失。不仅如此,再保险合同也被认为属于责任保险的一种,其以原保险人对被保险人或者受益人的赔偿以及保险金给付为保险标的。

(三)保证保险合同

保证保险合同,是指因投保人自身违约而使权利人遭受经济损失时,由保险人向权利人支付保险金以弥补其损失的保险合同。保证保险的投保人可以是债务人,即被保证人,也可以是债权人,即被保证人的相对人,而保证保险合同的被保险人则只能是债权人。保险人向被保险人支付保险赔偿金后,其有权向被保证人进行追偿。从广义上看,信用保险属于保证保险的一种,是指保险人对被保险人的提供担保,当被保险人不能履行债务时,有保险人向被保险人赔偿保险金的保险合同,信用保险主要包括商业信用保险、投资信用保险和出口信用保险三类。

二、财产保险合同的内容

(一)保险标的

财产保险合同的标的,是指由投保人所投保的、为保险人同意承保并负担保险责任的对象。通常情况下,财产保险合同的标的具有经济性、合法性和合意性三个特征:所谓经济性,即保险合同所保障的财产或者相关利益应当具有经济价值,因而通过以货币形式进行量化,此外,经济性也意味着投保的财产或者利益与被保险人之间存在保险利益,以此防止发生道德风险;所谓合法性,即所投保的财产应当是法律允许被保险人持有或者经营的财产及利益,而违法持有的财产和利益则不能成为财产保险合同的保险标的;所谓合意性,即财产保险合同是以投保人与保险人协商一致为基础,只有保险人同意对投保人所投保的财产予以承保时,才能够成为保险合同的标的,反之,即使该财产或者利益具有经济性与合法性,也不能成为财产保险合同的标的。

保险实务中,通常可以将财产保险合同的标的分为两类:物质财产以及与财产有关的利益。所谓物质财产,是指各种有形财产,物质财产在财产保险合同中最为普遍,其中包括厂房、设备、原料、房产、运输工具以及货物等。与财产有关的利益,则主要是指无形财产,又可以进一步区分为预期利益与免损利益两种。所谓预期利益,是指在特定事实发生后可以实现的利益,如商品出售后可以获取的利润;所谓免损利益,则是指因保险人赔付而使被保险人免于支出的费用,如责任保险合同中受到承保的民事赔偿责任。

财产保险合同的标的损失,是指财产保险合同所承保的财产及相关利益因保险事故发生而造成的损失。基于对保险人承担保险责任范围的不同,可以将其区分为全部损失和局部损失两种,全部损失又可进一步区分为实际全损和推定全损两类。其中,实际全损,是指财产保险合同的保险标的在遭受事故后全部毁损、灭失,或已无修复价值,以及被保险人丧失标的物所有权等情形。除实际全损外,推定全损也具有与实际全损相同的法律效果,所谓推定全损,即保险标的在保险事故发生后虽未达到全损程度,但已无修复价值,因而按照完全损失加以处理。与全部损失相对,局部损失是指保险标的因发生保险事故而受到部分损失,保险人在保险金额范围内按其实际损失数额加以赔偿的情形。

(二)保险金额

保险金额,是指由财产保险合同当事人约定并在合同中载明的保险人应当承担的赔偿金额,是保险人向被保险人承担赔偿责任的最高额度。财产保险合同中的保险金额依据保险标的的实际价值加以确定,保险金额则是确定保险费用的直接依据,因而应当在保险合同中加以明确规定。在保险实际运营过程中,财产保险的保险金额可以通过以下方法加以确定。

第一，以定值方式确定保险金额。根据此种方式，订立保险合同时以定值方式确定保险金额，保险事故发生后，保险人按照约定的保险金额支付赔偿金。以定值方式确定保险金额使保险人在发生保险事故时无需对保险标的进行估价，而只须依照确定的损失比例确定赔偿金数额，此种方法多适用于国内货物运输保险、国内船舶保险以及不易确定价值的艺术品保险等领域。

第二，以不定值方式确定保险金额。在订立保险合同时，投保人与保险人不预先确定保险标的的保险价值，而仅约定保险金额作为保险赔偿的最高限额。保险事故发生后，保险人应当确定保险标的的实际价值并以此为保险赔偿金的计算依据，财产保险合同多采不定值方式确定保险金额。

第三，以重置价值方式确定保险金额。依据保险标的的重置或重建价值确定保险金额，可以将对财产的重置、重建时所需的成本及费用，包括通货膨胀等因素计算在内。根据此种方式，当受损财产的保险金额高于重置重建价值时，其赔偿金额不超过重置重建价值；在部分损失的情况下，则按实际损失计算赔偿金额。采用重置价值的方式，可以使被保险人获得充分保障，其多适用于以房屋和机器为保险标的的财产保险领域。

第四，以原值或者原值加成的方式确定保险金额。基于此种方式，应当按照投保时保险财产的账面原值，或者增加一定的成数或倍数确定保险金额，这一方式多用于部分固定资产领域，如以建筑物为保险标的的财产保险，或者以运输中的货物为标的的财产保险等领域。

（三）保险责任

保险责任涉及到保险事故发生后，保险人对被保险人所受经济损失的赔偿责任。通常情况下，财产保险合同所载明的危险包括：其一，自然灾害，如火灾、雷电、暴风等；其二，意外事故，即被保险人的财产因正常使用之外的事故，引发故障、受到损害乃至最终灭失，进而导致被保险人的损失；其三，其他损失，主要包括损害事故发生后采取必要措施以保存标的物进而支出的成本,以及为防止或减少标的物损失采取的必要措施而产生的费用等。除承担保险责任外,保险人也可以在财产保险合同中约定不承担保险责任的条款,此类责任免除条款多采用列举方式,在保险条款中列明保险人负赔偿责任的范围:一方面,包括明确列入免责条款的部分,如战争、罢工、核辐射等;另一方面,则是不包含在保险责任范围内的损失和费用。

第四节 保险业监管

广义的保险业监管,是指通过国家保险监管机关所采取的行政措施、行业自律组织采取的自律管理以及保险企业内部管理措施的综合途径,对参与保险活动的主体及其实施的相应行为进行监督与管理的法律制度。而狭义的保险业监管,则主要是法律规定的保险监督管理机关,依照法定程序对保险市场主体及其行为所采取的监督管理活动。此处主要对狭义的保险业监管,即保险监管机关所采取的监管进行介绍。

一、保险监管机构的执法手段

根据《保险法》第 155 条,保险监督管理机构依法履行职责,可以采取下列措施:(1)对保险公司、保险代理人、保险经纪人、保险资产管理公司、外国保险机构的代表机构进行现场检查;(2)进入涉嫌违法行为发生场所调查取证;(3)询问当事人及与被调查事件有关的单位和个人,要求其对与被调查事件有关的事项作出说明;(4)查阅、复制与被调查事件有关的财产权登记等资料;(5)查阅、复制保险公司、保险代理人、保险经纪人、保险资产管理公司、外国保险机构的代表机构以及与被调查事件有关的单位和个人的财务会计资料及其他相关文件和资料;对可能被转移、隐匿或者毁损的文件和资料予以封存;(6)查询涉嫌违法经营的保险公司、保险代理人、保险经纪人、保险资产管理公司、外国保险机构的代表机构以及与涉嫌违法事项有关的单位和个人的银行账户;(7)对有证据证明已经或者可能转移、隐匿违法资金等涉案财产或者隐匿、伪造、毁损重要证据的,经保险监督管理机构主要负责人批准,申请人民法院予以冻结或者查封。

二、对保险公司及其经营活动的监管

保险公司可以根据自身经营计划,制定保险条款和保险费费率,其正常经营活动不受干涉。但与此同时,保险公司对于特定险种所制定的保险条款和保险费费率应获批准,而对于除此之外的其他保险险种,则应进行备案,这体现出保险监管的客观需要。此外,保险监管机构对于保险公司的偿付能力亦应加以监管,确保投保人和被保险人的利益不受非法侵犯。对于偿付能力不足的保险公司,保险监管机构应当将其列为重点监管对象,并可以根据具体情况采取相应措施,此类措施包括责令增加资本金、办理再保险,限制业务范围,限制向股东分红,限制固定资产购置或者经营费用规模,限制资金运用的形式、比例等。若保险公司未依照法律规定提取或者结转各项责任准备金,或者未办理再保险,或者严重违反有关资金运用规定的,由保险监督管理机构责令限期改正,并可以责令调整负责人及有关管理人员。

三、保险公司整顿

当保险公司有违反《保险法》规定的行为,且在限期内未改正的,保险监管机构应采取必要措施对保险公司进行整顿,进而促使其对存在的问题进行整改。在实践中,若保险公司未依法提取或者结转各项责任准备金,或者未办理再保险,以及违反法律有关资金运用规定的,且在保监会依法作出限期改正的决定后逾期未改正,则根据《保险法》第141条规定,国务院保险监督管理机构可以决定选派保险专业人员和指定该保险公司的有关人员组成整顿组,对公司进行整顿。保险公司整顿的最主要特征,就是整顿组织介入保险公司的经营活动。根据《保险法》相关规定,整顿组有权监督被整顿保险公司的日常业务。被整顿公司的负责人及有关管理人员应当在整顿组的监督下行使职权;在整顿过程中,被整顿保险公司的原有业务继续进行,但国务院保险监督管理机构可以责令被整顿公司停止部分原有业务、停止接受新业务,调整资金运用。若被整顿保险公司经整顿已纠正其违反本法规定的行为,恢复正常经营状况的,则由整顿组提出报告,经国务院保险监督管理机构批准,结束整顿,并由国务院保险监督管理机构予以公告。

四、保险公司接管

若保险公司存在偿付能力严重不足,或违反保险法规定损害社会公共利益等情形,可以由国务院保险监管机构进行接管,以此保护被保险人利益,并逐步使保险公司的经营回归正常。相比于保险公司整顿,接管是一种更为严厉的监管措施,因而被接管保险公司的行为应当达到严重的程度,才能够满足法律对于接管条件的规定。根据《保险法》第145条第1款规定:"保险公司有下列情形之一的,国务院保险监督管理机构可以对其实行接管:(一)公司的偿付能力严重不足的;(二)违反本法规定,损害社会公共利益,可能严重危及或者已经严重危及公司的偿付能力的。"偿付能力是保险公司正常运行的基础,也是确保投保人、被保险人利益得到保障的物质基础。接管保险公司的目的,是恢复其正常经营,以确保其具有相应的偿付能力,但即便被接管,保险公司仍然作为独立的法律主体,具有相应的法律资格,这意味着,被接管的保险公司其债权债务关系不因接管而有任何变化。一般情况下,接管保险公司包括三个步骤:其一,接管决定。该决定由国务院保险监督机构进行公布,其内容包括被接管保险公司的名称、接管理由、接管组织和接管期限。其二,确定接管组。国务院保险监督机构在决定对保险公司进行接管的,应当决定接管组的组成人员以及接管的实施办法,接管组人员通常由保险专业人员以及保险公司有关人员组成。其三,接管延期。在接管期限届满后,国务院保险监管机构可以决定延长监管期限,延长的接管期限最长不得超过 2 年。接管期限届满,被接管的保险公司已恢复正常经营能力的,由国务院保险监督管理机构决定终止接管,并予以公告。

第五章　票据法

第一节　票据概述

所谓票据,是出票人签发的、由出票人自身或者委托付款人向持票人或者收款人无条件支付一定金额,并且可依法转让与流通的有价证券。根据我国《票据法》第 2 条第 2 款:"本法所称票据,是指汇票、本票和支票。"其中,汇票是出票人委托商业第三人付款的票据,本票是由出票人自身付款的票据,而支票则是出票人委托银行机构付款的票据。票据对于促进商品经济发展具有重要作用:其一,支付作用,票据本身代表了定额货币,可以起到替代一般等价物进行支付的效果,票据同时具有简化支付和安全支付的特点,因而成为适应现代商业交易的重要支付工具;其二,汇兑作用,票据具有异地兑换和转移货币资金的作用,对于异地商业交往中存在的大量资金需求而言,可以减少现金实际运输的成本和安全风险;其三,信用作用,票据法并不要求出票人在远期票据出票时即向付款人提供现实的支付能力,而是认许出票人的未来信用能力,包括其未来经营性现金能力以及未来筹资性现金能力,由此使当事人的商业交易能力得到提升;其四,融资作用,通过票据的自由流转和贴现,当事人实现了融通资金的效果,其实质是将远期票据的信用力短期贴现为货币资金,远期票据成为短期资金市场的重要交易工具,因而起到对社会商业活动的重要支撑作用。

一、票据的特征

虽然票据存在种类上的差异,但不同类型的票据也具有共同的本质属性,可以归纳如下:

第一,票据是有价证券。作为有价证券,票据权利的发生、行使与移转均与票据自身具有不可分割的关系:票据权利依据票据的文义记载内容产生效力;票据权利的行使以持有票据为基础,没有票据意味着无法行使票据权利;票据权利的移转以票据交付为要件,转移票据占有才能产生票据权利转移的效果。

第二,票据是文义证券。作为文义证券,票据上的权利义务的内容、票据主体、票据有效期等,均基于票据上记载的文字加以确定,任何单位和个人,均不得以票据文义之外的事由确认或者改变票据法律关系。票据作为文义证券的主要原因,即在于其所具有的设权证券特征:票据的签发为出票人及其委托人设定了支付义务,票据的签发行为与此前的债权债务关系彻底区分开来,票据的持票人因票据的签发而获得了一个全新的金钱债权。由此,票据的文义记载成为确定出票人意思表示的依据,也决定了票据金额、票据付款人、付款时间、付款地点等。

第三,票据是要式证券。票据必须具备法定格式,若票据记载的事项不符合法定的格式,则不发生票据效力。法律对票据的行使进行严格规定,其主要原因在于票据本身就代表货币,若不规定统一且规范的格式,则必然在现实中出现票据形式难以统一的局面,因而影响票据自身的效力及其流通性。票据为要式证券,意味着票据所记载的事项、票据用纸、书写用具、书写方法等均须符合相关规则,否则即属于票据瑕疵。对于此种具有"瑕疵"的票据,付款人等票据债务人可以行使"对物抗辩权",并得因此拒绝承兑或者拒绝付款。

第四,票据是流通证券。在票据领域,除票据上有"不可转让"字样,记名式票据以背书和交付票据为转让要件,无记名式票据以交付为转让要件。出让人依照法律的规定实施转让行为后,无须履行其他任何程序,票据权利即实现转移,由此实现票据转移的便利性和迅速性。票据本身作为金钱债权证券,属于民法上的动产,因而具有流通的法律基础。票据的适度流通可以促进交易,节约通货,进而促进经济的发展。当然,票据的流通性也应适度,合理的票据流通性有利于经济发展,但如果对票据流通不加适当限制或者其流通的规则不适当,也有可能会对经济发展产生负面影响。

第五,票据是无因证券。所谓无因证券,是指作成证券的原因与证券效力完全分离,证券权利的行使不受证券作成原因的影响。票据作为金钱债权证券,具有较强的流通性,为保障票据的可靠性和有效性,法律将票据的效力与签发票据的原因彻底分开。在票据具有法律规定的有效形式的情况下,即便签发票据的原因不合法或者不存在,也不会影响票据自身的效力;而在票据持有人行使票据权利时,其只要进行提示票据的行为,无需另行证明票据的真实性以及原因行为的有效;票据义务人在持票人提示付款时,只须查验票据是否真实合法,并在票据无瑕疵且持票人不属恶意取得时无条件履行支付义务。

二、票据的分类

(一) 汇票、本票和支票

根据票据关系的内容,可以将票据分为汇票、本票和支票三种。对于票据种类,各国存在不同认识,主要可以分为"分立主义"和"合并主义"两种。"分立主义"存在于多数大陆法系国家,包括德国、法国、瑞士、意大利、葡萄牙、日本等,这些国家将汇票和本票界定为票据,而支票则属与之不同的其他种类证券。为此,1930 年各国在日内瓦制定了《统一汇票和本票法》,之后又于 1931 年制定了《统一支票法》。与之不同,英美法系国家则采"合并主义",将汇票、本票与支票统一界定为票据,其中,《美国统一商法典》第 3—104 条将汇票、本票、支票和存款证都视为票据,而《英国票据法》则将汇票与本票视为票据,将支票作为汇票的一种。在我国,根据《票据法》第2条规定,票据包括汇票、本票与支票,这与英美国家的立法模式相一致,表明我国采纳了"合并主义"的立法模式。

(二)记名票据和不记名票据

根据出票时是否记载收款人的名称,可以将票据分为记名票据与不记名票据。所谓记名票据,是指出票人在出票时需记载收款人姓名或者名称的票据;而无记名票据,则是依据法律规定,在出票时可以不记载持票人姓名或者名称的票据。就前者而言,若票据未记载持票人的姓名或名称,则属欠缺必要记载事项,因而不发生票据法上的效力;而在后者,则不以持票人的姓名或名称为必要记载事项,而是推定票据持有人为权利人。就记名票据而言,在转让时应当依据法定方式背书,并将票据交付于受让人才能完成票据权利的移转;就不记名票据而言,则可以不进行背书而仅完成票据交付,即实现票据权利的移转。我国票据领域并不存在不记名票据。

(三)即期票据与远期票据

根据票据所记载的付款到期日的不同,可以将票据分为即期票据与远期票据。所谓即期票据,是指由出票人所签发的,以出票日为付款到期日,并由付款人见票即付的票据。远期票据,也称期票,是由出票人签发的,付款人在付款到期日之后付款的票据。即期票据的作用是为交易提供支付工具,而远期票据的主要作用是在出票日与付款到期日之间的时段提供期间信用。一定程度上,远期票据与承兑票据存在内在关联,一些国家的法律规定远期票据同时为承兑票据,原因在于远期票据提供的资金信用期间较长。与之相对,即期票据通常为非承兑汇票。在我国票据法律制度中的银行汇票、本票和支票均为即期票据。

第二节 票据法律关系

一、票据关系

所谓票据关系,是指在票据当事人之间发生的、以票据行为为基础的票据权利义务关系。票据关系属特殊的民事法律关系,除一般民事法律关系的特征之外,还具有自身的独特之处。

第一,票据关系基于票据行为而产生。票据行为是能够产生票据关系的唯一基础,通常情况下,票据行为包括出票、背书、承兑、保证等。除此之外,任何行为均不能产生票据权利义务关系。

第二,票据关系是票据权利义务关系。票据关系本质上是金钱债权债务关系,此种关系虽为财产性债权债务关系,但难以通过民法上一般债权制度进行规范,只能通过特别法的方式加以调整。

第三,票据关系具有无因性与抽象性。一方面,票据关系不受票据基础法律关系的影响,即使其基础法律关系无效,但票据仍然有效,以此确保票据的效力的确定性;另一方面,当同一票据上存在多个票据行为及其引发的票据关系时,某一票据行为及其票据关系无效,不影响票据上其他票据行为与票据关系的效力。

二、票据基础关系

票据关系的基础,是在票据关系成立之前即已存在的法律关系,此种票据基础关系并非票据关系,其在本质上属于民事法律关系。通常情况下,票据基础关系包括票据原因关系、票据资金关系和票据预约关系。

(一) 票据原因关系

票据原因关系,是票据当事人之间进行票据签发、转让和授受的基础法律关系。当事人之间形成票据关系的原因是多重的,通常的原因关系包括买卖、借贷、赠与、担保等。就票据原因关系的类型而言,可以分为有对价和无对价两种。有对价的票据原因关系,包括买卖、借贷等,具有真实的交易关系和债权债务关系。无对价的票据原因关系,则包括因税收、继承等原因获得票据的方式。票据原因关系仅在票据直接当事人之间存在,而票据关系一旦成立,便与其原因关系相分离,即便此后原因关系无效或者被撤销,票据关系的效力不受影响,票据权利人在行使其权利时,无需对票据原因关系的效力加以证明。票据关系与原因关系分离,对于保证票据的有效流通具有重要意义。

(二)票据资金关系

票据资金关系,是指存在于汇票的出票人与付款人以及支票的出票人与银行之间的金钱、信用、实物等基础性关系。在票据资金关系中,以出票人为代表的供给资金一方被称为"资金义务人"。汇票和支票为委托证券,付款人接受出票人的委托进行付款往往是基于一定的基础关系,如出票人在付款人处存有资金,付款人对出票人负有财产性的债务以及付款人与出票人之间存在信用关系等。而本票作为自付证券,通常不存在委托付款人,因而也就不存在票据资金关系,例外的是,若本票上有第三人为"担当付款人"的记载时,出票人与担当付款人之间应当存在资金关系。通常情况下,票据关系与资金关系相互分离,在特殊情形下,资金关系亦会对票据关系产生影响:一方面,当汇票承兑人与出票人不存在资金关系时,其不得以资金关系不存在对抗善意持票人,但出票人是例外,持票人为出票人的,承兑人得以资金关系不存在为由进行抗辩;另一方面,就支票而言,无资金关系者,付款人有权对支票人的付款请求权加以拒绝,持票人只能向其前手或者出票人追索,而在资金关系存在时,付款人应无条件进行付款。

(三)票据预约关系

票据预约关系,是指当事人之间为使用票据预先订立合同而产生的关系。票据原因关系发生后,当事人一般还会对是否使用票据以及使用何种类型的票据做出约定,包括所使用票据的金额、到期日、付款地等。票据预约在性质上属于民法上的预约合同,应依合同法律规范加以处理。票据预约关系既可存在于出票人与付款人之间,也可能存在于背书人与被背书人之间。一般地,当事人之间先确立原因关系,再订立票据预约,其后再根据预约而实施票据行为,进而产生票据关系。由此,票据预约构成票据行为的前提,预约使得票据当事人负有为票据行为的义务,但无论当事人履行预约合同与否,均不对票据关系发生影响。

第三节　票据行为

票据行为,是指依照法律规定的程序与内容、以发生票据权利义务为目的而实施的法律行为。就学理而言,可以将票据行为区分为狭义票据行为与广义票据行为两种。所谓狭义票据行为,即能够产生票据权利义务关系的要式法律行为,其包括出票、背书、承兑、参加承兑、保证,其中,出票和背书为各种票据行为所共有,而承兑和参加承兑,则为汇票所特有,而保证是汇票及本票均具有之法律行为。就狭义票据行为而言,出票属于"主票据行为",是其他诸种票据行为开展的基础。其他四种法律行为称为"从票据行为",其以出票行为为前提,并在已经签发的票据上进行。与之相对,则是广义的票据行为,即以发生、变更或消灭票据债权债务关系为目的的法律行为,除包括狭义票据法律行为之外,还包括付款、参加付款、见票、划线等行为。

一、票据行为的特征

票据行为在本质上仍属于法律行为,并以意思表示为构成要件,与此同时,为实现票据权利保障以及促进票据流通之目的,票据行为亦遵循部分与民事法律行为所不同的特殊规则,如文义主义规则、严格形式主义规则等,由此具有与民事法律行为不同的特征。

(一)票据行为属要式法律行为

首先,票据行为须为书面行为。票据具有有价证券性质,因而必须以书面形式作成,而如信件、电报等特殊书面形式,乃至于口头形式均不符合票据行为之形式要求。其次,票据行为属格式行为。票据行为不仅须以书面形式完成,还须按照票据法所规定的格式作成,每种票据行为应记载票据法所规定的事项,且其记载的文句、顺序等均需遵循固定格式。最后,票据行为人须进行票据签章。无论何种票据行为,均需票据行为人进行票据签章,只有完成签章,才能使票据行为生效。票据法对于票据形式进行严格规定,其目的是确保票据效力的确定性,以此维护社会的交易安全。

(二)票据行为属文义法律行为

票据行为具有文义性,是指票据行为的内容以票据记载的文义为准,即便票据的文义记载与实际情况不符,票据义务人仍然应当按照票据上记载的事项承担相应责任。票据的文义性,使得票据债务人仅对票据上所记载的内容承担责任,而无需对票据记载之外的内容承担责任,票据债权人在主张票据权利时,票据债务人不能以票据文字记载以外的内容对抗债权人。票据的文义性,使其能够不受票据文字记载之外的其他原因的影响,以保护善意的持票人,并确保票据流通的安全性。

(三)票据行为属独立法律行为

票据上通常存在数个票据行为,该数个票据行为之间独立发生效力,其中一项票据行为无效,不使其他票据行为效力受到影响。票据行为的独立性表现在以下方面:其一,票据上所存在的无民事行为能力或者限制民事行为能力人签名的,该签名无效的结果不影响其他具有完全民事行为能力人签名的效力。其二,票据上有伪造或者变造情形的,该伪造或者变造的签名对于票据上其他真实签名的效力不产生影响。其三,票据债务之保证人,应当就其签名的记载事项承担票据保证责任,其保证行为不因被保证债务的无效而无效。

(四) 票据行为属无因法律行为

票据行为一旦成立,便不受其原因关系的影响,此后发生的票据行为效力不受票据原因关系的影响。票据无因性体现在以下两方面:其一,票据行为的效力独立存在,票据原因关系,对票据的生成具有重要作用,一旦票据行为成立,便与其原因关系相分离,此后即使票据原因关系无效或被撤销,票据行为的效力不受影响。其二,持票人无需对原因关系加以证明,而仅凭其合法持票人的身份即可主张票据权利。持票人作为票据的合法持有人,只要其能够证明票据上的背书合法且具有连续性,即可依据票据上记载的内容向票据债务人主张票据权利的行使,付款人也无需对票据原因关系进行实质性审查即可付款。

二、票据行为的构成要件

一般地,票据行为的构成要件包括以下三个方面:票据记载、票据签章和票据交付。

(一) 票据记载

票据为文义证券,因而票据上记载的内容,成为确定票据权利义务的重要依据,有关票据的付款金额、付款地、付款时间以及付款人等均应记载于票据之上。此外,票据作为要式证券,其记载的内容也应符合法律所规定的格式要求,否则无法产生票据法所规定的效力。依据票据法的规定,票据记载的内容通常可分为必要记载事项、任意记载事项与禁止记载事项。

1. 绝对必要记载事项

必要记载事项,是指依法在票据上必须记载的事项,又可以进一步划分为绝对必要记载事项与相对必要记载事项两类。所谓绝对必要记载事项,是指票据上若未记载将导致票据无效的事项。根据我国《票据法》第22条、第75条与第84条规定,对于汇票、本票和支票的所应记载的绝对必要记载事项包括:(1)票据种类,即应当将表明票据种类的文字记载于票据之上,明确标识汇票、本票或支票字样;(2)无条件支付或无条件支付委托,票据属无条件支付证券,就汇票和支票出票人而言是委托他人无条件支付,而本票则是出票人自身无条件支付;(3)确定的票据金额,票据为金钱证券,出票人应当对票据金额的数字、单位与币种等进行明确记载,票据金额以中文大写和数码同时记载,两者必须一致,两者不一致的,票据无效;(4)付款人名称,就汇票和支票而言,其均属委托他人无条件付款的票据,因而只有在付款人明确后,才能明确提示承兑或者提示付款的对象。(5)收款人名称。在理论上,票据可以分为记名式、指示式与无记名式三种,其中的记名式票据需记载收款人姓名。由于我国票据法只承认记名式票据,因而将收款人名称规定为绝对必要记载事项;(6)出票日期。票据上必须记载出票的具体日期,以此计算汇票、本票的到期日以及票据权利的消灭时效,此出票日期通过票据外观加以判断,实际出票日与出票日期不同不影响票据效力。

2. 相对必要记载事项

所谓相对必要记载事项,是指票据上若无记载该事项,并不导致票据无效的结果,而是适用法律推定之效果。根据我国《票据法》第23条第1款规定:"汇票上记载付款日期、付款地、出票地等事项的,应当清楚、明确。"针对该规定,可以认为,汇票出票人在出票时可以记载相关事项,但也可以对其不予记载。这些事项可以说不构成票据权利的决定性因素,因而并不会因为记载而导致票据无效。但是,相对必要记载事项却不是可有可无的,只是票据法对不记载这些事项进行了相应的推定。根据《票据法》第23条,该条第2款规定,"汇票上未记载付款日期的,为见票即付。"如此规定,为持票人实现票据权利提供了有利的时间保障。该条第3款规定,"汇票上未记载付款地的,付款人的营业场所、住所或者经常居住地为付款地。"据此规定,票据持有人可以将付款人的营业场所、住所等作为付款地,由此避免了付款地不明确而产生的权利行使障碍。

3. 任意记载事项

所谓任意记载事项,是指票据行为人可自由选择是否在票据上记载的事项,任意记载事项被行为人记载于票据之上便具有了票据上的效力。通常情况下,票据法并不会对任意记载事项作出集中、统一规定,而是在具体条文中对于其加以个别规定。我国《票据法》第27条第2款规定,汇票背书人可以在汇票上记载"不得转让"字样,以禁止汇票转让。该记载即为任意记载事项,背书人在汇票上进行记载后,即产生限制该汇票再转让的效力,原背书人对于后手被背书人即不再承担担保付款责任。

4. 禁止记载事项

所谓禁止记载事项,是指根据票据法规定票据行为人不得在票据上记载的事项,若记载此类事项将不发生票据效力或者使票据整体归于无效。禁止记载事项又分为相对无益记载事项与绝对无益记载事项。所谓相对无益记载事项,是指根据票据法规定,票据行为人不得在票据上记载的事项,若行为人记载此类事项,则其记载的事项不导致整个票据无效,仅该事项不发生票据法上的效力。我国《票据法》第90条规定,支票限于见票即付,不得另行记载付款日期,另行记载付款日期的,该记载事项无效。此处关于支票不得另行记载付款日期的规定,即属于相对无效记载事项,票据行为人进行了此类事项的记载,不发生票据法上的效力,但票据整体效力也不因此而受到影响。绝对无效记载事项,是指根据票据法规定,行为人在票据上不得记载的事项,若票据行为人在票据上进行了该事项的记载,不仅该票据行为无效,整个票据的效力也将因此受到影响。根据我国《票据法》第8条规定,票据金额应当以中文大写和数码同时记载,且两者必须一致,若两者不一致的,则票据无效。该条所规定的内容,即涉及到票据绝对无效事项,因而一旦票据上有中文大写和数码记载不一致的情形,则不仅该行为无效,整个票据也会因此失去效力。法律基于此一规定维护票据本身的所具有的文义性和形式性,以确保票据本身具有可流通性。

(二) 票据签章

票据的签章,是票据行为作成的必备要件,其目的是使票据义务人承担票据责任。票据签章的主体不同,签章的方法也是不同的。票据上的签章可以区分为以下两种:其一,自然人的签章,可以是签名,可以是盖章,也可以是签名加盖章。自然人在票据上书写自己姓名的行为即签名,根据《票据管理实施办法》第 16 条,签名应当是当事人的本名,即"符合法律、行政法规以及国家有关规定的身份证件上的姓名。"签名是票据行为人在票据上留下自己的笔迹,便于对票据行为人与签名人进行同一性认证,根据《票据管理实施办法》第 15 条,"出票人为个人的,为与该个人在银行预留签章一致的签名或者盖章"。盖章与签名具有同样的法律效力,但由于印章容易被仿造,且可能与行为人分离,因而可能产生并非基于行为人主观意思的盖章。对此,若行为人主张盖章并非基于本人意图或者为假冒,则应对此承担举证责任。签名加盖章也是一种票据签章方式,从效力上看,其与单独签名和盖章并无区别,但却表明票据行为人所具有的更为谨慎的态度,进而增强了票据本身的信用。其二,就法人及非法人组织的签章而言,通常有两种方式,一种是需包括法人组织的印章及其法定代表人或授权代理人的自然人签章,另一种是只要有其法定代表人的盖章即可,我国采纳前一种做法。

(三) 票据交付

票据行为的成立,除了进行票据记载和签章以外,还需实施票据交付行为。具体而言,在票据出票后,出票人应当将其交付票据收款人,在票据背书完成后,背书人应当将票据交付给被背书人。根据我国《票据法》第 20 条规定:"出票是指出票人签发票据并将其交付给收款人的票据行为。"由此,票据出票的完成,除需进行票据记载以及票据签章之外,还需完成票据交付行为,只有在完成将签发票据交付收款人的行为后,才算完成出票。

第四节　票据权利

所谓票据权利,是指持票人向票据债务人请求支付票据金额的权利,它包括付款请求权和追索权两项。票据权利通常具有以下内涵:其一,票据权利属金钱债权,作为一项债权,持票可以请求票据债务人履行特定的义务,且该项义务是以给付一定数额货币为内容;其二,票据权利属证券性权利,票据权利的产生、行使均不能离开票据本身,持有票据是权利人行使票据权利的基础;其三,票据权利包括付款请求权与追索权两项权能,票据持票人可以在票据到期日向票据付款人请求支付票面金额,当该项付款请求权无法实现时,其可以向前手、出票人等追索票面金额及相关费用。

一、票据权利的取得

一般地,票据的取得方式有两种,原始取得和继受取得,取得方式不同,持票人所享有的票据权利也有一定的不同。

(一) 原始取得

就原始取得而言,其通常包括依出票行为取得票据和善意取得两种。所谓依出票行为取得,是指出票人将依法作成的票据交付持票人,持票人在合法占有票据后,即实现了票据的原始取得。依出票行为取得票据需具备下述两项条件:其一,票据形式合法,票据上应当对绝对必要记载事项加以记载,同时不得记载导致票据无效的绝对无效记载事项;其二,取得行为合法,持有人取得票据的方式应当符合法律规定,不得存在欺诈、胁迫、盗窃等不法情形。

除了依出票行为取得之外,善意取得也属票据原始取得的途径,多数国家的票据法基于保护交易安全之目的,承认票据善意取得制度。票据善意取得通常包含以下条件:其一,从无票据处分权人除取得票据。此处的无票据处分权人,可以是通过欺诈、胁迫、偷盗等方式不法取得票据而不享有票据权利的人,也可以是通过保管、拾得等方式合法占有票据但不具有处分权者。此处的无票据处分权仅限于持票人的前手,而其间接前手有无票据权利则非关注重点。其二,须依照合法方式取得票据。票据法领域合法取得票据的方式有两种,背书和交付。就背书取得票据而言,若票据为记名汇票,出票人记载禁止转让的,该票据不能转让,此类票据不发生善意取得;但若票据背书人记载禁止再背书时,则其后手仍可背书转让,仅仅是原背书人对其后手的被背书人不承担担保付款责任。就票据交付而言,若无票据权利人通过交付方式将票据占有转移给受让人时,亦可完成票据交付。此处交付的票据,主要是无记名式票据。根据我国《票据法》第 84 条及第 86 条,支票可采无记名方式进行转让,但若出票人在签发支票时对收款人姓名加以记载的,则不能通过票据交付进行转让,而只能通过背书转让。其三,取得票据时为善意。此处所谓善意,是指票据持有人在受让票据时不知道也不应当知道让与人是无票据处分权人。票据受让人的善意仅在其受让票据之时,其在取得票据后知道或者应当知道出让人无处分权的,并不影响其善意持有人地位的认定。其四,支付合理对价取得票据。票据的善意取得须以支付合理对价为前提,只有票据持有人在获得票据时支付了相当于票据金额对价的情况下,方符合善意取得制度保护交易安全的制度宗旨,若其仅通过受赠与而无偿取得或者其支付与票据金额相差较大,则不符合善意取得制度的要求,该受让人也不能享有优于其前手的票据权利。

(二)继受取得

所谓继受取得,是指受让人通过法定方式从票据权利人处取得票据进而获得票据权利的方式。继受取得包括票据法上的继受取得以及民法上继受取得两种:就票据法上的继受取得而言,是指经由票据权利人通过背书或者交付方式实现转让的票据,包括背书转让与交付,此外,票据保证人因保证义务的履行或者追索人因清偿而取得票据权利的,均属票据法上的继受取得。民法上的继受取得,是指通过债权转让方式获取票据权利,包括通过继承或者公司合并等取得票据权利的方式。

二、票据权利的消灭

所谓票据权利消灭,是指在出现法定事由的情况下,票据上的付款请求或者追索权归于消灭。通常情况下,导致票据权利消灭的事由为付款和时效两项。

就付款而言,其主要是指票据付款人或者担当付款人向持票人支付票面金额后,票据权利随之消灭的情形。根据我国《票据法》第 60 条规定,付款人依法足额付款后,全体汇票债务人的责任解除。我国《票据法》不承认部分付款的效力,因而不存在票据权利因部分付款而部分消灭的情况。此外,在持票人未获承兑或付款,而向背书前手或者其他有被追索义务人行使追偿权并获得清偿的,票据关系是否消灭则需视情况而定:当被追索人为出票人时,票据关系消灭;当被追索人为背书人或者保证人的,则清偿之后的背书人或者保证人获得再追索权,此时票据权利未彻底消灭。就时效而言,在持票人不行使票据权利以至票据时效期间届满时,其付款请求权或追索权即随之消灭。

第五节　票据的伪造、变造与涂销

一、票据的伪造

票据伪造是假冒他人名义所实施的票据行为。票据的伪造分为广义与狭义两种:广义的票据伪造,是指假冒他人名义而实施的各种票据行为,包括出票、背书、承兑、保证等票据行为的伪造;狭义的票据伪造,则仅指假冒他人名义所为的出票行为。一般情况下,构成票据伪造行为需要具备以下条件:其一,票据伪造行为符合票据行为的形式要件,票据伪造者实施伪造行为,目的并非承担票据债务,而是谋取不正当利益,但其行为的外观符合票据行为的成立与生效要件,包括进行票据事项的记载以及完成签名。若票据伪造行为在形式上便不符合票据行为的相应条件,则不构成票据伪造。其二,票据伪造行为是通过"假冒他人名义"而实现的,此处的他人,既可以是实际存在的人,也可以是实际不存在或者已经死亡的人;假冒他人名义的方式也较为多样,包括仿制他人印章、盗用他人印章或者制作已死亡者或者根本不存在的人的印章等。其三,票据伪造行为以票据权利的行使为目的,票据伪造的真正目的,并不仅在于伪造行为本身,伪造者意图通过票据伪造行为在不履行票据义务的情况下享有票据权利,为此,可以将票据伪造行为分解为两个阶段:一是假冒他人名义实施记载行为;二是假冒他人名义实施票据交付行为。

就票据伪造的效力而言,可以基于主体的不同而分为以下四种情况:首先,就票据伪造人而言,因伪造人并未在票据上签章,因而不负担票据法上的义务,故无票据责任之承担。但在票据法之外,伪造票据应当承担民事责任、行政责任与刑事责任,此亦毋庸讳言。其次,就被伪造人而言,因其并没有在票据上进行签章,因而被伪造人无需承担票据责任。票据的持票人,即使其为善意,亦不得向票据被伪造人主张票据权利。此外,由于被伪造人实际上因姓名或名称被伪造,其权利受到侵害,因而有权请求伪造人就其假冒他人名义的行为承担侵权责任。现实中,若被伪造人事先对他人伪造自己名义为票据行为并不知晓,但在知道该伪造事实后并未提出反对,甚至愿意追认该票据伪造行为,则票据伪造行为是否因此有效?对此,我国票据法未有明确规定,但在理论层面,若被伪造人基于其自愿而追认票据伪造行为,似可认定其追认行为的效力。再次,就票据真实签章人而言,票据上真实签章人的签章效力并不受到伪造行为的影响,无论其签章是在伪造签章之前还是之后,均应承担票据义务。最后,对于票据付款人而言,通常情况下,票据付款人只需要对票据进行形式审查,在尽到相应注意义务的情况下,其无需承担法律责任。此处衡量付款人是否尽到注意义务,可以基于以下三项标准进行考察:其一,票据上出票人的签章与其预留印鉴是否一致;其二,票据上背书是否连续;其三,提示付款人是否出示了合法身份证明。

二、票据的变造

票据变造,是指无权限者不法变更票据签章之外其他事项的行为。由此,票据变造涉及的是票据签名以外的记载事项,包括票据金额、到期日、收款人、付款地等。票据变造与票据伪造的共同之处在于,均是由无权限者所实施的违法行为;两者的不同则是,票据变造是无权限者对除票据签章之外的其他记载事项进行更改,而票据伪造则是无权限者对票据上的签章进行假冒或者虚构。除此之外,票据变造与票据伪造的后果亦存在不同,票据变造中的变造人若在票据上进行真实签章,则应依变造后的票据文义承担票据责任,并依法承担相应责任;而票据伪造人则不承担票据责任,而是依法承担民事、行政或刑事责任。

构成票据变造,需符合以下条件:其一,票据变造是无更改权者施行的行为,就有权变更票据记载事项的主体,根据我国《票据法》第9条第2款、第3款的规定:"票据金额、日期、收款人名称不得更改,更改的票据无效。对票据上的其他记载事项,原记载人可以更改,更改时应当由原记载人签章证明。"据此规定,可以做出如下推断:一方面,非本人记载的事项不得进行更改,否则便构成票据变造;另一方面,即便是本人记载的事项,法律规定不可更改的事项也不得进行更改,否则构成无权变更。除此之外,即使是有变更权者,其变更的也是票据可以更改的事项,也必须在变更处签章,否则构成无权变更。其二,票据变造是对除签章以外的其他记载事项的变更。票据变造的目的,是改变票据记载事项所涉及的票据权利义务,而并非假冒他人名义进行票据伪造。票据变造具体方式包括,更改票据上的记载事项或者涂销票据上的记载事项,如将票据到期日提前、减少票据付款金额等。

就票据变造的效力而言,变造后的票据本身仍然有效,但对于票据当事人则具有不同的法律后果:其一,对票据变造者而言,如果其在票据上进行了签章,则需依照变造的文义承担票据责任;若其未在票据上进行签章则不负票据上的责任。其二,对参与或同意变造者而言,无论其签章是在变造之前还是在变造后,均需依照变造后的票据文义承担票据责任。其三,对于在票据上签章的其他主体而言,若其签章是在变造之前,则对变造前的记载事项负票据责任;若其在变造后签章的,则对变造后的记载事项承担票据责任;若无法判定其签章是在票据被变造之前或之后,则视为在变造前签章。其四,对变造票据付款人而言,判断其是否应当对变造票据付款承担赔偿责任,应当考察其是否具有主观过错,若其已经尽到相应的审查义务,则不具有主观过错,对于付款不承担损害赔偿责任;若其未能尽到审慎的审查义务,则难以排除主观过错,因此应当对付款承担损害赔偿责任。

三、票据的更改

票据更改,是指票据原记载人根据法律的规定变更票据记载事项的行为。现实中,票据行为人可能因某种原因改变票据记载的部分内容,因而进行票据的更改。票据的更改应当符合以下条件:其一,由具有更改权的主体进行,票据的更改,只能由原记载人实施,这就将除票据记载人之外的其他主体,排除在有权更改的主体范围之外,无更改权而更改票据记载事项者,可能构成票据的变造或伪造。其二,只能就法律允许的记载事项进行更改,票据金额、日期、收款人名称不得更改,更改的票据无效,而在此之外,其他记载事项可以由相关主体进行更改;其三,更改票据时应当签章证明,更改票据时应当由原记载人进行签章,基于反对解释,若未进行签章,则变更票据的行为不发生法律效力。

就票据更改的效力而言,因票据更改需经持票人和其他签章人的同意,由此若更改行为未经其他签章人同意的,则在票据更改之前的签章人依照原有文义负责,票据更改之后的签章人,则按照更改之后的文义负责。

四、票据的涂销

所谓票据的涂销,是指行为人通过涂抹或消除票据上签名或其他票据记载事项的行为。根据票据涂销人是否有涂销权,可以分为有涂销权者的涂销与无涂销权者的涂销,而就有涂销权者进行的涂销,又可基于其主观状态,区分为故意之涂销与非故意之涂销两类。一般地,有涂销权人的故意涂销,包括权利人想要对票据记载事项进行消除与更改的涂销,以及对票据上无意义记载事项的消除,在上述情形下行使涂销权的法律效果,是将涂销部分的票据上权利归于消灭。而对于有涂销权人的非故意涂销,因其并非权利人的真实主观意图,因而其涂销无效或者被视为未涂销。与之相对,无涂销权人对票据记载事项进行的涂抹与消除,不能基于票据涂销而发生效力,但若其涂销行为属于对票据签名或其他票据记载事项的更改,则可能发生票据的伪造或变造之效果。

通常情况下,票据涂销应当符合以下条件:其一,票据涂销应当由有涂销权的主体基于自身意愿进行,如上所述,有权主体的非故意行为或者无权主体所实施的涂销行为,并不能产生涂销的法律效力;其二,涂销仅限于对票据记载事项的涂抹和消除,而对于记载事项的增加则不能被包含在内;其三,涂销行为的目的,是为了消除部分票据权利,如持票人在收到带有回头背书的票据时,便可以将对自身而言已经没有追索价值的前手进行涂销,以达到简化票据关系的效果。

就票据涂销的效力而言,若票据权利人涂销票据事项的目的是基于其自身意愿,则会达到消除涂销部分票据权利的法律效果;若票据权利人基于非故意而涂销票据,则不影响票据权利,以此保障票据权利不受意外涂销行为的影响,从而确保票据自身的稳定与安全。

第六节　票据抗辩权

票据抗辩权,是指票据债务人根据票据法规定对票据债权人拒绝履行义务的权利。但根据抗辩原因的不同,可以将票据抗辩分为物的抗辩与人的抗辩两种。

一、物的抗辩

所谓物的抗辩,是基于票据本身的不合法或者权利不存在,因而能够对一切持票人提起的抗辩,此种抗辩又被称为客观抗辩或者绝对抗辩。根据行使抗辩权主体的不同,可以将对物抗辩进一步区分为两类。

(一)任何被请求人得主张的对物抗辩

此类抗辩包括以下几种:其一,因欠缺票据法规定的绝对必要记载事项而无效的抗辩,如票据上无签章或者签章不符合法律规定,票据金额记载不合法,以及欠缺其他绝对必要记载事项等。其二,对不依票据文义之请求的抗辩。票据为文义证券,不依票据文义而提出票据债权请求的,票据债务人可以据此提起抗辩,如票据付款日之记载,若票据未到期,则票据债务人可以拒绝持票人的付款提示。其三,票据权利已消灭。当票据债务人已为全部支付的情况下,票据权利全部消灭,票据债权人若再行使票据权利,票据债务人可以票据债权消灭为由提起抗辩。此外,当持票人丧失占有而无法行使票据权利时,可向法院申请除权判决,经法院除权判决后票据即失去效力,持票人若向票据债务人提示付款,票据债务人得以票据失效为由行使抗辩权。

（二）特定被请求人得主张的对物抗辩

此类抗辩包括以下几项：其一，因票据行为效力而产生的抗辩。一般地，因票据行为人欠缺行为能力、票据行为属无权代理或者存在伪造、变造行为等，会使持票人在行使权利时受到抗辩。以无权代理为例，在本人未实施授权的情况下，票据责任应由无权代理人负担，若票据权利人向本人主张票据权利，则本人可以无权代理为由行使抗辩权。其二，因保全手续欠缺提出抗辩。持票人在行使追索权时，应当证明其已进行了提示兑付，且提供拒绝承兑或者拒绝付款的证明，持票人不能出示拒绝证明、退票理由书或者未按照规定期限提供其他合法证明的，丧失对其前手的追索权，由此，票据第二债务人得据此行使对持票人的抗辩。其三，因时效消灭提出抗辩。票据时效为"消灭时效"，若持票人在法定期限内不行使票据权利，则该权利消灭。在票据权利时效届满的情况下，任何持票人主张票据权利的，被请求人得以时效消灭为由提起抗辩。

二、人的抗辩

所谓人的抗辩，是指由于存在票据之外的票据当事人之间的特定关系，票据债务人得以向特定当事人进行抗辩，此种抗辩也被称为主观抗辩或者相对抗辩。根据抗辩行使者的不同，人的抗辩可分为两大类。

（一）任何被请求人得主张的抗辩

此类抗辩主要包括：其一，持票人欠缺受领票据金额的合法形式。以票据背书为例，只有在票据背书连续的情况下，持票人才能证明其享有票据权利，若票据上背书不连续，而持票人也无法证明其享有票据上权利，则票据债务人有权拒绝支付票据金额。其二，持票人欠缺受领票据金额的资格。若持票人是基于欺诈、胁迫等手段取得票据，则属主观恶意，票据债务人得以此为由对持票人提出抗辩。其三，持票人欠缺受领能力。在票据权利人被宣告破产或者为无民事行为能人的情况下，票据债务人得以持票人欠缺受领能力而提出抗辩。

（二）特定票据债务人得行使之抗辩

由特定票据债务人对特定票据债权人行使之抗辩，乃是因特定法律关系或特别约定产生，可以概括为以下几类：其一，基于原因关系而产生的抗辩。当原因关系非法、无效或者欠缺对价关系，而原因关系之当事人与票据关系当事人为相同之当事人的情况下，票据债务人可以基于原因关系对票据债权人提出抗辩。其二，持票人恶意取得票据之抗辩。在票据被盗或者遗失的情况下，出票人对于窃取或者拾得人可基于其缺乏交付行为而主张抗辩权，不仅如此，对于明知或者因重大过失不知前手是以欺诈或者偷盗等手段获取票据的，票据债务人得以持票人恶意取得票据为由主张抗辩权。其三，基于当事人间特别约定之抗辩。在当事人之间存在特别约定的情况下，若票据权利人未履行其约定义务，则票据债务人可以向该权利人提起票据抗辩。此种抗辩权的存在仅限于直接当事人之间，若票据由善意第三人取得，该票据抗辩权对于该第三人不发生效力。

三、票据抗辩权的限制

票据抗辩权的限制，是将抗辩限制在票据债务人及与其具有直接关联的相对人，善意受让票据的持票人不受票据抗辩的影响，以此维护票据的流通性与安全性。根据我国《票据法》第 13 条，票据债务人的抗辩权受到以下限制：其一，票据债务人不得以自己与出票人之间存在的抗辩事由对抗善意持票人；其二，票据债务人不得以自己与持票人前手之间存在的抗辩事由对抗善意持票人。此外，票据抗辩权的限制也存在例外情形，持票人明知票据债务人与出票人之间存在抗辩事由，或者持票人明知其前手与票据债务人之间存在抗辩事由，仍然接受该票据的不得行使票据抗辩权。与此同时，因税收、继承、赠与等无对价方式取得票据的,其所继受的票据权利不得优于前手票据权利,票据债务人与持票人前手之间的抗辩事由,将可继续适用。

第七节　票据时效

票据时效,是指票据权利在法定期限内不行使则即行消灭的法律制度。为促进票据流通,票据法律制度规定在特定期间内不行使权利的,票据权利归于消灭,可见票据时效在性质上属消灭时效。此外,为了促进票据的快速流通,票据法规定的票据时效期间,显著短于民法上的一般时效期间。但在票据权利消灭后,权利人仍可享有民事权利,即可依法行使利益返还请求权,请求出票人或者承兑人返还其与未支付的票据金额相当的利益。

根据我国《票据法》第 17 条的规定,我国的票据时效期间分为三种,即 2 年、6 个月与 3 个月,上述三种期限适用于不同的票据权利。

2 年期间的适用,通常包括以下三种情形:其一,汇票持票人对出票人的权利。银行承兑汇票和商业承兑汇票的出票人,应当对持票人承担保证承兑和付款义务,若持票人无法获得承兑或者付款,则应对出票人行使追索权,此种追索权适用 2 年时效期间。其二,汇票持票人对承兑人的权利。承兑人承兑汇票后,其承担到期付款责任,持票人对承兑人享有付款请求权,此种请求权适用 2 年诉讼时效。其三,本票持票人的权利。本票出票人应当在持票人提示见票时,承担付款责任,持票人对出票人的权利亦适用 2 年时效期间。

6 个月期间的适用,通常包括以下两种情形:其一,支票持票人对出票人的权利,支票的付款人为银行,出票人自己并不负担支付票面金额的义务,只是在支票未获付款时,持票人才享有对于出票人的追索权,此种追索权适用 6 个月的期间。其二,持票人对于前手的追索权。票据可以通过背书方式进入流通状态,票据背书人与被背书人之间存在着追索权的行使,若票据未获付款或承兑时,持票人可以向其前手行使追索权,此种追索权应当自被拒绝承兑或者被拒绝付款之日起 6 个月内行使。

3 个月期间仅适用于再追索权。再追索权发生在票据通过背书转让的情况下,此时若票据被拒绝承兑或付款,则持票人可以向其背书前手追索,因被追索而清偿债务的背书前手,可以转而向自己的前手进行再追索,此种再追索权适用 3 个月时效期间。

第六章　破产法

第一节　破产法概述

所谓破产,是指在债务人不能清偿到期债务,且资产不足以清偿全部债务或者明显缺乏清偿能力的情况下,由债权人或债务人诉请法院并依照破产程序偿还债务的法律制度。破产的目的是使债务得到公正的清偿:当债务人不足以清偿全部债权人的债权时,只能通过破产程序将债务人的财产按照一定的程序和比例在债权人之间进行分配。由此,破产既涉及实体问题,包括破产债权、取回权、别除权等,也涉及程序规则,包括破产申请、债权人会议、破产清算等。除此之外,破产也可以做狭义与广义区分,狭义的破产仅涉及破产清算制度,而广义的破产制度还将重整与和解制度也纳入破产之中。

我国于 1986 年通过《企业破产法(试行)》,该法将全民所有制企业的破产作为其规制的对象,而其他类型企业的破产则适用《民事诉讼法》(以下简称《民诉法》)第 19 章"企业法人破产还债程序"的规定。2006 年,新的《企业破产法》(以下简称《破产法》)通过,此后的 2007年,《民诉法》在修改后删除了原第 19 章,这也使得我国的企业破产问题由《破产法》进行统一调整。

根据《破产法》第 1 条规定,我国破产法具有以下制度功能:其一,规范企业破产程序。在债务人的财产不足以清偿全部债务的情况下,如果依照民事救济手段,则可能造成先主张权利并提起诉讼者可以获得债务清偿,而后提起诉讼者只能得到部分清偿或者完全无法得到清偿,因而不利于平等保护债权人利益。其二,公平清理债权债务。破产法确立了由法院主持破产程序的制度,并在债权人之间进行破产财产的公平分配,从而使得在实体法上具有相同性质的债权人得到同等对待,而对具有不同性质债权的债权人做差异化对待,这也符合破产法公平保护的基本理念。其三,保护债权人和债务人的合法权益。破产法能够通过对企业财产的清算以及公平分配,使债权人得到清偿,同时也能在破产过程中维护各方主体之间的利益平衡,破产法还能够通过重整以及和解制度,使得符合特定条件的债务人摆脱债务拖累,实现企业经营的重新开展。其四,维护社会主义市场经济秩序。破产法律制度可以发挥市场经济优胜劣汰的竞争机制,将资不抵债且丧失经营能力的市场主体及时进行淘汰,以提高全社会的劳动生产率。此外,通过有效的法律程序合理且稳妥地处理企业破产,也能够减少企业退出给经济和社会带来的负面影响,确保社会经济秩序的稳定。

就破产法的效力而言,可以分为空间效力与对人效力两个维度。就破产法的空间效力而言,有破产普及主义与属地主义两种。所谓破产普及主义,即破产的效力不仅在一国范围内,其在该国之外也具有效力,此即"一人一破产"原则。属地主义则将破产的效力限定于破产宣告法域内的财产,对于其他法域并不产生效力,因而可能会使破产人受到二次破产的宣告。根据我国《破产法》第 5 条的规定,一方面,我国的破产程序对域外的财产发生效力,当然,此种域外效力往往需要在他国立法中存在相关规定,或者该国法院对我国法院的判决加以承认;另一方面,就外国法院作出的生效破产判决、裁定,人民法院依照我国缔结或者参加的国际条约,或者按照互惠原则进行审查,认为不违反我国法律的基本原则,不损害国家主权、安全和社会公共利益,不损害我国领域内债权人的合法权益的,应裁定承认和执行。由此,我国《破产法》具有对外效力,只是此种效力受到法律规定和相关国家法律制度的限制。就破产法的对人效力而言,通常情况下分为商人破产主义与一般破产主义两种,所谓商人破产主义,即仅对具有商人身份的主体适用破产程序,与之相对,一般破产主义则不区分商人、非商人,一体适用破产程序。现代多数国家适用一般破产主义,这使得具有民事权利能力者均可适用破产程序,而适用一般破产主义的国家,其破产法不规定于商法之中。我国破产法所适用的主体范围是企业法人以及企业法人以外的组织,并不适用于自然人。由此,我国破产法并未采用一般破产主义,即便就商人破产主义而言,我国破产法对所涉及的主体范围也做了限定。

第二节　破产的申请与受理

一、破产申请

启动破产程序通常有两种不同的立法模式:一种是职权主义,另一种是申请主义。所谓职权主义,是指存在破产事由的情况下,法院可以在无当事人申请的情况下依法启动破产程序;申请主义,则是只有依债务人、债权人或者其他当事人的申请才能启动破产程序,而法院无权在没有当事人申请的情况下依职权启动破产程序。根据我国《破产法》第7条,只有在债务人、债权人以及依法负有清算责任的人提起申请的情况下,法院才能启动破产程序,因而我国在破产启动程序上采取的是申请主义。

(一)破产申请主体

1. 债务人。由债务人所提起的破产申请,被称为自愿破产。当债务人存在不能清偿到期债务,且资产不足以清偿或者明显缺乏清偿能力时,其可以向人民法院提出重整、和解或者破产清算申请。

2. 债权人。由债权人所申请的破产,被称为非自愿破产。债权人在证明了"债务人不能清偿到期债务"的情况下,即可向法院提出申请,而无需证明债务人丧失清偿能力或者陷于支付不能状态。

3. 依法负有清算责任的人

根据《破产法》第 7 条第 3 款,"企业法人已解散但未清算或者未清算完毕,资产不足以清偿债务的,依法负有清算责任的人应当向人民法院申请破产清算。"对于依法负有清算责任主体的范围,《破产法》并未明确规定,根据《公司法》相关规定,当被清算的企业法人为公司时,负有清算责任的主体包括公司股东(持有表决权百分之十以上)、董事以及公司章程另有规定或者股东会议决议选择的主体。

4. 金融监管机构

与一般企业破产相比较,金融机构的破产案件影响广泛,根据《商业银行法》《证券法》以及《保险法》等法律的规定,上述金融机构的破产需经相关监管部门批准。而根据我国《破产法》第 134 条,商业银行、证券公司、保险公司等金融机构不能清偿到期债务,并且资产不足以清偿全部债务或者明显缺乏清偿能力的,国务院金融监督管理机构可以向人民法院提出对该金融机构进行重整或者破产清算的申请。

(二) 破产申请书

有资格提出破产申请的主体提出破产时,应当提交破产申请书及相关证据。根据《破产法》第 8 条规定,破产申请书应当载明下列事项:申请人和被申请人的基本情况、申请目的、申请的事实和理由、人民法院认为应当载明的其他事项。此外,债务人提出申请时,还应当向人民法院提交财产状况说明、债务清册、债权清册、有关财务会计报告、职工安置预案以及职工工资的支付和社会保险费用的缴纳情况。申请人在提出破产申请后,仍然可以撤回该项申请,只是其撤回受到一定限制。申请人只能在法院受理破产申请前实施撤回,一旦法院决定受理破产申请,则破产程序即已启动,此时申请人不可能撤回其申请,否则不利于维护司法机关的权威,也有损法律程序的严肃性。

二、破产受理

（一）破产受理程序

人民法院在收到破产申请后,应当在法律规定的期限内进行审查,因破产申请人的不同,审查的期限也有所不同:其一,当破产申请由债务人自身提出时,人民法院应当自收到破产申请之日起 15 日内裁定是否受理;其二,当破产申请由债权人提出时,人民法院应当自收到申请之日起 5 日内通知债务人,债务人对申请有异议的,应当自收到人民法院通知之日起 7 日内向人民法院提出。人民法院应当自异议期满之日起 10 日内裁定是否受理。此外,无论上述何种情形,因有特殊情况需要延长裁定受理期限的,经上一级人民法院批准,可以延长 15 日。

对于债务人的申请,法院主要对其是否符合法律规定进行形式审查,若经审查后决定受理破产申请的,人民法院应当自裁定作出之日起 5 日内送达申请人。如果是债权人提出申请,则人民法院应当自受理裁定作出之日起 5 日内送达债务人,而债务人则应当自裁定送达之日起 15 日内,向人民法院提交财产状况说明、债务清册、债权清册、有关财务会计报告以及职工工资的支付和社会保险费用的缴纳情况。

人民法院自裁定受理破产申请之日起,应当在 25 日内通知已知债权人,并予以公告。人民法院的通知和公告应当载明下列事项:(1)申请人、被申请人的名称或者姓名;(2)人民法院受理破产申请的时间;(3)申报债权的期限、地点和注意事项;(4)管理人的名称或者姓名及其处理事务的地址;(5)债务人的债务人或者财产持有人应当向管理人清偿债务或者交付财产的要求;(6)第一次债权人会议召开的时间和地点;(7)人民法院认为应当通知和公告的其他事项。

（二）破产受理的法律效力

法院受理破产案件后,根据法律的规定会对破产案件的当事人产生相应法律效力。

1. 对债务人的效力

第一，债务人的财产应由管理人接管。人民法院受理破产申请后，管理人对破产申请受理前成立而债务人和对方当事人均未履行完毕的合同有权决定解除或者继续履行，并通知对方当事人。管理人自破产申请受理之日起 2 个月内未通知对方当事人，或者自收到对方当事人催告之日起 30 日内未答复的，视为解除合同。管理人决定继续履行合同的，对方当事人应当履行；但是，对方当事人有权要求管理人提供担保。管理人不提供担保的，视为解除合同。

第二，对个别债权人的债务清偿无效。在破产程序启动后，因债务人的财产并不足以清偿全部债务，因此，若债务人向任何个别的债权人进行清偿，都将使该债权人获得优先于其他债权人的顺位，因此，人民法院受理破产申请后，债务人对个别债权人的债务清偿无效，以此确保债权人获得的清偿具有公平性。

第三，债务人有关人员承担相应义务。自人民法院受理破产申请的裁定送达债务人之日起至破产程序终结之日，债务人的有关人员承担下列义务：(1)妥善保管其占有和管理的财产、印章和账簿、文书等资料；(2)根据人民法院、管理人的要求进行工作，并如实回答询问；(3)列席债权人会议并如实回答债权人的询问；(4)未经人民法院许可，不得离开住所地；(5)不得新任其他企业的董事、监事、高级管理人员。此处的债务人有关人员是指企业的法定代表人，若经人民法院决定，也可将企业的财务管理人员和其他经营管理人员纳入。

2. 对债权人的效力

一方面是债权申报义务。债权人应当在人民法院确定的债权申报期限内向管理人申报债权。由此，若未依法申报债权，则不得依破产程序行使相关权利。另一方面是债权加速到期。破产程序能够使得破产申请受理时尚未到期的债权加速到期，从而其债权人可以参与破产程序。

3. 对第三人的影响

在人民法院受理破产申请后，债务人的债务人或者财产持有人应当向管理人清偿债务或者交付财产。若债务人的债务人或者财产持有人故意违反前款规定向债务人清偿债务或者交付财产,使债权人受到损失的,不免除其清偿债务或者交付财产的义务。

4. 其他效力

除了对破产案件相关主体的实体权利产生影响意外,破产案件的受理也会产生其他多种效力:其一,解除财产保全。人民法院在受理破产申请后,有关债务人财产的保全措施应当解除,执行程序应当终止;其二,诉讼或仲裁中止。人民法院受理破产申请后,已经开始而尚未终结的有关债务人的民事诉讼或者仲裁应当中止,在管理人接管债务人财产后,该诉讼或仲裁继续进行。其三,人民法院受理破产申请后,有关债务人的民事诉讼,只能向受理破产申请的人民法院提起。由此,在人民法院受理破产申请后提起民事诉讼的主体,应适用专属管辖,而依反对解释,在破产程序开始前已经进行的民事诉讼,在管理人接管债务人财产后,则应继续在原法院进行审理。

第三节　管理人制度

我国法上的破产管理人,是指在破产开始后负责破产财产管理、处分、企业经营业务以及破产方案制定与实施的专门机构。一般情况下,就管理人的选任而言,各国立法通常采取三种模式:一是由法院选任,法国、意大利、日本等国采此种模式;二是由债权人会议选任,美国、加拿大、瑞士等国采此种模式;三是双轨制,即由法院和债权人会议共同选任,德国、英国和我国台湾地区采此种模式。我国的管理人采法院选任模式,人民法院在管理人确定上具有决定权。同时,债权人会议可以在具备特定情形时向法院提出更换管理人的申请,但法院需基于相关情况的考察决定是否更换,也就是说,更换管理人的决定权仍然由法院掌握。

一、管理人的任职资格

通常情况下,破产管理人的任职资格包括积极资格与消极资格两方面。

就积极资格而言,根据《破产法》第 24 条第 1 款,"管理人可以由有关部门、机构的人员组成的清算组或者依法设立的律师事务所、会计师事务所、破产清算事务所等社会中介机构担任。"据此,社会中介机构因其自身较强的专业技能与经验积累,成为各国破产法均认可的破产管理人,而由有关部门、机构的人员组成的清算组,则是根据法律规定或者在特定情况下承担破产管理人职责的。如根据我国《商业银行法》《保险法》规定,商业银行、保险公司破产时应当成立清算组进行清算。除此之外,自然人也可以成为破产管理人,由自然人所担任管理人的案件,其案件事实往往相对清楚,债权债务关系较为清晰。该自然人在履行管理人职责的过程中,应当尽到相应的注意义务和忠实义务,因履职不当给债权人、债务人或者第三人造成损失的,应当承担赔偿责任。

就消极资格而言,主要涉及不得担任管理人的情形,一般有下列情形之一时不得担任管理人:(1)因故意犯罪受过刑事处罚;(2)曾被吊销相关专业执业证书;(3)与本案有利害关系;(4)人民法院认为不宜担任管理人的其他情形。

二、管理人的职责

我国破产管理人的职责具有广泛性,其涵盖重整、和解与破产清算三个程序。管理人的一般职责包括:(1)接管债务人的财产、印章和账簿、文书等资料;(2)调查债务人财产状况,制作财产状况报告;(3)决定债务人的内部管理事务;(4)决定债务人的日常开支和其他必要开支;(5)在第一次债权人会议召开之前,决定继续或者停止债务人的营业;

(6)管理和处分债务人的财产；(7)代表债务人参加诉讼、仲裁或者其他法律程序；(8)提议召开债权人会议；(9)人民法院认为管理人应当履行的其他职责。

由于管理人在破产过程中享有广泛职权，因而如何对其履职进行监督，也就成为法律制度所要重点规范的领域。管理人应当勤勉尽责，忠实执行职务。若管理人未能履行注意义务和忠实义务，人民法院可以依法处以罚款；给债权人、债务人或者第三人造成损失的，依法承担赔偿责任。除此之外，管理人还应当接受债权人会议和债权人委员会的监督，其应当列席债权人会议，向债权人会议报告职务执行的基本情况。管理人还应当向法院报告工作，而管理人的报酬由人民法院确定，当债权人会议对管理人的报酬有异议的，也有权向人民法院提出。

三、管理人的变更

管理人的变更，包括管理人的更换和管理人的辞职两种。

就更换管理人而言，是指在出现法律所规定的事由的情况下，由相关主体决定对管理人进行变更。更换管理人的事由，可以概括为以下几方面：其一，具有《破产法》第22条所规定的情形，即不能依法、公正执行职务或者有其他不能胜任职务情形；其二，具有《破产法》第24条所规定不得担任管理人的情形，如因故意犯罪受过刑事处罚、曾被吊销相关专业执业证书等；其三，因健康等个人原因不适合担任管理人，如丧失民事行为能力、失踪或者死亡等。

管理人的辞职，即管理人不再行使破产中的各项职能。通常情况下，管理人在被选任后，无正当理由不得拒绝履职，只有基于正当理由并经人民法院许可后，方可辞去管理人职务。若管理人未经人民法院许可便辞去其职务的，人民法院可以依法处以罚款，若其行为给债权人、债务人或者第三人造成损失的，也应依法承担赔偿责任。

第四节　债务人财产

所谓债务人财产,是指破产申请受理时债务人所享有的全部财产,以及破产申请受理后至破产程序终结前债务人取得的财产。在我国债务人财产包括以下两类:其一,破产申请受理时属于债务人的财产。在破产申请受理时,债务人的财产无论位于我国境内还是境外,均属破产所规定的债务人财产。债务人的财产既包括有形财产,如厂房、机器、设备等,也包括无形财产,如股权、知识产权、债权等。其二,破产申请受理后至破产程序终结前债务人取得的财产。破产申请受理后,直至破产程序终结前,债务人可能会因其经营而取得新的财产,债务人的财产也会在此一期间产生新的孳息,或者因接受赠与等其他原因取得新的财产,这些财产均可作为破产法意义上的债务人财产。

一、债务人财产回收

对于债务人财产,根据我国《破产法》的规定,管理人可以回收其财产:其一,债务人的出资人未缴纳的出资。破产申请受理后,债务人的出资人未完全履行出资义务的,将使得债务人的财产未得到充足,因而降低其清偿能力,由此,未完全履行出资义务者应当足额且及时缴纳出资,不得以出资期限为由加以抗辩。其二,债务人的董事等获取的非正常收入。债务人的董事、监事和高级管理人员,其工资应当按照企业工人的平均工资计算,由此,超过本企业职工平均工资的部分即应被视为非正常收入,应当由管理人等加以退回。其三,取回质物、留置物。在破产程序开始后,破产债务人若要取回质物或者留置物,则应当保障质权人或者留置权人的利益不受影响,也就是应当为取回质物或者留置物提供担保或者清偿债务。

二、取回权

所谓取回权,是指不属于破产人的他人财产,财产权利人得不依破产程序,在经过破产管理人同意的情况下直接取回其财产的权利。进入破产程序后,破产管理人对债务人的全部财产加以控制,这些财产中的多数为债务人所有,但也存在不属于债务人所有的财产。对此类财产,其所有人等可以基于法律规定的程序加以取回。就取回权的基础权利而言,其通常包括以下三种:其一,所有权。债务人在破产程序开始前,可能通过租赁、使用、借贷、承揽或者动产质押等方式占有他人财产,在合同终止或者债权获得清偿后,所有权人得向管理人主张取回。其二,用益物权。当用益物权的标的物为债务人占有时,债务人进入破产程序后,用益物权人可以基于取回权要求管理人返还标的物。我国法上的用益物权包括土地承包经营权、建设用地使用权、宅基地使用权和地役权。其三,占有。占有本身属一种单纯的事实状态,因而并非民事权利。在占有物被债务人侵占时,占有人可以基于其占有事实而向破产管理人主张取回占有物。

相比于一般取回权,出卖人的取回权被认为属特别取回权。所谓出卖人取回权,是指出卖人将标的物发出但买受人尚未收到,且未付清全部价款的情况下,买受人在宣告破产后出卖人可以取回其标的物的权利。出卖人取回权的行使应当符合以下条件:其一,出卖人将商品发出但买受人尚未收到。出卖人取回权存在于异地买卖之中,也就是说,出卖人可以行使取回权的商品,需满足出卖人发出商品但买受人尚未收到这一条件,若买受人已经收到商品,则出卖人只能基于价款给付请求权向破产管理人申报债权。其二,买受人未在宣告破产前控制商品。出卖人在发出商品之后,只要买受人在破产宣告前未获得商品控制权,即便破产宣告后买受人或者管理人受领标的物,出卖人也可行使取回权。其三,出卖人未获全部价款。出卖人取回权的制度设计本身,是为了保护出卖人在商品发出后免受买受人破产的影响,因而如果买受人已经收到全部价款,自无损失存在,因而亦不可行使取回权。

三、撤销权

撤销权是指在破产管理人对于破产债务人在破产程序开始前法定期限内实施的损害债权人利益的行为,可以诉请法院撤销该行为的权利。破产撤销权行使的构成要件包括以下方面:其一,债务人的行为损害了债权人利益。破产法明确列举了债务人所实施的损害债权人利益的事项,包括:(1)无偿转让财产;(2)以明显不合理的价格进行交易;(3)对没有财产担保的债务提供财产担保;(4)对未到期的债务提前清偿;(5)放弃债权;(6)对个别债权人进行清偿,但该清偿使债务人财产获益的除外。其二,行为发生在法定期间内。为确保交易安全,只有在一定期限内所实施的危害债权人利益的行为才能被撤销,根据我国《破产法》的规定,个别清偿行为的期间为人民法院受理破产申请前6个月内,其他可撤销行为在人民法院受理破产申请前一年。其三,需由管理人以诉讼方式行使。撤销权只能由管理人行使,且该撤销行为须由破产管理人以诉讼方式行使,也就是说由管理人向法院提起诉讼以撤销债务人的行为。

破产管理人行使撤销权后,可能导致如下法律后果:其一,行为自始无效。法律行为被撤销后,其被认定为自始无效,尽管在撤销权行使前该行为属有效行为。其二,财产恢复原状。撤销权行使后,债务人的财产应当恢复原状,即恢复到可撤销行为发生之前的状态。其三,产生新债权。在债务人与交易相对人所进行的交易是有偿的情况下,管理人撤销权的行使会使交易相对人的权利受到影响,此时交易相对人应可请求返还其已支付的对价,由此使交易相对人享有对于债务人的新债权,此债权可归入破产债权之列。

四、抵销权

抵销权是指在破产程序开始后,破产债权人对债务人负有债务的,不论给付的种类是否相同,也不论履行期限届至与否,均可不经破产程序而将其对破产债务人的债权与债务进行抵消的权利。相比于民事抵销权,破产抵销权具有如下特点:其一,主体特定。不同于民法上一般债权债务关系中的当事人均享有主张抵销的权利,破产抵销权只能由破产债权人主张,若破产管理人主动要求行使破产抵销权,则无异于对个别债权人进行优先清偿,因而会损害其他破产债权人的利益,有违公平。其二,不受债务种类和履行期限限制。民法上抵销权的行使,须相同种类债权,且主动知情权已届清偿期,但破产抵销权则不受上述限制,原因在于:一方面,破产主要是进行货币分配,不同种类的债权在破产程序中的区别已无必要;另一方面,因破产程序已经是对债务人财产的清算,因而所有未到期债权均视为已到期。其三,成立于破产程序开始前。民法上对抵销权的成立时间并无特别限制,破产抵销权涉及其他债权人的利益,由此为防止抵销权被滥用,法律规定无论主动债权抑或被动债权,均应成立于破产程序开始前。

就抵销权的行使而言,享有破产抵销权的债权人也应在法院所确定的债权申报期内向管理人进行债权申报。除此之外,破产抵销权的行使,依法还应受到限制,以下三种情形不得行使抵销权:其一,债务人的债务人在破产申请受理后取得他人对债务人的债权的。通常情况下,债务人的债务人应当履行债务,由此产生的利益归于债务人,并向全体破产债权人清偿,但若允许债务人的债务人在破产程序开始后取得他人对债务人的债权并进行抵消,则实际上减少了债务人财产的价值,且可能诱发道德风险。其二,债权人向债务人恶意负担债务的。债权人已知债务人有不能清偿到期债务或者破产申请的事实,对债务人负担债务的;但是,债权人因为法律规定或者有破产申请一年前所发生的原因而负担债务的除外。其三,债务人的债务人恶意取得对债务人的债权的。债务人的债务人已知债务人有不能清偿到期债务或者破产申请的事实，对债务人取得债权的；但是，债务人的债务人因为法律规定或者有破产申请一年前所发生的原因而取得债权的除外。

第五节　债权人会议

债权人会议，是指为维护全体债权人利益而设立，通过法定程序讨论破产相关事宜，并表达债权人共同意志的自治团体。在我国，只有申报债权后的债权人才能成为债权人会议的成员。此外，对于涉及职工的债权问题，未申报的职工仍可成为债权人会议的成员。

一、债权人会议的召开

第一次债权人会议的召开时间与债权申报期限直接相关，根据《破产法》相关规定，债权申报期限自人民法院发布受理破产申请公告之日起计算，最短不得少于 30 日，最长不得超过 3 个月。在申报期限结束后 15 日内，第一次债权人会议即应召开。第一次债权人会议召开后，此后的债权人会议可基于以下原因召开：其一，人民法院认为必要时；其二，管理人向债权人会议主席提议时；其三，债权人委员会向债权人会议主席提议时；其四，占债权总额四分之一以上的债权人向债权人会议主席提议时。

二、债权人会议的职权

债权人会议的职权主要包括以下方面：(1)核查债权；(2)申请人民法院更换管理人，审查管理人的费用和报酬；(3)监督管理人；(4)选任和更换债权人委员会成员；(5)决定继续或者停止债务人的营业；(6)通过重整计划;(7)通过和解协议;(8)通过债务人财产的管理方案;(9)通过破产财产的变价方案;(10)通过破产财产的分配方案;(11)人民法院认为应当由债权人会议行使的其他职权。

三、债权人会议的决议

一般情况下,债权人会议的决议包括普通决议与特别决议两种。就普通决议而言,债权人会议的决议由出席会议的有表决权的债权人过半数通过,并且其所代表的债权额占无财产担保债权总额的二分之一以上。就特别决议而言,在通过重整与和解协议时,债权人会议决议须符合相应的标准:其一,在通过重整计划时,应满足出席会议的同一表决组的债权人过半数同意重整计划草案,并且其所代表的债权额占该组债权总额的三分之二以上的,即为该组通过重整计划草案;其二,债权人会议通过和解协议的决议,由出席会议的有表决权的债权人过半数同意,并且其所代表的债权额占无财产担保债权总额的三分之二以上。

债权人认为债权人会议的决议违反法律规定,损害其利益的,可以自债权人会议作出决议之日起 15 日内,请求人民法院裁定撤销该决议,责令债权人会议依法重新作出决议。当人民法院对债权人的管理方案和破产财产变价方案作出裁定时,任何债权人表示不服的,其可以自裁定宣布之日或收到通知之日起 15 日内向该人民法院申请复议;当人民法院对破产财产的分配方案作出裁定时,债权额占无财产担保债权总额 1/2 以上的债权人表示不服的,可自裁定宣布之日或收到通知之日起 15 日内向该人民法院申请复议。上述两项情形,复议期间不停止裁定的执行。

四、债权人委员会

为了克服债权人会议无法履行日常监督职能的缺陷,根据法律的规定,可以设立债权人委员会,以确保实现债权人共同利益以及破产程序的顺利进行。债权人委员会并非必须设立,只有在综合考虑各方面因素后,包括破产案件的复杂程度、破产财产的数额以及破产债权人规模等,才能作出适当决定,否则,设置债权人委员会反而会增加破产费用,损害全体债权人的利益。

就债权人委员会的职权而言,主要包括以下四项:(1)监督债务人财产的管理和处分;(2)监督破产财产分配;(3)提议召开债权人会议;(4)债权人会议委托的其他职权。此外,在债权人委员会执行职务时,有权要求管理人、债务人的有关人员对其职权范围内的事务作出说明或者提供有关文件。若管理人、债务人的有关人员违反法律规定拒绝接受监督,则债权人委员会有权就监督事项请求人民法院作出决定,而人民法院应当在 5 日内作出决定。

第六节 破产重整与和解

所谓重整,是指经利害关系人申请,在法院的主持下,对企业进行业务重组与债务调整,以使债务人摆脱财务困境并恢复经营能力的制度。通过重整,能够使具有市场潜力的企业获得重新经营的机会,也使得债权人的利益得到更为充分的保护。

一、破产重整

(一) 破产重整的申请

关于破产申请的提出范围,其一,债务人或者债权人可以依法直接向人民法院申请对债务人进行重整;其二,债权人申请对债务人进行破产清算的,在人民法院受理破产申请后、宣告债务人破产前,债务人或者出资额占债务人注册资本十分之一以上的出资人,可以向人民法院申请重整。此外,国务院金融监督管理机构可以向人民法院提出对金融机构进行重整或者破产清算的申请。

在重整申请提出后,应当由人民法院进行审查。人民法院经审查认为重整申请符合破产法规定的,应当裁定债务人重整,并予以公告。此处的法院审查,包括形式审查和实质审查两方面。形式审查包括申请人的适格性、申请书记载事项等;实质审查,则是审查公司是否存在整顿后重新经营的可能性。若人民法院经审查后认为,重整符合破产法的规定,则应当裁定债务人重整,并对此加以公告。反之,则应当驳回债务人的重整申请。

(二) 重整计划的制定

重整计划的制定者主要是债务人或者管理人。债务人自行管理财产和营业事务的,由债务人制作重整计划草案;管理人负责管理财产和营业事务的,由管理人制作重整计划草案。重整计划不仅关系到企业能否继续运营,也关涉到债权人、股东、劳动者等各类利害关系的利益,是重整程序的重点所在。

关于重整计划的提交时间,债务人或者管理人应当自人民法院裁定债务人重整之日起 6 个月内,同时向人民法院和债权人会议提交重整计划草案。上述期限届满,经债务人或者管理人请求,有正当理由的,人民法院可以裁定延期 3 个月。债务人或者管理人未按期提出重整计划草案的,人民法院应当裁定终止重整程序,并宣告债务人破产。

重整计划的内容主要集中于债务人的重整措施以及债务清偿等方面,主要包括:(1)债务人的经营方案;(2)债权分类;(3)债权调整方案;(4)债权受偿方案;(5)重整计划的执行期限;(6)重整计划执行的监督期限;(7)有利于债务人重整的其他方案。

(三) 重整计划的表决与批准

重整计划需要经过表决才能够通过,而我国《破产法》采用分组表决的方式。参加讨论重整计划草案的债权人会议应分为四组,并通过分组的方式对重整计划草案进行表决,这四个组分别是:(1)对债务人的特定财产享有担保权的债权;(2)债务人所欠职工的工资和医疗、伤残补助、抚恤费用,所欠的应当划入职工个人账户的基本养老保险、基本医疗保险费用,以及法律、行政法规规定应当支付给职工的补偿金;(3)债务人所欠税款;(4)普通债权,在普通债权组内部,存在小额债权与大额债权两类不同的债权人之间的差别,而在有必要时,法院可以决定对两种不同的债权分组表决。人民法院在必要时可以决定在普通债权组中设小额债权组对重整计划草案进行表决。此外,出资人被作为单独一类利害关系人,法律对其作出特别规定。

对于重整计划的表决采用人数和债权额双重标准,即出席会议的同一表决组的债权人过半数同意重整计划草案,并且其所代表的债权额占该组债权总额的三分之二以上的,即为该组通过重整计划草案。基于上述分组表决的规定,只有在各个表决组均基于上述双重标准通过重整计划后,重整计划方才正式通过。若部分表决组未通过重整计划草案,债务人或者管理人可以同未通过重整计划草案的表决组进行协商,并在协商后再表决一次。

重整计划在各个表决组通过后,即应提请人民法院批准。人民法院经审查认为符合本法规定的,应当自收到申请之日起 30 日内裁定批准,终止重整程序,并予以公告。此外,在重整计划没有获得表决组通过,但只要符合破产法所规定的条件,法院可以强制批准重整计划,这也体现出重整制度的自身性质,其不仅涉及当事人之间的利益关系,也体现出促进经济发展的特定立法取向。

(四)重整计划的执行

在重整计划批准后,便由债务人负责计划的执行。为了确保重整计划能够得到执行,人民法院裁定批准重整计划后,已接管财产和营业事务的管理人应当向债务人移交财产和营业事务。在重整计划执行过程中,为督促执行人依法履职,法律规定设立监督人对重整计划的执行进行监督。在监督期内,债务人应当向管理人报告重整计划执行情况和债务人财务状况;监督期届满时,管理人应当向人民法院提交监督报告;管理人可申请人民法院裁定延长重整计划执行的监督期限等。

在重整计划执行过程中,因发生特定的事由,可以终止重整计划。例如,债务人不能执行或者不执行重整计划的,人民法院经管理人或者利害关系人请求,应当裁定终止重整计划的执行,并宣告债务人破产。人民法院裁定终止重整计划执行的,债权人在重整计划中作出的债权调整的承诺失去效力。债权人因执行重整计划所受的清偿仍然有效,债权未受清偿的部分作为破产债权。对于上述债权人,只有在其他同顺位债权人同自己所受的清偿达到同一比例时,才能继续接受分配。

二、破产和解

所谓破产和解,是指为避免破产清算,债务人与债权人会议就债务清偿等事项达成相关协议,并经法院认可后生效的法律制度。与重整制度类似,破产和解属于破产预防程序,其制度设定目的即在于避免企业进入破产程序,以实现企业经营能力的恢复,并保障债权人权益得到更大程度的实现。破产和解过程中,债务人无需与全部债权人达成和解,只要通过债权人会议经法定多数通过和解协议并经法院认可即生效,因而有助于最大限度地达成妥协,以降低企业被破产清算的可能性。

(一) 和解申请的提出及受理

破产和解申请的提出者只能是债务人,借助和解程序,债务人可以确保其主体资格继续存在,而对于企业能否继续经营以及市场前景如何,则只有债务人具有全面、深入的认识。根据我国《破产法》第 95 条规定,债务人可以直接向人民法院申请和解;也可以在人民法院受理破产申请后、宣告债务人破产前,向人民法院申请和解。债务人申请和解,应当提出和解协议草案。

在破产申请递交人民法院后,人民法院经审查认为和解申请符合法律规定的,应当裁定和解,予以公告,并召集债权人会议讨论和解协议草案。由此,在破产和解过程中,人民法院应当依法对债务人的和解申请进行审查,并在召集债权人会议等程序中进行组织、引导和监督。此外,对债务人的特定财产享有担保权的权利人,自人民法院裁定和解之日起可以行使权利。由此可见,即便和解程序启动,别除权人依然可以行使其权利,并可以自法院作出和解裁定之日即行使其权利。

(二)和解协议的成立与生效

人民法院在达成和解协议过程中,可以召集债权人会议对债务人所提交的和解协议草案进行审查和讨论,在此过程中也可要求债务人对有关事项进行解释、说明,并对协议草案的相关条款进行修改与重订,在得到双方均认可的协议草案后,即可由债权人会议对其进行表决。债权人会议通过和解协议的决议,由出席会议的有表决权的债权人过半数同意,并且其所代表的债权额占无财产担保债权总额的三分之二以上。此处,法律对于出席债权人会议的人数以及其所代表的债权额比例均作出要求,通过此种特别表决权制度的设定以维护破产和解协议自身的公平性及正当性。在债权人会议通过和解协议后,人民法院应当对该协议的合法性、可行性等方面对其加以审查,若经审查对和解协议持肯定态度,即可通过裁定认可该协议,并终止和解程序。和解协议自发布之日起生效,这也意味着管理人已经完成其任务,此后即可向债务人移交财产和经营业务,并向法院提交其在执行该项职务中的相关报告。

(三)和解协议的法律效力

人民法院做出裁定后,和解协议即发生法律效力,其效力主要体现在以下方面。

1. 对债务人的效力

和解协议生效后,债务人应当按照协议规定加以履行,而破产程序对债务所施加的限制即获解除,对债务人产生复权的效果。债务人应当依照和解协议全面、及时地履行相关规定,不得违背协议的规定处分相关财产或者降低个别债权人的偿债比例。和解协议中做出的免除债务规定的,相关债务即无需清偿,与此同时,该免除并不及于债务人的保证人和其他连带债务人。

2. 对债权人的效力

和解协议生效后,破产债权人即转化为和解债权人,和解债权人是指人民法院受理破产申请时对债务人享有无财产担保债权的人。和解债权人应受到和解协议的约束,在和解协议约定的清偿期限届满前,其不得要求债务人进行清偿,亦不得要求债务人为和解协议所规定债务清偿额度之外利益。

(四) 和解协议的无效及终止

1. 和解协议无效

因债务人实施欺诈或者其他违法行为而订立和解协议,在债权人向法院提供证据证明存在相关事由的情况下,人民法院应裁定和解协议无效,并宣告债务人破产。在此种情形下,和解债权人因执行和解协议所受的清偿,在其他债权人所受清偿同等比例的范围内,不予返还。其他导致破产和解协议无效的法定事由,也可参照适用《民法典》有关法律行为无效的规定。

2. 和解协议的终止

在和解协议的执行过程中,若出现债务人不能执行或者不执行和解协议的情形,人民法院经和解债权人请求,应当裁定终止和解协议的执行,并宣告债务人破产。据此,对于破产协议能否强制执行,我国破产法采取否定态度,即和解协议不具有强制执行力,一旦出现债务人不能执行或不执行协议的情况,即由法院宣告债务人破产。此处的适用条件考虑到债务人的客观不履行与主观不履行两种情形:一方面,所谓债务人不能执行,是指债务人在客观不能,如财产状况持续恶化,或者出现其他无法预见的客观事由,导致其无法按照协议履行义务;另一方面,所谓债务人不执行,是指债务人主观不能的情形,如其故意隐藏财产,或者无偿转让财产等。存在上述情形时,债权人可以向法院提起终止和解协议执行的请求,若法院最终裁定终止,则意味着破产和解协议终止,破产程序恢复。和解债权人因执行和解协议所受的清偿仍然有效,和解债权未受清偿的部分作为破产债权。

第七节　破产清算

一、破产宣告

破产宣告,是指人民法院依法宣告债务人破产的裁定。在债权人或债务人向人民法院提起破产申请后,债务人仍得通过重整或者和解等方式避免破产清算结果的发生,但若人民法院经审查后认为债务人具备了破产宣告条件并依法做出宣告破产的裁定,则破产案件即进入破产清算程序。也就是说,破产宣告一旦作出,即意味着破产清算程序的开始,此时原有的债务人转换为破产人,债务人的财产转换为破产财产,人民法院受理破产申请时对债务人享有的债权转换为破产债权。一方面,对于债务人而言,法院的破产宣告使其财产成为债权人可以公平受偿的破产财产,另一方面,对于债权人而言,破产宣告意味着债权人可以基于清算程序从破产财产中获得清偿。

二、破产财产的变价

破产财产既包括货币财产,也包括非货币财产。由于破产清算应当以货币形式对破产债权人进行分配,因而往往需要通过对破产财产进行变价才能实现破产财产的分配。

（一）制定破产财产变价方案

管理人应当及时拟订破产财产变价方案,提交债权人会议讨论。管理人在其职责范围内有制定破产财产变价方案的内容,管理人在拟定破产财产变价方案后,应当将该方案提交债权人会议讨论通过。若变价方案未获债权人会议表决通过,应当由人民法院裁定。

(二) 遵循变价出售的基本规则

1. 适时变价

管理人应当按照债权人会议通过的或者人民法院裁定的破产财产变价方案,适时变价出售破产财产。除债权人会议另有决议的,变价出售破产财产应当通过拍卖进行。由于市场价格存在涨跌,因而变价出售破产财产以获取价款可能因时间不同而存在较大差异,并对债权人获得清偿的价金产生较大影响。可见选择合适的时机变价出售,即成为管理人在执行破产财产变价方案过程中应当审慎决定的重要事项。

2. 变价方式选择

在变价出售过程中,若能通过整体出售的方式将破产企业全部转让,则可以节约交易成本,且交易速度加快,能够较为迅速地实现破产财产的变价;但有些财产无法整体出售时,则可以采取部分变价的方式,以实现该财产的出售。此外,对于无形财产或者其他类型的重要财产,若整体出售可能会降低该财产自身的价值,则可以采取单独出售的方式进行变价,对此,管理人应当根据该无形财产的具体情况确定适合的变价方案。

三、破产财产的分配

破产财产的分配过程中,破产财产分配方案的确定也是法律规定的重要内容。管理人应当及时拟定破产财产分配方案,提交债权人会议讨论。

(一) 分配方案

破产财产分配方案应当载明下列事项:(1)参加破产财产分配的债权人名称或者姓名、住所;(2)参加破产财产分配的债权额;(3)可供分配的破产财产数额;(4)破产财产分配的顺序、比例及数额;(5)实施破产财产分配的方法。债权人会议通过破产财产分配方案后,由管理人将该方案提请人民法院裁定认可。若债权人会议讨论后未能表决通过破产财产分配方案的,应当由人民法院裁定。破产财产分配方案经过人民法院裁定后,即具有了法律效力,应当由管理人执行。

(二) 分配顺序

破产财产在优先清偿破产费用和共益债务以后,应当按照顺序进行清偿:(1)破产人所欠职工的工资和医疗、伤残补助、抚恤费用,所欠的应当划入职工个人账户的基本养老保险、基本医疗保险费用,以及法律、行政法规规定应当支付给职工的补偿金;(2)破产人欠缴的除前项规定以外的社会保险费用和破产人所欠税款;(3)普通破产债权。破产财产不足以清偿同一顺序的清偿要求的,按照比例分配。破产企业的董事、监事和高级管理人员的工资按照该企业职工的平均工资计算。

(三) 分配方式

对于破产财产的分配方式,根据我国《破产法》相关规定,可以分为中间分配和最后分配两种:所谓中间分配,即多次分配中所进行的分配;最后分配,则是多次分配中的最后一次分配。管理人按照破产财产分配方案实施多次分配的,应当公告本次分配的财产额和债权额。管理人实施最后分配的,应当在公告中指明。此外,若管理人对附生效条件或解除条件的债权分配额进行了提存,则应当在公告中载明:在最后分配公告日,生效条件未成就或者解除条件成就的,应当分配给其他债权人;在最后分配公告日,生效条件成就或者解除条件未成就的,应当交付给债权人。

在债权人未受领破产财产分配时,管理人应当提存,且自最后分配公告之日起满二个月债权人仍不领取的,视为放弃受领分配的权利,管理人或者人民法院应当将提存的分配额分配给其他债权人。此外,在破产财产分配时处于诉讼或者仲裁未决状态的债权,管理人应当将其分配额提存,自破产程序终结之日起满二年仍不能受领分配的,人民法院应当将提存的分配额分配给其他债权人。

四、破产别除权

别除权是指享有担保权的权利人,可以就已经设定担保的特定财产,在破产过程中享有优先受偿的权利。别除权这一称谓为德国与日本民法所采用,且德日破产法所称之别除权,其范围更为广泛,通常不仅包括对特定财产设定担保权的债权,其他存在于破产财产之上的优先权也包括在内。我国破产法未采别除权称谓,而是采英美法系国家之"有财产担保债权"概念。

(一) 别除权的特征

第一,针对特定财产优先受偿的权利。别除权是担保权人对特定财产所享有的权利,因而只能就该特定财产享有优先受偿权。由此,若该特定财产毁损、灭失,则债权人在无法实现别除权的情况下,其债权只能作为普通破产债权接受清偿。若担保物权的灭失是因管理人或第三人过错造成,则担保物权人可以要求其进行损害赔偿,基于担保物权的物上代位性,担保物权人对该赔偿金享有优先受偿权。

第二,成立于破产宣告之前。别除权可成立于法院受理破产申请之前,在法院裁定破产申请后,有担保债权的债权人得在进行债权申报时进行说明,同时提供相应证据。别除权也可成立于破产申请受理后、破产宣告前,此类担保的设立是基于管理人对债务人财产或营业实施管理产生的,如法院受理破产申请后,管理人决定继续履行破产申请受理前成立的债务的,对方当事人履行但要求管理人提供担保的,管理人可以设定担保,但应当向债权人委员会进行报告。

第三,不依破产程序优先受偿。别除权不参加破产清偿分配,但并不意味别除权人不参加任何破产程序,其在行使权利过程中仍需遵守破产程序,包括参加债权申报,接受债权人会议的核查。此外,在法院裁定批准重整计划或者认可和解协议以前,别除权行使应当暂停。

(二)别除权的行使

对破产人的特定财产享有担保权的权利人,对该特定财产享有优先受偿的权利。其一,别除权人不享有表决权。对债务人特定财产享有担保权的债权人,未放弃优先受偿权利的,对于和解协议、破产财产的分配方案不享有表决权。由此,若别除权人放弃优先受偿权利,或者行使别除权后,担保财产不足以全部清偿的,其未受清偿部分只能作为普通债权,此时便享有对和解协议或者破产财产分配方案的表决权。其二,别除权与担保物价值不对等。在担保物价值相较于担保债权额更高时,变卖该担保物并清偿担保债权后剩余的价款,应当退还管理人并将其作为破产财产,以对普通债权人进行清偿。若别除权人在行使别除权后,担保物价款不足以清偿担保债权的,未受清偿部分不再作为别除权的规制范围,而只能作为普通债权并通过破产程序加以清偿。第三,别除权行使的限制。别除权在行使过程中可能受到劳动债权的限制。

五、破产程序的终结

出现以下情况时,破产程序终结:其一,无财产可供分配。破产人无财产可供分配的,管理人应当请求人民法院裁定终结破产程序。其二,分配完结。管理人在最后分配完结后,应当及时向人民法院提交破产财产分配报告,并提请人民法院裁定终结破产程序。其三,破产财产不足以支付破产费用。债务人财产不足以清偿破产费用的,管理人应当提请人民法院终结破产程序。

自收到管理人终结破产程序的请求后,人民法院应当在 15 日内作出是否终结破产程序的裁定,裁定终结的,应当予以公告。而自人民法院裁定终结破产程序后,将产生下述法律效力:其一,就破产人而言,管理人应当自破产程序终结之日起 10 日内,持人民法院终结破产程序的裁定,向破产人的原登记机关办理注销登记。其二,就破产管理人而言,管理人于办理注销登记完毕的次日终止执行职务,但存在诉讼或者仲裁未决情况的除外。其三,就保证人和连带债务人而言,破产人的保证人和其他连带债务人,在破产程序终结后,对债权人依照破产清算程序未受清偿的债权,依法继续承担清偿责任。

图书在版编目(CIP)数据

简明民商法学/孟祥沛,孙大伟著. —上海:上海三联书店,
2024.8
(上海社会科学院法学研究所学术精品文库)
ISBN 978 - 7 - 5426 - 8530 - 8

Ⅰ.①简⋯ Ⅱ.①孟⋯ ②孙⋯ Ⅲ.①民法−法的理论−中
国②商法−法的理论−中国 Ⅳ.①D923.01

中国国家版本馆 CIP 数据核字(2024)第 105451 号

简明民商法学

著　　者 / 孟祥沛　孙大伟

责任编辑 / 郑秀艳
装帧设计 / 一本好书
监　　制 / 姚　军
责任校对 / 王凌霄

出版发行 / 上海三联书店
　　　　　(200041)中国上海市静安区威海路 755 号 30 楼
邮　　箱 / sdxsanlian@sina.com
联系电话 / 编辑部: 021 - 22895517
　　　　　　发行部: 021 - 22895559
印　　刷 / 上海惠敦印务科技有限公司

版　　次 / 2024 年 8 月第 1 版
印　　次 / 2024 年 8 月第 1 次印刷
开　　本 / 640 mm×960 mm　1/16
字　　数 / 340 千字
印　　张 / 27
书　　号 / ISBN 978 - 7 - 5426 - 8530 - 8/D・637
定　　价 / 98.00 元

敬启读者,如发现本书有印装质量问题,请与印刷厂联系 021 - 63779028